羊城学者首席科学家项目

大创新治理书系
THE SERIES OF INNOVATIVE GOVERNANCE

陈潭 等著

INDUSTRY 4.0:
INTELLIGENT MANUFACTURING AND
GOVERNANCE REFORM

# 工业4.0
## 智能制造与治理革命

所谓工业4.0，是基于工业发展的不同阶段作出的划分。按照目前的共识，工业1.0是蒸汽机时代，工业2.0是电气化时代，工业3.0是信息化时代，工业4.0则是利用信息化技术促进产业变革的时代，也就是智能化时代。

中国社会科学出版社

# 图书在版编目（CIP）数据

工业 4.0：智能制造与治理革命/陈潭等著 . —北京：中国社会科学出版社，2016.12

（大创新治理书系）

ISBN 978-7-5161-9086-9

Ⅰ.①工⋯ Ⅱ.①陈⋯ Ⅲ.①智能制造系统—制造工业—研究—中国 Ⅳ.①F426.4

中国版本图书馆 CIP 数据核字（2016）第 241970 号

| | |
|---|---|
| 出 版 人 | 赵剑英 |
| 责任编辑 | 郭晓娟 |
| 责任校对 | 周晓东 |
| 责任印制 | 李寡寡 |
| 出　　版 | 中国社会科学出版社 |
| 社　　址 | 北京鼓楼西大街甲 158 号 |
| 邮　　编 | 100720 |
| 网　　址 | http：//www.csspw.cn |
| 发 行 部 | 010-84083685 |
| 门 市 部 | 010-84029450 |
| 经　　销 | 新华书店及其他书店 |
| 印　　刷 | 北京君升印刷有限公司 |
| 装　　订 | 廊坊市广阳区广增装订厂 |
| 版　　次 | 2016 年 12 月第 1 版 |
| 印　　次 | 2016 年 12 月第 1 次印刷 |
| 开　　本 | 710×1000　1/16 |
| 印　　张 | 23.25 |
| 插　　页 | 2 |
| 字　　数 | 393 千字 |
| 定　　价 | 58.00 元 |

凡购买中国社会科学出版社图书，如有质量问题请与本社营销中心联系调换
电话：010-84083683
**版权所有　侵权必究**

# 目 录

总序 ········································································· 1

前言 ········································································· 1

## 上 篇

**第一章 工业 1.0：蒸汽化与不列颠辉煌** ········································ 1
  一 机器革命时期的英格兰前夜 ············································ 2
  二 拿来主义、煤炭与高工资模式 ·········································· 11
  三 被蒸汽机驱动的"日不落帝国" ·········································· 19

**第二章 工业 2.0：电气化与美利坚逆袭** ········································ 25
  一 美国工业革命的技术基础 ·············································· 26
  二 铁路、软实力与工业化 ················································ 38
  三 "落后之国"的全面逆袭 ················································ 48

**第三章 工业 3.0：信息化与美利坚复兴** ········································ 52
  一 美国经济黄金时代的大国危机 ·········································· 53
  二 计算机产业：拯救美国的"功夫熊猫" ···································· 65
  三 工业 3.0：美国持续主导下的工业革命 ·································· 70

**第四章 工业 4.0：智能化与德意志战略** ········································ 76
  一 工业发展史上的德意志 ················································ 77

二　战争的重创与战后的崛起 ·········································· 87
三　德国的工业4.0战略 ··············································· 97

# 中　篇

## 第五章　集成化的智能平台 ·············································· 108
一　大数据 ···························································· 109
二　云计算 ···························································· 116
三　物联网 ···························································· 124

## 第六章　数字化的智能工厂 ·············································· 133
一　信息化的物理系统 ················································ 134
二　网络化的智能工厂 ················································ 140
三　集成化的智能生产 ················································ 147

## 第七章　个性化的智能产品 ·············································· 156
一　智能家居 ·························································· 157
二　智能交通 ·························································· 161
三　智能通信 ·························································· 167

## 第八章　便捷化的智能服务 ·············································· 176
一　智慧政务 ·························································· 177
二　智能商务 ·························································· 184
三　智慧医疗 ·························································· 189

# 下　篇

## 第九章　智能化时代的企业革命 ········································· 196
一　生产技术的机器化 ················································ 198
二　组织结构的扁平化 ················································ 204

三　产品设计的个性化 …………………………………… 215
　四　企业管理的柔性化 …………………………………… 222

## 第十章　智能化时代的政府再造 …………………………… 232
　一　政府生态的权变 ……………………………………… 233
　二　政府角色的重塑 ……………………………………… 240
　三　政府治理的再造 ……………………………………… 250

## 第十一章　智能化时代的教育变革 ………………………… 262
　一　智能化时代的教育挑战 ……………………………… 263
　二　智能化时代的教育理念 ……………………………… 266
　三　智能化时代的教育升级 ……………………………… 270
　四　教育变革：从愿景到现实 …………………………… 280

## 第十二章　智能化时代的中国制造 ………………………… 284
　一　从"哭泣曲线"到"微笑曲线" …………………… 285
　二　从"中国制造"到"中国智造" …………………… 293
　三　《中国制造2025》与制造强国战略 ………………… 306

**附录1　《中国制造2025》** ………………………………… 313

**附录2　国务院关于深化制造业与互联网融合发展的**
　　　　**指导意见** …………………………………………… 339

**参考文献** ……………………………………………………… 346

**后记** …………………………………………………………… 356

# 总 序

> 科学上没有平坦的大道，只有不畏劳苦沿着陡峭山路攀登的人，才有希望达到光辉的顶点。
>
> ——卡尔·马克思（1818—1883）

我们现在所处的时代是一个改革、开放、创新的时代。

创新是人类特有的认识能力和实践能力，是人类主观能动性的高级表现。创新是推动民族进步和社会发展的不竭动力。建设创新型国家、实施创新驱动发展战略，是积极应对全球新一轮科技革命与产业变革机遇和挑战的重大战略选择。如果我们以技术进步为标尺，来衡量人类历史上的创新程度的话，可以将最新的创新形态和创新产品定义为"创新2.0"、"政府3.0"和工业4.0。

信息通信技术（ICT）的融合和发展催生了信息社会形态，推动了科技创新模式的嬗变和下一代创新的产生。创新2.0（Innovation 2.0）就是面向信息社会下一代创新的新阶段和新形态。传统的以技术发展为导向、以科研人员为主体、以实验室为载体的创新1.0，正在转向以用户为中心，以社会实践为舞台，以共同创新、开放创新为特点的用户参与的创新2.0模式。如果说创新1.0是以技术为出发点的话，那么创新2.0就是以人为出发点、以人为本的创新、以应用为本的创新。因此，创新2.0是一种能让所有人都参与的"万众创新"形态，是以用户创新、大众创新、开放创新、共同创新为特点的，强化用户参与、以人为本的创新民主化。我们知道，信息通信技术的发展和知识网络的形成突破了知识传播的传统物理瓶颈，能够更快捷和更便利地进行知识共享和信息传播。知识网络最大限度地消除了信息的不对称性，人为的知识壁垒和信息壁垒在强大的知识网络下越来越难以为继，被快速检索、理解和运用的众多知识封装技术促进知识得以构件化和模块化。信息通信技术的融合与发展改变了知识的获取、传承、积累和创造方式，以及以此为基础的创新活动形态，推动了生产方式、生活方式、组织方式与社会形态的深刻变革。在创新民主化进程的推动下，创新实现了由生产范式向服务范式的转变。同时，伴随着全球化和信息化的浪潮，创新2.0对传统的国家主权、公共决策、政府职能、行政过程、政治文化以及包括行政管理、公共服务、公民参与在内的所有政治行为和公共服务带来了严峻挑战和崭新机遇。

对应信息通信技术和创新形态的发展，政府也在走向"3.0时代"。如果说政府1.0侧重于"以政府为中心"，政府在国家生活中扮演单纯提供信息的角色；政府2.0侧重于"以国民为中心"，是在政府和民众之间建立起双向通道，政府提供信息，民众可以对政府的政策和公共服务提供反馈；而政府3.0的侧重点在"以每个人为中心"的架构上，通过超级链接的信息和通信技术，为民众提供量身订制的个性化服务。政府3.0的关键议程还包括政府机构间的信息共享和协作，促进公共部门的云计算、开放政府数据和基于大数据分析的决策。韩国率先提出了"政府3.0"概念。韩国总统朴槿惠在"政府3.0时代"规划发布仪式上表示，"韩国社会目前面临着低生产、老龄化、无雇佣增长和两极化的挑战"，"在这种情况下，政府原先封闭式、垄断式的信息管理方式和不透明的决策方式无法跟上时代的变化"。因此，韩国政府3.0的核心就是政府将自己拥有的信息在国民提出要求之前进行公开，组建"沟通的政府""能干的政府""服务的政府"，"让全体国民都感到幸福的大韩民国"。韩国政府3.0规划的重点在于公共信息的开放与共享，以及政府与国民的沟通和合作。其中，政府信息公开将从以往"政府提供"模式逐渐转变为"以每个人为中心"模式，这将提高政府公共政策制定的透明度，同时增加民众对于政府的信任。在政务服务领域，政府将尽量减少直接介入，鼓励民众利用互联网和手机进行互动和参与。政府和公共部门掌握的气象、交通和教育领域的公共数据也将提供给个人和企业用于商业用途，通过这种方式来帮助民间创业。可见，韩国政府3.0也是一项政府为活跃创造经济而制定的支援方案。

对应信息通信技术和创新形态的发展，工业必然走向"4.0时代"。如果说"工业1.0"是蒸汽化时代、"工业2.0"是电气化时代、"工业3.0"

是信息化时代的话，工业 4.0 必将是智能化时代。工业 4.0 研究项目最早由德国联邦教研部与联邦经济技术部联手资助，在德国工程院、弗劳恩霍夫协会、西门子公司等德国学术界和产业界的建议和推动下形成，并已上升为德国国家战略。2013 年 4 月，汉诺威工业博览会正式推出的《德国工业 4.0 战略计划实施建议》宣告了第四次工业革命时代的到来。德国工业 4.0 推行物联网和制造业服务化的目的在于提升德国工业竞争力，从而在新一轮工业革命中占领先机。德国学术界和产业界认为，工业 4.0 是以智能制造为主导的第四次工业革命的革命性生产方法，旨在通过充分利用信息通信技术和网络空间虚拟系统——信息物理系统（Cyber - Physical System）相结合的手段，通过"智能工厂"和"智能生产"将制造业向智能化转型。工业 4.0 的核心是连接，要把设备、生产线、工厂、供应商、产品和客户紧密地联系在一起，将无处不在的传感器、嵌入式中端系统、智能控制系统、通信设施通过 CPS 形成一个智能网络。通过这个智能网络，使人与人、人与机器、机器与机器以及服务与服务之间能够形成一个互联，从而实现横向、纵向和端到端的高度集成。工业 4.0 的技术支柱涵盖工业物联网、云计算、工业大数据、工业机器人、3D 打印、知识工作自动化、工业网络安全、虚拟现实和人工智能。工业 4.0 的实施过程是制造业创新发展的过程，是制造技术、产品、模式、业态、组织等方面的下一代创新，是从大规模生产转向个性化定制的智能制造阶段，是生产过程更加柔性化、智能化、体验化的创新新形态。

中国在全球创新版图中占据了新位势，研发支出占全球比重上升到 20%，位列世界第二。经过多年来的改革开放和经济社会发展，中国自主创新能力显著增强，创新创业环境明显改善，创新型国家建设迈上了新台阶。资源配置、成果转化、人才发展、生态优化等重大改革举措取得了突破性进展，市场导向的创新机制逐步完善，企业创新主体地位不断增强，创新整体水平正在从量的增长向质的提升转变，国家创新步入了"以跟踪为主"转向"跟踪和并跑、领跑并存"的新阶段。我们看到，《国家创新驱动发展战略纲要》《促进大数据发展行动纲要》《中国制造 2025》《推进"互联网 + 政务服务"开展信息惠民试点的实施方案》等国家指导性文件的制定和实施是应对创新 2.0、政府 3.0、工业 4.0 的时代产物，对于提升企业创新能量、政府服务效能和建设科技强国与创新大国具有重要的实践意义。同时，深化创新治理体制改革、提高创新资源配置能力、深度参与全球创新治理体系以及推动政府职能由研发管理向创新服务转变也是当下重要的公共治理学术议程，我们期待《大创新治理书系》能够贡献智库资源和智慧支持！

高小平

中国行政管理学会执行副会长兼秘书长

十七届中央政治局第四次集体学习讲解专家

2016年6月16日于北京

# 前　言

制造业是国民经济的主体，是立国之本、兴国之器、强国之基。打造、建设和发展具有国际竞争力的制造业，是提升综合国力、保障国家安全、建设世界强国的必由之路。当科学技术时针拨到智能化的工业4.0时代，实体物理世界将与网络世界深度融合，人与人、人与机器、机器与机器之间的交互式沟通会成为互动交流的常态，大数据、云计算、物联网驱动下的智慧化进程将会不断推进。毫无疑问，《中国制造2025》是工业4.0时代中国制造业追求创新发展的政策反馈和政府回应，是中国版的工业4.0战略，它设定了中国从制造大国迈入制造强国的"时间表"和"路线图"，显示出中国政府对制造业实现转型升级的坚定信心和政策承诺。

**拐点上的"Made in China"**

改革开放以来，中国制造业持续快速发展，建成了门类齐全、独立完整的产业体系，成了世界最大的制造大国，制造业产量超过美国，实现2.1万亿美元的工业增加值，占全球工业增加值的20%，有力地推动了中国工业化和现代化进程。来自权威数据显示，中国有超过200多种工业产品的产量和出口量都居世界第一位，有几十种产品的出口占到全世界出口总量的70%以上。可以说，大到机车、轮船、工厂装备，小到笔芯、纽扣、吸管，全世界人民都享受着物美价廉的"中国制造"。过去几十年间，"Made in China"的标签几乎出现在中欧美、亚非拉家庭的每一个角落。

然而，与世界先进水平制造业相比，中国制造业仍然"大而不强"，对自然资源和劳动力资源的依赖极大，产业结构不合理，产品附加价值不高，在自主创新能力、资源利用效率、产业结构水平、信息化程度、质量效益等方面差距明显。中国制造业产业结构的不合理既表现为低水平下的结构性、地区性生产过剩，又表现为企业生产的高消耗、高成本。许多重要产业对外技术依存度高，关键零部件和关键技术主要依赖进口，其中芯片进口率达80%、数控系统进口率达70%，基础设计和制造技术薄弱，自主开发和创新能力弱，制造业的技术水平处于"低端过剩、高端不足"的状态。多数产品集中在附加值较低的"制造—加工—组装"环节，处于价值链底端。信息化水平不高，与工业化融合深度不够。根据《世界经理人》开展的"2015中国制造业信息化管理现状调研"显示，中国制造业近九成的企业信息化水平处于初、中级水平，43%的企业信息化覆盖的业务部门比较窄，各IT系统或处于割裂状态，或集成程度不高。另外，中国制造业能耗高、污染严重，氮氧化物、二氧化硫、氨氮、二氧化碳排放均居世界首位，雾霾、水污染、土壤重金属超标已成为环境公害。

长期以来，中国以廉价的劳动力资源参与国际分工，在劳动密集型产品上具有比较优势，一些发达国家逐步将一些低附加值的劳动密集型产品迁入中国。随着中国经济的发展和周边一些落后的发展中国家逐步加大外资引进的力度，中国的人口红利和劳动力优势正在逐步丧失。外部市场需求的约束力显著上升，以劳动密集型为依存的低档产品、初级产品的贸易条件不断恶化，社会各界对于赴日狂购"马桶盖"的激论就真实地折射了"中国制造"的困境。与此同时，部分欧美国家提出了重振本国制造业战略，积极应对以信息技术与制造技术深度融合为主要特征的新一轮科技与产业革命。其中，美国实施了谋求掌握"未来产业链"核心的制造业重振战略，德国则积极推进把物联网与服务应用到制造领域的工业4.0战略。

显然，在世界经济持续疲软的情势下，中国制造既要面对德、美、日等发达国家出台重振本国制造业的战略，以及本身技术壁垒与制造成本上涨双重压力，又要面对同处于发展中国家的拉美和东南亚地区利用优惠政策和更低廉的人工成本吸引在中国外资企业的产业转移等众多压力。因此，《中国制造2025》的出台是中国制造业面临这种强有力挑战的产物，是实现从制造大国向制造强国转变的重要推力，是从增强综合国力、提升国际竞争力、保障国家安全的战略高度做出的重大战略部署。

**迈向制造强国的顶层设计**

应对新一轮科技革命和产业变革，立足转变经济发展方式实际需要，

# 前言

实现传统制造业转型、发展高端制造业是走向制造强国的必由之路。为此,《中国制造2025》围绕创新驱动、智能转型、强化基础、绿色发展、人才为本等关键环节,以及先进制造、高端装备等重点领域,提出了加快制造业转型升级、提升增效的重大战略任务和重大政策举措,力争到2025年从制造大国迈入制造强国行列。毫无疑问,《中国制造2025》为中国制造实现从制造大国走向制造强国设定了"时间表"和"路线图"。

《中国制造2025》提出了中国制造强国建设三个十年的"三步走"战略:第一步,到2025年,迈入制造强国行列;第二步,到2035年,中国制造业整体达到世界制造强国阵营中等水平;第三步,到新中国成立一百年时,中国制造业大国地位更加巩固,综合实力进入世界制造强国前列。由此可见,中国从制造业大国向制造业强国的转变需要用三个十年左右的时间,《中国制造2025》是"三步走"战略的第一个十年的行动纲领。

《中国制造2025》是中国制造业发展走向2.0时代的制度创新和治理革命,它的基本内容可以用"一二三四五五九十"来概括:

"一"是"一个目标",即实现从制造大国向制造强国转变的最终目标。

"二"是"两化"融合,以"互联网+"为核心,推进信息化与工业化深度融合。

"三"是"三步走"战略,大体上每一步用十年左右的时间逐步迈入或达到"制造强国行列""制造强国阵营中等水平""制造强国前列"。

"四"是"四项原则":一是市场主导、政府引导;二是立足当前,着眼长远;三是全面推进,重点突破;四是自主发展、合作共赢。

"五"是"五大方针"(创新驱动、质量为先、绿色发展、结构优化、人才为本)和"五大工程"(创新中心建设工程、工业强基工程、绿色制造工程、智能制造工程、高端装备创新工程)。

"九"是"九大战略":(1)提高国家制造业的创新能力;(2)推进信息化和工业化深度融合;(3)强化工业基础能力;(4)加强质量品牌建设;(5)全面推行绿色制造;(6)大力推动重点领域突破发展;(7)深入推进制造业结构调整;(8)积极发展服务型制造和生产性服务业;(9)提高制造业国际化发展水平。

"十"是扶持十大重点行业领域:新一代信息技术产业、高档数控机床和机器人、航空航天装备、海洋工程装备及高技术船舶、先进轨道交通装备、节能与新能源汽车、电力装备、农机装备、新材料、生物医药及高性能医疗器械。

### 迈向制造强国的行动策略

实施制造强国战略既要遵循世界工业革命浪潮的普遍规律和要求,又要遵循中国自己的发展规律和特点,需要以迈入制造强国前列为目标,紧紧抓住国家实施制造强国战略的重大机遇,牢固树立创新、协调、绿色、开放、共享的发展理念,瞄准全球制造业创新制高点,以构建产业生态为基础,以提高发展质量和效益为中心,积极推动"中国制造"向"中国智造"转变。从宏观层面而言,需要做好以下五个方面的工作:

第一,改善管理体制。产业变革是全面变革,技术、产业、企业、行业、制度都需要变革,既要注重速度和效益的关系,又要注重供给和需求的关系。加强供给侧结构性改革,统筹产业基础、体系和效能,尽快形成高效、高质量的供给能力,增强工业发展和经济增长的动力和活力。破除体制机制障碍,全面深化改革,转变政府职能,用政府权力的减法换取市场活力的乘法,理顺政府与市场的关系。发挥财政资金的引导作用,搭建产业升级服务平台,强化市场的资源配置功能,增强产业资本运作能力。加强专业协作,改革行业指导制度,统筹部门协调推进机制,建立规模、速度、效益相适应的产业发展综合评价体系。

第二，优化产业结构。系统梳理制造业发展现状，尽快淘汰污染较大、能耗较高的生产企业和制造环节，优化产业结构、技术结构、产品结构、地区结构、企业组织结构。依靠高新技术和高端装备的竞争优势，努力发展高端制造业，通过科技增加制造附加值，以高技术知识密集取代劳动力密集型和资金密集型。明确战略性新兴产业发展方向，大力发展新技术、新产业、新业态，积极推动生产方式从大规模流水线生产向定制化规模生产转变，实现产业形态从生产型制造向生产服务型制造转变。

第三，构建创新体系。实施创新驱动发展战略，统筹推动科技、产业、企业、市场、产品、业态和管理创新，营造激励创新的公平竞争环境，建立技术创新市场导向机制，强化金融创新的功能，完善成果转化激励政策，构建更加高效的科研体系，创新培养、使用和吸引人才机制，推动形成深度融合的开放创新局面，积极构建和完善国家和企业组织自主创新体系。

第四，推动智能制造。满足轻量化、精密化、绿色化的制造需求，追求数字化、智能化、集成化的制造技术。依托数字化、网络化和智能化技术，建立产品全生命周期的健康保障系统，使产业形态从传统的生产型制造向生产服务型制造转变，以实现产品服务模式的创新，保证高品质的服务。管理好各类产品数据，实现产品开发过程智能化，并建立服务于企业实现创新设计的云服务平台。通过实现制造过程的数字化、网络化和智能化，帮助制造系统最终向智慧工厂转变。

第五，实施绿色发展。推动和实施绿色制造技术改造行动，制定重点产业技术改造投资指南，组织一批能效提升、清洁生产、资源循环利用等技术改造项目，推动新能源产业发展、加快淘汰落后产能、推进节能降耗、严格规划化学品及重污染产品区域。在保证产品的功能、质量、成本的前提下，综合考虑环境影响和资源效率，推动企业向智能化、绿色化、高端化方向发展。

# 上 篇

## 第一章
## 工业1.0:蒸汽化与不列颠辉煌

马克思考察英国经济发展时,曾专门在《共产党宣言》中提到了蒸汽机的作用:"市场总是在扩大,需求总是在增加,甚至手工业也不能再满足需要了。于是,蒸汽机和机器引起了工业生产的革命。"蒸汽机的发明是人类社会进入机械化时代的标志,加速了工业革命、社会进步和人类文明的进程。因为随着蒸汽机毫不留情地取代手工操作,传统的手工工场模式再也无法满足需要,为了更好地进行生产管理,提高效率,集中生产的工厂制度成为最主要组织形式,中世纪田园牧歌式的恬静生活被打破。以蒸汽机的使用为标志,人类社会跨入了全新的工业1.0时代,英国亦由此铸就了全球经济大国的百年辉煌。

# 一　机器革命时期的英格兰前夜

## （一）失败之国的人口逆袭

正如约翰·盖伊所描述的，于1485年亨利七世成为英格兰国王都铎王朝①正式建立之前，与其他欧洲国家特别是与其隔海相望的法国相比，当时的英国可谓是一个彻底的失败之国。这主要表现为这个国家的社会闭塞、经济发展极度缓慢上。在封建社会，无论是东方世界抑或是西方世界，人口的增长都是评价一个国家社会经济发展的重要指标。亚当·斯密就曾明确地指出："一国繁荣最明确的标识，就是居民人数的增加。"在这方面，当时英国表现无疑是非常糟糕的。

在黑死病流行前夕，包括英格兰和威尔士在内的英国的总人口数大约为四五百万。到1377年前，由于瘟疫不断，英国的人口快速下降到250万。此后则陷入了长期的停滞状态。根据赖内和斯科菲尔德合著的《1541年至1871年的英国人口史》所掌握的数据显示，直到1541年时，英格兰的总人口数亦不过277万而已，虽然这一时期英格兰的人口得到快速增长。但即使如此，到1551年时，这个数值仍然不过区区301万而已。其人口总数仍只相当于当时法国总人口数1700万的18%，西班牙总人口数900万的33%，意大利总人口数1100万的27%，德意志总人口数1200万的25%。②

造成这种局面的一个重要原因是常年的战争，特别是1337—1453年英

---

① 都铎王朝（Tudor dynasty）（1485—1603年），是在亨利七世1485年入驻英格兰、威尔士和爱尔兰后，所开创的一个王朝，统治英格兰王国及其属土周围地区。伯爵亨利·都铎于1485年8月，在法国援助下杀死理查三世，夺取王位，建立都铎王朝，史称亨利七世。都铎王朝统治英格兰王国直到1603年伊丽莎白一世去世为止，历经118年，共经历了五代君主。都铎王朝处于英国从封建主义向资本主义过渡时期，被认为是英国君主专制历史上的黄金时期。

② 相关数据综合自［英］约翰·盖伊《都铎时期（1485—1603）》//［英］肯尼思·摩根：《牛津英国通史》，王觉非等译，商务印书馆1993年版，第240—241页，及陈紫华：《一个岛国的崛起：英国产业革命》，西南师范大学出版社1992年版，第952—997页。

国和法国为领土扩张和王位争夺而爆发的这场旷日持久的战争。在这场断断续续时间长度达116年的战争，以及黑死病这一疫病的双重打击下，英国的经济都大受创伤。当然，将这种局面的出现全部归因为战争，显然也有失客观。原因很简单，这场战争的另一方——法国与英国一样，同样受着战争和黑死病的双重打击，但为什么法国却仍能从容应对呢？恰当的理由或许是这一时期里英国历代统治者的无能，及由此造成的国家治理能力的低下，这点于黑死病的预防和治疗方面体现得淋漓尽致——与同时期的法国、德意志、瑞典和一些意大利城邦国家相比，其在治愈黑死病的侵害方面表现得尤其糟糕。①

简而言之，这时的英国人口稀少、经济萧条，真可谓民疲国穷。② 不要说于整个世界，单是对于西欧而言，当时的它也是那么的微不足道、无足轻重。

都铎王朝的第二位皇帝亨利八世的统治，于英国而言无疑是一个重要的节点。由此之后，这个国家的人口数量开始出现较为快速的增长。到1601年时，英格兰的总人口数已经达到了410万。与此同时，作为除英格兰之外的当时英国的另一重要组成部分的威尔士，其人口数也从1500年的21万左右上升至1603年的38万。③ 再过近80年，即1680年时，英国的总人口数达到了490万。虽然这时的英国与欧洲其他大国相比，人口仍然稀少，仍只是当时法国总人口数2190万的22%，意大利、德意志总人口数1200万的40.8%。但我们也应注意到的是，于1551—1680年这130年时间里，英国人口发展虽然缓慢，但与西欧其他国家相比而言仍然是最快的。

当时英国人口增长了60%以上，而西欧头号大国法国的人口却只增长了29%，意大利增长了9%，德意志则不增不减基本持平，而西班牙则不但不增长，反倒减少了6%。欧洲大陆人口增长最快的国家莫过于荷兰，但其增长率也只是54%。当时整个西欧人口平均增长速度为18%，英国的增长速度超过西欧平均速度的三倍多。

这种缓慢增长的态势一直维持到18世纪中期。1751年于英国的人口

---

① [英]约翰·盖伊：《都铎时期（1485—1603）》//[英]肯尼思·摩根：《牛津英国通史》，王觉非等译，商务印书馆1993年版，第240页。
② 同上。
③ 同上。

史而言无疑是又一个重要节点，这之后英国的人口增长开始起飞。1751年时包括英格兰和威尔士在内的英国，其总人口数为614万。仅仅10年时间，到1761年时这一数值立马上升至656.9万。又过10年，这一数值已上升至707.2万。到1821年时，英国全国总人口已达到1210.6万。① 也就是说，于1751—1821年这短短70年里，英国人口增长了几乎1倍。反观同期的欧洲其他国家，于1750—1800年，昔日大国法国的人口增长速度仅为19%。意大利稍高，但也只达到26%而已。而荷兰则更低，其人口增速仅仅达到10%。就是于整个世界，这50年里其增速亦不过21%。

此后，这种增长速度仍然得到了保持。1831年，包括英格兰和威尔士在内的传统英国地区总人口数为1389.7万，1841年为1591万，1851年为1792.8万，1861年为2006.6万，1871年为2271万，1901年为3252.8万。如果再将新合并的苏格兰和北爱尔兰加在一起，那么整个联合王国人口的增长，1831年为2402.9万，1841年为2673.1万，1851年为2739.1万，1861年为2892.7万，1871年为3148.5万，1901年则达4145.9万。再反观同期的欧洲其他国家，1820年，荷兰的总人口为200万，到1900年时，该国总人口增长至510万。意大利，1820年时为1840万，1900年时为3250万。西班牙，1820年时为1400万，1900年时为3250万。法国，1820年时为3050万，到1900年时，该数值为3850万。在这种于当时不仅在英国人口史上是空前的，而且在世界人口史上也是罕见的增速面前，英国在总人口数方面彻底逆袭。②

伴随着人口增加而来的是劳动力和社会需求的同步增长，这无疑刺激了英国经济的发展和农业生产的商品化过程。除此之外，诚如盖伊所说的，人口的增长还促进了英国城市和贸易的复兴与发展，引起了住房革命。更重要的是，"使得英国人尤其是首都伦敦人民的生活方式发生了深刻的变化，并有力地促进了英国人民的新的、激动人心的世界观的形成，尤其是促进了从宗教改革思想和加尔文宗教理论中发展起来的个人主义的发展。"③

---

① 陈紫华：《一个岛国的崛起：英国产业革命》，西南师范大学出版社1992年版，第95页。
② 相关数据综合自［英］约翰·盖伊《都铎时期（1485—1603）》//［英］肯尼思·摩根：《牛津英国通史》，王觉非等译，商务印书馆1993年版，第240—241页，及陈紫华：《一个岛国的崛起：英国产业革命》，西南师范大学出版社1992年版，第95—97页。
③ ［英］约翰·盖伊：《都铎时期（1485—1603）》//［英］肯尼思·摩根：《牛津英国通史》，王觉非等译，商务印书馆1993年版，第240页。

人口的快速增长，无不与农业技术的革命及由此形成的食物的增加密不可分，英国也不例外。

## （二）圈地运动与农业革命

英国农业革命又与其土地制度的变革有着明确的因果关系。以研究美国民主而闻名的法国学者托克维尔，在其《英国行记》一书里就曾指出，"英国人仍然深受老一套教条的束缚，其实这些东西最不容易引起争议，也就是说大地产制对于农业生产技术的改良而言是不可或缺的前提条件。"[①] 托克维尔的观点得到了英国经济学家安格斯·麦迪森研究的有力支持。

麦迪森比较了中国和欧洲从公元1世纪到18世纪的经济走势后发现：以1990年美元估价的人均GDP，在1世纪到10世纪，欧洲为550美元，中国只有450美元。这种位势直到宋朝建立时才发生明显改变，当时中国仍维持在450美元，而欧洲则下降到422美元。300多年后即公元1300年，欧洲经济结束长期停滞状态，表现出增长态势，但同期的中国表现更为强劲，当时欧洲的人均GDP提高至576美元，中国则高于600美元。这种位势直到康乾盛世时期的1700年时，才再次发生位移。当时的中国经济仍维持在1300年时的水平，但此时的欧洲人均GDP则提高至924美元。

为什么会出现这种此消彼长的变化呢？事实上，这种现象的背后跟土地制度所表现出来的经济自由度有着密不可分的联系。

公元5世纪，欧洲步入中世纪，在这一时期大片未耕土地被个别家族吞并，且在长子继承法下，排除了将这些土地重新分割的可能。动乱年代，大领主们忙于捍卫领地，或盘算着扩大自己的管辖权和势力范围，没有闲暇去顾及土地的耕作和改良。大领主下面占有土地的人全都是可以随意被大领主退佃的佃户，他们"被束缚在土地上，既不能离开也不能任意处置土地"。这种制度，阻止了资本和劳动力的自由流动。更重要的是，对于一个不能拥有财产的人而言，正如亚当·斯密所说"除了吃得尽可能多，劳动得尽可能少之外，再没有其他利益可言"。没有劳动积极性，没

---

[①] Tocqueville: *Journey to England*, 1833年版, 第72页。转引自［英］罗伯特·艾伦《近代英国工业革命揭秘：放眼全球的深度透视》，毛立坤译，浙江大学出版社2012年版，第84页。

有竞争，社会增长自然会停滞不前，这就是中世纪欧洲的典型特征。① 中世纪的英国也不例外。在一个农业社会，低水平的产出，决定了其可承载的人口必然有限。

这一切随着一场运动的到来而逐步改变，这场运动就是历史上有名的圈地运动。从圈地的内容来看，这场运动又可大致分为如下三个阶段：第一阶段是以条田的自愿置换为主要内容的圈地阶段，第二阶段是以抢占公地为主要内容的阶段，第三阶段则是对其他小土地主、农民土地的兼并为主要内容的阶段。

我们先来看看第一阶段。要提到这场运动，则不得不要追溯到日耳曼人入侵英格兰说起。占领英国后，作为占领者的日耳曼人自然地也将它的很多理念带入了这个国度，譬如：公平。基于平等原则的考量，日耳曼人对当时英国的土地予以了重新分配。我们知道土地有肥有瘦、有远有近、有干有湿，可谓是各个不同。正是因此，日耳曼人为了公平起见，于是给每个人一小块肥的、一小块瘦的、一小块远的、一小块近的、一块干的、一块湿的……这样一来每个人都有几块小土地，且散落于各处，而不是连在一起，这样分散的小块土地，被称为条田。这种制度固然有利于公平，但其弊端也是显而易见的，首先这种分散的土地显然不利于个人耕种，也不利于大量机械设备的推广和应用。也正是因为如此，马克思就曾指出，这种土地制度"按其性质来说就排斥社会劳动生产力的发展、劳动的社会形式、资本的社会积聚、大规模的畜牧和科学的不断扩大的应用"。② 正是这种制度导致当时英国的生产力的落后、农业产业效率的低下。为了解决这个问题，13世纪时人们开始通过互相协商对换或买卖的方式，以便于土地的集中，这就是最早的圈地运动。当时的圈地完全是自发自愿的。

第二阶段是对公荒地的圈占。包括英国在内的当时的欧洲，与我国周朝时期的体制是相近的。那时候的英国，领主占有他管辖区域内的土地，除了各级领主自己经营的土地外，其他土地给农民租种，成为农民的份地。这两种土地之外还有一些公用地和森林沼泽等荒地，这些公地和荒地法律上当然也是领主的，但实际上是公用的或无主的。当大块的土地紧缺时，大家就打上了这些公地和荒地的主意，领主或佃农都有圈占为己用的行为，在土地不缺的地方，这种占用也相安无事，但是在一些土地紧缺的

---

① 韩和元：《土地制度与经济兴衰的逻辑》，《支点》2013年第7期。
② 详细论述参见马克思《资本论》第三卷第47章第5节。

地方，就不能随意占了，佃农和领主们就要互相协议，比如领主要占一块，就给佃农一些补偿。在实际操作过程中，大多数就这样通过协议，在王室和领主的法律框架内圈占了，但也有少数补偿不到位或者不补偿就强占的，引起了暴力冲突。这一时期的圈地运动颇有春秋战国时期废井田开阡陌的神韵。随着土地的集中，大土地主也越发肯在他的土地上进行投入，这些投入包括耕地的改良，更能提高生产率的农具的发明创造、品种的培育，以及管理和作业方式、方法的改进。结果是，从1750年开始，各大农场的粮食产量明显有了大幅提高。艾伦据此认为："这也就反映出圈地建立大型农场对于农业生产力的进步产生了很大影响。于是在议会主导下的圈地运动遂一发不可收拾。[①]"

第三阶段则始于15世纪。在15世纪以前，英国的生产主要还是以农业为主，纺织业在人们的生活中，还是个不起眼的行业。但随着新航路的发现，国际贸易的扩大，与英国只有一海之隔的欧洲大陆西北角的佛兰德尔地区[②]毛纺织业突然繁盛起来，并形成了当时西欧的工业中心。由于佛兰德尔地区毛纺织业的繁盛，羊毛的需求量逐渐增大。这时，西欧大陆自身的羊毛产量已远不足以应对这种需求，于是羊毛订单就像雪片一样飞向了作为传统养羊大国的英国，这就使英国市场上的羊毛价格开始猛涨。这时的英国，除了要满足国内的需要外，还要满足国外的羊毛需求。因此，养羊业与农业相比，就变得越来越有利可图。这时，一些有钱的贵族开始投资养羊业。而养羊则需要大片成片的土地。在该阶段的初期，贵族们延续了第二阶段的路径，仍以森林、草地、沼泽和荒地这些公共用地为目标。他们利用自己的势力，首先在这里扩大羊群，强行占有这些公共用地。当这些土地仍然无法满足贵族们日益扩大的羊群需要时，他们又开始采用各种方法，把那些世代租种他们土地的农民赶出家园，甚至把整个村庄和附近的土地都圈起来，以此将这些土地变成养羊的牧场。

最初，这些受剥夺的农村居民大批地变成了乞丐、盗贼和流浪者。但随着养羊贵族原始资本和纺织技术积累的完成，那些随之逐步资本家化的英国贵族们，开始不满足于单纯的羊毛这一原材料的生产和出口，为了获

---

① ［英］罗伯特·艾伦：《近代英国工业革命揭秘：放眼全球的深度透视》，毛立坤译，浙江大学出版社2012年版，第87页。
② 欧洲历史地名。位于中欧低地西部、北海沿岸，包括今比利时的东佛兰德省和西佛兰德省、法国的加来海峡省和北方省、荷兰的泽兰省。

得更为丰厚的利润，他们开始逐步涉足毛纺织，虽然那时还只能算得是工场手工业而已。但也正是由于这些工场手工业的发展、壮大，为那些由于封建制度的解体而被赶出土地的农民开辟了新的生产领域。于是，这些人口便开始由农村向城市流动，并重新寻找着自己的位置。他们中的一些人带着从土地转让中获得的一些微薄的资本，投身于工业生产，从而加入了正在上升的资产阶级队伍。更多的人则违心地摆脱陈旧的传统习气，为了生存不得不受雇于新兴的资产阶级。因为他们除了自身的劳动力外没有任何东西可提供。从而形成了工业发展所必需的劳动力大军。更为重要的是，"圈地运动使得小农转化为了雇佣工人，使他们的生活资料和劳动资料转化为资本的物质要素的那些事件，同时也为资本建立了自己的国内市场。而国内市场的建立和扩大是产业革命发生的必要前提。"[①]

## （三）英西海战与商业霸权的确立

随着圈地运动的发展，一大批农业资本家和新贵族产生了。他们是一个新兴的社会阶层，充满了朝气和冒险精神，从而成为那个时代的宠儿。正是得益于他们，推进了英国农业的资本主义化，并进而为英国工商业的发展起到了不可替代的作用——由于圈地给工业提供了必需的自由劳动力，并为工商业的发展开拓了国内市场，英国的工场手工业获得了长足的发展。伴随着工场手工业的发展，反过来又给英国提出了需要更为广阔市场和更多商品需求供应地的内在要求。克莱门特·亚当斯（Clement Adams）就曾这样写道："我们的商人发现英国的日用品和小商品在本国的城市和乡镇中只有很小的需求，在我们周围，这些曾经对我们来说很陌生而新奇并且渴望得到的小商品，现在却司空见惯到我们经常会忽略到它们的存在，它们的价格在下降。虽然我们出口时自付运费到外国的港口，但是进口时所有的外国商品都有很大的市场需求，而且商品的价格也有相当大幅度的提升，正是因为如此，一些勇敢的伦敦市民决心进行一场新奇而又充满危险的神秘探险。"[②] 托马斯·爱德（Thomas Edge）也非常清楚，如果没有开拓出新的市场，而单靠业已饱和的国内市场，"这个王国的经济

---

[①] 张万合：《蒸汽机打出的天下：英国工业革命》，长春出版社1995年版，第50页。
[②] R. Hakluyt, *Voyages and Discoveries: The Principal Navigation, Voyages Traffigues and Discoveries of the English Nation*, Penguin, 1982（8），267.

必然会停滞不前，且还将逐渐衰退"。①

由于新航路的发现，当时整个世界格局已然改变：商业贸易开始由原来的地区性演变为全球性，由原来的陆路转为海路。欧洲的商贸中心也由原来的地中海转移到了大西洋。伴随着这个全球市场出现的是，各国之间的商业斗争也变得更为广泛和更为残酷。于当时而言，一国要想夺得商业霸权、获得更为广阔的海外市场和产品供应地，就必须争夺殖民霸权，而要想维护其殖民霸权就必须获得海上霸权。也就是说，在当时谁赢得了海洋，也就意味着谁就赢得了全球市场。

近代最先进行新航路发现，争夺和建立商业霸权、殖民霸权和海上霸权的是葡萄牙和西班牙。为了解决两国的争端，1493年5月4日，教皇亚历山大四世以基督教代理人的身份，拿起地球仪，像切苹果一样，以子午线为界将整个世界所有尚未发现的民族、国家、岛屿和海洋划给了这两个国家。其中，葡萄牙将独霸东半球而西班牙则独霸西半球。然而令教皇颇为沮丧的是，这条子午线并未使西班牙与葡萄牙的争霸停止。更为重要的是，西班牙人和葡萄牙人的财富，正经由不断地发现和寻求新的贸易伙伴和国家而不可思议地增长着，这种财富效应严重地激起了荷兰人、法国人，当然还有英国人的欲望。在这个国度，无论是商人还是政府，都想借由发展海洋贸易来获取财富开拓市场。但他们也非常清楚，一旦他们介入海上贸易则无异于从葡萄牙和西班牙人那里虎口夺食。同时，他们也非常清楚自己与对手之间实力的差距。于当时的英国而言，北方是唯一可以让他们自由出入的地方，原因是西班牙人和葡萄牙人的势力尚未到达过这些地区，也因此在这里英国同西班牙和葡萄牙没有政治纠纷的畏惧。为了避开与葡萄牙和西班牙的正面冲突，1553年，英国人维罗毕和钱德勒率领探险队伍朝北向东挺进，他们试图探出一条可以通往东方的航路，以此摆脱葡萄牙人的影响开拓出一条通往东方的财富之路：在开创出一个新的和直接的黄金、香料的供应地的同时，还开拓出一个全新的市场。最后，船队却懵懵懂懂地闯进了莫斯科，随后组建了莫斯科公司，并派驻代理展开跨国贸易。然而令英国人失望的是，俄罗斯人与东方国家之间并没有建立起一条畅通的东西方国际商业贸易的通道，而北方航路也有其自身的让人想止步的困难，那就是恶劣的自然条件，包括不宜居住的气候，漫长的冬

---

① L. Stone, "State Control in Sixteen – century England", *Economic History Review*, Vol. 17, 1947, 117.

季，尤其是冰雪和薄雾使让人兴奋的航海充满生命的冒险。更进一步说，为了自身的安全和利益，向北航行是任何人都不想实行的。因此，这一航路被他们视为了一个人类不能贸易的地方。这就使得英国人不得不重新折回大西洋。此时，葡萄牙已为西班牙所吞并，整个世界海上贸易实质上已被西班牙所独占。英国人的折回，使得其与西班牙之间的冲突不可避免。英国人更认定，商业上的敌人必然也是政治上的对手。英西之间的海上争霸由此拉开序幕。

1562年，霍尔金斯率领船队来到西部非洲。他带领全副武装的英国人深入非洲内陆，像抓捕动物一样，抓走了大批黑人。霍尔金斯将这些被抓捕来的黑人带到新大陆，以高价出售给那些殖民地缺乏劳动力的农场主。因为这个，霍尔金斯发了一笔横财。在回国时，他又运回一整船的甜酒，这样一来他又在英国卖了个好价钱。当时英国的统治者伊丽莎白一世看到这种生意有利可图，于是不惜重金入股。在女王的鼓励和支持下，霍尔金斯更加有恃无恐。英国人开创的贩奴贸易，对西班牙海外贸易霸权构成了挑战。西班牙的统治者坚决反对包括英国在内的其他国家与西班牙殖民地进行商贸往来。为此，于1567年它甚至对英国贩奴船发动了袭击。作为报复，英国人不仅没收了西班牙运送饷银的船只，还开始了有组织地针对西班牙人的海盗掠夺。据统计，英国的海盗劫掠，使得西班牙每年的损失超过300万杜卡特①。两国之间的紧张关系终于在1588年达到了顶点。

1588年7月7日，大西洋的海流与此前任何一个夏季一样，波涛汹涌。这一天，130艘战船、8000名水手和两万名士兵从西班牙起航，这支浩浩荡荡的队伍拥有一个显赫的名号——无敌舰队。强大的西班牙帝国在它的护卫下，已经称霸了半个多世纪。无敌舰队此行的目的是控制英吉利海峡，教训那个不知天高地厚屡屡挑战其利益的英国。面对当时世界头号强国西班牙，英国人心里其实也没有底。一开始伊丽莎白一世试图通过谈判来化解危机，但遭到了西班牙人的断然拒绝。因为在西班牙人看来，依靠人多、船大的优势，他们完全有能力将那些由海盗们临时拼凑而成的英国舰队一举歼灭。但没有想到，英国舰队虽然规模小，但它拥有更先进的火炮，再加上海盗们惯有的灵活机动的特点，在战争当中反而占据了优

---

① 杜卡特金币（Ducato），意大利威尼斯铸造的金币，1284—1840年发行。近似足金，重3.56克。由于其便于铸造、携带、整理，价值又高，于中世纪至近代初期，成为欧洲颇受欢迎的一种货币。

势。几天激战之后，西班牙的无敌舰队被英国人打得一半沉入海底，一半逃回了伊比利时。英国在这场海战中的胜利，是一次以弱胜强的胜利，它让长期处在欧洲主流文明之外的英国，第一次以强国的姿态向欧洲大陆发出了声音，并迅速取代昔日霸主西班牙进入世界海洋霸权和商业霸权的中心。随着霸权的确立，也就意味着英国人获得了更多适合英国人需求的商品的供应地，也为英国产品提供了更为广阔的市场。这样一来，各种商品的需求量越来越大。

## 二 拿来主义、煤炭与高工资模式

### （一）拿来主义的技术模仿

从事后推论来看我们都知道，英国是世界上第一个现代化国家。正因为它的崛起，迫使整个世界不得不追随着它的步伐向现代化的方向前进。从这个意义上，可以说是英国引领了当时世界的潮流，打开了现代世界的大门。然而就是这样一个国度，却是一个十足的"拿来主义者"。英国的崛起之路并不是完全依靠自身的创造，而是大胆借鉴吸收其他国家的经验与成果之路。

正如德国著名经济学家弗里德里希·李斯特在其《政治经济学的国民体系》一书里所做的记述，就连英国人捕制青鱼这种技能都是从荷兰人那里学来的，而捕鲸则是从比斯开湾沿岸居民那里学来的。当大批的新教徒技工被腓力二世与路易十四分别从比利时与法国逐出后，英国人更是如获至宝，将这些流亡者奉若上宾。也正是得益于英国人的这种恭敬，这些流亡者的才智和手艺使得英国在工艺上、工业资本上获得了无可计量的增益。英国精细呢绒的制造，麻布、玻璃、纸张、帽子、绸缎、钟表等工业技术上的改进，以及一部分五金工业的建立，都是靠这些人而获得实现的。在李斯特看来，"每一个欧洲大陆国家都是这个岛国的老师，它的每一种工业技术都是向这些国家模仿得来的，它学会了以后就把这些工业建立在自己的国土上。"①

更为重要的是,这个岛国一旦掌握了任何一个工业部门就锲而不舍,给予密切的注意和照顾,经几个世纪而不倦,就像保护幼苗那样小心周到。任何一种工业,靠勤奋、技术和节约,不久总有所成就,总是有利可图的。譬如,在斯图亚特王朝的第一任国王詹姆士一世统治时期即公元17世纪初叶,英国所制毛织品的绝大部分总是在未加工状态下运到大洋彼岸的佛兰德尔,然后在那里加以染色、整理的。但英国人正是凭借上述精神,经过十几年的发展,到斯图亚特王朝的第二任国王查理一世统治时期,其呢绒加工技术达到了高度完善的境地,从此国外比较精细的毛织品就几乎不再输入英国,而英国输出的毛织品则全部是经过染色并精细加工的。

这一产业优势的确立,使得英国得以将汉萨同盟②逐出俄罗斯、瑞典、挪威和丹麦市场,使它在与地中海东部各国及东印度群岛、西印度群岛的贸易中获得了其中最丰富的果实。事实上,正是凭着这种拿来主义精神,除从佛兰德尔习得的毛纺织业获得青出于蓝而胜于蓝、教会徒弟饿死师傅这样的成就之外,英国人在玻璃制造、地毯织造和染色等领域也表现得同样的出类拔萃。长久以来威尼斯在玻璃制造技术上拥有毋庸置疑的技术垄断地位,但随着玻璃制造技术传入英国,没有多久,昔日的霸主不得不甘拜下风。同样,地毯织造与染色的技术长期为波斯人所垄断,但随着地毯织造和染色技术传入英国,没有多久波斯人也终于不得不告放弃。对手一个个地被击败,意味着的是更多的订单,这样一来以手工工场为支撑的生产能力变得捉襟见肘。马克思在《哲学的贫困》中也写道:"当贸易在英国已发展到手工劳动不能再满足市场需求的时候,人们就感到需要机器。"③ 羊毛工业只是英国各业中的一个主干,以其为核心,促进了汇聚在它周围的一个涉及面非常庞大、行业非常广泛的产业群的发展。譬如下游

---

① [德]弗里德里希·李斯特:《政治经济学的国民体系》,商务印书馆1961年版,第40页。

② 汉萨同盟是德意志北部城市之间形成的商业、政治联盟。"汉萨"(Hanse)一词,德文意为"公所"或"会馆"。13世纪逐渐形成,14世纪达到兴盛,加盟城市最多达到160个。1367年成立以吕贝克城为首的领导机构,有汉堡、科隆、不来梅等大城市的富商、贵族参加。拥有武装和金库。同盟垄断波罗的海地区贸易,并在西起伦敦,东至诺夫哥罗德的沿海地区建立商站,实力雄厚。

③ [德]马克思、恩格斯:《马克思恩格斯全集》(第23卷),人民出版社1973年版,第169页。

的航海业、造船业，譬如上游的纺织机械设备制造业、能源开采业……也就是说，英国人通过拿来主义将羊毛工业打造成了英国工商业得以积极发展的基础。

### （二）作为廉价能源的煤炭

当然，仅仅只是完善的羊毛产业并不足以解释英国的产业革命，原因很简单，在通过拿来主义将羊毛产业引入英国之前，经过几百年的发展，佛兰德尔地区的羊毛工业就已经非常繁荣发达了，它同样也刺激着该地区其他相关产业的发展，但为什么佛兰德尔地区却并没有因此而爆发产业革命呢？《近代英国工业革命揭秘：放眼全球的深度透视》一书作者、英国经济史学家罗伯特·艾伦（Robert Allen）所给出的解释是，在产业革命爆发这事上，真正起决定性作用的要素乃是能源。事实上早于1738年，也就是产业革命爆发前夕，法国学者梯奎特（Ticquet）就曾指出："煤炭是支撑英国人创造财富和成就繁荣的最强有力的后盾之一，而且也是推动英国制造业日趋兴盛的重要保障。"[①] 杰文（Jevon）显然也持有这一观点，在其1865年出版的巨著——《煤炭问题》一书里，他也认为"英国工业之所以能够获得突飞猛进的发展，靠的就是取之不竭的煤炭资源"。到1932年时，约翰·内夫在其经典名著《英国煤炭工业的兴起》一书中进一步阐发了杰文的上述观点。而威尔金森（Wilkinson）于1973年出版的著作中更是明确指出，如果从生态史的角度追寻英国工业革命的起源，这并不困难。在他看来，引发变革的最早的一项激励因素来自能源短缺造成的困境。集中表现在，于当时充当燃料的木材的产量远不能满足经济发展的需要。因为在一个有限的空间范围内，资源的消耗量因人口的增长而不断增加，而既有经济体制则力图通过自身的持续扩张来满足不断增长的资源消耗量。最终，煤炭成了解救上述困境的灵丹妙药，也为工业革命登场创造了条件。著名历史学家、汉学家、"加州学派"的代表人物彭慕兰（Pomeranz）在他的那本著名的著作《大分流》里也表达了类似的观点，他说英国洲能够在19世纪迅速超过中国的原因需要从煤炭这一外生的因素中寻找答案。通过上述文献回顾，我们不难发现，他们的结论是那么的高度一

---

[①] Nef 1932, Vol. I, pp. 222-223. 转引自［英］罗伯特·艾伦《近代英国工业革命揭秘：放眼全球的深度透视》，浙江大学出版社2012年版，第80页。

致,那就是英国之所以能够充当带动世界经济发展的"领头羊",一个重要的原因就在于英国拥有丰富的煤炭资源——在当时这是英国独有的一项自然禀赋。

上述结论似有过于绝对的嫌疑,正如诺贝尔经济学奖得主、耶鲁大学教授罗伯特·希勒在《非理性繁荣》一书里曾强调的:"绝大多数历史事件,从战争到革命,都找不到简单的起因。当这些事件朝着极限方向发展时,通常是因为一大堆因素的汇集,其中任何单个因素都不足以解释整个事件。"[①] 当然,不容否认的是有效地开发利用丰富的煤炭资源的确是推动近代早期英国走向成功的诸多要素之一。

中世纪经济维持正常运转所依靠的动力主要是畜力、人力、水力和风力。木材主要是用来为日常生活和部分手工业加工工序提供热量的燃料。虽然在当时,所有大型煤田都已能出产煤炭,但产量都不大,以至于还无法在当时的能源供应结构中占据较大份额。在当时,受耗煤量较大的两个行业——石灰烧制业和打铁业的推动,煤炭已经可以在全国市场上自由流通和交易,不过只是针对这两个特定行业而言的,因为只有这两个行业能够较好地适应煤炭的产销形势。欧洲其他国家的煤炭产销形势与英国也大同小异,虽然所有的露天煤田都能够生产煤炭,但产量也都不算大。

这种情况到 16 世纪中叶发生了巨变。于 1560—1800 年这 240 年间,英国的煤炭产量增长了 66 倍。其中新增的产量当中约有一半出自诺森巴兰和达勒姆两地的矿井。这两处煤矿出产的煤炭绝大多数都运往伦敦销售。当时的伦敦正处于快速成长时期,对各类燃料的消耗量巨大。除英国外,当时欧洲另一个工业重镇——佛兰德尔地区的煤炭产量也大幅增长。到 1800 年前后,其年产量达到了 20 万吨的规模。但这一规模仅仅只相当于英国全年煤炭开采量的 13% 而已。至于其他地区,其煤炭的开采量很少有超过中世纪时的水平的。

由于英国的煤炭储量极为丰富,且开采技术也得到长足的进步,于是就出现了燃料价格低得出奇的现象。在煤炭被广泛使用的头 30 年时间里,其售价通常仅及柴火价格的一半。到了 1650 年以后,由于木材燃料的价格日益高涨,煤炭在价格方面的优势越发明显。在 18 世纪的英国,无论在哪

---

① [美]罗伯特·希勒:《非理性繁荣》,廖理等译,中国人民大学出版社 2004 年版,第 17 页。

一片矿区，井口的煤炭售价一般均为每吨 4—5 先令①，这相对于每释放 1MBTU 热能，所需仅仅为 0.75 克白银。② 与巴黎、北京每 MBTU 热能的能源（主要为木材）消耗需花费 8 克白银相比，可以说实在是低廉得很。由此引发一个问题，那就是依靠廉价能源的供应来维持自身发展的经济体制对于孕育工业革命而言确实很重要吗？艾伦的观点是，答案是肯定的。在他看来，煤炭资源丰富对于英国率先实现工业化至关重要，因为这将使英国获得一种价格低廉的能源，而且这种廉价的能源在相当长的时期里是取之不竭。更重要的是，在改进煤炭开采和运输技术的过程中，比如蒸汽机和铁路运输车辆等新发明得以相继登场。③ 更为重要的是，随着这些技术的提高，也使得冶金工业技术得以长足发展，于是便与煤炭工业一起共同构成了支撑机械工业茁壮成长的基础，机械工业的发展则又推动了各类制造业实现了机械化生产，产能得以大增，海量的产品在全球范围内流动最终促使世界经济在 19 世纪实现了一体化。

### （三）高工资模式

与低廉的煤炭价格形成鲜明对照的是英国工人高昂的工资。当我们翻开狄更斯等人的著作，映入眼帘的都是关于那个时代社会苦难的控诉，说明在小说家们的印象中，那时的民众生活水平极端低下。但这是不是事实呢？被誉为英国和欧洲"小说之父"、著名小说《鲁滨孙漂流记》的作者丹尼尔·笛福（1660—1731 年）给出了截然相反的看法，在 1726 年出版的《正经英国工匠的真实写照》一书里，他这样写道：

"在英国从事制造业生产的那些工人经常可以吃到肉，喝上糖水，他们的住宿条件相当不错，日常伙食标准也很高，这些都是欧洲其他国家的穷苦劳动者望尘莫及的；干同样的活，英国工人的薪酬水平比其他国家的工人高，这样一来他们就有实力花更多的钱去品尝美味佳肴，穿着高档服饰，这些景象令外国人羡慕不已。"

同样的场景也出现在其他人的著作中，譬如伊甸（Eden）在其 1797

---

① 先令（Shilling），英国的旧辅币单位，1 英镑＝20 先令，1 先令＝12 便士。1971 年英国货币改革时被废除。

② ［英］罗伯特·艾伦：《近代英国工业革命揭秘：放眼全球的深度透视》，浙江大学出版社 2012 年版，第 124 页。

③ 同上书，第 126—127 页。

年出版的著作中，就记录了一个生活于伊令（Ealing）、年约40岁的园艺工人的家庭生活状态。这位园艺工人的家庭情况在当时颇具有代表性：他已娶妻并育有4个年幼的孩子。由于可以同时做好几份工作，这位园艺工人每天大约可挣30便士，这一数目于18世纪90年代可以说是伦敦工人的标准工资水平。凭借着每天赚取的30便士，这个家庭可以承受如下开支：每天消费掉1/4个白面包、半磅肉、几盎司奶油、1品脱啤酒、少量茶叶和蔗糖；此外，这个家庭还可以适时购买新鞋、新衣服，并供较大的两个孩子上学。冬天他们还能买得起煤炭来生火取暖。甚至有实力租一套带花园的房子，当然花园还可以为这个家庭提供必要的蔬菜，甚至还可以在里面饲养一些家禽，来丰富餐桌上食物的品种。

那么，隔海相望的欧洲大陆居民的生活状态又是怎么一种状况呢？据说荷兰还不错。德·芙李斯和范·德·沃德系统地研究了孤儿院的膳食结构的演变史，因为他们坚信孤儿院的膳食结构能够代表全社会整体的饮食消费水平。他们的研究发现，从16世纪到18世纪，孤儿院用于孤儿伙食消费的开支大部分用来购买黑麦面包、肉类等食品和啤酒。在18世纪，每一名孤儿年均消耗140公斤的面包，另外还要吃掉20公斤的肉食及14公斤的奶油。

英国的老对手法国，其人民显然就没这么好日子了。赫富顿通过对诸多关于18世纪法国工人和农民日常膳食结构的研究专著的查阅，发现在这些工人和农民的膳食结构当中，食物的种类屈指可数，至少95%都是谷物类食品。这些谷物要么被做成面包，要么加水熬成汤或粥来饮用。于当时的法国人而言，除非他们可以幸运地饲养一些属于自己的牲畜，否则很难吃到肉。也正是因为身处这样一种环境中，法国人罹患营养不良类病症的比例出奇的高。意大利人的处境则可能比法国人更为糟糕。

博学的亚当·斯密显然也注意到了这一点，在《国富论》一书里，他也曾描述过此类现象："目前，英国劳动力的工资水平似乎算高的，足以应付全家人的日常生活开销，而且经常还会绰绰有余。"事实上，于当时的英国而言，商人和金融家固然积累了大量财富，地方城市商人的财富也堪比大都市商人的财富，但史家也达成了一个共识，那就是产业革命爆发前夕英国下层社会的收入比此前和此后都高。正如A.麦金尼斯所言："不仅是中上层人们钱袋里的钱叮叮当当作响,大多数工匠和劳工也富裕了。"① 韦瑟里尔综合金(King)和马西(Massie)的估计认为,在17世纪末期,要维持中等家庭生活水平最低收入是每年40英镑。而此时中间阶层家庭的收入每年通常是40—200英镑,因此英国有一半家庭属于中间阶层。② 其他学者的研究也表明,在17世纪末期,劳工阶层已经参与到消费市场中,他们购买的消费品范围广泛,从陶盘到黄铜蒸煮罐,从针织袜到亚麻被单。他们可能不买镜子或昂贵的餐具,但这并不意味着他们被排除在消费社会之外。③ 在这一时期,虽然农产品价格低廉,农场收入减少,但这也使得食品价格下降,同时,工业品价格也在下降。这样,在1650—1750年消费品价格加权指数几乎为一条水平线,而实际工资在上升。如建筑工人的货币工资在17世纪中期到18世纪中期之间增加了45%—50%。④ 科尔曼的这一观点得到了罗伯特·艾伦的支持。罗伯特·艾伦通过对原始数据的收集处理,发现从1650年开始,英国的工人工资开始大幅增长,到18世纪,伦敦不仅是全世界工人工资最高的城市,更重要的是其工资远比其他国家要高出许多。阿姆斯特丹当时属于较为富裕的城市,其工人的日均工资折合白银9克,这一数字远高于维也纳、佛罗伦萨、德里和北京,但纵使如此,这座城市的工人的工资仍然只是伦敦工人工资的一半而已⑤。具体参见图1-1。

也正是给予这些数据,艾伦得出如下结论:(1)按照当时的汇率水平进行折算,英国人的工资水平在当时位居世界最高等级;(2)相对于英国人在购买日用消费品的开销而言,他们的工资也显得很高。据此,他认为英国在这一时期已经出现了高工资经济模式。激增的人口、高工资经济模式,使英国人的消费已不再是一种对基本需求的满足,而是超越了物质享

---

① A. 麦金尼斯:《一座休闲城镇的出现:1660—1760的什鲁斯伯里》(A. McInnes, "The Emergence of a Leisure Town: Shrewsbury 1660 – 1760"),《过去与现在》1988年第120卷,第76页。转引自李新宽《17世纪末至18世纪中叶英国消费社会的出现》,《世界历史》2011年第5期,第49—57页。
② L. 韦瑟里尔:《1660—1760年英国消费行为和物质文化》,第14、98页。转引自李新宽《17世纪末至18世纪中叶英国消费社会的出现》,《世界历史》2011年第5期,第49—57页。
③ L. K. J. 格拉塞主编:《查理二世和詹姆士七世兼二世的统治》,第205页。转引自李新宽《17世纪末至18世纪中叶英国消费社会的出现》,《世界历史》2011年第5期,第49—57页。
④ [英]科尔曼:《1450—1750年英国经济》,牛津大学出版社1977年版,第99—103页。
⑤ [英]罗伯特·艾伦:《近代英国工业革命揭秘:放眼全球的深度透视》,浙江大学出版社2012年版,第51页。

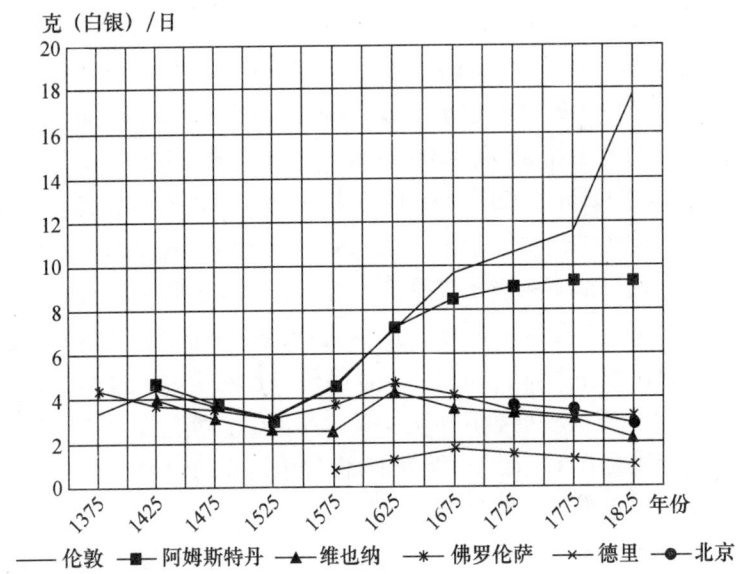

**图 1-1 机器革命时期世界各地工人工资水平波动趋势**

资料来源：[英] 罗伯特·艾伦：《近代英国工业革命揭秘：放眼全球的深度透视》，浙江大学出版社 2012 年版，第 51 页。

受的层面而成为一种身份诠释方式和提高社会地位的行为。英国人特别是中间阶层在衣食住行和休闲娱乐等方面的炫耀性消费能力十分强劲，开始追求时尚，讲究品位，攀比和模仿成风。自 17 世纪末以来拥有新财富的中间阶层已逐渐成为消费主体，他们通过消费能力来模仿和挑战贵族的优势地位。韦瑟里尔认为，中间阶层甚至在 17 世纪就是新产品和进口产品的最大市场消费者，他们中的许多人是 19 世纪"中产阶级"的先驱。桑巴特也指出："早在 18 世纪，一些我们可称之为中产阶级风格的东西就在英国形成了，而且平民因素慢慢进入当时的社会生活。"在 17 世纪晚期，伦敦中间阶层在任何时候至少拥有三套套装，以便定时更换，还配有成套的带扣、纽扣、帽子、假发、丝带、花边和其他饰品。到 18 世纪，人们的衣装更加讲究。笛福提到，当时的时髦男人穿着 10—20 先令一码的亚麻布做成的衬衫，每天换两次内衣。而过去，人们穿用价钱便宜一半的平纹荷兰亚麻布制成的衬衫已感到心满意足，而且一周最多换两次衣服。女人们不但追求服装的时尚，而且通过珠宝饰物来炫富和体现身份。也就是说，此时的英国已初步形成了一个消费社会。① 与此同时，英国的海外殖民地也在日益扩大。成熟的国内市场与日益扩大的海外市场叠加，使各种商品的需求量越来越大，以手工工场为支撑的生产能力也就日益变得捉襟见肘。为了能经受住这种考验，几乎整个英国都被动员了起来。一位英国工厂主从他在伦敦的经理人那里得到这样的信息："无论你能生产多少产品，好的次的我们都要。""你必须想办法发明。"正是这样的时代背景驱使着企业家、发明家绞尽脑汁去开发机械化生产技术，一方面以此来降低相对昂贵的劳动成本，另一方面解决产能不足的问题。

## 三 被蒸汽机驱动的"日不落帝国"

### （一）创新发明潮与蒸汽机时代

市场上如黑洞般的迫切需求，首先出现在纺织业，因为这个行业的产品与普通人的生活最密切相关。为了以更快的速度生产，工匠们的聪明才智被充分调动了起来，新的发明一个接着一个。1733 年，机械师凯伊发明了飞梭，飞梭实际上是安装在滑槽里带有小轮的梭子，滑槽两端装上弹簧，使梭子可以极快地来回穿行。这个飞梭是干什么用的呢？织布布面可以大大加宽。以前用普通的梭子，得两个人配合，现在使用飞梭，一个人就能完成织布工作，而且能织比以前更宽的布。所以飞梭的发明使得织布的速度大大加快。这一发明提高了织布效率，但这个时候棉纱又变得供不应求了，这个时候人们迫切要求发明一种机器，来提高纺纱的速度，以此提供更多的棉纱。

1764—1765 年，这种机器终于面世。事情要从 1764 年里的一天说起。英国兰开郡有个名为詹姆斯·哈格里夫斯的纺织工兼木工，有天晚上他回家开门时，不小心一脚踢翻了他妻子正在使用的纺纱机，当时他的第一个反应就是赶快把纺纱机扶正。但是当他弯下腰来的时候，却突然愣住了，

---

① 李新宽：《17 世纪末至 18 世纪中叶英国消费社会的出现》，《世界历史》2011 年第 5 期，第 49—57 页。

原来他看到那被踢倒的纺纱机还在转，只是原先横着的纱锭变成直立的了。他猛然想到：如果把几个纱锭都竖着排列，用一个纺轮带动，不就可以一下子纺出更多的纱了吗？哈格里夫斯非常兴奋，马上试着干，第二天他就造出用一个纺轮带动八个竖直纱锭的新纺纱机，功效一下子提高了八倍。机器制成后，他便以自己女儿珍妮的名字来命名这种纺纱机，这就是历史上鼎鼎有名的"珍妮机"（Spinning Jenny）。由于当年他没能申请到专利，因此只能自己生产"珍妮机"来赚钱。"珍妮机"不但效率高，而且纺出的纱质量也比较好，因此哈格里夫斯的生意不错，"珍妮机"也渐渐流传开来了。但他不满足于此，还在努力地改进着"珍妮机"。1768年，改进版的"珍妮机"让哈格里夫斯获得了专利。到了1784年，"珍妮机"已增加到八十个纱锭。四年后英国已有两万台"珍妮机"了。[①]

就在"珍妮机"于1768年获得发明专利的次年，也即1769年，理发师出身的理查德·阿克莱特在海斯纺纱机的基础上予以改进发明了卷轴纺纱机，并以发明者资格取得为期14年的专利。这种纺纱机以水力为动力，不用人操作，而且纺出的纱坚韧而结实，它一举解决了生产纯棉布的技术问题。但是这种纺纱机体积很大，必须搭建高大的厂房，又必须建在河流旁边，并有大量工人集中操作。于是，1771年，他与人合伙在英国的曼彻斯特创办近代最早的机器纺纱厂，建立起有三百名工人的工厂；十年后工人增加到六百名。纺织业就这样逐渐从手工业作坊过渡到工厂大工业，到1800年，英国已有这样的工厂三百家。

就在詹姆斯·哈格里夫斯潜心研发他的"珍妮机"的时候，另一个詹姆斯也没闲着，这个詹姆斯就是大名鼎鼎的詹姆斯·瓦特（James Watt）——一位在格拉斯哥大学开设了一家小修理店的老板。1762年，这位小修理铺的老板在其朋友罗宾逊教授的引导下，开始了对蒸汽机的实验。虽然直到当时，他还从未亲眼见到过一台可以运转的蒸汽机，但是这位天才却开始建造自己的蒸汽机模型了。转机来自1763年，在这一年里瓦特得知格拉斯哥大学有一台纽科门蒸汽机（Newcomen steam engine），但正在伦敦修理。为了见识这台机器，他大胆地请求学校取回这台蒸汽机，并表示自己来对其进行修理。让人为之惊叹的是，这种要求格拉斯哥大学居然同意了。更让人不可思议的是，在他的鼓捣下，这台蒸汽机居然可以工

---

① 相关史料亦可参见韩和元《下一轮经济危机2：中国凭什么幸免于难》，北京大学出版社2013年版，第199—200页之相关论述。

作了，只是由于机器本身设计局限的缘故，其效率还是那么低下。

经过大量实验，瓦特发现这台机器之所以效率低下，根本原因在于其活塞每推动一次，汽缸里的蒸汽都要先冷凝，然后再加热进行下一次推动，从而使得蒸汽80%的热量都耗费在维持汽缸的温度上面。这个难题直到1765年才取得关键性的进展——他将冷凝器与汽缸分离开来，使得汽缸温度可以持续维持在注入的蒸汽的温度，并在此基础上很快建造了一个可以运转的模型。但要想建造一台实际的蒸汽机还有很长的路要走。主要困难在于活塞与汽缸的加工制造工艺上。当时的工艺水平下钢铁工人更像是铁匠而不是机械师，所以制造的结果很不满意，直到他的合伙人马修·博尔顿的出现。博尔顿是伯明翰一间铸造厂的老板，与这位合伙人的合作，使得瓦特得到了更好的设备资金以及技术上的支持，特别是在加工制造工艺方面。终于在1776年，第一批新型蒸汽机制造成功并应用于实际生产。这批蒸汽机由于还只能提供往复直线运动而主要应用于抽水泵上。博尔顿显然不满足于此，他强烈要求瓦特继续研究，以使蒸汽机的直线往复运动转化为圆周运动，以便使得蒸汽机能为绝大多数机器提供动力。这一难题直到1781年，为瓦特公司的雇员威廉·默多克（William Murdoch）所攻克。默多克发明了一种被称为"太阳与行星"的曲柄齿轮传动系统，并以瓦特的名义成功申请了专利，这一发明极大地扩展了蒸汽机的应用（见图1-2）。之后的6年里，瓦特又对蒸汽机作了一系列改进并取得了一系列专利：发明了双向汽缸，使得蒸汽能够从两端进出从而可以推动活塞双向运动，而不是以前那样只能单向推动；使用节气阀门与离心节速器来控制气压与蒸汽机的运转；发明了一种气压示工器来指示蒸汽状况；发明了三连杆组保证汽缸推杆与气泵的直线运动。由于担心爆炸的危险以及泄漏问题，瓦特的早期蒸汽机都是使用低压蒸汽，后来才引进了高压蒸汽。所有这些革新结合到一起，使得瓦特的新型蒸汽机的效率是过去的纽科门蒸汽机的5倍。

瓦特改进、发明的蒸汽机是对近代科学和生产的巨大贡献，具有划时代的意义，它提供了治理和利用热能、为机械供给推动力的手段。因而，它结束了人类对畜力、风力和水力的由来已久的依赖。这时，一个巨大的新能源已为人类所获得，它导致了第一次工业技术革命的兴起，极大地推进了社会生产力的发展。到19世纪30年代，蒸汽机广泛应用到纺织、冶金、采煤、交通等部门去。人类社会也由此进入了蒸汽时代。

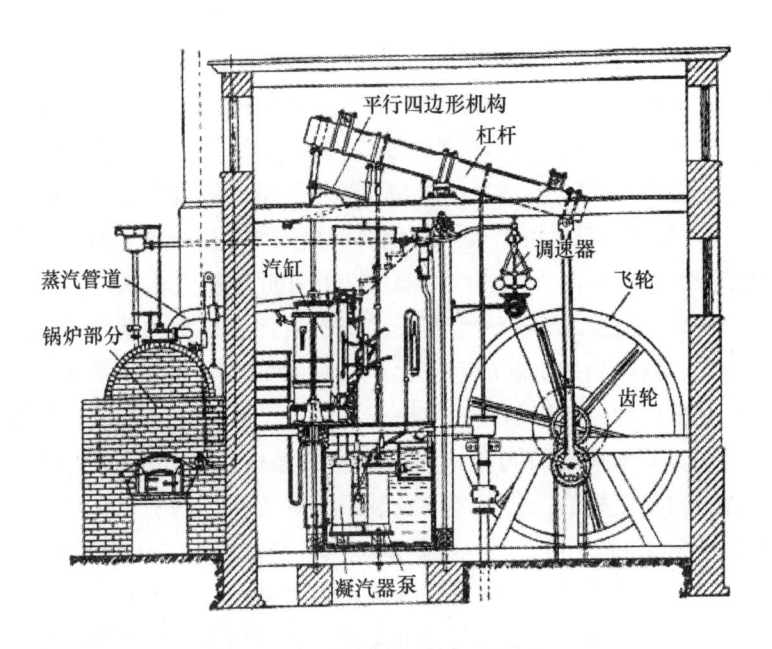

图 1-2　瓦特蒸汽机构造模型

## (二) 被蒸汽机驱动的工业革命

在蒸汽机的推动下，到19世纪中期，英国，这个昔日微不足道的欧洲岛国，往昔那种田园诗般的风情不见了，取而代之的是一个忙忙碌碌的世界。乡村建起了灰暗的厂房，城镇竖起了高耸的烟囱，工厂里回荡着机器的轰响，高炉前迸射着铁水的光亮（见图1-3）。

到1850年时，这个国家的城市人口已经超过了60%；铁产量超过了世界上所有国家铁产量的总和；煤产量也占到了世界总产量的2/3；棉布的产量也占到全球的一半以上。工业化进程，也改变了英国人对于时间和空间的观念。时间第一次被精确到以秒为单位，而用蒸汽机驱动的火车和汽船开始逐步地取代畜力的马车和风力的帆船——1814年，世界上第一个蒸汽火车头在英国诞生；1830年，蒸汽机车开始在世界上第一条投入运营的铁路上奔跑。被蒸汽机驱动着前进的英国，让普鲁士的国王羡慕不已："不列颠的经济地位发展到了国民生产和国民财富为古往今来任何国家所不能比拟的高度。"[1]

---

[1]　中央电视台，电视纪录片《大国崛起》第4集。

**图1-3 蒸汽机推动下的英国工业革命**

巨大的产能需要一个与之相匹配的广阔市场，而那无可挑剔的产品品质，更让英国人自信，它可以像当年在俄罗斯、瑞典、挪威和丹麦市场击败汉萨同盟一样，击败任何竞争对手。也正是基于此，于英国人而言，取消进出口贸易的限制和障碍，对进出口商品不加干涉和限制，使商品自由进出口的贸易政策无疑是最符合其利益的。

遗憾的是，当时迎接英国人的要么是法国式的贸易保护，要么是中国式的闭关锁国。为了实施自由贸易政策，英国用武力迫使一个又一个国家打开了大门，这让它找到一个又一个新市场的同时，也迅速地扩张成为一个"太阳不落的帝国"。在这个帝国里，一个以英国为核心的商业贸易圈逐渐形成。1865年，英国著名经济学家威廉姆·斯坦利·杰文斯（William Stanley Jevons）在他所著的《煤炭问题》（*The Coal Question: An Inquiry Concerning the Progress of the Nation, and the Probable Exhaustion of Our Coal-Mines*）一书中这样写道："北美和俄国的平原是我们的玉米地；加拿大和波罗的海是我们的林区；澳大利亚有我们的牧羊场；秘鲁送来白银；南非和澳大利亚的黄金流向伦敦；印度人和中国人为我们种植茶叶；我们的咖啡、甘蔗和香料种植园遍布东印度群岛；我们的棉花长期以来栽培在美国的南部，现在已扩展到地球每个温暖的地区。"

无可否认，正是这场革命，在蒸汽机的驱动下，使得西方殖民掠夺加强，殖民地人民更加贫困、艰难，使得东方从属于西方；也正是这场革命，导致物质的大量富余和人民的相对贫困，使社会矛盾加剧，革命思潮汹涌；也正是这场革命，使得二氧化碳、氟利昂、一氧化碳排放量急剧增加；也正是这场革命，使得大量动物濒临或已经灭绝，生物链遭到破坏。但我们也应看到的是，也正是这场革命，我们才得以进入到一个自由贸易的时代；也正是这场革命引起了生产组织形式的变化，使得使用机器为主的工厂制取代了传统的手工工场；正是这场革命带来了城市化和人口向城市的转移；正是这场革命给人们的日常生活和思想观念带来了巨大的变化；正是这场革命导致了生产力的飞跃；正是这场革命密切了世界各地之间的联系，改变了世界的面貌；正是这场革命，客观上传播了先进的生产技术和生产方式，猛烈冲击着传统封建社会的旧制度、旧思想。

"我们可以这么说，没有工业革命，就没有我们现在这个世界。工业革命使英国成为世界上最强大的国家，它的强大的工业生产能力，在当时就是英国一个国家能够对抗整个世界。工业革命，还使英国走进了现代化的大门，使英国成为第一个现代化国家。这也就迫使整个世界追随着英国向现代化的方向前进，因此，我们从这个意义上，可以说是英国引领了当时世界的潮流，打开了现代世界的大门。"①

面对隆隆作响的蒸汽机，隔海相望的欧洲列强们以不同的态度谱写了自己不同的命运。曾经的霸主法国不甘落后，曾以高于英伦岛数倍的薪金，同时雇用了数以万计的英国技工。而德国则不仅开创了以国家力量培训新技术人才的先河，更曾有组织地针对英国，盗取其技术图纸和原件，为人类国家竞争史创造了"工业间谍"这一词汇。而凭借着哥伦布的成就，一度拥有人类一半以上黄金和白银的西班牙，此刻正躺在富足中迷醉。虽然与英国近在咫尺，但却直到大洋彼岸的美国铺筑商业铁路20年后，才磨磨蹭蹭地在巴塞罗那铺下第一根铁轨。正如《互联网时代》的编导们所认为的："瓦特的蒸汽机作为一项划时代的新技术，是试金石、是镜子，它甄别了人类所有生存集团参与竞争的品质，也映照出态度不同的国家，此后数百年的兴衰沉浮。"②

---

① 中央电视台，电视纪录片《大国崛起》第4集。
② 中央电视台，电视纪录片《互联网时代》第1集。

# 第二章
# 工业 2.0：电气化与美利坚逆袭

从 19 世纪六七十年代开始，出现了一系列电气发明。1831 年，英国科学家法拉第发现电磁感应现象，在进一步完善电学理论的同时，科学家们开始研制发电机。1866 年德国人西门子（Siemens）制成发电机，1870 年比利时人格拉姆（Gelam）发明电动机，电力开始用于带动机器，成为补充和取代蒸汽动力的新能源。电动机的发明，实现了电能和机械能的互换。随后，电灯、电车、电钻、电焊机等电气产品如雨后春笋般地涌现出来。随着电力的广泛应用、内燃机和新交通工具的创制、新通信手段的发明，并被迅速应用于工业生产，大大促进了经济的发展，人类跨入了工业 2.0 时代。电灯的发明和电力系统的应用，使美国开启了电气化时代，成了电力工业的故乡。在资本主义世界的竞争中，美国完成了"逆袭"，很快取代了英法的领先地位，以领头羊的姿态走在了全球前列。

# 一 美国工业革命的技术基础

## (一) 源自英国的发展动力

英国经济的腾飞与欧洲大陆佛兰德尔地区毛纺织业的繁荣密不可分。正是由于佛兰德尔对羊毛的旺盛需求,刺激了英国养羊业及与之匹配的圈地运动的发生。事实上,美国也是如此。道格拉斯·诺斯就认为美国发展的动力来源于英国而不是美国自身。诺斯的研究主要是关于内战前的一段时期。诺斯认为,从1815年开始至美国内战前,美国经济增长的动力是英国对美国的棉花的需求。

那一年,英国人与法国人在滑铁卢正进行着一场殊死战争。战争一开始,法兰西帝国大皇帝拿破仑显然一如既往地瞧不上这个国家,因为在他看来英国根本就是一个"小店主"之国。但是这位法国英雄却没有想到,无论自己用多么强大的力量,采取什么严格的封锁措施,也难以阻挡"小店主"之国的产品涌入它要去的地方。拿破仑更不愿承认,即便是自己的军队与英国人面对面作战时,法国人身上穿的军服,也都是来自英国。事实上,在战争中,英国为参战国提供了军服、枪炮和其他产品,而整个欧洲正是这些产品的消费者。由于棉织品远比毛织品更轻、更易于打理,且更为便宜,相比较于毛织品而言,棉织品无疑是一种销售范围很广、需求量更大的商品,自此棉织品全面取代毛织品,成为当时英国的主导产业。当这场战争以拿破仑的失败告终时,英国便成了当时世界上无与伦比的产业大国,与巨大的市场需求相伴而来的是巨大的原料需求。作为其前殖民地的美国,无疑是其最大的原料基地。

美国著名经济史学家福克纳的相关研究支撑了上述观点。在其《美国经济史》一书里,福克纳曾做过非常精彩的描述:"毫无疑问,在美洲共和国成立后头半个世纪的农业史中,最显著的一个特点便是棉花的兴起。"① 在美国棉花之所以兴起的问题上，福克纳也将其归因为英国的工业革命，"1775年时，棉花的制造在英国被列为最低贱的国内工艺，那时，所产的棉花几乎完全是供应国内的消费。1797年时，却在大不列颠的一切工业中占了领先的地位。1809年时，为80万人提供了就业。② 由于制造的迅速和成本的低廉，就降低了价格和创造了人对它的需求。当时，已经可以加工任何大量的棉花，问题在于如何能获得这些原棉。"③

在英国移民定居于美洲的头两个世纪里，经济生活主要是农业性的。当时的农业是以欧洲带来的简单的生产技术为基础，再加上当地印第安人的一些土法去进行，除了主要位于南部的几个较大的农场外，农业的基础是建筑在小农庄之上的。虽然各个农业单位并不能自给自足，但是，除少数几种商业性的农产品外，市场的交易量都很小。在这样一个面临着劳动力和资金短缺的简单农业基础之上，殖民地之间的贸易量也不多。

更重要的是，受制于宗主国英国的刻意打压——在殖民时代，美国长期充当的是英国的原料产地和制成品销售基地的角色。从根本上说，英国政府不愿意也不允许自己的殖民地拥有自己的工业和发达的经济。一位美国学者就曾说过："英国人关于殖民地的概念就是'殖民地应该为着宗主国的利益而存在，生产宗主国所需要的东西，向宗主国提供可以出售其产品的市场。'"④ 当时英国对北美实行重商主义政策，他们所追求的目标就是贸易顺差和大量赚取贵金属货币。例如，英国为限制和打击北美殖民地的家庭毛纺业，就曾出台《毛呢法》禁止殖民地的毛纺品在产地外销售，并向殖民地倾销纺织品。此外，英国还大量掠夺北美丰富的森林资源和矿产资源等。虽然有时英国也会颁布一些条例，看似对北美殖民地较为"仁慈"和有利，但基本上都是为了鼓励和发展同英国经济利益有关的工业部门，这样当然不利于北美合理经济结构的建立。一位曾游历美洲的瑞典旅行家就这样写道："为了宗主国的贸易和富强，英国便禁止各殖民地开设那些会跟英国竞争的手工工场，除了少数规定的地方外，各殖民地不得在

---

① [美]福克纳：《美国经济史》上卷，王锟译，商务印书馆1989年版，第264页。
② 这是个什么概念呢？1801年，英格兰和威尔士的总人口为915.6万，除去老人和不可以参与劳动的婴幼儿，那么至少每八个人中有一个人在从事棉纺业。如果再加上那些与纺织业相关的产业，如棉花种植，纺纱机、织布机的制造，煤炭的挖掘，棉花的采购，棉织品的销售等行业，那么至少每十人中就有四人到五人从事与棉织业相关的工作。
③ [美]福克纳：《美国经济史》上卷，王锟译，商务印书馆1989年版，第265页。
④ 张友伦、林静芳、白凤兰：《美国工业革命》，天津人民出版社1981年版，第26页。

不列颠领土之外贸易，外国人也不得和美洲各殖民地贸易。"①

正是在宗主国这样的高压下，当时的美国，除了家庭工业和小工厂之外，几乎没有任何工业。直到其脱离英国，独立建国后，它仍是一个落后的农业国，全国约有95%的人口居住于农村。但也正是这种"殖民地应该为着宗主国的利益而存在，生产宗主国所需要的东西"的定位，导致其国际贸易较大。其中，从南部地区出口的烟草就是主要的出口商品。

面对这种现实国情，独立之初，美国的开国国父们曾有过一场激烈的争论。以汉密尔顿为首的一派，主张排挤农业，全力发展工业。而以杰斐逊为首的一派则认为，基于美国的国情，必须依靠农业。杰斐逊的主张，后来实际上成了美国早期发展经济的一个指导原则。

可是当时的美国，却深陷烟草田正逐渐耗竭的危机中——土地只要种上三年烟草，就会异常贫瘠。对于当时的美国而言，急需一种新的农作物来替代烟草，成为主要的出口产品。一方面是自己有改种作物的现实压力，另一方面是英国的工厂主们在嚷着要棉花这种原料，这样一来美国人想种棉花的激动心情是可以想见的。但当时美国却被一道"瓶颈"卡住了。这一"瓶颈"并不来自英国，虽然当时因为两次美英战争，英美两国正处于敌对状态。但同为盎格鲁—撒克逊人的美国人非常清楚，原来的祖宗之国英国不会再为难他们。因为"如果在三年内没有棉花的供应会发生怎样的结果，用不着去描述人们的猜想，但是有一点是肯定的：除了南部之外，英格兰会带着整个的文明世界一齐跌跤的。不！英国人不敢向棉花开战的。世界上没有任何的列强敢于向棉花开战。棉花就是帝王"。美国人非常清楚，此时的英国非常需要他们。

当时真正困扰美国人的是一道工艺技术的难题，清除棉籽是件异常困难的事情——那些为美国南部所依赖的短纤维高山地区棉花，只能十分费力地慢慢捡净。据说，当时一个黑奴平均下来每天只能捡净一磅棉花而已。

不是避而远之，而是迎难而上，巨大的市场需求驱使着美国的企业家、发明家绞尽脑汁去发明和创造，好突破这一"瓶颈"。最后，一位机械天才——康涅狄格州的埃利·惠特尼解决了这一世界难题。1793年，惠特尼发明了一种轧棉机，它的形式简单但构造却非常精巧，包括一个圆筒

---

① [苏] 叶菲莫夫：《美国史纲》，三联书店1962年版，第98页。

里面装有从金属片里凸出的齿柱。这个机器可以做到让圆筒吸进棉花纤维的同时，却可以让棉籽滤留下来。就是这样一个机器，如果用手操作，每天可以捡净棉花 50 磅，而如果改为水力，则每天可以捡净 10000 磅。更重要的是，这种机器捡的比传统方法更为干净。

惠特尼的这一发明，对美国此后的发展可谓影响深远。首先表现为棉花种植得以迅速推广，棉花种植面积和产量不断地在增加。从佐治亚和南卡罗来纳州开始，1800 年以后，棉花的种植就传播到了北卡罗来纳州和弗吉尼亚的东南部，并且越过了山脉而进入田纳西。当人们认识到亚拉巴马州和密西西比肥沃的冲积平原比高山地区更适宜栽种棉花之后，那些有远见的种植者就源源不断地进入这些地带。为了获取土地，他们将之前到来的印第安人和西班牙人驱赶到了得克萨斯。事实上，棉花和烟草一样，很快就会让土地耗竭，于是棉花种植主们需要开发更多的土地。这样一来，在棉花的刺激下，美国掀起了第一波"西进拓殖潮"。大量无人居住的土地的存在，以及疆界的不断移动，是使美国与西欧的基本经济情况形成分野中最为重要的因素。西进潮为东部大批不安定的人提供了出路，为从欧洲来的大量移民提供了安身之所。为对外贸易决定了内容和方向，也决定了美国工业的类型和位置。

随着种植面积的不断扩大，很快棉花就成为美国最有价值的商品作物，也是全国唯一的最大宗的出口货物。在轧棉机发明后 1 年左右的时间里，美国的棉花生产量就从 550 万磅增加到 800 万磅。6 年后，也就是 1800 年，又增加到 3500 万磅。到了 1820 年，美国的棉花产量已增加至 16000 万磅。到 1860 年，更是增加到 192070 万磅之巨。而在这些年间，出口棉花的价值也由 1810 年的 6675.80 万美元，增加至 1860 年的 33357.60 万美元。它在出口贸易发明所占的重要位置，说明它是美国财富的主要来源。

更重要的是，美国北部也深受影响。东北部新英格兰地区新兴的纺织工业受到了鼓励。而中西部地区如俄亥俄河以北的农民，也为他们的猪肉、玉米、面粉和威士忌酒找到了市场。诺斯就是这么认为的。诺斯整理出来的数据显示，美国内战前的 20 年间，棉花大约占美国出口总值的 1/2。更为重要的是，英国人的需求直接影响着美国经济的周期变动——当英国经济处于扩张周期，而逐渐抬高了原棉的价格，并最终刺激美国的棉花种植户。这时，棉花种植户则会向东北部地区的厂商采购更多的工业品，从西北部得到更多的食品供给，这样一来整个美国经济会处于一片繁荣之中。而一旦英国经济处于紧缩周期，那么伴随着原料需求下降而来的是，美国的棉花种植户不得不减少棉花种植面积，而改种粮食作物，这样一来就势必减少对西北地区的粮食需求。同样，由于收入减少，则势必会减少对东北部工业品的需求。这样一来，美国经济也便处于全面的紧缩状态。①

受英国影响，带动发展的还有食品产业。第一次工业革命正使得英国乃至整个西欧变成了具有工业文明的城市——更多的人离开农业岗位而进入工业岗位，这种变化又形成了巨大的食品需求。这种情况，在1840年英国《粮食法案》废除后尤其是如此。该法案的废除，为美国的食品进入大不列颠铺平了道路。

受此刺激，中北部各州很快就发展成为一个巨大的粮食生产区。美国有别于英国，这是一个旧有土壤耗竭就可得到大量新土地的国度——美国考察了英国工业革命的经验，结合本国的特点，没有采取剥夺小农的圈地运动来发展资本主义农业，而是采取驱赶和屠杀印第安人实行移民垦殖，以此向西开拓疆土的办法，来满足农民对土地的要求，鼓励在农民经济的基础上发展资本主义农业。这一扩张领土移民垦殖的"西进运动"，由于允许殖民者大量占有"自由"土地，使得美国农场的规模一般大于欧洲各国。据统计，1850—1890年，美国的农村平均每个拥有土地161.5英亩。占农场总数10%的大农场更是每个平均拥有土地700英亩。而反观同期的英国，其农场的平均规模为63英亩，德国为33.5英亩，法国则更少，只有25英亩。②

也就是说，在这个国度，缺的不是土地而是足够的劳动力。为了克服地多人少的困局，也为适应资本主义大农场发展的需要，美国掀起了一股农具改革的热潮。在1830—1850年，新式的钢犁代替了老旧的木犁——记住，1830年之前，木犁仍是美国这个当时农业国的主要工具，像轧棉机一样，播种机、收割机、打谷机、脱粒机和干草机也被美国人次第地发明了出来。到1860年时，美国农业机器已是世界上最先进的。以收割机为例，其收割一英亩燕麦只需时21分钟。而打谷机能抵12个劳动力的工作效能，

---

① 相关论述请参阅［美］诺斯《1790—1860年的美国经济增长》，普伦蒂斯－霍尔出版社1961年版。当然不排除诺斯的上述观点来自福克纳。
② 戴志先：《十九世纪的美国工业革命》，《湖南师院学报》（哲学社会科学版）1981年第1期，第59页。

这一生产率远优于英国和法国的机器。南北战争之后,又开展科学种地:改良土壤,引进良种,使用化肥,防治病虫害,并发明了包括蒸汽动力拖拉机在内的各种农业机器。由于提高了农业生产力,19世纪美国农业总产量增长了7倍多。在19世纪初,在美国,一个劳动力生产的粮食往往仅够糊口。1860年时已提高到足够满足4.5个人的需求。再到1890年时已能满足于7.67个人的需求。人均粮食产量为2000斤左右。[①]

与中北部不同,中西部其他地区则主要出产肉食。1825年之前,这个地区所能出口的少量食品乃是生羊肉、生猪肉。当时交通不便,且保鲜技术有限,宾夕法尼亚、马里兰、弗吉尼亚和俄亥俄州各地的农民,每年不得不将大群的牛和猪顺着公路赶到费拉德尔菲亚和巴尔的摩,然后再通过水路或陆路,辗转运往各地,再择近屠宰。除此之外,对于肉食只有腌和熏的方法可以加以保存。

为了克服这一难题,该地区的商人从英国引进了罐装技术,很快,肉食装罐便成为阿勒格尼山以西各地区的一项工业,特别是辛辛那提。在1860年之前,辛辛那提在这方面一直保持着领先的地位。虽然从那时开始,随着"西进运动"的深入,中心在继续西迁。芝加哥由于面积的扩大,且有着优越的运输条件,再加上它接近饲养生猪的各州,因此很快就实现了赶超战略,而跃居领先的地位。在肉食工业的带动下,在这些地区,皮革用品、肥皂[②]等与肉食相关的副产品也得到了快速的兴起和发展。全球闻名的宝洁公司(Procter & Gamble)就于1837年创立于辛辛那提,其最初的业务就是制造肥皂。这也为辛辛那提和芝加哥的繁荣奠定了基础。

## (二) 西进战略倒逼交通运输的革新

为了获得更多的土地,美国人不断地西移、西移、西移,这就使得运输事业成为美国有史以来人民与政府所面临的重大问题。正如最初沿海的移民有赖于海洋运输去欧洲贩卖原料换取制成品的情况一样,以后成群而至的移民,也依靠河流、公路、运河和铁路去出售他们的产品。而像当时

---

[①] 更多和更为详尽的数据参阅美国农业部编《美国农业年鉴》1962年版。
[②] 肥皂是脂肪中的脂肪酸和苛性碱产生皂化反应而制成的。不能食用的猪油以及其他动物油价格便宜,所以在最初以猪油为原材料的居多。

美国这样一个纯粹的农业国家而言，所运出的商品多半是容量巨大且易于腐烂的，因此，运输问题就显得更为重要了。特别是那些新拓殖地区，不仅经济发展方面有赖于交通运输，就是其能否存在亦取决于交通运输——他们所需的日用品能否运输过来。也正是因为此，最初新开拓的殖民地通常是位于有海港的地区或河道的两岸。但随着时间的推移，河道两岸最好的土地都已经被人所占领，这样一来新到的移民就不得不朝着远离河道的内陆拓展了。这时陆路运输的需求就此形成了。

美国开国之初，沿海各主要城市都依靠非常简陋的道路把它们连接起来，这些道路，春季泥泞不堪，夏季灰土飞扬，冬季盖满了厚雪，行走十分不便。所有这些只不过是供西迁的移民和皮毛商人货车行走的小路罢了。

到了18世纪90年代，由于人们向西部的迅速迁移和欧洲战争所引起美国商业空前繁荣与对外贸易的增长，美国掀起了改善陆路交通运输的高潮。带头发动修筑更好道路运动的，乃是一些私人，他们组织了一些公司去修建收费的公路。美国第一条这种大路由费拉德尔菲亚通往兰开斯特，修筑的时间是1792—1794年，费用为45.50万美元。整条路全都铺有碎石，盖有细砂，因此在气候最坏的时节也从没有发生问题。更重要的是，由于这条公路是修筑于人口稠密区的，所以一开始便十分获利。

由于"费兰公路"是如此成功，以至于在美国全境掀起了狂热的筑路潮。在此后30多年里，各州发出了上千份筑路许可证。其中，建成的公路有数千英里。而随着收费公路修筑潮而来的是，收费桥梁也被推动了。这种由民间而不是政府推动的投资潮，大大地改善了美国的交通运输情况。

收费公路虽然有效地改善了美国的交通运输状况，但仍然没有解决整个的问题。运输成本仍然太高。根据麦克马斯特的统计，当时一般商品的运输成本，折合每吨一百英里十美元。而同时期，从欧洲运来的货物，每吨的运输成本不过2英镑而已。这是个什么概念呢？当时，美国采用的是金银复本位制，按照当时颁布的铸币法案，一美元折合1.6038克纯金。而英国则于1816年通过了《金本位制度法案》，按照该法案，1英镑被定义为1/4盎司黄金少一点，即含7.32238克纯金。十美元对两英镑，按照当时国际通用的黄金折算，最后，在美国国内，每一百英里的运输成本居然比欧洲到美国的运输成本还高。造成这种状况的原因，不仅源于道路的粗劣，还在于收费公路的收费太过昂贵。以新英格兰为例，每一货车每两英里收一角二分半。

为了改善运输环境，人们在得到州政府的参与之后，也开始要求得到联邦政府的协助。正是由于联邦政府的介入，康博兰公路得以建成。这条公路经由弗吉尼亚西部的惠林，一直向西，通过俄亥俄的曾兹维尔，印第安纳州的里士满，直到伊利诺伊州的文达利亚，1833年又修到哥伦布，1852年再修到凡达利亚。直到铁路建成之时，这条长达八百三十英里的全国公路仍然是通向西部地区的主要干道之一。当时，路上常有多达24匹马拉的车子结对地行走。有时甚至晚上也可以看到盖着白色帆布，满载着商品的马车经过。此外，还有马队、驴队、牛群和猪群行走在上面。为此有人形容到，这条公路当时"热闹得像大城市里的一条大街，而不是一条经过乡村地区的公路。"①

**图 2-1 美国的西进运动**

康博兰公路不仅为移民事业提供了一条大道，也降低了巴尔的摩与俄亥俄之间的交通运输成本，并且给它所经过的地区带来了繁荣。同时，由于"大西部邮车"也加速了东部和西部之间的交通，随之而来的还有互相竞争的各家运输公司的快车。这就使得运输的速率增加到令人难以相信的程度。

---

① 西赖特：《古老的大路》，第16页。转引自［美］福克纳《美国经济史》（上卷），王锟译，商务印书馆1989年版，第345页。

但纵使如此，公路运输的局限性仍然没有得到有效解决。事实上斯密就曾指出过："一辆宽轮运货马车，由两个人驾驭、八匹马拉，用大约6个星期的时间才能在伦敦和爱丁堡之间来回运送将近四吨重的货物。在大约相同的时间里，一艘由六个人或八个人驾驶的轮船，常常可以在伦敦和里斯两个港口之间来回运送200吨重的货物。可见，借助水运，在相同的时间内，六个人或八个人可以在伦敦和爱丁堡之间来回运送由一百个人驾驭、四百匹马拉动的五十辆宽轮运货马车所能运送的同样多的货物。"斯密进而得出结论："通过水运，为每一种产业开辟了更加广阔的市场，这是单凭陆地运输办不到的。"[①]

不知道当时的英国人是不是因为读了斯密的著作的缘故，总之，他们再次将目光从陆地运输转向了水运。然而自然水道往往不能满足需要，而且位置也常不够理想，人工运河便随着成为重要选项。1795年英格兰的布里奇沃特公爵修建的运河获得成功，随后掀起了一股模仿的热潮。在18世纪的后40年里，大不列颠有1300万英镑的资金投入其中。美国的反应比较晚，但是最后却更加疯狂。伊利运河就是这一时期的重要产物。

该运河全长364英里，是连接哈德逊和伊利湖的一项伟大工程。项目由1817年开工，1825年竣工。这是一项颇具回报的投资，在伊利运河全部完成之前，它就已经取得了100万美元的收入。巨额的回报引来了无数的模仿者。旧的项目重新开张，新的项目也开始考虑。尤其是大规模资本开始投入。到1834年，包括伊利运河、宾夕法尼亚主线运河的建设，切萨皮克和俄亥俄运河的开工，还有东部的私人运河。在这个时期建造了总计2000英里的运河。

运河的开凿和使用，最大的成绩表现在运输成本的下降上。在运河之前，吨英里的费用，即使是最好的收费公路也超过10美分，接近20美分。运河使每吨英里的费用，包括所收的过路费，下降到2.3美分。到19世纪50年代，大宗货物的平均成本为每吨英里1美分，而在无烟煤运河区甚至更少。增加货物容量是运河提高效率的主要因素。1835—1859年，每条船的吨位大约从38吨增加至143吨，增加了近3倍。而降低运输成本的主要原因却在于大量涌现的运河之间的相互竞争，各运河为保持运输市场份额，降低了收费。此外，将蒸汽机作为动力引入，也大大提高了水运的效

---

[①] [英]斯密：《国富论》，唐日松等译，华夏出版社2009年版，第16—17页。

率——更为快捷。

相比于马车这样的陆路运输，水运的确具有不可比拟的优越性，但它的缺陷也同样非常明显——地理上的不可变动性，因为并不是所有的地方都适于建设运河。也正是这种缺陷，很快它便受到了一种全新的运输方法的全面挑战。在制造轮船成功的同时，工程师们就想到也可以用蒸汽机引擎去推动有轮子的车子。1804年，奥利佛·伊文思就试着在他的轮船上装上了轮子，驾驶着这条船走过了费拉德尔菲亚的大街。也是同一年，一个名叫德里维斯克的英国矿山技师，首先利用瓦特的蒸汽机造出了世界上第一台蒸汽机车。这是一台单一汽缸蒸汽机，能牵引5节车厢，它的时速为5—6公里。而真正的蒸汽机车即火车是由乔治·斯蒂芬森发明的。这种车因为当时使用煤炭或木柴做燃料，所以人们都叫它"火车"，这个名称一直沿用至今。

1817年，斯蒂芬森决定在由自己他主持修建的从利物浦到曼彻斯特的铁路线上完全用蒸汽机车承担运输任务。但是，保守的铁路拥有者却对蒸汽机车的能力表示怀疑。他们提出，在铁路边上固定牵引机，用拖缆来牵引火车。斯蒂芬森为了让人们充分相信火车的性能，制造出了性能良好的"火箭号"机车。当"火箭"在这条铁路上以时速15英里的速度拉着一列13吨重的火车前进时，这种卓越表现终于让怀疑者改变了态度，人们很快就看出了铁路的优点远胜于运河。

其优点主要表现在：（1）铁路的建筑费用比较低廉；（2）用铁路运输要迅速得多；（3）铁路不受季节的限制，纵使枯水季节它也同样可以运行；（4）它不太受地理环境的影响，人们可以将它铺设到全国任何地方，全国各地随时都可以享受到它的利益。我们知道，当时美国人拓殖的移动方向是由东向西。但美国国内的河流与中国不同，中国多是从西向东，而美国的河流走向多半是由北向南。铁路很快就弥补了河流走向的局限——新建的铁路可以直接深入西部。这就大大地缩减了东西部之间的距离。

早于19世纪30年代，一些企业家们开始建造一些铁路线，以便把内陆的原材料运往海港。到19世纪中后期时，整个美国可谓是铁路的时代。特别是1869—1893年，美国先后建成了5条横贯大陆的铁路干线：1869年5月10日，联合太平洋铁路与中央太平洋铁路在犹他州的普鲁蒙托里角接轨，正式宣告了被誉为世界铁路史上一大奇迹的横贯美国东西的大动脉建成。其中，中央太平洋铁路乃由旧金山向东，自萨克拉门托东延；而联合太平洋铁路则自芝加哥向西,自艾奥瓦的康斯西尔布拉夫西延;1881年建成的圣菲、堪萨斯太平洋铁路和大西洋太平洋铁路;1883年建成的自西雅图到明尼苏达的德卢斯的北方太平洋铁路;1883年建成的由圣地亚哥到路易斯安那的施里夫波特南方太平洋铁路;还有1893年建成的自奥勒冈的波特兰到北达科他的格兰德福克斯的大北铁路。

图 2-2 19世纪美国铁路

正是得益于铁路,西部的产物获得了运输的便利。随着更多产物通过铁路源源不断地销往国外,西部人的财富也随之增长,其对工业制成品的需求也越来越大,如此又刺激了东部的制造业的发展。此外,正是在铁路这一有效率的交通方式的促进下,原先大西洋沿岸的居民可抵达更为广阔的内地。富饶的内地地区拥有肥沃的土地,它正融合到一个地区性、专业化的整体之中。

"铁路的出现,节省了成本,从而获得了高于利率的社会收益。此类直接收益是19世纪交通运输革命中最易量化的。早于19世纪50年代末,铁路在GNP中所占的比重达到约4%,超过了前期运河的水平。由于铁路建设在19世纪50年代繁荣之前,一直平缓进行,因此其收益存在着滞后性。尽管如此,铁路的前期利润仍实现了15%的隐含投资回报率。即使政府在1860年以后不向铁路系统提供旨在于保持其营利性的补助,铁路系统也足以保证其利润。如果将测算延长至1890年,由于后期持续投资产生的可观利润,铁路业的收益率将上涨至18%。除了可喜的收益率外,铁路的另一大贡献在于绝对利润规模。整个19世纪铁路因绝对建设规模获得了可观收益并保持领先地位。由于铁路部门的产出和增长都高于总体经济水平，相对于总成本来说，1890年铁路业所节约的成本已经超过了1859年的水平。"

到19世纪90年代，一个庞大的铁路网把美国各区域联系为一个整体。随着如此廉价和快速的交通运输网的出现，一种空前之多的工业品和消费品统一国内市场出现了。制造商、批发商和零售商能够依靠铁路，快速发运和接收商品。① 这是对于国内市场而言，而关于海外市场，则正如恩格斯所指出的："美国在农业上的这种革命，加上美国人所发明的革新的运输工业，使它们运往欧洲的小麦价格非常低廉，以致任何欧洲的农场主都不能和它竞争。"② 当然，这绝非唯一影响。

### （三）铁路、股份制与华尔街

对于美国的铁路革命，马克思曾做过这样的评论，在美国，"不仅是因为它（铁路）终于成了和现代生产资料相适应的交通联络工具，而且也因为它是巨大的股份公司的基础，同时形成了从股份银行开始的其他各种股份公司的一个新起点。总之，它的资本的集聚以一种从未预料到的推动力，而且也加速了和大大扩大了借贷资本的世界性活动。"③

"公司"这一组织形式，最有可能首次出现在16世纪的荷兰。作为一个法律架构，"公司"最先是用来履行特殊的公共目的，如市政当局或者海外贸易公司。其最早的形态是以合伙人制的形式出现的，这种形态的公司，只要能够为有限期限内的商业活动筹措资金，它就能运转得很好。但问题在于，随着时间的推移，商业项目的扩大和复杂化，使得像铁路这样的行业，其所需的资本数目远远超出了一大群富有合伙人的财力。为了适应新的变化，支持工业化过程中的一些新经济实体，一种名为股份公司的新制度安排也就应运而生了。

相对于合伙制企业，这种形态的公司，其最大的优势在于它的永续性和有限责任。永续性方面，于传统合伙制公司而言，当一位或更多老合伙人死亡或希望解散合伙企业时，那么，也就意味着这家企业即将消亡。但

---

① ［美］艾伯特·菲什洛：《19世纪和20世纪初的美国国内交通运输》//［美］恩格尔曼、高尔曼：《剑桥美国经济史（第二卷）：漫长的19世纪》，高德步等译，中国人民大学出版社2008年版，第427页。
② ［德］马克思、恩格斯：《马克思恩格斯全集》（第19卷），人民出版社1973年版，第296页。
③ ［德］马克思、恩格斯：《马克思恩格斯全集》（第34卷），人民出版社1973年版，第34页。

与这种制度不同的是,股份制公司不会随着创始人的去世而消失,股份公司的永续性阻止了商业的被迫清盘。有限责任方面,所谓的有限责任是指股票所有者的风险仅以他在该公司的投资额为限,而与其个人财富无关。由于这种制度安排没有无限的个人风险,就使人们作为投资者能够更加自由、更为积极地参与经济活动。而公司所有权与控制权的分离,则又为天才的管理者创造了爬上公司高层的机会,并导致公司规模的扩大。

此外,由股票交易所运营的二级市场,允许公司股票和债券持有者,在任何需要的时候将其持有的股票和债券变现。这种创新也为铁路的融资缔造了方便之门。

我们知道铁路的建设周期一般比较长,往往需要数年,乃至十数年才能建设完成,才能投入运行,因此其所需的资金量远非企业自身力所能及的。股份制公司制度和证券交易市场便创造性地解决了这一难题——铁路公司通过这个市场,卖出公司的股票和债券来予以融资。这种信用创造融资法运行得不坏,到1897年,单铁路业的净资本就达到了916807.20万美元,对那个时代而言这几乎是一个令人难以想象的数字。也正是这一运动,在熊彼特看来,却孕育了现代华尔街。①

## 二 铁路、软实力与工业化

### (一) 被铁路拖出来的工业化

当然,铁路对美国乃至世界的影响显然还不止于此。沃尔特·罗斯托就认为,"对于经济起飞而言,或许至关重要的是铁路的发展带动了现代煤炭、钢铁和机械制造业的发展。许多国家现代基础工业部门的增长都可以直接追溯到兴修尤其是维护重要大型铁路系统的需求。"② 列宁则也认为

---

① 托马斯·麦克劳:《创新的先知》,《中国改革》2010年第7期。
② [美]艾伯特·菲什洛:《19世纪和20世纪初的美国国内交通运输》//[美]恩格尔曼、高尔曼:《剑桥美国经济史(第二卷):漫长的19世纪》,高德步等译,中国人民大学出版社2008年版,第428页。

"铁路是资本主义工业的最重要部门，即煤炭工业和钢铁工业的总结"。①

有学者测算过铁路中铁轨、设备及维修对于铁的总需求量。这些研究表明，19世纪50年代之前，铁路的贡献很小。1840—1850年，铁路消耗的全部铁量仅占美国国内生铁产量的7%，到了1856—1860年，这一比例则开始上升。相对的增长结果更能说明问题，19世纪40年代，铁路的需求变化吸收了供给增长的17%。而50年代，这一数字则超过了100%。到1860年，轧制的铁轨占全部轧制铁产品的40%以上。铁轨厂是当时美国最大的工厂，并且发挥着技术带头人的作用。相比较于内战后，战前的这波繁荣还仅仅只是前奏而已。1867—1891年，铁轨包揽了全年50%以上的酸性转炉钢产量。同样，设备及维护也供不应求，铁路对钢铁工业的影响可见一斑。

除钢铁外，罗斯托固执地认为，美国的机械制造业也是铁路发展的产物。只是与逐渐满足铁轨需求的钢铁生产者不同，美国的机械生产者很快就满足了铁路的全部机车、车厢的要求。1839年，美国的450辆机车中，仅117辆是从英国进口的，而且其中78辆是在1836年之前下的订单。

但菲什洛却持有不同意见，他认为由于机械产品具有多样性，因此铁路派生出来的机械需求对机械制造业的贡献远不及其对钢铁工业的贡献重要。机械工业要迎合众多顾客，往往应顾客需求而生产。技术体现了工业发展中精密性需求，因此机械产品日益多样化。他举出的一个重要证据是，1859年，机车的产值为486.69万美元，但全年美国的机械工业总产值却高达5200万美元。也就是说，铁路创造的需求不足机械工业的10%。

反倒是精密铁路维护设备的发展对机械制造业有着更大的影响。虽然南部生产的机车数量有限，但该地区的大型铁路均设有大型工厂，从事旧金属再生产、机车翻新，甚至酸性转炉钢的生产。而在西部，任一机械厂的铁路维修部门都在发挥着它应发挥的重要作用。在底特律、克利夫兰等城市，铁路维修厂都是设施最为完善、规模最为庞大的企业。

铁路方面，为了克服可能出现的铁路维护问题，各家铁路公司纷纷建立了相应的研发机构。同时，为降低维护成本，在总结前期开发经验的基础上，从1860年之后，各铁路公司更是安装了标准化的设备，在新的开发项目中更是贯彻了工业精神。

---

① [苏] 列宁：《列宁选集》（第2卷），人民出版社1972年版，第733页。

有了机车就必然形成能源驱动。因此,第三个受到铁路深刻影响的行业是煤炭业。在收费公路和运河时代,由于借助的都是诸如畜力、风力和水力,因此,当时的交通工具并不太需要燃料,就是汽船也只消耗很少的煤炭,但铁路却很不同。虽然在内战之前,由于美国铁路网本身有限,其对煤炭的影响也非常有限。但到19世纪末期,情况就发生了深刻的变化。从1880年开始,铁路机车就消耗了20%的煤炭产出。随着铁路网的扩大,对煤炭的需求也就越来越大。更重要的是,随着铁路的延伸,更多的工厂也随着建立了起来,这些工厂也需要消耗大量的煤炭。为了满足这种旺盛的需求,势必影响着煤炭的开矿技术和煤炭业的结构。

铁路的影响似乎远不止于此。正如熊彼特所认为的:"其他任何事情都取决于道路,它们要么是道路创造的,要么是以道路为条件。"正是由于铁路,激发了大量其他产业。除增加了煤、钢铁、机械和以石化工业为基础的润滑油与燃料的使用外,还有成百项创新涌现,既有大的也有小的。商业则以跳跃式的速度向前发展,一大批新商品涌向全国市场。此外,由于铁路的缘故,还在整个美国创造了各种规模的新社区,从小的交叉点到巨大的新工业中心。为此,托马斯·麦克劳满怀诗意地写道:"芝加哥是铁路的一个孩子,奥马哈市、沃思堡市、丹佛和其他成千上万个小城镇也是如此。"①

**图 2-3 美国的电气化革命**

---

① 托马斯·麦克劳:《创新的先知》,《中国改革》2010年第7期。

## （二）不容忽视的软实力

软实力，是相对于国内生产总值、城市基础设施等硬实力而言的，是指一个城市的文化、价值观念、社会制度等影响自身发展潜力和感召力的因素。这一概念最早由哈佛大学教授约瑟夫·奈提出。就如何来衡量一国的软实力，美国智库兰德公司给出了一个简单易行的方法，报告认为："国家软实力的强弱，一个问题就可以反映出来，那就是除了祖国之外，你最希望生活在哪里？"[1] 因为这一问题，可以综合反映出一国在经济、知识、文化等领域对外界产生的影响。

进一步的问题是，软实力和硬实力之间又到底存在着怎么一种相互的关系呢？塞缪尔·亨廷顿曾提出了一个命题，他认为"硬实力决定软实力，或者说硬实力是软实力的基础"。但事实是，亨廷顿的这一观点是颇值得商榷的。[2]

无可否认，自20世纪初以来，大量移民涌入美国（软实力），我们可将其归结为得益于美国经济和军事的崛起（硬实力）。但不要忘记的是，大量的外国移民涌入美国不只发生于这以后，事实上，这种趋势在美国独立之初就表现出来了。

打败英国殖民政府后，1789年，年轻而人口还不是很多的美利坚合众国成立，当时其前景仍不明朗。但纵使如此，独立战争的胜利仍然引起了人们对这个新国家的关注，美国享有了贫困者的安居乐土的盛誉。正是在这一盛誉下，大量的欧洲人开始涌入这个年轻的国度。

1860年发布的美国《第八届人口调查》，根据"1819年以前资料不完全的研究"所提出的初步报告做过估计，从1790—1800年，有五万名欧洲人来到了美国，从1800—1810年来到的人数约为7万人，1810—1820年年末，这一数据约为11.4万，到1832年后，这个数值开始迅猛增长，每年大约有6万人前往美国，到了1837年，增长的数字更是跳高至7.9万人。虽然，1838年由于美国经济危机，这一数值有所下降，但到1842年

---

[1] 《美国"软实力"正在走下坡路？兰德公司眼中的中美软实力》，《新华每日电讯》2005年9月18日第7版。

[2] 相关讨论可参见韩和元《我们没有阿凡达：中国软实力危机》，中国发展出版社2011年版，第220—224页。

时，该数字更是突破了 10 万大关。到 1854 年时，由于加利福尼亚发现黄金这一偶然因素，导致该年更是有多达 43 万人涌入美国。之后由于内战的原因，一度对移民产生了不利影响，但由于战时所颁布的"宅地法案"①再度吸引了很多欧洲人前往美国。1860 年时，在美国的出生于外国的移民人数达到 400 万之多。而该年，全美总人口不过 3100 万。也就是说，排除移民二代、三代、四代不计，单纯的移民一代就高达 13%。

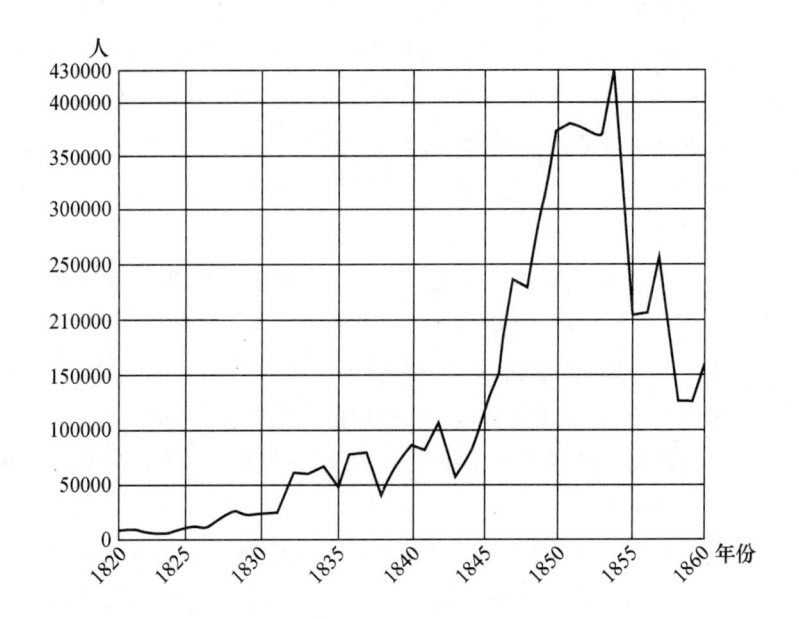

**图 2-4　1820—1860 年移入美国的人数**

资料来源：1860 年《第八届人口调查》的《初次调查报告》，第 12 页。转引自［美］福克纳《美国经济史》（上卷），王锟译，商务印书馆 1989 年版，第 380 页。

这种人口的大量涌入，有两大现象颇值得我们注意。

---

① 美国独立后，联邦政府对西部土地实行国有化，并决定按地段分块出售，以增加政府的收入，偿还国债和满足土地投机者的要求。但出售土地单位面积大、价格高，西部移民无力购买，因此展开了长期争取无偿分配土地的斗争。由于南部奴隶主的阻挠，直到内战前，无偿授予移民土地的法案均被参议院否决。南部奴隶主的政治代表退出国会后，林肯政府得以实现共和党提出的宅地纲领，国会众议院和参议院于 1862 年 2 月 28 日和 5 月 6 日先后通过了《宅地法》。5 月 20 日林肯颁布此项法令。法案规定每个美国公民只交纳 10 美元登记费，便能在西部得 160 英亩土地，连续耕种 5 年之后就成为这块土地的合法主人。这一措施从根本上消除了南方奴隶主夺取西部土地的可能性，同时也满足了广大农民的迫切要求，大大激发了农民奋勇参战的积极性。

第一个值得我们关注的现象是，1860年之前，涌入美国的移民中，半数以上来自英国。要知道，1859年时美国农业产值在工农业总产值中的占比仍然高达64%。于欧洲老牌资本主义国家而言，当时的美国仍只是个不入流、无足轻重的农业国。而反观英国，这个当年世界的头号霸主，此时正是其全盛时期。在英国经济学家杰文斯看来，美国的平原只不过是英国人的玉米地，芝加哥是他们的粮仓。① 如果亨廷顿的"硬实力决定软实力，或者说硬实力是软实力的基础"这一观点正确的话，那么这种人口的流向应该是美国人向英国移动才对，但正如上述数据说明的，事实却是恰好相反。

第二个现象是，这些移民者并非都是慌乱穷困，在祖国难以维持生计，而不得不逃往异国的谋生者。其中还有很多商人、机械师、熟练产业工人和矿工。福克纳根据1860年《第八届人口调查》报告做了一份统计，统计显示，1860年时生活于美国的那400万移民中：

（1）商人231852人。这其中就包括来自英格兰的摩根家族、爱尔兰的梅隆家族、德意志的库恩-罗比家族和洛克菲勒家族、法兰西的杜邦家族。② 这些移民的到来为美国工业化提供了大量的资金，特别是1848年的大革命，使大量欧洲移民移居美国，随之而来的是滚滚而来的资本。因为在革命爆发时期移民的，多是资产阶级。这些移民总会随身携带一定数量的资本，他们又经常收到欧洲亲友的汇款和帮助，客观地成为美国吸收欧洲资本的桥梁。据统计，1839年美国共引进外资1.5亿美元，1854年达到2.22亿美元，1860年外资总数约4亿美元。这无疑成为美国工业的最具活力的新鲜血液。

（2）机械师为407524人。有美国的"制造业之父"之称的塞缪尔·斯莱特就是这些移民的典型。斯莱特（1768—1835年），生于英国德比郡。14岁起学习纺织，掌握了纺织制造的全部知识。联合王国此时是全世界工业化程度最高的国家，也是它领先于世界众国前的主要因素。为了保持这

---

① 北美和俄国的平原是我们的玉米地；加拿大和波罗的海是我们的林区；澳大利亚有我们的牧羊场；秘鲁送来白银；南非和澳大利亚的黄金流向伦敦；印度人和中国人为我们种植茶叶；我们的咖啡、甘蔗和香料种植园遍布东印度群岛；我们的棉花长期以来栽培在美国的南部，现在已扩展到地球每个温暖的地区。——威廉姆·斯坦利·杰文斯（William Stanley Jevons）：《煤炭问题》(*The Coal Question: An Inquiry Concerning the Progress of the Nation, and the Probable Exhaustion of Our Coal-Mines*)，1865年。

② [美]塞利格曼：《美国企业史》。转引自戴志先《十九世纪的美国工业革命》，《湖南师范学院学报》（哲学社会科学版）1981年第1期，第64页。

种优势，英国人对工业技术如同国家机密一样，保守不泄透。为了防止科学技术外泄，1765—1789 年，英国政府通过了若干法律，禁止纺织与机器方面的熟练工人迁出，也不许纺织机、图样或模型出口。但纵使如此，仍然无法阻止人们的脚步。1789 年 11 月，塞缪尔就带着他充满于脑海的先进工业技术，不顾联合王国对熟练工人外迁的禁令，打扮成了个农场雇工，乘上了赴美国纽约的客船。1793 年，塞缪尔凭借记忆，成功地复制了阿克莱特纺纱机，并拿着这些机器，于当年年底，在帕塔吉特与人合伙开设了一家全新的纺织工厂。这也是美国工厂制度的开始。英国新式纺纱机的仿制成功，使美国的棉纺织业进入了一个新的发展阶段，也成为打响美国工业革命的第一枪。几年以后，塞缪尔的兄弟约翰也从英国来到美国，并带来了关于克隆普顿（1753—1827 年）发明的"缪尔纺纱机"的相关知识。

正是这些工程技术移民的到来，也将先进技术源源不断地从其他国家带到美国，形成了一种自然的、不花任何代价的技术引进。美国学者马尔温德·琼斯就曾指出："美国的每一个基础工业——纺织、采矿、钢铁工业，都是靠英国工匠、工人、经理带来的技术。"这就避免了老牌资本主义国家走过的弯路，从而使美国在更新更高的科技基础上开展第二次产业革命，推动了生产技术的革新和生产力水平的提高。

（3）矿工 39967 人，工人 872317 人。这些移民对美国的价值同样重要。因为正是他们的涌入，无疑为美国进行第二次产业革命提供了丰富而廉价的劳动力资源。除此之外，由于大量移民的涌入，进而导致的都市化的兴起，也为美国本身提供了广阔的国内市场。

那么，问题来了，摩根、梅隆及斯莱特兄弟为什么宁愿离开繁荣的祖国，而只身前往落后不堪的美国呢？等级制度可能是一个重要的原因。在英国，乃至整个欧洲，从政、经商甚至教书的，无一例外都是有着或多或少的"家世"背景的贵族阶级。正是这种制度，作为平民出身的摩根、梅隆和斯莱特兄弟们意识到，只要在英国乃至欧洲，他们的事业就注定要受到挫折。

而反观美国，固然没有欧洲人常常引以为荣、沾沾自喜的繁盛的封建时代，没有经历过真正意义上的封建主义。其特殊的国情对封建制度更是有着天然的免疫力——北美殖民地人烟稀少，严重缺乏劳动力，人们可以从这块土地迁移到那块土地，不可能通过封建关系把他们世世代代固定在土地上。也正是基于此，使得他们确信"一切人生而平等，他们被造物主赋予某些不可让渡的权利，其中包括生存、自由、追求幸福的权利"。正是因此，在美国无严格的阶级划分，这里没有一成不变的农民群众，也没有抱成一团的贵族阶级，人们是自由的。在这个国度，青年人即使是水手出身，也照样可以提升当船长。这样的社会气氛促使一部分有抱负的人积极地开拓进取，因为他们懂得这个社会注重的不是血统而是能力。更重要的是，独立战争更是将英国扶植的那点脆弱的封建关系，彻底地给它予以了清除。正是因此，这是一个受封建势力和观念干扰最少的国度。它从一开始就建立了没有封建残余的、纯粹的资产阶级制度。所以，当列宁在谈到美国的民主制度时，也不得不承认："就人民群众的政治自由和文化水平来说，美国都是举世无匹的。"①

此外，美国的落后状态也使新式工厂更易建立。在英国，生产的各阶段被划分得一清二楚，各有各的行当、行规、体制，且不可越雷池一步。英国不是没有想过简化生产，可在当时冲破保守的思想和体制比改进生产工序更艰难。而美国则是将这种不可能变为可能的地方。只要能促进生产，没有什么是不可改变的，这就是美国人的观念。除此之外，可信的理由可能还包括，美国政府对私人企业利润的保护。②

正是受到上述文化、价值观念和制度的感召，摩根、梅隆和斯莱特兄弟们才会毅然决然地离开自己的祖国，前往美国——那个当时在物质上甚至还有点蛮荒的国度。

随着南北战争的结束，美国政局恢复稳定，这种趋势越发明显。1860—1900年，外来移民共14006万，其中单年移民人数超过50万的，有1881年的66.9万，1883年的60.3万，1891年的56万人。在19世纪70年代，每1000个美国人中，二代土生白人及黑人只有562人，属于一代土生白人及外国出生的白人共有436人，即占43.6%。19世纪最后20年间，外来移民中男性占75%，其中83%的移民年龄在14—45岁。③ 正如前面所提到的，这些移民多来自英国等西欧国家，这些国家经济发展水平和工业化程度最高，人们受教育的程度也最高，因此，来自这一地区的移民多为工人，都具有一定的劳动技能和科学文化知识。相关的数据也支持

---

① [苏] 列宁：《列宁全集》（第22卷），人民出版社1963年版，第1页。
② 戴志先：《十九世纪的美国工业革命》，《湖南师范学院学报》（哲学社会科学版）1981年第1期，第64页。
③ 黄安年：《美国的崛起：17—19世纪的美国》，中国社会科学出版社1992年版，第363页。

了这一观点：1870年，在采矿部门工人中，移民占63.3%；冶铁和炼钢工业部门工人中，移民占43.4%；铁路工人中，移民占38.6%；纺织工业部门中，移民占37.6%。也正是这种职业结构，此时的移民出现另一个显著特征，那就是更多地朝着城镇集中。1900年时，人口规模超过2500人以上的城镇中，外来移民就占到总人口数的66.3%。

如此一来，美国通过软实力——与生俱来的文化和价值感召力，就将工业革命爆发所需的基础技术、资金和劳动力等要素都轻松解决了。除此之外，由于大量移民的涌入，进而导致的都市化的兴起，也为美国本身提供了广阔的国内市场。

为此，马克思在1882年就指出："正是欧洲移民，使北美的农业生产能够大大发展，这种农业的生产竞争震撼着欧洲大小土地所有制的根基。此外，这种移民还使得美国能够以巨大的力量和规模开发其丰富的工业资源，以至于很快就会摧毁西欧的工业垄断。"① 列宁在谈到西欧人移民的影响时也说："美国在输入工人的国家占首位"，他们对美国经济的发展"是绝对必需的"。②

## （三）培育人才、提倡科学、保护专利

虽然，在软实力的感召下，美国吸引了全球各地特别是西欧发达国家的大量人才，但它仍然将国内人才的培养放在了一个异常重要的位置。独立之初，本来百废待兴，但美国政府却明确提出"教育决定一切"，以此激励各方面办学的积极性。邦联政府③在1781—1789年，制定条例、规划学区，拨给土地作为办学基金，在大力发展公办教育的同时，鼓励私人和教会办学。

南北战争爆发前，美国已开始着手进行教育体制改革了。首先，增加教育投资，实行公立与私立办学并举、两条腿走路的方针，加快教育的发展。其次，加强基础教育，推行小学义务教育制，加强职业技术教育，为国家工业产业化培养得心应手的劳动技术大军。正是在这一原则的指导下，1862年，国会通过了《莫雷尔法案》（Morrill Land – Grant Act），这于

---

① ［德］马克思、恩格斯：《马克思恩格斯选集》（第1卷），人民出版社1972年版，第240页。
② ［苏］列宁：《列宁文稿》（第3卷），人民出版社1978年版，第212页。
③ 美国建国之后实行的是高度地方自治的邦联制。

美国高等教育而言,是一个具有里程碑意义的事件。

该法案规定,按各州在国会中参议院和众议院人数的多少分配给各州不同数量的国有土地,各州则将这类土地的出售或投资所得,在5年内至少建立一所"讲授与农业和机械工业有关的知识"的学院,这类学校又被称为赠地大学。根据法案第40条,这些大学的宗旨在于教授农学、军事战术和机械工艺,不排斥古典教育,其更为重要的意义在于,使得劳工阶级子弟能获得实用的大学教育。爱荷华州是第一个批准《莫雷尔法案》的州,爱荷华州立大学成为第一所指定的赠地大学。第一个新成立的赠地大学是堪萨斯州立大学,成立于1863年2月16日。最古老的赠地大学是罗格斯大学(Rutgers University),成立于1766年。成立于1855年的密歇根州立大学被称为赠地大学先驱,是其后赠地大学效仿的对象。《莫雷尔法案》奠定现今美国高等教育基础,知名公私立大学如宾州州立大学、康奈尔大学、普渡大学、麻省理工学院、加州大学伯克利分校、阿拉巴马大学等都受惠于此制度而成立。赠地大学的发展为美国职业技术,尤其是农工业职业技术的发展培养了不少人才。它对美国甚至世界高等教育的发展产生了深远的影响。

正是得益于上述措施,到1900年,全美已有4.5万名工程师,当年在校大学生也达到了23万余人,全国平均每万人口中有31.4个大学生,而德国每万人口中为8.3个,法国为7.6个,英国则只有6个,均大大落后于美国。

随着教育事业的发展,美国科学事业取得了巨大的进展。此一时期,各种学术团体纷纷建立,范围涵括土木、采矿、冶金、机械电力、化学……这些学术团体纷纷出版学术文集,刊印研究成果,从此美国科学研究由科学家个人自由研究活动时期,进入有组织的集体研究的新时期。也正是在这一时期,美国成立了农业部和国家科学院,建立科学实验室,开展对农业学和自然科学的理论研究。政府还为各州大学提供科学实验基金,许多大学成为全国和各州的科学研究和生产技术指导中心,对推动新技术革命起了关键的作用。私人公司也毫不示弱,纷纷设立起了自己的科研机构,以此来革新生产技术。这些举措,无疑推动了科学技术的进步与变革。

除此之外,被人们普遍视为推动美国科学技术进步与变革的重要举措的是专利保护。这是一项被美国政府视为与教育事业同等重要的大事,美国第一届国会便通过了《专利法案》。法案规定,发明者享有其著作或发明产品的专利权,发明者在一定时间(一般规定为十七年)内可利用或出售自己的著作版权和发明权而获得经济收益。受法案的刺激,一时间广大科技人员、机械师、技工……都加入到了创造发明的浪潮中,因此使美国成为一个科学技术进步最快的国家。

图 2-5 第二次工业革命时期的工厂内景

## 三 "落后之国"的全面逆袭

这其中,有一个叫乔治·威斯汀豪斯的年轻人,于1868年发明了铁路空气制动,使机车行驶更快捷也更安全。凭着这项专利,这位年轻人后来成立了大名鼎鼎的西屋公司。另一个叫亚历山大·格拉汉姆·贝尔的苏格兰裔美国人,则拿着他获得的世界上第一台可用的电话机的专利权,创建了贝尔电话公司。还有一个叫托马斯·爱迪生的年轻人则发明了电灯,他后来也用这个专利创办了通用电气公司。这是一个意义非凡的发明。为此,有人问:"爱迪生先生,你是如何看待电的?"爱迪生的回答是:"今晚,美国总统正在我的灯下阅读,医院正在电灯的照亮下进行手术,全世界有数百万的人在电灯下读书和生活,这非常重要。"

伴随着电灯的广泛使用,不仅点亮了人们的生活,也造成对电力的需求大增,于是有了法国人马·德普勒关于远距离送电技术的发明。爱迪生则在此基础上，建成了第一座火力发电站，将输电线路结成了网络。这是一项非凡的发明，取得了电力技术的突破之后，美国的科学技术从此彻底摆脱了对西欧的依赖，而走上了独立发展的道路。

自第一座电站的建成到1917年，美国全国仅公用电站就有4364座，总发电量438亿度，美国电力工业产业跃居世界第一位。大型火力和水力发电站的建立，不但为照明提供了光源，而且为工业生产和社会生活创造了强大的动力和能源。1914—1927年在制造业中使用的电力由占动力总量的39%提高到78%，电力迅速取代蒸汽动力在工业中占据了统治地位。随着电气技术的兴起，第二次产业革命全面爆发。

事实上，这场革命仍是在英国开始萌发的。1820年，丹麦物理学家、化学家汉斯·奥斯特发现电流的磁效应，他的这一发现很快就受到科学界的普遍关注。1821年，英国《哲学年鉴》的主编约请煤矿安全灯的发明者、英国化学家汉弗莱·戴维撰写一篇文章，评述自奥斯特的发现以来电磁学实验的理论发展概况。但他却把这一工作交给了法拉第。法拉第在收集资料的过程中，对电磁现象产生了极大的热情，并开始转向电磁学的研究。经过近10年的不断实验，到1831年法拉第终于用实验揭开了电磁感应定律。法拉第的这个发现扫清了探索电磁本质道路上的拦路虎，开通了在电池之外大量产生电流的新道路。根据这个实验，1831年10月28日法拉第发明了圆盘发电机。这个圆盘发电机，结构虽然简单，但它却是人类创造出的第一个发电机。现代世界上产生电力的发电机就是从它开始的。[1]

同时，英国的传统产业（即第一次工业革命中由英国称霸的产业，如纺织、炼铁等）优势并未丧失，只不过，固守优势近乎本能，英国也不能免俗。既然现有的纺织品和煤炭、钢铁工业已经能让英国资本家们迅速赚钱，自然不会像美、德那样把大部分的人力物力投向新兴产业。对手快步地走向产业革命2.0，而你却优哉游哉慢慢吞吞地走向产业革命1.5，英国的绝对优势日渐丧失也就不可避免。而与美国同时起步的德国，受制于国土和人口，没有像美国那样拥有庞大的国内市场，且其外部环境也较美国更为复杂。这样一来，第二次产业革命的主导权便从英国和德国人手中转移到了美国人手里。

美国主导的这场革命引起了学者们的高度关注，马克思就曾感慨道：

---

[1] 正是因此，戴维本人认为，自己的最大贡献是发现法拉第。

"现在,经济学研究者最感兴趣的对象当然是美国。""在英国需要整整数百年才能实现的那些变化,在这里只有几年就发生了。"① 恩格斯则于1882年时更是大胆预言道:"美国在20年之后,会成为世界上人口最多,最富有和最强大的国家。"②

事实上,恩格斯的预言仍然保守了。依靠雄厚的科技实力和强大的产业基础,美国人比恩格斯的预言提前了8年,于1894年,全面超过了在此前两个世纪里一直走在前面的欧洲强国。这一年,美国的工业产业总产值是英国的2倍,相当于欧洲各国总和的一半,已然跃居世界之首,成为世界第一经济强国。而这一年,距离这个新国家的诞生仅仅118年,距离这片新大陆被发现也只有400年。

表 2-1　　　　　1820—1913 年 19 个国家实际 GDP

1820—1913 年 19 个国家实际 GDP（1990 年 Geary–khamis 美元）的年平均变化率（%）

| 国家 | 变化率 |
| --- | --- |
| 阿根廷 | {6.0} |
| 美国 | 4.1 |
| 加拿大 | (3.8) |
| 澳大利亚 | {3.5} |
| 荷兰 | 2.4 |
| 德国 | 2.4 |
| 丹麦 | 2.3 |
| 比利时 | 2.1 |
| 芬兰 | 2.1 |
| 巴西 | 2.0 |
| 英国 | 2.0 |
| 奥地利 | 1.9 |
| 挪威 | 1.9 |
| 瑞典 | 1.9 |
| 意大利 | 1.6 |

---

① [德] 马克思、恩格斯:《马克思恩格斯全集》(第34卷),人民出版社1973年版,第333—334页。

② 同上书,第334页。

续表

| | |
|---|---|
| 墨西哥 | 1.6 |
| 西班牙 | 1.4 |
| 日本 | 1.2 |
| 爱尔兰 | 0.6 |

注：（ ）=1850—1913 年；{ }=1870—1913 年。

资料来源：[美] 高尔曼：《漫长的 19 世纪的经济增长与结构变迁》//[美] 恩格尔曼、高尔曼：《剑桥美国经济史（第 2 卷）：漫长的 19 世纪》，高德步等译，中国人民大学出版社 2008 年版，第 4 页。

更为重要的是，直到第一次世界大战爆发，这一时期美国的经济增长比任何一个欧洲国家都要更为快速和持久。例如，大约 1770—1913 年，英国的年均增长率只有 2.2%。而美国则是 4.1%。正是英国和美国增长率的差异，后来对两国产生了重要的影响。1774 年，英国的名义 GNP 几乎是美国的 3 倍；1840 年仅仅只是美国的 1.5 倍了。然而到 1913 年，整个大不列颠联合王国的实际 GDP 只占美国实际 GDP 的 41%。"一战"开始之前，美国已成为当时世界上最大的产品和服务提供国，年总产值大于欧洲三强英国、德国和法国的总和。[①]

1915 年，列宁在研究了美国的经济发展以后，不得不感叹道："无论就 19 世纪末和 20 世纪初资本主义的发展速度来说，或者就已经达到的资本主义发展的高度来说，无论就十分多样化的自然条件而使用最新科学技术的土地面积的广大来说，或者就人民群众的政治自由和文化水平来说，美国都是举世无双的。这个国家在很多方面都是我们资产阶级文明的榜样和理想。"[②]

---

[①] [美] 高尔曼：《漫长的 19 世纪的经济增长与结构变迁》//[美] 恩格尔曼、高尔曼：《剑桥美国经济史（第 2 卷）：漫长的 19 世纪》，高德步等译，中国人民大学出版社 2008 年版，第 5 页。

[②] [苏] 列宁：《列宁全集》（第 22 卷），人民出版社 1963 年版，第 1 页。

# 第三章
# 工业3.0：信息化与美利坚复兴

20世纪四五十年代以来，以原子能、电子计算机、空间技术和生物工程的发明和应用为主要标志，在信息技术、新能源技术、新材料技术、生物技术、空间技术和海洋技术等诸多领域获得了重大突破，标志着工业发展进入了3.0时代。这场以信息化为主要特征的工业3.0革命，极大地推动了社会生产力的发展，促进了社会经济结构和社会生活结构的变化，并且推动了国际经济格局的调整。其中，美国的信息优势奠定了美国在世界信息化社会中的地位和作用，使美国在信息技术、信息政策、信息经济与信息产业等方面居于世界领先地位。

# 一 美国经济黄金时代的大国危机

## (一) 丰裕之国和亨利·卢斯的美国世纪

在第二次产业革命的推动下,美国这个昔日落后的农业国,正如恩格斯所预言的那样,很快就成为世界上最富有和最强大的国家。特别是20世纪前后两次世界大战,将美国过去的两大竞争对手——西欧和日本严重削弱。于1941年美国正式参战之前,其人均国民生产总值(GNP)还只是1000亿美元而已。到1945年战争结束时,美国该年的人均GNP已增加至了2000亿。再过一年,也就是1946年,美国人的年均收入为1262美元,而昔日的世界霸主英国,其国民的年均收入为653美元。事实上相比较于其他国家,英国的这一指标仍然是非常可观的了,要知道,在这一年里,更多的国家,如印度,其国民的年均收入也许只有不到50美元。当时,这个国家虽然只拥有全世界6%的人口和土地面积,但却占有资本主义世界工业生产量的2/3,外贸出口额的1/3,黄金储备的3/4。正是这个国家,生产了资本主义世界1/3的小麦,1/2的棉花,70%的玉米。也正是这个国家,开采了全世界62%的煤和石油,冶炼了61%的钢,生产了48%的电力和84%的汽车。还是这个国家,拥有着全世界84%的民用飞机,85%的冰箱和洗衣机。面对美国人所取得的杰出成就,英国人难免有些羡慕有些嫉妒也有些恨。时任英国外交大臣的欧内斯特·贝文就不无感慨地说道:"今天美国正处在拿破仑战争结束时英国的地位。拿破仑战争结束后,英国掌握着约30%的世界财富,而今天,美国人则掌握着大约50%的世界财富。"[①]

而面对战后的重建,美国人遇到了有史以来难得的发财致富的机会。从1945年到1950年,美国私营企业的海外投资增加了33%,达到近160亿美元(在今天看来这也许不是一个很大的数字,但不要忘记的是,1945年美国的GNP才不过2000亿美元)。其中,以新泽西美孚石油公司为首的十家巨型

---

① 刘绪贻:《美国通史(第6卷):战后美国史》,人民出版社2002年版,第12页。

公司是这一轮投资潮的"领头羊"——单美孚石油公司为中东和委内瑞拉的石油工业的发展就投入了10亿美元之多。而可口可乐公司也加快了它海外扩张的步伐,以至于有人提出"全世界正在可口可乐殖民地化"。《读者文摘》似乎亦不甘落后,在1950年时,它已用11种文字,在14个国家印刷,在61个国家销售……对它们的扩张,华尔街给予了大力的支持和帮助,1950年,美国银行在海外拥有95家分行,到1970年时这一数字剧增至536家。

更重要的是,当时的美国人坚信它们已经找到了一套有别于前人的且行之有效的经济治理模式——凯恩斯主义,即庞大的政府预算和政府广泛干预私人决策的经济治理机制。这种机制和相应的政策,在最初,在缓和社会矛盾、推迟周期性经济危机的爆发、减轻危机的破坏力、推进生产发展等方面,确实起到过相当大的作用。在20世纪五六十年代,美国的通货膨胀率和失业率都非常低,而生产力又在其时获得了空前的发展——美国工人的劳动生产率在战争时期每年提高大约7%,1945年以后又跃升至每年提高近10%。受益于此,在产出继续增长的同时,美国工厂工人的数量自1940年后期而始,实际上一直处于减少的状态。于是,越来越多的劳动力市场的就业者开始转向了更高产业形态的服务业。①

无论是纵向比较抑或是横向比较,对于国家都取得了伟大成就,美国的文人们开始不淡定了,亨利·卢斯无疑是其中的代表。亨利·卢斯,1898年4月3日,生于中国山东蓬莱,其父亨利·温斯特·卢斯是一个美国基督教传教士。小亨利幼年在中国山东烟台读书。1920年毕业于美国耶鲁大学。1923年和校友布里顿·哈登(1898—1929年)共同创办著名的《时代》新闻周刊,卢斯善于利用历史资料和收集现实材料,使《时代》刊登的文章比报纸和广播更具有可读性。哈登独特的写作风格与活泼的版面编排也有助于《时代》很快成为销路最广、影响最大的期刊之一。1929年哈登去世。卢斯兼任总编辑后,开始出版《时代》周刊国外版。其后,以《时代》为核心,陆续出版了《财富》(1930)、《幸福》、《生活》(1936)、《体育画报》(1954)等著名期刊,1932年买下《建筑论坛》,组成了美国最大的出版托拉斯企业——时代出版公司。他特别喜欢赚钱,他逼迫自己拼命地工作,把自己的意志投入更广阔的领域,努力工作,以此来赚取更多的金钱。但真正能吸引卢斯的并非金钱而是权力。事实上,他

---

① [美]拉菲伯、波伦堡、沃洛奇:《美国世纪:一个超级大国的崛起与兴盛》,黄磷译,海南出版社2008年版,第321页。

非常简朴,他从不参加如网球、高尔夫球之类的活动,也不寻欢作乐。从不注重衣着,食物也就是为了补充能量。他赚钱的目的,只是为了博得他人的尊敬和权力。更重要的是,他善于辞令,其出版物的社论常反映其政治上的保守主义立场,对美国政府的政策有着重要的影响。为此,英国首相丘吉尔就曾评价过,他是美国最有影响力的七个人之一。据说,在20世纪50年代,他的影响力至少与美国国务卿相当。正是这位美国出版界最有权势的人物,在谈及为什么世界应该——而且将由美国来领导时,他认为,"首先……美国的产业生产了更多的食品,更多的房屋,更多的医生……更多的娱乐……"① 对此,这位大人物不无自豪地宣称,世界已经进入美国世纪。正是源自他对美国发展成为世界领导者的认识和愿望,他甚至一度打算将《财富》杂志改名为《强国》(Power)。

图 3-1　《时代》杂志和创始人之一亨利·R. 卢斯

## (二)"伟大社会"建设

当一个国家从富裕不断地走向更为富裕,从强大不断地走向更为强大,从成功不断地走向更为成功时,更大的雄心也就自然地被激发出来。

---

① ［美］拉菲伯、波伦堡、沃洛奇:《美国世纪:一个超级大国的崛起与兴盛》,黄磷译,海南出版社 2008 年版,第 323 页。

在巨大的成就面前，美国人显然已不再满足于富裕和强大，他们希望自己做得更好。对此，时任美国总统林登·约翰逊于1964年时，就公开宣称："美国不仅有机会走向一个富裕和强大的社会，而且有机会走向一个伟大的社会。"

谈到"伟大社会"的建设，就不得不提及一位美国人——迈克尔·哈林顿（Michael Harrington）——这位"新保守主义者"概念的首倡者，当代最博学、最有洞察力的社会民主党理论家。因为，正是他的一本书，推动了这一计划的实施。早于1962年，这本题为《另一个美国》的书出版。① 在这本书里，哈林顿认为世界上除了有个为人们所熟悉的美国，即其自诩的"丰裕社会"外，还存在另一个美国——他们过去是穷人，现在还是穷人。哈林顿通过文件资料说明，美国存在一个400万人至5000万人的"经济地下世界"，这个世界的成员是"那些被从土地上赶走而在城市生活悲惨的群体、老年人……和面对一堵歧视高墙的少数民族"。哈林顿还说明了这个世界何以成了"隐形国度"——它存在于鲜有州际公路抵达的地方、很少为郊区通勤旅客所见、政治上软弱无能。在他看来，现有法规忽视了穷人，他甚至认为目前这个国家不是为了悲观绝望者而是为了已有能力自助的人们建立的。作为解决之道，他认为，美国应该对贫困发起一场全国性的反击，他给出的具体的政策建议有：（1）国会应该通过扩大社会保障法和最低工资法；（2）提供医疗保健措施；（3）提供新住宅措施；（4）消除种族歧视……以此使福利真正惠及穷人。

这本书一经出版，马上获得两位肯尼迪的首肯。弟弟爱德华·肯尼迪对这本书给予了高度评价，他说："在我认识的人中，哈林顿是最让美国人感到不爽的人。对许多人来说，'丰裕社会'这一成就已经够了不起的了。但对迈克尔来说，这只是个开始——因为他越是看到美国的问题，他就越是努力为改正这一切而奋斗。"不知道是不是受弟弟爱德华的影响，约翰·肯尼迪，也就是那个大家所熟悉的肯尼迪总统，也读了《另一个美国》这本书，并且改变了肯尼迪总统对美国贫困问题的认识，迈克尔的这本书使他意识到了美国贫困问题的严重性，并进而决心发起一场反贫困战争。但遗憾的是，他没有时间去指挥这样一场战争了。1963年11月22日，肯尼迪在副总统林登·约翰逊陪同下到得克萨斯州首府达拉斯城访

---

① 关于这本书，国内已有郑飞北的译本，该译本于2012年由中国青年出版社出版。只是郑飞北将 Michael Harrington 译为迈克尔·哈灵顿而已。

问。12时30分，肯尼迪乘坐一辆敞篷汽车游街拜会市民，当所乘汽车行至美茵街（Main Street）的拐弯处时，被埋伏于此的枪手李·奥斯瓦尔德所击杀。随着那一声枪响，肯尼迪的向贫困作战的计划与他的"新边疆"战略——民权法案、减税建议、医疗补贴和联邦政府对教育事业的补贴——都只能留给他的副总统约翰逊去完成了。

继任之初，约翰逊便陷入了冥思苦想中，因为他需要找到一个新奇的政治口号以此来团结人民作为奋斗目标。在他之前的几位民主党籍总统都曾提出过激励民心的施政口号，譬如，富兰克林·罗斯福曾推行"新政"以提供失业救济与复苏经济为施政纲领，哈里·S. 杜鲁门以"公平施政"为施政纲领，而他的前任肯尼迪则以"新边疆"[①]作为其施政纲领。那么，用什么来作为自己的施政口号呢？深受英国费边主义影响的约翰逊，时常从英国费边主义者那里汲取养分，英国政治思想家、费边主义者格雷厄姆·沃拉斯就是他的精神导师。一天在阅读中，沃拉斯的一本题为《伟大社会》的书引起了他足够的兴趣，他觉得这个标题颇有新意，于是便使用它作为自己的施政口号。

约翰逊第一次在公众场合提出"伟大社会"这一概念是在1964年3月7日一次对学生的演讲中。演讲在艾森斯市的俄亥俄大学举办。在演讲中，约翰逊提到："……我们将共同建设一个'伟大社会'，依靠大家的勇气、同情心和追求，共同建设一个社会，在这里没有儿童会挨饿，没有少年会失学……"[②] 而约翰逊正式提出他关于"伟大社会"的具体构想，则是于1964年5月22日，在安娜堡的密歇根大学。在演讲中，这位沃拉斯的信徒首次明确提出，美国有意于建设一个"伟大的社会"，"这将是一个没有孩子挨饿、每个学童都有学上的社会，一个战胜了种族主义和不公正这两大古老恶魔的社会，最重要的是，这将是一个国家能创造公正、提供机会的社会。"为了达成这一目标，他给出的措施是："我们会收集一些世界上最精辟的见解和最可靠的知识，并从中找出答案。我计划成立专门的工作组，以准备一系列会议——关于城市、自然美景、教育质量和迫在眉

---

① "新边疆"并不是指地理上的边疆，这一概念最早是由肯尼迪于1960年7月在洛杉矶接受民主党总统候选人提名演说中提出的："我们今天站在新边疆的边缘。这是20世纪60年代的边疆，充满吉凶难卜的机会和危险的边疆，充满希望而又遍布威胁的边疆。"他要求美国人民必须准备做出牺牲来面对"一系列需要应付的挑战"。他的这一政治口号，后被历史学家用来指称其国内施政纲领。

② 参见 http://www.presidency.ucsb.edu/ws/index.php?pid=26225#axzz1sHwnZBWd。

睫的挑战。我们通过研究，向伟大社会进发。"① 而约翰逊正式提出建设"伟大社会"的施政纲领，则是在1965年1月所发表的国情咨文。约翰逊雄心勃勃，想在任内比其他民主党前任做出更大的成就。所以，随后他立马向国会提出有关教育、医疗、环境保护、住房、反贫困和民权等方面的83个特别立法建议。

约翰逊的这些计划是如此的深得人心，良好的经济局面和减税计划，让他深得富人和中产阶级的赞赏；他向贫穷开战，又使他深受底层阶级的拥护。可以说，1964—1967年，那是一个足以让约翰逊的对手们都羡慕和嫉妒恨的年代，一位共和党的领导就不无感慨地说："我记不得有哪位总统能同时利用繁荣和贫穷为他服务。"正是得益于此，1964年，约翰逊在普选中超过对手的差额达到22.6%，在美国总统选举史上居于第5位（次于1920年美国总统选举、1924年美国总统选举、1936年美国总统选举和1972年美国总统选举）。约翰逊本人在国民普选中获得61.1%的支持，是1820年以来美国总统候选人获得的最高的普选比例。大选的结果使约翰逊处于十分有利的地位。在参议院100个议席中，民主党占了67席。在众议院435个席位中更是占了295席。民主党在参众两院占有明显的优势，这为约翰逊政府推行其施政计划奠定了牢固的基础。更重要的是，众议院民主党所得的295席中有71席为新议员，而这些议员许多是得益于约翰逊的压倒性优势所取得的。因此，他们对约翰逊是怀有感恩之心的，也因此他们常发自内心地争相与白宫合作。另外，约翰逊的南方背景——他出生、早年也生活于得克萨斯州——为他加分不少。

也正是因此，在许多时候，总统根本就不用游说和动员，他的主张就能够得到社会各界的支持，国会里民主党的议员自不必说了，就是那些共和党的议员，在汹汹民意面前，也只得采取顺势而为的态度。由此，林登·约翰逊在使人接受他的立法提案方面，成了自富兰克林·罗斯福以来最为成功的一位总统。

到第89届国会（1965—1966年）闭会时，"伟大社会"的115项立法，已有90项获得通过。这"比本世纪内任何一个总统在任何一届国会所提出的都要多"。也正是因此，这届国会，被总统竞选时他的对手、共和党参议员戈德华特称为"静电复印机国会"——约翰逊要什么，就通过

---

① 参见 http://www.lbjlib.utexas.edu/johnson/archives.hom/speeches.hom/640522.asp。

什么。据说,其中很多法案,如《民权法案》,甚至一字不易,便直接获得了通过。

为了实现这一计划,他扩大了政府尤其是联邦政府对社会福利所承担的责任,其福利范围和对象比原先更广泛,主要表现在有关就业、医疗、教育、生活和住房、城市发展等一系列法律的颁布、机构的设置和政策的实施上。例如,正是利用1964年通过的《经济机会法》,约翰逊着手成立了经济机会局,在该局的统筹下,实施了一系列反贫穷计划:

(1) 成立就业团,该团主要职责:为16—21岁的贫困青年提供宿舍,举办训练。

(2) 成立美国志愿服务队,征募志工前往少数民族居住地区工作和支教。

(3) 鼓励低收入家庭半工半读,完成其大学学业。

(4) 为贫困家庭的孩子提供日托和其他资助项目。

……

对于他的"伟大社会"运动,约翰逊显然是自我感觉非常之好的。他声明,伟大社会"建立在全体人民富裕和自由的基础之上的,它要去结束贫困和种族不公正"。在相应政策推行一段时间后,美国确实在这方面取得了令人难以忘记的成就。为此,约翰逊不无自豪地对外宣称:"咱们国家没有穷人的时候到了,咱们国家所有男女有权得到他们能接受的教育的时候到了,贫民窟从美国城市中消失的时候到了,美国绚丽多彩的时候到了,人民在上帝的支配下发挥着自己最大潜能的时候到了,和平的时候到了,而且将永远延续下去。"

## (三) 从"伟大社会"滑入"失落之国"

但表象绝不代表事实,"伟大社会"运动的思想促成者,《另一个美国》的作者迈克尔·哈林顿就认为,约翰逊的反贫困的主动精神固然值得点赞,但在他看来,约翰逊所做的,仍不过是场小战斗而不是一场战争,"而且无论怎么说,贫困还是占了上风"。[①] 事实是,美国的麻烦远远不止于此。

---

① [美] 拉菲伯、波伦堡、沃洛奇:《美国世纪:一个超级大国的崛起与兴盛》,黄磷译,海南出版社2008年版,第426页。

显然，约翰逊忽略了一点，那就是在他的这项庞大的政策背后是，必须要有庞大的财政收入作为支撑的。当时美国经济周期正处于扩张阶段，"伟大社会"正是在这样的背景下设计出台的。也正是因此，其各项福利计划的标准都定得很高。在当时，虽然联邦的财政收入增长快速，但是州和地方政府却面临着技术和资源的不足。于是约翰逊决定，通过授权计划的方式，将联邦的相应资源，输送到州和地方政府。而这些拨款往往非常惊人，比如1965财政年度，卫生、教育、落后地区发展经费三项合计为81亿美元，到1966财政年度已增长至114亿美元。到1969年时，美国的整个社会福利开支已经上升到1271.49亿美元，这一数字占当年国民生产总值的14.1%。

就在约翰逊执政时期繁荣景象的下面，美国的国力却在这些政策的作用下，悄悄地衰落。其中最重要的因素是效率的恶化：生产率由上升转为下降。与此同时，工资福利水平却在不断提高，以至于1968年单位劳动成本上升4%，1969—1970年上升6%，1970年后工资上升幅度超过了劳动生产率增长。同时，因约翰逊所发动的越南战争的升级和他的"伟大社会"的建设，导致社会开支猛增，使政府的财政赤字于1968年曾创纪录地达到252亿美元，而到1971年6月底美国的财政年度结束时，仍高达232亿美元。[①] 正是这位致力于缔造一个"伟大社会"的政客，用着他的雄心一步步地将美国带入了深深的泥淖。

于20世纪60年代末起美国开始陷入全面的危机中，当时的美国可谓是内焦外困。在政治方面，反战运动愈演愈烈，在外交上，美国亦可谓四面楚歌，苏联则是步步紧逼。经济方面，居高不下的通胀和低迷的经济更是让其为之焦头烂额。

1969年，尼克松上任，为了缓解约翰逊危机——财政和外贸的双赤字，政府采取了紧缩的财政政策，同时美联储也提高了利率。但是，政策实施不到半年，失业率便急速飙升，而同期GDP却出现大幅下滑。

尼克松总统于1971年8月以突然袭击的方式，宣布了他的"新经济政策"——第一阶段实行为期3个月的工资物价管制。同年10月，尼克松再次向全国发表讲话，开始了"新经济政策"的第二阶段。但这一次，反对的意见开始强烈起来。而且人们很快就发现，为实施工资、价格管制而成

---

① 魏加宁：《反思美国20世纪70年代滞胀的成因与对策》。转引自韩和元《全球大趋势2：被债务挟持的世界经济》，中华工商联合出版社2012年版，第40页。

立的工资委员会和物价委员会实际上根本不起作用。

因担心工会可能从监督机构中撤出代表,工资委员会一再做出让步:先是宣布认可延期未加的工资增长,并确定每年工资增加的标准线为5.5%,后又同意煤矿工人增加15%的工资。

物价委员会也起不了什么作用。一开始,它就批准了两家钢铁公司生产的白铁皮提价。在不到3周的时间里,全国1500家大型的公司中有1/3提出了提价申请,而被批准与被否决的比例竟达20:1。结果,1972年物价在管制的条件下仍然上涨3.2%,失业率也保持在5%的水平上。

1973年,尼克松因食品价格猛涨和"水门事件"的困扰,于6月不顾一切地再次实施价格冻结。结果是灾难性的:市场上见不到牛肉的踪影,食品货架上空空如也。美国人第一次在和平时期遇到了短缺。这种举措虽然令通货膨胀率得到了暂时的控制,但是,这种抑制型的通货膨胀无法持续,最后不得不取消了控制抑制。这时,美国政府转而采取财政金融双紧政策来控制物价。虽然如此,自1973年第三季度至1974年第三季度,粮食、石油、鱼粉等必需品价格还是在不断猛涨。

屋漏偏逢连夜雨。1973年10月,中东地区爆发新一轮的战争。石油出口国组织为报复西方国家对以色列的支持,决定对以美国为首的西方工业国家实施石油禁运,油价随即急速升至每桶12美元,升幅达4倍之多。

由于美国国内经济状况不断恶化,美元的地位也开始动摇。"二战"结束时,美国曾是最富有的国家,拥有占当时世界总量80%以上的黄金储备,因而能够确立35美元兑换一盎司黄金的固定汇率制度。在布雷顿森林会议的安排下,美元成为一种"硬通货"在全世界流通。但是到了20世纪60年代,随着美国产品竞争力的下降和德、日等国的重新崛起,美国贸易顺差不断减少。到1971年5月贸易顺差消失,出现了自1893年以来的第一次贸易逆差,随后赤字不断扩大,美国的黄金储备也不断下降。大量流入欧洲的美元开始贬值,成为不受欢迎的货币。美国政府再也无力支持美元/黄金的固定汇率。在这种情况下,尼克松政府采取了一种断然的措施:全面停止用黄金兑付美元。这个被称为"尼克松冲击"的举动,使一向生活在自由市场经济中的美国国民深感震惊;同时也使战后初期建立的布雷顿森林国际货币体系顷刻间瓦解,西方经济失去了稳定的国际经济环境。

在油价飙升推动通货膨胀近乎失控的情况下,再加上美元贬值,美国的物价更是扶摇直上，1974年的CPI上涨幅度达到创历史性的12%这一高点。

1974年，尼克松因为水门事件下台，福特继任。福特总统上台初期宣布通货膨胀为美国的头号大敌。福特对付通货膨胀的方法，是发起一场意图赶走通货膨胀的运动，他把印有WIN（Whip, Infation, Now的缩写）字样的徽章贴在各种商品上。他还号召国民多种粮食，节约能源；呼吁主妇们勤俭持家，希望通过抑制需求的方法来抑制通货膨胀。

虽然福特对付通胀的手段并不高明，但是一些超出他掌握的宏观因素帮助了他。他掌权时候，两位数的通货膨胀率由于经济的衰退而逐步下降；随着中东局势渐趋稳定，能源价格也随之回落；越战中的最后一批美国士兵撤出，军费开支也随之下降。而且，福特是一名坚定的财政保守主义者，他屡屡动用否决权，否决了一些他不喜欢的财政支出议案。通货膨胀的势头似乎得到了控制，但这些并不能够完全改变美国滞胀的实质。

油价虽然逐步下降，但通货膨胀继续恶化的势头却并没有得到根本遏制。事实上，核心通货膨胀率并没用因为油价的下跌而随之下降；反而是在能源价格下降的同时呈现缓慢上升的态势。这说明，通货膨胀已经从能源和粮食部分，传导到了经济其他部门。并且，面对高企的油价，通货膨胀预期已经形成。自然失业率也不断提高，在福特上台后不到9个月的时间里，美国的失业率一度蹿升到9%的高位，这也成了1975年的特大新闻。

1974—1975年的经济衰退，使福特政府改变了初衷。在国会的压力下，美联储于1975年年初开始放松银根。直到福特卸任为止，美国的宏观经济政策一直时紧时松，疲于应付，经济也一直呈现出高失业、高通胀的"双高"特征。

为了降低失业率，卡特政府在1977年执政后，开始实行刺激经济增长的财政政策和货币政策。1977—1979年3年间M1的增长创战后最高纪录。这导致1979年第四季度通货膨胀率上升至12.7%。另外，1979年伊朗爆发革命，其后石油大幅减产令油价再度急升。在成本推动和不断上升的通胀预期下，美国的通胀率又再次达到10%以上水平，失业率也一直在6%—8%居高不下。[1]

更为重要的是，此时的美国无论是军事领域还是经济领域都受到了前

---

[1] 韩和元：《全球大趋势2：被债务挟持的世界经济》，中华工商联合出版社2012年版，第40—42页。

所未有的挑战。军事领域，美国纵然倾尽全力，但仍然被越南——那个弹丸小国所打败。对于美国人而言，越南战争根本就是一个悲剧，一个巨大的悲剧。连当初把美国带入越南战争的国防部长罗伯特·麦克纳马拉时隔30年后反思时也不得不承认："我们错了，彻底错了！"正是这场战争，犹如"多米诺骨牌"一样，美国不仅失去了对越南、对柬埔寨、对老挝的控制，更由此造成美国与它的盟国间的冲突。此前越南的侵略者法国，这时却反过来对美国大加批评。1968年法国总统戴高乐就公开指出越南战争是"一个伟大国家蹂躏一个小国"的"可憎"的战争。"冷战"时的对手苏联则趁机大举反攻，使美国处处被动。

更重要的是，这场战争在美国国内造成了严重的分裂，在麦克纳马拉的家里就体现得淋漓尽致。战争期间，这位战争的策划者的孩子，带头走上了街头，高喊着反战的口号，他的妻子甚至企图割腕自杀。民主党内部也是如此，将美国带入越南战争的是民主党的约翰逊总统，而反战最激烈的也是民主党人，民主党陷入不可弥合的分裂中：在1968年大选年，在预选中反战派代表人物尤金·麦卡锡和罗伯特·肯尼迪就出来挑战在职总统约翰逊，而民意测验显示约翰逊的支持率低于他的两位同僚，最后，约翰逊在众叛亲离中只得宣布不寻求连任，一心想成为像罗斯福那样的伟大总统的约翰逊最后郁郁而终。事实上，这种战争所引发的认同危机，至今仍在延续，它所带来的创伤至今也还没有愈合。参与结束越战谈判的基辛格就指出，这场战争导致的"最严重、创伤最深者乃是美国社会的凝聚力给断送了"。尼克松也认为这场"战争造成的分裂局面强烈地震撼了国家的基础"。

在经济方面，当时的美国更可谓是个失败之国，尤其是与日本相比更是如此。与得天独厚的美国不同，日本是个彻底的得天不厚之国：国土面积狭窄，人多地少矛盾非常尖锐，全国可耕地只占国土面积的1/6，且还经常面临着如地震这样的自然灾难。而资源更是极度匮乏，诸如石油、铁砂、煤炭等矿产资源更是完全有赖于进口。第二次世界大战中为美国击败并被军事接管。在战争中，日本的物质财富损失率高达36%，战后人均年收入只有区区20美元。[①] 不仅远低于当时美国的1262美元、英国的653美

---

[①] 韩和元：《中国经济将重蹈日本覆辙？》，中国商业出版社2010年版，第3页。

元,甚至还低于印度的45美元。①

但就是这样一个国家,1952年时其国民生产总值仅为英、法的1/3。但到了20世纪70年代,其国民生产总值已是英、法两国的总和,或美国生产总值的一半。更为重要的是,虽然当时的日本的国民生产总值还没有超过美国,但在人均收入方面,日本已经超过美国。尽管当时的日本在政治和文化上还不是世界强国,但日本的各种制度,在解决工业化所带来的诸多问题上所表现出来的效率,无疑是世界第一的。总之,日本人像18世纪后期的英国人、19世纪后期的美国人一样,缔造了又一个新的经济神话。且在许多领域,已经超过了一直以世界老大自居的美国。为此,世界著名东亚问题专家傅高义就公开宣称,日本才是世界第一。另一位美国学者威廉·哈维则更是认为,当时的日本与霸主时代的英国人一样,他说:"英国人曾占有过我们的灵与肉。她曾对美国进行过和平的征服,她18世纪用枪炮未能做到的事,却在19世纪用金本位做到了。而现在的日本人就如19世纪的英国人那样,成为美国最大的债权国。日本1941年在偷袭美国珍珠港之后未能通过军事来击败美国,而现在正在对美国进行和平占领。"他甚至认为,在不久的将来,日本人会占有美国人的灵与肉。② 持有同样观点的还有保罗·肯尼迪,这位以《大国兴衰》一书而闻名世界的历史学家在他的书中陈述道:"从1945年到1950年,美国达到了英国在鼎盛时期所经历过的经济繁荣。1950年,美国的国民生产总值几乎是英国的6倍、苏联的3倍和日本的10倍,美国的人均国民生产总值是英国的2倍、苏联的3倍,几乎是日本的7倍。美国将大把大把的钱撒向世界,成为世界上最大的债权国。然而今天呢?日本人已经全面取代美国,而成为世界最大债权国。"接着他便自问道:"经过25年,美国取代英国成为世界超级大国。那么,从今天(写作该章时)开始的25年后,日本会不会步美国的后尘呢?"作者的答案显然是肯定的。

在保罗·肯尼迪看来,虽然美国当时在经济上,甚或在军事上仍然占据独一无二的地位,但世界大国的地位却在衰落是不争的事实,相对而言,甚至这种衰落的势头比它的对手苏联还来得更快些。在他看来,当时

---

① [美]拉菲伯、波伦堡、沃洛奇:《美国世纪:一个超级大国的崛起与兴盛》,黄磷译,海南出版社2008年版,第426页。

② 相关内容可参见韩和元的《中国经济将重蹈日本覆辙?》的相关论述。韩和元:《中国经济将重蹈日本覆辙?》,中国商业出版社2010年版。

的美国就类同于 1600 年左右的西班牙帝国或 1900 年左右的大英帝国。为此，肯尼迪教授直言道："当时的美国正在经受着历史学家极为熟悉的以往列强兴衰的风险。"①

## 二 计算机产业：拯救美国的"功夫熊猫"

故事得从一个现在已不太为人所知的人说起。这个人于 1941 年 9 月，出生于佛罗里达州迈阿密。他早年曾经参军，后来又先后当过农民和外科医生，但他一直在关注计算机的发展。高中时，开始对电子学产生兴趣。1968 年，他从俄克拉荷马州立大学获得电机工程学位。毕业后，他便在自己家的车库里创办了一个新公司——微型仪器和遥感系统公司，即 MITS。开始时，公司的业务是火箭模型电子产品，后来转去生产掌上电子计算器。当得州仪器开始大量抛售价格低廉的同类产品时，MITS 几乎要破产。生意失败后，他将眼光瞄准当时远未普及的计算机——一台真正的、全面运转的（个人）计算机——具有和当时的多用途微型计算机一样的功能。他的"终极设备"——他自编的称呼——一旦完成，将立刻引起轰动，因为市场上没有任何类似产品。经过多年的努力，终于于 1974 年，他推出了性能强大、价格适中的 MITS Altair 8800 个人电脑。次年，他又推出首台个人计算机"阿尔泰"。这一新品的推出，让当年还在哈佛大学求学的比尔·盖茨（Bill Gates）和童年伙伴保罗·艾伦（Paul Allen）兴奋不已，他们知道他们的机会来了。当他们在《大众电子》杂志上看到"阿尔泰"的广告后，就毅然地于 1976 年年底注册了"微软"（Microsoft 即微型软件的英文缩写）这一商标。这个人就是被人们称为世界"PC 之父"、当今"电脑时代先驱"的亨利·爱德华·罗伯茨。

微软在创立之初，并没有开展任何实际业务。反倒是于 1977 年 1 月，盖茨从哈佛大学辍学，前往美国新墨西哥州阿尔伯克基市，因为罗伯茨的 MITS 公司的总部就设立在那。罗伯茨给了盖茨一份编写程序的工作，工资标准是每小时 10 美元。根据微软公司大事记显示，因为创始人在阿尔伯克

---

① 相关论述可参见［美］保罗·肯尼迪《大国的兴衰》，蒋葆英译，中国经济出版社 1989 年版，第 625 页。

**图 3-2　世界上第一台通用电子计算机 ENIAC**

基落脚的缘故，这家公司的总部也就跟着创始人的皮包，迁到了这里。微软公司的真正转机发生于 1980 年 8 月 28 日，正是这一日，盖茨与 IBM 签订合同，同意为 IBM 的 PC 机开发操作系统。随后他以 5 万美元价格购买了一款名 QDOS 的操作系统，对其稍加改进后，将该产品更名为 DOS，然后将其授权给 IBM 使用。1982 年，在上市销售的第一年期间，盖茨向 50 家硬件制造商授权使用 MS-DOS 操作系统。1983 年 11 月 10 日，Windows 操作系统首次登台亮相。该产品是 MS-DOS 操作系统的演进版，并提供了图形用户界面。至此，我们今天所知的微软公司就此成型。

就在盖茨与艾伦注册微软的这年，另一个美国青年也开始了他商业人士的征程，这个人就是与盖茨和艾伦齐名的史蒂夫·乔布斯。1955 年 2 月 24 日，乔布斯出生在美国旧金山。刚刚出世就被父母遗弃了。幸运的是，保罗·乔布斯和克拉拉·乔布斯——一对好心的夫妻领养了他。乔布斯生活在美国"硅谷"附近，邻居都是惠普公司的职员。在这些人的影响下，乔布斯从小迷恋电子学。一个惠普的工程师看他如此痴迷，就推荐他参加惠普公司的"发现者俱乐部"，这是个专门为年轻工程师举办的聚会，每星期二晚上在公司的餐厅中举行。在一次聚会中，乔布斯第一次见到了电脑，他开始对计算机有了一个朦胧的认识。等到他上初中时，在一次同学聚会上，他与后来的合伙人斯蒂夫·沃兹尼亚克相识了。当时，沃兹尼亚克是学校电子俱乐部的会长，也对电子有很大的兴趣，基于共同的爱好，两人一见如故。19 岁那年，因为经济的缘故，乔布斯不得不休学，成为雅达利电视游戏机公司的一名职员。为了节省开支，他借住在沃兹尼亚克家的车库。在这段时间里，乔布斯一边上班，一边与沃兹尼亚克一道，在车库里琢磨电脑。他们梦想能够拥有一台自己的计算机，可是当时市面上卖的都是商用的，且体积庞大，极其昂贵，于是他们准备自己开发。1976年在旧金山威斯康星计算机产品展销会上买到了6502芯片，带着6502芯片，两个年轻人在乔布斯家的车库里装好了第一台电脑。乔布斯为筹集批量生产的资金，卖掉了自己的大众牌小汽车，同时沃兹尼亚克也卖掉了他的惠普65型计算器。就这样，他们有了1300美元。1976年4月1日，乔布斯、沃兹尼亚克及龙·韦恩签署了一份合同，决定成立一家电脑公司。这就是日后的苹果公司。

公司成立之初就运气不错。1976年7月，零售商保罗·特雷尔（Paul Jay Terrell）来到了乔布斯的车库，当看完乔布斯演示完电脑后，决定订购50台整机，这是做成的第一笔生意。之后"苹果"公司开始了小批量生产。但对于公司而言，真正的转机来自1976年10月。这是个于乔布斯、于苹果而言都是好运的月份，正是在这个月，马尔库拉前来拜访沃兹和他们的车库工场。马尔库拉虽然是个电气工程师，但却非常擅长推销工作。更为重要的是，他被这些全无商业经验的年轻人的激情所感染，于是主动帮助苹果公司制订了一份详尽的商业计划，并给他们提供了一笔高达69万美元的贷款。正是有了这份商业计划和这笔宝贵资金，苹果公司的发展速度大大加快了。公司成立一周年之际，苹果公司便在美国第一次计算机展览会展示了他们的最新产品——苹果Ⅱ号的样机。3年后，即1980年12月12日，苹果公司股票公开上市，在不到一个小时内，460万股全被抢购一空，当日以每股29美元收市。按该日收盘价计算，苹果公司高层产生了4名亿万富翁和40名以上的百万富翁。

在这些先驱的带动下，美国掀起了一股青年创业潮：

1984年，迈克尔·戴尔成立了以他名字命名的公司——戴尔公司。这是一家以生产、设计、销售家用以及办公室电脑而闻名，同时也涉足高端电脑市场，生产与销售服务器、数据储存设备、网络设备的公司。

1983年，在拉斯维加斯的一个贸易展览会上，史蒂夫·凯斯认识一个重要的人物——控制视频公司的创始人比尔·梅斯特。这家公司能通过电话线将游戏软件传到电脑上。但不幸的是，两年后这家公司却因业绩不佳而倒闭，凯斯却看好公司的前景，于是决定与公司首席执行官吉姆·金赛联手重新创业，他们设立了一家名为"量子"的计算机信息数据公司，主要为计算机用户提供在线信息服务。10年后，这家公司正式更名为美国在线公司。

1994年，来自中国台湾地区的杨致远与他的朋友大卫·费罗在美国创立了雅虎。这是一家美国著名的互联网门户网站，也是20世纪末互联网奇迹的创造者之一。其服务包括搜索引擎、电邮、新闻等，业务遍及24个国家和地区，为全球超过5亿的独立用户提供多元化的网络服务。同时也是一家全球性的因特网通讯、商贸及媒体公司。

1995年7月，杰夫·贝佐斯创立了一家公司，最早这家公司叫Cadabra，性质是基本的网络书店。然而具有远见的贝佐斯看到了网络的潜力和特色，当实体的大型书店提供20万本书时，网络书店能够提供比20万本书更多的选择给读者。因此贝佐斯将Cadabra以地球上孕育最多种生物的亚马逊河重新命名。如今，这家公司已成为全球商品品种最多的网上零售商和全球第二大互联网企业。

1996年，拉里·佩奇进入斯坦福大学学习，在攻读计算机理学博士学位期间，他遇到了谢尔盖·布林。由于兴趣、研究方向都颇为接近，于是佩奇和布林开始合作研究一名为"BackRub"的搜索引擎。到1998年上半年逐步完善这项技术后，两人合作运行Google搜索，并以PageRank为基础给网页排名，同时两人也开始为这项技术寻找合作伙伴。他们找到雅虎的创始人之一戴维·菲洛，菲洛认为他们的技术确实很可靠，但建议他们自己建立一个搜索引擎公司发展业务，发展起来后再考虑合作。他们的一位教师，也是SUN微系统的创始人之一安迪·别赫托希姆在关键时刻给予他们很大帮助。别赫托希姆确是个很有远见的人，在看完他们的演示后，立马开了张10万美元的支票帮助成立Google公司。之后两人又从家人、朋友那里到处借钱，筹得100万美元作为最初投资。1998年9月7日，Google公司在加利福尼亚州的曼罗帕克正式成立。如今，Google已被人们公认为是全球最大的搜索引擎，在全球范围内拥有无数的用户。

2004年2月，还在哈佛大学主修计算机和心理学的二年级学生扎克伯格突发奇想，要建立一个网站作为哈佛大学学生交流的平台。只用了大概一个星期的时间，扎克伯格就建立起了这个名为Facebook的网站。意想不到的是，网站刚一开通就大为轰动，几个星期内，哈佛一半以上的大学部学生都登记加入会员，主动提供他们最私密的个人数据，如姓名、住址、兴趣爱好和照片等。学生们利用这个免费平台掌握朋友的最新动态、和朋友聊天、搜寻新朋友。很快，该网站就扩展到美国主要的大学校园，包括加拿大在内的整个北美地区的年轻人都对这个网站饶有兴趣，如今，在英国、澳大利亚等国的大学校园同样风靡。

……

据媒体报道，自1990年以来，美国每年都有100多万家新企业诞生。这些创业者们彻底改变了美国经济，创造出前所未有的商业价值，当今美国财富中超过95%是在1980年后创造出来的。而在这些创业的企业中，我们不难发现一个共同点，那就是所有的创业企业多属于以电子计算机技术、现代通信技术为核心的信息产业。

图3-3 比尔·盖茨和微软

有关数据也支撑了这点：自1990年以来，美国经济增长的主要源泉是4万多家软件公司和300家芯片公司。1996年美国全年新增产值的2/3是由微软这样的企业创造的，1994年至1996年，高新技术产业对美国国内生产总值的贡献率已达27%，远远高于房地产业的14%和汽车产业的4%。为此，1998年召开的达沃斯世界经济论坛上，各国的政府首脑和经济专家一致认为，20世纪80年代以来的美国经济景气，与高新技术产业的巨大贡献密不可分。随着计算机技术等高新技术在社会生产领域和整个社会生活领域的广泛应用，使整个社会生产过程越来越知识化或智能化了，科学技术在生产中的作用越来越重要了，知识密集型的经济特色越来越显著了。为此，有论者就认为，电子计算机的产生与发展，是人类历史上一次更加深刻而伟大的科学技术革命。它将把人类历史上的工业革命推向以自动化为主要标志的第三次工业革命。它对人类历史发展的影响是第一次工业革命、第二次工业革命所不能相比的。由此可见，美国最终之所以没有衰退，而是扭转局面再次崛起，跟其再次掌握住了新一轮工业革命的主导权是密不可分的。

那么问题来了，为什么这轮工业革命又爆发于美国而不是其他国家呢？

## 三　工业3.0：美国持续主导下的工业革命

我们在分析第二次工业革命为什么会爆发于美国时，就有一个重要的因素，那就是美国的软实力，得益于这种软实力，大量的发明家、技工、商人和熟练的产业工人，源源不断地涌入美国，为新一轮工业革命的爆发奠定了人力、物力和财力的基础。更为要紧的是，美国与当年的英国颇为不同，那就是美国崛起后，其软实力不但没有就此被削弱，反倒越发得到了加强。关于这一点，韩和元在其所著的《我们没有阿凡达：中国软实力危机》一书里做过如下论述：

奥巴马总统的首任首席经济顾问克里斯蒂娜·罗姆曾写过一篇非常著名的论文，这是一篇令其一战成名的论文。在这篇题为《大萧条缘何终结》的论文里，她提到，从1933年到1941年，美国货币流通量激增，名义利率虽然一直为零，但实际利率却从30年代初的正15个帕跌至负10个帕，这说明当时的通胀率相当高。之所以出现这种情况，并不是因为美联储主动增加货币流通量，而是因为当时大量的欧洲黄金为避战而涌入美国。大量的资金涌入，这本身就说明美国的软实力已经很强了。同样，伴随着资金而来的还有包括爱因斯坦在内的大量的欧洲知识分子、科技精英。

事实上，早于20世纪30年代纳粹主义横行的时候，美国其实也一直并不受那些受难知识分子待见的。譬如，托克维尔，虽然对美国的政治体制大加赞美，但在他看来，美国到底是一个缺乏学术研究传统的国度，这个国家基础科学领域更是极端薄弱。而在那些德国流亡科学家和知识分子的眼里，美国更是无异于一个暴发户。这在一定程度上反映了当时德国知识精英对美国价值观是充满怀疑和抵触的。为此，早期，知识难民们主要逃往英国、丹麦、土耳其等欧洲国家，他们幻想着要不了多久纳粹风暴就会过去，那么他们就可以回国了。但现实击碎了他们的梦想，1939年欧洲局势急速恶化，特别是1940年，丹麦、法国和比利时先后被德国占领，就是曾不可一世的英国，此刻也变成了自身难保的泥菩萨。在德军的枪声中，这些知识难民们，彻底地沦为了难民。这种崭新的身份让他们有点尴尬、焦躁，乃至绝望。就在知识难民出现时，罗斯福政府就德国发生的迫害科学家和其他知识分子的事件多次公开予以谴责，并公然表示美国欢迎那些受迫害的人士前往美国工作和生活。在入境管理方面，与对普通难民的严格控制不同，要是有文化的知识难民，就可优化入境。美国的这种宽容政策，终于打动了在英国、法国、丹麦流亡的学者，他们再次迁徙，会同沦陷国的知识分子一起投奔美国而去。从而让整个欧洲的知识宝库一举迁移到了美国。这些知识难民的迁入，在一定程度上已说明美国的软实力，盖因当时免受战火肆虐的国家除了美国外，还有加拿大及整个拉丁美洲，为什么这些人并不移入其他国家就已部分地说明了这一问题！而这些就知识分子入境人数情况，美国学者莫里斯·戴维根据移民归化局的数据，估算出共有22842—25535人，其中在美国仍然继续从事原来工作的大约为15000—17000人。

难民迁移没有市场规划，也就是说，这种供给并不是根据接受国的实际需求产生的。相反，战乱时期，接受国并没有多少这方面的需求，比如美国，甚至还出现了一定规模的知识分子失业团体。但纵使如此，美国仍然表现出莫大的魄力，毅然接受了这许多的知识分子。这充分体现了美国政府和人民对知识难民生命的珍视，对其才能的重视。这一政策不仅传播了激动人心的庇护所观念，也为美国赢得了空前的尊重和威望，这对美国软实力的进一步加强无疑是有着巨大促进作用的。

更重要的是，由于对欧洲智力库的抢救及时，在经历百年向欧洲科学界学习和看齐之后，在欧洲知识界大劫难之后，美国却出乎意料地成了世界的科学中心。原子物理学派、奥地利学派、法兰克福学派等各门各派，都纷纷在美国落户生根。你滴水之恩我当涌泉相报，于是，他们聚集的知识能量就在美国空前释放了。研制原子弹的曼哈顿计划的主要领导者恩里科·费米、登月行动阿波罗计划的主管冯·布劳恩、氢弹之父爱德华·特勒、电子计算机之父冯·诺依曼等这些改变美国也影响世界的科学家，实际上全部来自美国之外的国家。就连美国人自己也不得不承认，全世界再没有任何一个国家像美国这样，从战争中捞了这么多的好处。而且，罗斯福的政策得到了他的继任者的继承。罗斯福去世后，历届美国政府先后通过了《1952年移民法》《1965年移民法》《1990年移民法》，进一步强化了美国移民政策为人才战略服务的战略。对此，Google 公司就曾公开表示："如果没有美国政府对海外移民政策的开放，也许我们到现在还不一定能够诞生，因为我们的创始人布林就是来自苏联的移民。"[1]

而另一个重要原因则在于美国的因祸得福。在第二次产业革命萌芽、发展阶段，英国的传统产业，即第一次产业革命中令英国称霸世界的产业，如纺织、炼铁等行业的竞争优势并未丧失。既有的纺织品和煤炭钢铁工业已经能让英国资本家们迅速赚钱，自然不会像美、德那样把大部分的人力物力投向新兴产业。国家的创新动能不足。也正是因此，在这个竞争激烈、不进则退的时候，虽然英国没有止步不前，但在跑得更快的竞争对手面前，它的衰落也就不可避免。而美国则恰好相反，正如我们在前面所论及的，20世纪六七十年代，由于政府在外交和内政上接连失误，导致美国于60年代末起开始陷入全面的危机中。就在这种危机中，其原有的产业优势迅速为其他国家特别是日本所取代。于20世纪70年代，虽然日本的钢铁产量差不多同美国并驾齐驱，但其工厂的效率却比美国更高、更具现代化。1978年世界上22座大型高炉之中，日本就占了14座，而美国连7座都不到。现代化、高效率的日本钢铁工业，在美国以及其他市场上，使美国瞠乎其后。不独钢铁产业如此，20世纪50年代前半期，日本的收音机、录音机、立体音响设备等产品的质量都不如美国，一转眼却席卷整个世界。在船舶制造方面，美国一贯不敌欧洲，但20世纪70年代后半期，日本新造船舶的价格，比欧洲低20%—30%，迫使欧洲各国不得不采取限制进口日本船舶数量的措施。但纵使如此，其产量比美国和西欧各国的总和还要多，约占世界造船总吨数的一半。此外，日本的汽车占领了美国的市场，日本的摩托车则将英国人给赶跑了，钟表行业的龙头棍，也被日本

---

[1] 韩和元：《我们没有阿凡达：中国软实力危机》，中国发展出版社2011年版，第203—208页。

人从瑞士人那里给抢到了手……①既然美国在其传统优势产业即其赖以称霸全球的那些行业，如钢铁、电气、汽车行业的竞争优势全然丧失，既然这些行业已经不能让美国的资本家们赚钱，自然就不可能像当年英国一样，优哉游哉地应对国际竞争变局。从《日本第一》《大国兴衰》的畅销就可见，当时美国上下，事实上都表现出一种国际地位不保的焦虑中。也正是这种焦虑使得美国自下而上都意识到，要想摆脱困境，除了创新，美国别无他途。这样一来，美国人便将大部分的人力、物力投向了新兴产业。

除此之外，当时的美国遇到的对手的实力都比较弱，也应是它侥幸取得第三次产业革命主导权的因素之一。第二次世界大战，将整个欧洲的知识精英们全部赶到了美国，这且不论。事实上，战后在外交和内政上接连失误的不仅是美国，整个欧洲都是如此。我们且以昔日霸主英国为例，正如撒切尔夫人指出的："从19世纪80年代开始，我们工业的至尊地位，面临着先是美国、后是德国的竞争而渐渐动摇，加上两次世界大战的损失，使得在1945年战争结束后一朝醒来的英国，不只是遭两大军事强国榨干，还受长期的财经贫血症之苦。战后工党政府当选，建立了一种中央集权的管理体制和干涉主义结合的政府风格，欲重振江山。在总体经济方面采取凯恩斯财政扩张的政策，个体经济方面则让地区和工业依各种标准取得政府补助；并借直接取得所有权，或间接利用法令约束私人企业依照政府指定的方向前进而使企业国有化。"当时，整个英国完全处于一种集中管理的状态。撒切尔夫人认为正是这种包罗万象的政府措施，导致了英国经济活力的丧失和国力的衰退——英国一再地被美、日、德、法，甚至意大利所赶超。当时的情形正如《英国经济》一书所描述的："从整个战后时期来看，英国经济是越来越困难了，最早实现资本主义工业化的英国，也最早走向了没落。"②

德国也好不到哪里去。与美国一样，在20世纪70年代，德国经济也陷入了滞胀的深渊。为应对通胀，德国勃兰特政府推出了取消税收优惠、增加燃油税和提高贴现率等举措来予以应对，但无济于事。继任的施密特政府改弦更张，推出复活总体需求的景气促进计划：通过贷款平衡和支持

---

① [美]埃兹拉·沃格尔：《日本名列第1：对美国的教训》，世界知识出版社1980年版，第2、23页。
② 韩和元：《"撒切尔夫人主义"拯救了英国》，《支点》2013年第5期。

联邦政府扩大投资,补贴私人投资,专门制订促进建筑业、交通、环保能源的投资计划,改革所得税体系,降低中低阶层税收,提高育儿津贴等福利补贴;其经济政策徘徊于凯恩斯主义(扩大政府需求)和供给指向型(减税以活跃投资、消费,促进经济增长和就业)之间;同时加强国际经济合作,希望借助建立欧洲货币体系合作来减弱布雷顿体系崩溃的冲击、稳定汇率和构建稳定的外部经济环境。但是,由于持续危机造成民众消费欲望低迷,钢铁、汽车、机器制造、建筑等行业结构问题突出,以及发达国家同陷危机造成出口不振,上述措施不但未能解决德国的滞胀和失业,还导致了公共债务的剧增,使总体调节政策归于失败。到20世纪80年代中期,经济低速增长和持续攀升的失业(突破200万人)及公共债务问题仍然困扰着德国。

而苏联和其东欧附庸则更不在话下。正如保罗·肯尼迪在《大国兴衰》一书里所指出的:"苏联的哲学断言,世界事务在技术和新的生产手段推动下,是处于辩证的不断发展的过程之中,而且必然会引起各种政治的和社会的变革。但苏联一贯的独裁和管理主义作风,党的领导上层依仗特权,限制信息的自由交流,以及缺乏鼓励个人发挥性的制度,这一切都使它在面临爆发性的高精技术的到来时,处于准备不足、难以应付的地位。而这种未来已在日本和加利福尼亚出现了"。[①]

那么,被保罗高度看好的日本也倒下了呢?韩和元在《中国经济将重蹈日本覆辙?》一书里将其归因为"日本本身的比如自满傲慢的国家心理怕是要负更大责任"。[②] 日本是个岛国,对外界事物一直高度重视。1963年,日本信息产业的规模已占国民生产总值的16%,1968年占20%。然而尽管20世界80年代日本对信息科学的认识较70年代有了巨大进步,但对信息化给社会带来的影响仍缺乏足够的认识,对信息科学的研究也没有根本性的变化,以至于当90年代以互联网为巨大推动力催动信息化浪潮滚滚而来时,人们普遍认为日本的反应同其在世界上的经济地位及社会信息化程度十分不符。1992年6月,互联网协会世界大会在日本神户举行,但这时的日本社会主要关心的仍是内部计算机的联网,对互联网的话题很少有人涉及。1993年11月,美国媒体发表了日美信息化程度比较报告,报告指出,在数字技术革命时代,日本仍热衷于模拟技术的开发,使日本信

---

① [美]保罗·肯尼迪:《大国的兴衰》,蒋葆英译,中国经济出版社1989年版,第596页。
② 韩和元:《中国经济将重蹈日本覆辙?》,中国商业出版社2010年版,第242—243页。

息技术大大落后于美国。在日美科技竞争中，那种日本无时不在的现象彻底消失。在信息化方面，日本更不是美国的对手。也就是说，日本根本就没有抓住第三次产业革命最核心的东西。而这跟其狭窄的视界有着莫大的关系。的确，无论是就军事抑或企业经营而言，日本在战术层面都可以说是一丝不乱、精益求精。但如同李宗仁所说，日本却是一个志大才疏之国，究其原因就在于民族眼光短浅，尤其不惯于大处着眼。这也直接导致了它在全景观大体上都不可靠。是一个典型的只重战术而不重战略的国家。[1]

---

[1] 相关内容，可参见韩和元《中国经济将重蹈日本覆辙？》，中国商业出版社2010年版，第243—244页之论述。

# 第四章
# 工业4.0：智能化与德意志战略

19世纪，其他欧洲国家已经相继步入工业革命时代，德国才在普鲁士的带领下实现国家的统一和自由。同样是普鲁士精神，带领着德国在两次世界大战中战败、付出惨痛的代价而又能迅速崛起。21世纪是强调"智能化""自动化"和"信息化"的时代，德国依靠自身的在制造业领域的优势，把信息化和自动化技术高度集成，在2013年4月的汉诺威工业博览会上，正式推出工业4.0战略。全球将在德国的带领下，进入第四次工业革命。

第四章　工业4.0:智能化与德意志战略

# 一　工业发展史上的德意志

## （一）德意志的统一

19世纪的前半个世纪，法国、美国等在英国的带领下，也先后加入了工业革命的行列。而唯独德国，此时仍在为国家的统一和自由而奋斗。

19世纪的头一个十年，法国皇帝拿破仑带着他的士兵横扫了整个欧陆大地，德意志自然也不例外。勃兰登堡门上的和平女神，被高卢人作为战利品运回了巴黎，再次降临的屈辱，深深地唤醒了德意志人心中沉痛的记忆。1618年，"三十年战争"随着著名的"掷出窗外事件"[①]而开始，随着1648年签署的《威斯特伐利亚和约》而终结。这是一场以德意志为主战场的国际性战争，在这场战争中，德国的利益和地位惨遭践踏，不仅使德意志人口、经济都遭遇严重的挫败，而且《威斯特伐利亚和约》的签订，更是以法律的形式进一步加深了德意志分崩离析的局面。战争期间，外国军队在这片土地上横行霸道，沿途肆意屠杀无辜的民众、大肆劫掠、强奸，致使德国人口从战前的2100万下降至1350万，锐减了1/3。[②] 由于人口锐减，城市工业和手工业的发展因此遭到严重的破坏，以曼斯菲尔德伯爵领地为例，其矿工人数由1619年的2000人，迅速地下降至1684年的二三十人，直到1723年才恢复到600人；而奥格斯堡的纺织工场数量，不及战前的1/12。[③] 战后，德意志分裂局面进一步加深，普鲁士和奥地利被迫割让大片土地和支付巨额的赔款，德意志变得支离破碎，出现了314个

---

[①] "掷出窗外事件"：神圣罗马帝国新皇帝马蒂亚斯于1612年即位后，决心收复天主教会的地位，下令拆除在天主教区内建造的新教教堂，新教教徒据理力争，结果布劳瑙的新教首领被投进监狱，布罗斯特拉堡的教堂被夷为平地，布拉格市严禁新教徒举行任何集会。捷克的新教徒被激怒，纷纷走出家门，进行游行示威，随着队伍不断壮大，游行变成了起义。起义者冲进格赫拉德斯欣城堡，抓住两名在他们看来应该承担罪责的帝国官员亚拉斯劳·马蒂尼次和威廉·冯·斯拉瓦塔，把他们活生生地扔出离地面近14米的窗外。
[②] ［德］克劳斯·费舍尔：《德国反犹史》，钱坤译，江苏人民出版社2007年版，第58页。
[③] 郑寅达：《德国史》，人民出版社2015年版，第117页。

大大小小的邦国。"三十年战争"之后，德意志历史不复存在，取而代之的只是德意志邦国，以至于诗人F. 席勒呼喊道："德意志兰①？它在哪里？我找不到那个地方。学术上的德意志兰从何处开始，政治上的德意志兰就在何处结束。"

"三十年战争"，摧毁的不仅仅是德意志的工业基础，还有德意志传统的封建秩序。"三十年战争"后，在战争中惨遭损失的普鲁士首先迅速崛起，成为德意志的核心国，以至于普鲁士后来成为打开关税同盟大门的勇士，最后成为统一德意志帝国的霸主。普鲁士能成功，脱离不了一个人的关系，他就是为人所熟知的"铁血宰相"奥托·冯·俾斯麦。早在1848年，普鲁士和奥地利分别提出"普鲁士联盟计划"和"大德意志联邦方案"，企图掌握控制德意志的权力，然而彼时的德意志正处在分崩离析的阶段，任一邦国都无法独立掌控德意志的未来。

1861年年初，普鲁士的威廉一世登基掌权，环视周边大国林立，且军力庞大。② 强国必须强军，威廉一世决意进行军事改革：增加军团数量、改善军事装备，以此强化军队。然而这一改革却被众议院以"预算问题"的理由而予以否决，导致众议院与国王关系一度紧张。陆军大臣冯·罗恩向威廉一世推荐了时任驻法大使的俾斯麦，俾斯麦当即被任命为首相兼外交大臣。俾斯麦一上台，便巧妙地将军事改革中的预算问题转化成宪法冲突，普鲁士的军事改革得以进行。

德意志统一是通过三场战争实现的：德丹战争、普奥战争以及普法战争。狡猾的俾斯麦把三场战争巧妙地联系在一起，一路高歌地完成了德意志帝国的统一。

1852年，普鲁士、奥地利、英国、法国、俄国、瑞典六个国家签订了《议定书》，主要安排了石勒苏益格—荷尔施泰因的归属问题（以下简称石—荷问题），《议定书》规定石勒苏益格、荷尔施泰因、劳恩堡三个公国分别同丹麦国王个人结成同盟。1863年，丹麦无视《议定书》的规定，通过了《丹麦—石勒苏益格总宪法》，无视德意志主权，否认只有国王对三个公国的个人联系权，实际上吞并了石勒苏益格，并对荷尔施泰因和劳恩堡拥有特权。《丹麦—石勒苏益格总宪法》一出，引起德意志各邦国的哗然

---

① 德意志人称自己的领土为"德意志兰"（Deutschland），中国人称之为"德国"，日本人称之为"独逸"，多数国家称之为"日耳曼"（Germany）。

② 当时俄国军队人员高达99万、法国42万、奥地利31万，而普鲁士只有14万。

和反对,均认为丹麦无视德意志主权。俾斯麦抓住石—荷问题的机遇,与奥地利联盟,要求丹麦废止《丹麦—石勒苏益格总宪法》,否则采取军事行动,以为能得到外援的丹麦拒绝这一要求。然而事实却是法国拒绝对丹麦提供援助,英国也不敢单独行动,在丹麦毫无外援的情况下,普奥军队挺进了丹麦腹地,最后在维也纳签署和约,丹麦被迫放弃对三个公国的一切权利。

1865年,普奥双方签订《加斯泰因专约》,规定劳恩堡以250万塔勒卖给了普鲁士,普奥两国联合统治石—荷,但分别管理,靠近普鲁士的荷尔施泰因由奥地利管理,石勒苏益格由普鲁士管理。

德丹战争,对英国乃至欧洲列强都起到了震慑作用,让欧洲其他国家看到了经过军事改革之后的普鲁士军队不再是原来那个任人践踏的普鲁士,不再是那个割让一半领土的普鲁士,德丹战争同样为后来的普法战争换取了欧洲列强中立的态度。而普奥签订的《加斯泰因专约》也为普奥战争埋下伏笔,因为奥地利要管理荷尔施泰因必须经过普鲁士,而普鲁士要管理石勒苏益格则必须经过荷尔施泰因,这样的划分方式导致在管理过程中极易引发冲突。

1866年,俾斯麦在排除了国内压力之后,对英国、俄国、法国实行灵活的外交政策,以确保它们对普奥战争的沉默:通过各种手段保证英国不参与本次战争;通过支持俄国对波兰起义的镇压换取俄国的沉默;通过口头承诺把卢森堡和比利时并入法国以换取法国的中立。最后俾斯麦以《加斯泰因专约》被破坏的名义,从石勒苏益格进攻荷尔施泰因,普奥双方剑拔弩张,随着普鲁士的军队进入奥地利的捷克地区,普奥战争正式爆发。正当普鲁士的军队进入维也纳的时候,俾斯麦却出人意料地迅速熄灭战火,反而调转枪头来吞并了当时支持奥地利的邦国,打通了普鲁士东西之间的地区,全国面积增加到34.7万平方公里,人口2400万人,占全德的1/3。

普奥战争为普鲁士赢得更多的领土以及奥地利这颗"欧洲棋盘上的棋子",此后普鲁士开始描绘北德意志联邦的蓝图。1866年,北德意志23个成员国与普鲁士签订了《联盟条约》,成立北德意志联邦,规定联邦之间建立关税同盟,统一货币和度量衡,统一交通、邮政和电话电报。

1870年,在俾斯麦对普奥战争的"赖账"、威廉国王不肯放弃西班牙皇位的前提下,法国政府正式向柏林外交部递交了宣战声明,拉响了普法战争的炮火。正当拿破仑三世信心满满要一举拿下普鲁士的时候,德意志展示了其团结一心的民族荣誉感,多个邦国纷纷表示支持普鲁士,在战争爆发不到两个月时间内,法军惨败,大批的火炮、军需用品、军队落入普鲁士的手中。

1871年,普法战争随着《法兰克福和约》的签订而结束,《法兰克福和约》规定法国向德国割让阿尔萨斯省和洛林省的大部,连同战略要塞梅斯要塞,赔款50亿法郎。普鲁士在这场战争中除了获得大部分的领土、军用品、军队,还一雪前耻,给了欧洲列强漂亮的一拳。

随着普法战争的结束,德意志也完成了统一大业。德意志的统一,是普鲁士通过不断地南征北战而实现的,这点为德国民族打上了普鲁士精神的烙印。在日后的德国发展中,德国民族遗传了普鲁士的军国主义和集权主义,也继承了其追求民主、自由、平等的人文精神。普鲁士在扩充领土的过程中,也把当地悠久的文化传统和先进的工业经济一举并购,这为日后德国的经济发展和工业革命提供了强劲的动力。

## (二)农业革命

法国在经济上所采用的资本主义思维方式、实行新兴工业的生产方式随着拿破仑的军队而影响德国,德国容克贵族[①]逐渐意识到实行资本主义改革是巩固统治的唯一方式,以施泰因1807年实行的全方位改革为标志,德国开始向资本主义社会转变。在这次农业革命中,贵族已经不是唯一的土地所有者,允许农民、市民购买土地,促使大批农业资本家、大农场的产生,这直接改变了农村土地所有制和劳动力性质,把原来的奴隶变为雇佣工人。此次革命产生两个重要影响:一是大批大农场的产生,使农作物的产量迅速提高,1800—1860年德国单位面积产量提高了45%,农作物的增产直接推动了诸如糖厂、酒厂、咖啡加工厂等农产品加工业的发展。二是农业大规模的发展提高了对农业机械的需求,也直接推动了工业的发展。随着农业机械的使用,大量农民"洗脚上田",从农田中解放出来进入城市,为电力、炼钢、机器制造、化工等重工业企业补充劳动力。这些都是发展重工业必不可少的条件。

---

① 容克贵族是德语Junker的音译。原指无骑士称号的贵族子弟,后泛指普鲁士的贵族和大地主。

19世纪初的农业革命,开启了德国建设现代化的征程,从根本上推动了德国社会政治经济的发展,其直接后果是农业经济的结构性转变,这一转变极大提高了农业领域的生产效率,1811年到1890年,庄园地产面积扩大了2/3、可耕地面积从原来的26.5%上涨到51.4%①、农产品价格大幅度上涨,提高农民购买力的同时,也增加了他们的储蓄能力。德国农业革命带来的人口增长、资本积累、城市化等结果,为经济起飞奠定了坚实的基础。

## (三) 人口数量增长和素质提高

由于"三十年战争"以及政局动荡等原因,德国人口在17世纪中期一度呈现下降的趋势,战前人口1600万—1700万,战后人口数量锐减至1000万—1100万。德国通过王朝战争实现国家统一之后,利用在战争中赢取的"战利品"(土地、矿产、赔款)加入了工业革命的队伍,在这个过程中德国人口开始上涨。19世纪初,俾斯麦时期的德国人口总数约为2400万人,到了1870年上升为4000万人,1875年,德国人口达4100多万,"一战"前夕更是高达6779多万,1914年人口密度达平均每平方公里约125人。1870—1914年,德国主要的特征是人口增加、城市化迅速扩张、世界贸易范围不断扩大。何炳松在《欧洲大历史》一书中描述道"当一八七〇年时德国之人口约四千万;至一九一四年约六千八百万。其增加之多为西部欧洲诸国之冠。因之新城林立,旧城亦复大加扩充,街道加广,其美丽宏大与英美诸国中之巨城无异。"② 从图4-1和表4-1可以看出,随着人口的增加,农村人口迅速流向城镇,农村居民变为城镇居民的现象十分明显,这一时期德国城市化进程取得突破性进展,农村人口的进入为城市的工业化发展带来了大量劳动力,助力城市工业化的发展(图4-1的数字表示1910年该城市的人口数量)。

仅凭大量人口,没有高素质的人才培养难以引领第二次工业革命的潮流。虽然19世纪德国在经济上比英美略逊一筹,但德国对于国民素质的重视和培养,却位居全球之首。统一后的德国深刻认识到国民素质是国家振

---

① [德] 汉斯—乌尔里希·韦勒:《德意志帝国1871—1918》,邢来顺译,青海人民出版社2009年版,第3页。
② 何炳松:《欧洲大历史》,北京联合出版公司2015年版,第488—489页。

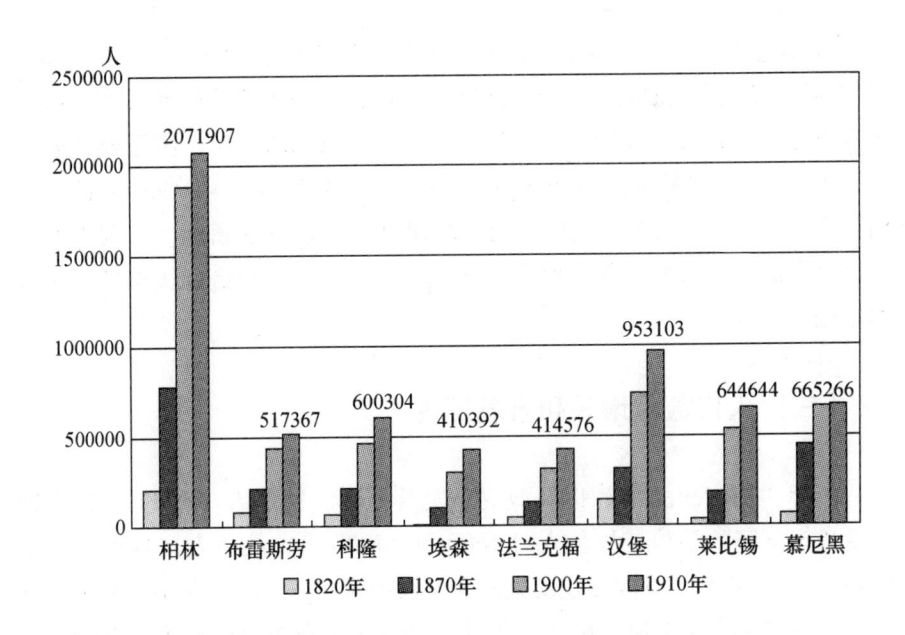

**图 4-1　德国八大城市的人口增长情况**

资料来源：[美] 科佩尔·S. 平森：《德国近现代史》，范德一等译，商务印书馆1987年版，第303页。

表 4-1　　　　1871—1910 年德国农村人口与城镇人口变化

| 年份 | 总数（万） | 农村人口（%） | 城镇人口（%） |
| --- | --- | --- | --- |
| 1871 | 4105.9 | 63.90 | 36.10 |
| 1880 | 4523.4 | 58.60 | 41.40 |
| 1890 | 4942.8 | 57.50 | 42.50 |
| 1900 | 5636.7 | 45.60 | 54.40 |
| 1910 | 6492.6 | 40.00 | 60.00 |

资料来源：[美] 科佩尔·S. 平森：《德国近现代史》，范德一等译，商务印书馆1987年版，第303页。

兴的基础，非常注重教育和科技的发展，高度重视国民素质的培养，注重吸纳英国第一次工业革命的先进经验。德国著名元帅毛奇曾说过："普鲁士的胜利早就在小学教师的讲台上决定了。"德国从19世纪开始，接受教育被视为公民应尽的义务，学生上课是免费的，而不上课则要被罚款。德国统一前夕，适龄儿童入学率高达97.5%，而文盲率从1841年的9.3%下降到1895年的0.33%，这使整个德国的国民素质得到极大提高。此后，德国瞄准了在工业革命中有着重要地位和作用的重工业和新兴工业，组织并设立了许多相关方面的研究机构：国立物理研究所、国立化工研究所、国立机械研究所等，而德国高等工业学府如尔斯鲁厄工业大学、慕尼黑工业大学、亚琛工业大学、柏林工业大学等均为日后的工业革命提供了一大批优秀的人才。尽管德国大学由国家提供财政支持，但国家和学校之间达成一个共识：国家对教学和科研活动给予物质支持，但不得干涉教育和学术活动。这一共识让德国教育在拥有充分的经济保障的同时，保持科学研究上的高度自由。高度自由的科学研究环境，创造了一批又一批具有开创性的科学成就：亨利希·赫茨发现了无线电波；鲁道夫·维尔肖作为第一流病理学家和卫生学的开拓者，创立了细胞病理学和未来的细菌学；威廉·伦琴发现了 X 光；西门子创立的西门子公司至今仍是质量的保证；柏林洪堡大学拥有各个领域都取得重要成就的教授，包括 29 位诺贝尔奖得主。当代著名的经济史学家卡洛·M. 齐博拉评论说："正是德国人在 19 世纪下半叶对科学的偏爱使德国工业化比英国和美国工业进展得快。"

### （四）工业起飞

德国统一后，在稳定的国内环境、合理的人口结构和高素质人才等因素的支持下，国家的政治、经济、文化得到了快速发展，使德国迅速崛起并跻身于欧洲强国之列。德国工业革命起步晚，但发展迅猛。美国历史学家科佩尔·S. 平森认为："德国直到 1870 年至 1900 年，工业发展才形成了一股真正的洪流，而把这种发展速度的加快叫作'革命'才是适当的，正是在这段时间内，德国用大约 30 年时间就走完了英国需要 100 年才能走完的工业革命道路，把德国从一个主要依靠农业的落后国家转变为一个工业占主导地位的现代化国家，从一个'诗人和思想家'的民族转变为以工艺技巧、金融和工业组织以及物质进步为公共生活的显著特征的民族。"① 这一时期，德国依靠铁路、煤钢、电力、化学工业等产业实现的经济发展，经济增长速度一度超越法国和英国，仅次于美国，位居世界第二。

铁路作为工业革命的龙头，煤炭、钢铁等原材料的运输离不开铁路的修建。1835 年，巴伐利亚修建了第一条铁路，开启了德国的"铁路时代"。

---

① ［美］科佩尔·S. 平森：《德国近现代史》，范德一等译，商务印书馆 1987 年版，第 301 页。

此后，德国铁路总长直线上升（见图4-2），在1850年铁路总长为6000公里，已是当时法国的两倍，仅次于英国（6000英里①），尤其在1870年实现德国统一之后，铁路总长迅猛增长。发达的铁路网，不仅为原材料的开采和运输提供便利，更为人口流动、资本转移以及经济发展提供良好的运输能力。

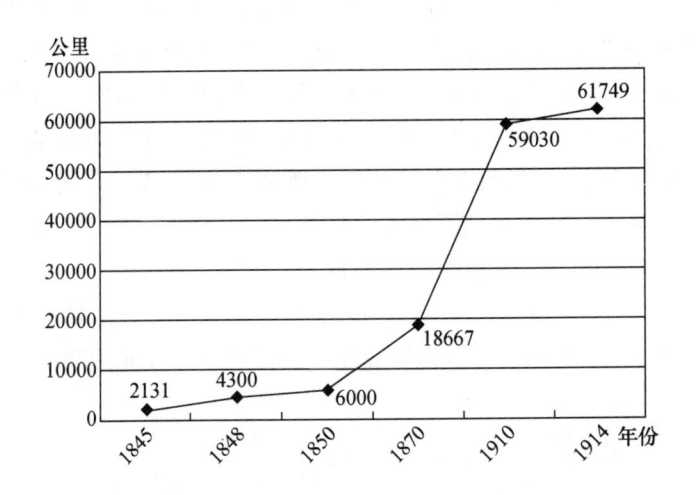

**图4-2　德国1845年至1914年铁路总长**

资料来源：李富森：《试论德国成为第二次工业革命中心之原因》，《沧州师范学院学报》2013年第3期。

德国加入工业革命队伍的时候，正是其他国家已经完成第一次工业革命、进入第二次工业革命的时期，这一时期作为德国标志性行业的煤炭和钢铁，在经济发展中起着重要作用，以至于J. M. 凯恩斯认为"德意志帝国与其说是建立在铁和血上，不如说是建立在煤和铁上"。德国统一之后，石煤、褐煤数量一直呈现出直线上升的趋势，在1890年之后，增速尤其迅猛（见图4-3）。同样迅猛增长的还有生铁的数量，其主要原因是在普法战争中，法国50亿法郎的赔款帮助德国还清债务的同时还更新了生产设备，兼并的阿尔萨斯省和洛林省均蕴含丰富褐煤矿石。德国利用和改良了英国在第一次工业革命中发明的托马斯冻炼法，从褐煤中去除磷，提高生铁纯度，使德国的制铁炼钢业得以飞速发展，德国生铁产量从1875年的

---

① 1英里=1.609344公里。

203万吨迅速发展到1890年的466万吨,而到了1910年更是高达1480万吨,超过了当时英国的最高水平,跃居欧洲第一,成为仅次于美国的第二生铁产量大国(见表4-2)。而钢铁产量在1900年已经高达740万吨,同样远超英国(498万吨),仅次于美国(1035万吨)。至此,德国巨大的冶金体系初见雏形,为工业革命奠定了真正的铜墙铁壁。

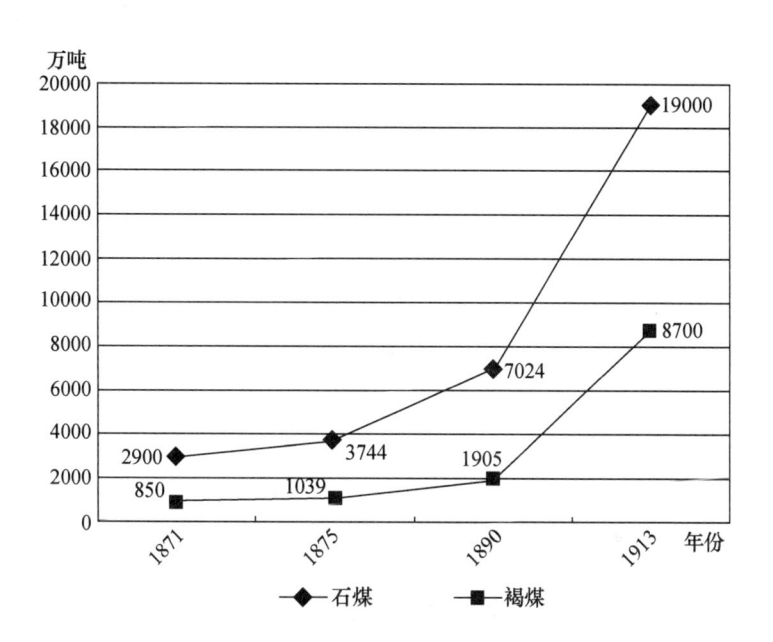

**图4-3 德国1871年至1913年煤铁的产量**

资料来源:丁建弘:《德国通史》,上海社会科学出版社2007年版,第227页。

表4-2　　　　　英、美、德三国1871年至1910年生铁产量　　　　单位:万吨

| 年份 | 德国 | 美国 | 英国 |
| --- | --- | --- | --- |
| 1871 | 156 |  | 650 |
| 1880 | 273 | 390 | 780 |
| 1890 | 466 | 935 | 803 |
| 1900 | 852 | 1400 | 905 |
| 1910 | 1480 | 2774 | 1020 |

资料来源:[美]科佩尔·S.平森:《德国近现代史》,范德一等译,商务印书馆1987年版,第308页。

德国之所以能够引领第二次工业革命的潮流，主要原因在于电力的使用和电气工业的发展。德国电气工业的奠基人是维尔纳·冯·西门子（1816—1892年）和艾米尔·拉特瑙（1838—1915年）。早在1847年，西门子已经成立西门子公司；1866年，西门子制成了世界上第一台发电机，成功地把机械能转化为电能；1891年，西门子公司建造了全国第一条电车轨道，此后德国有轨电车全面铺开。拉特瑙从美国带回了爱迪生电灯在德国的专利权，并于1883年创办了德国爱迪生公司，后来改称为德国通用电气公司（AEG：Allgemeine Elektrizitas Gesellschaft［德语］），它因成功架设了远距离传送电网而名声大振。1890年至1910年，这两个公司展开激烈的竞争，西门子公司侧重的是传统工艺和产品的质量，而AEG更加注重民众对电流和电气产品的需要。时至今日，西门子公司依然以质量著称，而AEG公司正如美国通用电气公司一样出名。德国电气工业随着两个公司的竞争迅速发展，1895年，电气工业雇员共有26000人，到了1906年，雇员上升至107000人。到了1913年，德国电气工业稳居世界之首，全球34%的电气产品来自德国，远超美国的29%。

化学工业不仅与科学有着密切的联系，更是工业中不可缺少的内容。享有"肥料工业之父"之称的尤斯图斯·冯·李比希奠定了德国化肥工业的基础，而他的学生威廉·霍夫曼则在1864年创立德国染料工业，开辟了德国化学工业研究领域，研制出数十种新的合成染料。煤炭业的发展为染料工业提供更多的原材料，而染料业的兴盛则进一步带动纺织业的发展。相比之下，尽管英国的纺织业也需要大量的染料，但由于英国能从殖民地获取天然染料，所以英国对于合成染料并没有像德国那般趋之若鹜。德国在发展化学工业方面雇用了大量的科学家和工程师，1900年，德国六大化学公司共雇用650多名科学家，而同时期的英国则共雇用不到40名。正是由于德国如此重视化学工业的研究，致使德国在第一次世界大战过程中能坚持这么长的时间：保罗·埃尔利希发明了治疗梅毒的"606"、德国发明了药物麻醉、弗里茨·哈贝尔发明了从空气中提取硝酸盐的办法，而这是制造炸药必不可少的成分。

德国依靠铁路、煤钢、电力、化学工业的发展而提高了产品质量，而这些都是轻工业和重工业的必备基础。在德国工业革命早期，也经历了类似中国的"山寨产品"阶段：法国提供精致奢侈品，英国提供日常用品，而德国只能学习和仿造英法的产品，但因为技术不如人、市场已经被抢占等原因,所以德国以次充好,使自己的产品挤进市场。1887年英国议会修改《商标法》,规定所有进入英国本土和殖民地市场的德国产品必须注明"德国制造"(Made in Germany)这一带有侮辱性色彩的符号。但随着德国工业的扩展、技术手段的更新、产品质量的提高,德国对外贸易逐渐扩大,"德国制造"成为制作精巧和质量优良的保证。

## 二 战争的重创与战后的崛起

德国被高速的工业化和经济冲昏了头脑,企图通过战争获取世界霸权的地位。然而失道寡助,作为战争发起国的德国在战争中和战后不仅背负着巨额的赔款,而且战前的工业发展盛世不再,重工业区要么被炸成废墟,要么被战胜国占领。然而大战过后的德国之所以能迅速在废墟上重建经济,重回欧洲第一大国舞台,纵然有美国、英国等国外经济支援,但更离不开德国自身的发展。

### (一)第一次世界大战的创伤

德国发动第一次世界大战的主要原因在于资本主义发展不平衡。德国仅用了30年的时间就完成了英国需要100年才能完成的工业革命,然而却无法享受"世界工厂""海上马车夫""日不落帝国"等荣耀,眼睁睁看着世界殖民地被老牌资本主义国家瓜分完毕。20世纪初,由于军工业的发展、高产量的工业产品,德国经济已经超过英国,仅次美国,位居欧洲第一,世界第二。逼迫俾斯麦政府下台的威廉二世登基之后,认为温和的政策与经济强国不相称,认为通过战争能扩展德意志的实力和国际影响力,认为战争是夺取世界霸权的最佳方式。1914年6月,以德国为首的协约国以萨拉热窝事件①为由,向英、法、美、俄等同盟国宣战。显然德国高估

---

① 萨拉热窝事件(Sarajevo Assassination):于1914年6月28日巴尔干半岛的波斯尼亚发生,此日为塞尔维亚之国庆日,奥匈帝国皇位继承人斐迪南大公夫妇被塞尔维亚族青年普林西普(一名隶属于塞尔维亚"黑手社"的波斯尼亚学生)枪杀。这次事件使奥匈帝国于7月向塞尔维亚宣战,成了第一次世界大战的导火线。

了自己的国力。战争最后以《凡尔赛和约》的签订而结束，德国在这场战争中损失了最多的人员，高达195万人（见表4-3）。而《凡尔赛和约》的惩罚无疑是严厉的，《凡尔赛和约》的制定者把战争的罪责全部归根于德国，以达到制裁和勒索德国的私利。战后，作为赔偿，德国大部分重工业区被战胜国占领，德国向战胜国移交了900艘远洋轮船、5000辆警车、15万辆火车车厢、5000辆载重汽车和5400万吨煤。根据《凡尔赛和约》，德国被剥夺了全部殖民地、海外属地、13%的领土。随着领土被剥夺的，还有附着在领土上的矿产资源和人口。加上战争中损失的军民，德国在第一次世界大战中共丧失了10%的人口、15%的耕地面积以及75%的铁矿藏。战后德国铁的生产力降低了44%、钢的生产力降低了38%、煤的生产力降低了26%；为了履行《凡尔赛和约》，德国必须从现有的煤产量中拿出一部分赔给法国，此外每年再拿出2500万吨代替现金进行补偿。因此德国战后可以支配的煤炭从战前的13900万吨迅速下降到6000万吨。《凡尔赛和约》还规定德国在1921年前以黄金、外汇、商品、船舶及有价证券等偿付200亿金马克①，以后将按照赔偿委员会制订的计划支付赔偿，支付期限大致为30年。此外，经过赔偿委员会的多次会议商讨，最终决定德国赔偿总额为1320亿金马克，分66年付清。为了偿还巨额的赔款，德国政府通过不断地增加税收、发行货币等方式来筹措赔款，滥发货币导致了严重的通货膨胀。1923年法国因不满德国延长赔款期限，联合比利时强行攻占德国鲁尔区，进一步加剧通货膨胀的程度，德国物价飞涨、马克严重贬值。1920年10月，1美元等于76.5马克，而到了1923年10月已经高达72.5亿马克，同年12月1美元等于42000亿马克。马克已经失去了作为货币的一切功能，形同废纸。严重的通货膨胀不仅导致物价飞涨，同样导致大量中小企业倒闭，大批工人失业，流落街头。

第一次世界大战不仅让德国争夺世界霸主地位的梦想破灭了，而且给德国工业和经济沉重的打击。巨额的赔款引发了德国境内严重的通货膨胀、被战胜国占领的重工业区、需要向战胜国支付的矿产等问题都压垮了德国，德国的经济和工业产量从1919年年初开始战后第一次波动，该年德

---

① 金马克（Gold Mark）是德意志统一后，1873年发行的货币单位，金马克逐步取代统一前各邦国的货币，结束了德意志邦国货币混乱的状态。第一次世界大战之后，德国在战争支出与通货膨胀的双重压力下，不得不进行金融改革，废止金马克，转而大量印制纸马克（Paper Mark）以应付战争赔款。

国工业总产量比上年减少 1/3，1919—1923 年国库收入只达到预算支出的 1/4。

表 4-3　　　　第一次世界大战欧洲各国损失军民数量　　　　单位：万

| 德国 | 俄国 | 法国 | 奥匈帝国 | 英国 | 意大利 | 塞尔维亚 | 土耳其 | 比利时 | 美国 | 加拿大 |
|---|---|---|---|---|---|---|---|---|---|---|
| 195 | 170.8 | 139 | 100 | 78 | 50 | 40 | 40 | 10 | 12 | 55 |

资料来源：郭华榕、徐天新：《欧洲的分与合》，人民出版社 2015 年版，第 197 页。

## （二）第一次世界大战后德国的崛起

### 1. 经济崛起

第一次世界大战之后，为了一解普法战争遗留下来的历史仇恨，法国甚至想肢解德国，使德国失去任何复兴的机会。而英国和美国则反对过分制裁德国，它们需要利用德国的存在，来粉碎法国称霸的野心，同时制衡苏俄的膨胀。所以第一次世界大战之后，在德国国内严重通货膨胀的情况下，英美提供了 8 亿马克的贷款以协助德国稳定通货和平衡预算，这对于美国而言，贷款不过是把左口袋的钱放进右口袋而已（见图 4-4），并通过贷款的途径进行资本输出。据统计，从 1924 年到 1929 年，德国得到外国贷款和投资共 326 亿马克，其中 70% 来自美国。

第一次世界大战后的德国，在《凡尔赛和约》的要求下，需要支付巨额的赔款，大部分重工业在"一战"中要么被战胜国占据要么被摧毁，政治也陷入一片混乱之中。尽管如此，德国仍然是欧洲大国，战后人口仍有将 6000 多万，仅次于苏联人口（见表 4-4），大量的人口基数带来巨大的经济发展潜力。1924 年，德国在美国"道威斯计划"①的帮助下，经济开始迅速发展，其发展速度甚至一度赶超英国。1921—1929 年，德国工业生产平均以每年 7.1% 的速度增长，而英国在同一时期每年的增长率只有

---

① 道威斯计划是以美国银行家道威斯为首的协约国赔款委员会所属的一个专家委员会提出来的，于 1924 年 8 月在伦敦会议上通过实行。该项计划为外国资本（其中 70% 是美国资本）进入德国打开了大门，除了根据计划向德国提供的 8 亿马克贷款外，大量的外国资本通过购买德国企业股票等方式流入德国。

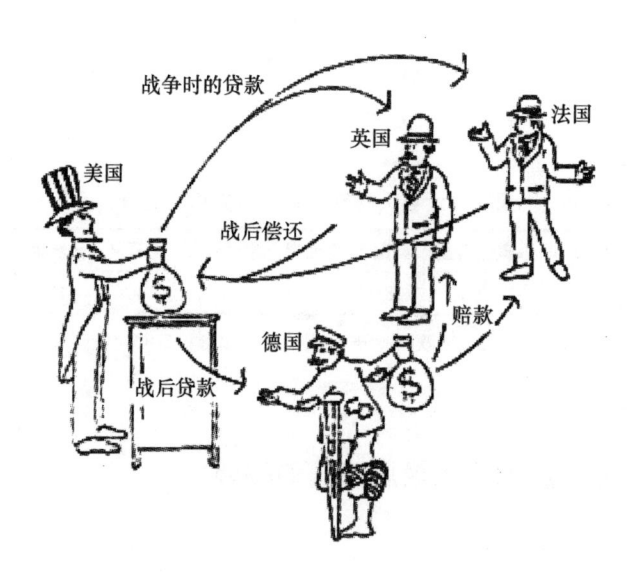

图 4-4　第一次世界大战后德国、英国、法国和美国之间的经济关系（漫画）

表 4-4　　　　　　欧洲主要国家 1914 年和 1919 年的人口　　　单位：百万人

| 年份 | 奥匈帝国 | 法国 | 德国 | 意大利 | 俄国 | 英国 | 西班牙 |
|---|---|---|---|---|---|---|---|
| 1914 | 6.6 | 41.7（1913） | 58.5 | 36.2 | 140.4 | 43.0 | 20.3 |
| 1919 | 6.4 | 39.0（1920） | 59.9 | 35.9 | 136.0 | 43.5 | 21.3 |

资料来源：郭华榕、徐天新：《欧洲的分与合》，人民出版社 2015 年版，第 213 页。

1.7%。[①] 1928 年，工业资本和重工业生产均已经超越战前的水平。1929 年，硬煤产量达到 16344 万吨，钢产量 1600 万吨，电力生产和汽车产量是战前的 7 倍，铝产量是战前的 32 倍，同年，德国生产的军火武器在供应本国的同时，供应法国、中国、西班牙、比利时等 13 个国家。工业生产总值中，1928 年生产资料的生产已经达到 18.5%，1929 年国民收入达到 759 亿马克，是战前的 1.5 倍，黄金储备达到 225800 万马克，超过战前的一倍多。[②]"一战"以后，德国经济结构的中心日益从农业转向工业：1910 年到 1929 年，农业、林业和渔业在国内生产总值中所占比例从 23% 下降到 16%，而工业和手工业的生产则从 45% 增长到 48%，商业、交通、服务行

---

[①] 朱贵生、王振德、张椿年等：《第二次世界大战史》，人民出版社 1995 年版，第 9 页。
[②] 朱忠武：《德国现代史（1918—1945）》，山东大学出版社 1986 年版，第 125 页。

业、公用设施从 32% 增长到 36%。①

德国战后经济崛起，除了依靠外国贷款，还有德国自身的新经济政策。时任德国总理的希特勒认为："一个国家并不依靠货币的表面价值来维持生活，而是要靠真正的生产，而生产才能使货币获得价值。生产才是货币的真正准备，银行保险箱中存满了黄金并无意义。"为此，他提出包括以生产为德国货币基础的货币新政策，通过扩大对外贸易、兴建公共工程等方式用以恢复经济发展，通过重建社会保障体系、落实社会福利政策降低失业率。在采取了一系列恢复经济发展的措施之后，1938 年德国失业率为 1.3%，同期美国失业率为 1.89%、英国为 8.1%；1932 年到 1937 年，德国国民生产总值增长了 102%，国民收入增加一倍。

2. 工业发展

英美等国家不仅向德国提供巨额的贷款，还给德国提供了大量的物资装备和技术帮助，再加上德国自身雄厚的工业基础和良好的劳动力素质，德国迅速淘汰了大部分落后企业，更新设备，推动工业的整体进步。战后德国资产阶级广泛开展了所谓的"产业合理化运动"，高度重视技术合理化程度，对生产过程进行科学的经营管理、耐劳程度的研究以及流水线生产的研究，"标准化""合理化"盛极一时，"福特制""泰罗制"等科学的经营管理模式大大提高了劳动生产率。1924 年至 1929 年，劳动生产率提高了 40%。

在军工业方面，德国不顾《凡尔赛和约》的限制，采取种种手段重整军备。1924 年到 1931 年，美国华尔街给德国提供贷款共 1380 亿马克，而德国仅偿还赔款 860 亿马克，德国保留了 520 亿马克的巨额资金，用于发展军工业。德国以"民间组织""俱乐部"等名义，秘密地储存大量有战争经验的军官，非法组织和训练非正规的军队。到 1930 年，德国的军队和半军事部队已达 374000 人。在军备方面，德国国防部在 1922 年就和克房伯公司签订了一项研制大炮和坦克的协定，1928—1929 年，德国秘密制造飞机、装甲车和坦克，到 1929 年年底，德国已有 12 个飞机制造厂，6 个飞机发动机制造厂，还秘密在西班牙等国建造潜艇和其他军舰，并积极从

---

① [德]卡尔·迪特里希·埃尔德曼：《德意志史（第四卷上册：世界大战时期）》，高年生译，商务印书馆 1986 年版，第 304 页。

事军用化学、人造汽油等方面的研究。①

## （三）第二次世界大战的重创

随着德国人口的迅速增长，希特勒认为德国不可能在现有的国土内做到自给自足，特别是粮食方面的供应，而考虑到德国外汇储备的缺乏，也不可能通过境外采购的方式来满足其需求。因此希特勒认为德国需要更多的生存空间来维持其生活水平，认为德国应在人口稀少的东欧地区中获得较多的"农业有用空间"。② 所以希特勒不顾多个将领的反对而发动战争，其最初的愿望只是想收回德国在第一次世界大战之后所丧失的领土而已，但当1939年9月1日，德国越过波兰国界，英法为了兑现此前"保卫波兰"的承诺而加入战争，这场战争却变成了第二次世界大战。战争的起源早已被人淡忘，但可以肯定的是，在战争中，谁能够生产更多的武器，谁的军事装备更精良，谁就更有可能取得胜利。与军事装备同等重要的是该国的工业和经济，李德哈特认为："正好像机器在战场上已经压倒人力，所以在大战略的领域中，工业和经济也的确已经把军事从前台推到后台了。除非工厂和油田中出来的补给能够源源不断地维持，否则军队就不过是一群毫无生气的乌合之众而已。"③ 所以在这场大战中，敌对双方的工业基础、军事力量和经济情况似乎早已预示着这场战争的最终结果。无论是作战人员还是经济发展，同盟国的潜力都大大超过了轴心国④。在军事装备方面，单是海军规模，英国的皇家海军已经足够强大到能独自打垮德、意的联合舰队（见表4-5）。而在人员和资源方面，战争开始时德国能部署59个预备师，而法国有86个师、波兰有42个师。德国虽然有足够的煤矿补给，但需要从瑞典进口铁矿，尽管第一次世界大战以后德国积极研究代用材料，但合成橡胶和石油却远不能满足战争机器的需求，而且需要进口大量食品来供应人民。而意大利情况更是糟糕：没有一点原油和铁矿，

---

① 朱贵生、王振德、张椿年等：《第二次世界大战史》，人民出版社1995年版，第11页。
② [英]李德·哈特：《第二次世界大战史》（1），钮先钟译，军事译粹社1979年版，第6页。
③ 同上书，第32页。
④ 在第二次世界大战中，轴心国是指以纳粹德国、日本、意大利为代表的法西斯军国主义国家。同盟国是指以美国、英国、苏联为代表的反法西斯国家。

还要从英国进口煤炭。① 与此相对的是，英国本土虽然无法供应，但只要能确保海运，英国战时所需的资源就能从大不列颠帝国内的殖民地内获取。而美国则是当时名副其实的强国：它生产世界2/3的石油、50%的棉花以及近50%的铜。②

**表4-5　英国、德国和意大利1939年海军舰队对比**

| | |
|---|---|
| 英国 | 12艘战列舰、3艘战斗巡洋舰、7艘航空母舰、64艘巡洋舰、200艘驱逐舰、60艘潜艇。9艘战列舰和6艘航空母舰在建造中 |
| 德国 | 3艘袖珍战列舰、2艘重巡洋舰、6艘轻巡洋舰、30艘鱼雷艇、57艘潜艇。2艘战斗巡洋舰在试航、2艘重战列舰在建造中 |
| 意大利 | 4艘战列舰在建造中 |

资料来源：[法] 亨利·米歇尔：《第二次世界大战》，九仞译，商务印书馆1980年版，第8—9页。

1945年，第二次世界大战最终伴随着日本投降书的签字仪式而结束，德国最高统帅部的最后一号公告凄凉地说："德国历史进入了最黑暗的时刻。"战争结束时，这场持续了五年多的战争，纳粹德国共战死550万人，另有100多万人在空袭中丧生，国土缩小了25.2%，全国1/4的住宅和大中城市2/3的建筑物被炸坏；50%以上的工业生产能力被摧毁，残存的较好机器被战胜国拆走充当战争补偿；柏林变成了没有住宅、没有商店、没有运输、没有政府建筑物的"死城"；克虏伯公司所在的军火工业重镇埃森市，87%的房舍成了废墟。战后，由于住房、食物等资源极度匮乏，营养不良、浮肿病、肺结核等疾病流行在城乡，黑森州90%的儿童患有软骨病，柏林的婴幼儿死亡率高达16%。③ 为了维持战争的支出，纳粹德国滥发纸币，造成了7000亿马克的国家债务，导致银行系统崩溃，经济瘫痪。

## （四）第二次世界大战的崛起

凡事先破而后立，战争的毁灭性破坏再次给德国带来了重生的机会，

---

① [法] 亨利·米歇尔：《第二次世界大战》（上册），九仞译，商务印书馆1980年版，第7页。

② [英] 李德·哈特：《第二次世界大战史》（1），钮先钟译，军事译粹社1979年版，第34页。

③ 鲁仁：《德国百年行迹》，九州出版社2011年版，第465页。

被第二次世界大战摧毁的不仅是德国的建筑，还有数百年来一直左右着普鲁士的军国主义军官团、容克地主阶级以及一向支持战争政策的垄断资本。纳粹德国随着战争的结束而消失，战胜国根据自己的战略目标，分区占领德国：苏联占据德国东区，英国占据工业发达的西北区，美国占据西南区，法国占据西区，而首都柏林则由四个国家分区占领。随着1949年东德（德意志民主共和国，俗称民主德国）和西德（德意志联邦共和国，俗称联邦德国）相继宣布成立，德国的领土上再次出现了两个分裂的国家。

### 1. 经济崛起

自路德维希·艾哈德（1897—1977年）就任英美法联合占领区经济管理局局长以后，联邦德国一直坚持以"社会市场经济"为理论指导的经济改革政策。该项政策可以概括为：市场经济＋国家干预＋社会保障。战后德国经济陷入瘫痪状态，1948年，艾哈德取消部分商品的管制和价格控制，废除工资冻结，取缔垄断，推动市场经济体制的起步。与此同时，联邦德国通过一系列的货币政策、贸易政策和投资政策，对经济实行一定的干预，保证市场竞争的有序进行。在社会保障方面，先后颁布了《联邦供养法》《解雇保护法》《平均负担法》等法案，通过征税的手段援助在战争时期遭受严重损失的普通居民。在一系列行之有效的政策和法案的影响下，1949年联邦德国工业生产迅速恢复到1936年的80.6%，而1950年又比1949年提高了60%，农业生产则超过战前水平的2%。整个20世纪50年代，是联邦德国经济发展的黄金时期：这十年期间，国民生产总值平均每年增长8.85%，1955年的增长率甚至高达15.9%[1]，远超同时期的英、美、法等国，仅次于日本，被称为"经济奇迹"。到了60年代，联邦德国平均增长率达到4.5%，国民生产总值高达3030亿马克，超过英国和法国，成为仅次于美国的西方第二经济大国。

民主德国在经济领域全盘苏联化，建立社会主义计划经济体制。到1950年年底，民主德国仅用一年的时间，生产已经恢复到1936年的水平[2]，工业生产率达到103.1%，工业劳动生产率达到93.8%，农业耕地面积则比战前1938年扩大2.6%。[3]

---

[1] 郑寅达：《德国史》，人民出版社2015年版，第463页。
[2] 王贵水：《一本书读懂德国历史》，北京工业大学出版社2014年版，第79页。
[3] 鲁仁：《德国百年行迹》，九州出版社2011年版，第479页。

## 2. 工业发展

战后联邦德国占领主要的重工业基地和矿产资源，其经济主体仍是重工业，其产值在工业总产值中占 70% 左右，机器制造、化工、电气、钢铁、汽车、飞机制造、石油加工业最为发达，其中钢产量从 1952 年的 1581 万吨增至 1965 年的 3682 万吨；煤产量在 1955 年已经超过英国，高达 2.4 万吨，仅次于美国；1967 年汽车产量超过美国和英国。①

战后初期，民主德国的经济条件总体比不上联邦德国：德国的重工业和矿产资源主要集中在西部地区，苏联占领区域的工业产量只占全国的 17.9%、铁占 1.6%、煤占 2.9%、钢占 2.7%。而在战争中遭受毁灭的情况却比较严重：战争毁掉民主德国 45% 的工业、60% 的交通设施、30% 的住宅以及超过 50% 的农业。② 即便如此，民主德国在 20 世纪 70 年代亦发展成一个现代化程度较高的工业国家：机械、能源、化学、冶金等行业发展成绩突出，产值高达 300 亿马克，占工业产值的 11.2%，截至 1980 年，民主德国的国民生产总值达 1204 亿马克。

### （五）西门子和汽车产业

德国之所以能在两次大战后迅速崛起，跟西门子公司和汽车产业有着紧密的联系。

正当德国工业进行得如火如荼的 19 世纪中期，维尔纳·冯·西门子成立了德国西门子—哈尔斯克电报机制造厂。到 19 世纪 60 年代中期，西门子公司已经成为在全球范围内运作的企业。在第一次世界大战中，西门子公司成了军备产品的主要供货商，如船用安全仪器、电话电报材料、榴弹用的导火线等，第一次世界大战初期，西门子工厂获得价值 2000 万的订货，其中 1100 万来自军备产品。

西门子公司主要经营电子电气工程领域的产业，从开始发展时期就开拓海外市场，1913 年西门子公司占领电子技术产品的世界贸易市场的一半。1918—1945 年，由于两次世界大战的原因，德国乃至整个世界电子技术产品的贸易总体发展不利，世界贸易市场降低 50%，而德国只降低 7%，

---

① 王贵水：《一本书读懂德国历史》，北京工业大学出版社 2014 年版，第 74 页。
② 鲁仁：《德国百年行迹》，九州出版社 2011 年版，第 479 页。

西门子公司能在战争期间和战后保持高贸易量，实属不易，这不仅是因为西门子公司能提供军备用品，其主要的原因在于其产品的质量保证。随着对外贸易的不断增加，西门子公司增加了国外工厂的数目，1939年，为了满足战争的需要，西门子公司的国外组织由195家公司组成，其中109家在欧洲，13家在非洲，17家在中南美洲，33家在亚洲，10家在澳大利亚和新西兰，3家在美国。① 德国通过西门子公司，把自己的触角延伸到世界各国。

1886年，当德国人卡尔·本茨发明了第一辆汽车时，德国汽车一直影响至今。德国汽车在第一次世界大战之后才有较大的发展。20世纪初，德国重工业发展突飞猛进，已经拥有成熟的汽车生产环境：阿达姆·奥佩尔公司把生产缝纫机和自行车改为制造汽车；戴姆勒和卡尔·本茨为后来著名的戴姆勒—奔驰汽车工厂打下坚实的基础；罗伯特·博世成为汽车发火装置和电气部件的最大生产者之一。1901年，德国共有12家汽车工厂，解决1773人的就业问题，年产量达884辆；到了1908年，汽车工厂已经达53家，汽车工业就业人数12400人，年产量5547辆；到了"一战"前夕，汽车已经成为一个独立的工业部门，年产量达2万辆，而同一时期的欧洲国家，还处在蒸汽机拉动的时代。

尽管"一战""二战"德国汽车工业为战争提供军事服务，德国重工业受到重创并被战胜国占领，汽车产业作为其中之一，亦难以幸免，但在英美的支持下，德国汽车在一片废墟上建立起来。从图4-5可以看出，德国汽车1950年已经开始出现回暖的迹象，并在1970年以前，都一直保持高速增长，而到了20世纪70年代，由于美国和日本汽车产业的发展，德国汽车产量平稳，一直在400万辆左右。

汽车产业之所以成为德国的支柱型产业，主要原因在于在德国，汽车不仅作为交通工具，扩大人们的生活范围，改变人们出行方式，更重要的是汽车作为一个工业产品，与德国工业进程紧密联系在一起。高速发展的汽车产业、不断增加的汽车工厂，解决了德国战后高失业率的问题以及成为德国税收的主要来源。2000年，约有76万人直接就业于汽车行业，占加工业就业总人数的12%，而1999年德国从汽车工业中获得2000亿马克

---

① [德]威尔弗里德·费尔顿克辛：《西门子传——从手工作坊到跨国公司》，李少辉、于景涛译，华夏出版社2000年版，第168页。

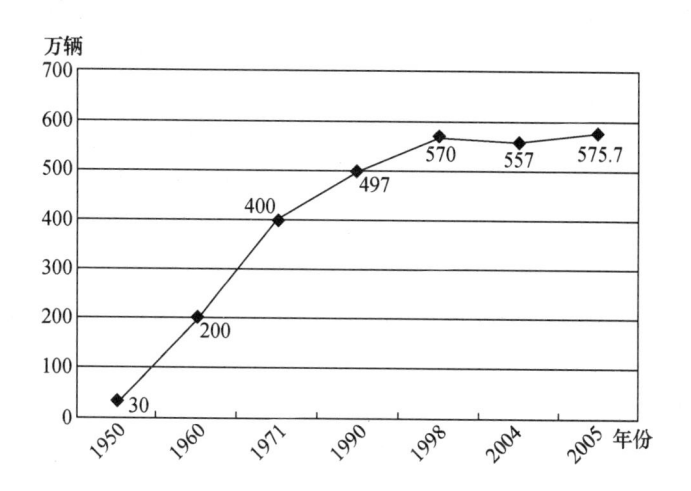

的税收，占当年国家税收总额的1/4。①

**图4-5 德国汽车产量**

资料来源：蔡玳燕：《永恒的经典——德国汽车文化掠影》，机械工业出版社2008年版，第4—5页。

## 三 德国的工业4.0战略

### （一）新一轮工业革命的摇篮

德国科学技术早在15世纪已经领先欧洲其他国家，对科学技术发展的高度重视，使德国在19世纪引领了第二次工业革命，奠定了欧洲第一的大国地位，也成了世界科学技术发展的中心。德国先后在许多科学领域诞生了具有卓越贡献的科学家：如提出著名的欧姆定律的物理学家欧姆、发展农业肥料技术和有机化学的化学家李比希、对化学合成技术做出重大贡献的霍夫曼，还有很多耳熟能详的爱因斯坦、普朗克、海森堡等。德国在科

---

① 叶敏：《德国汽车工业的地位和走向》，《德国研究》2000年第4期。

学研究领域取得的巨大成就，与其先进的、独有的教育理念分不开，但更重要的是独具慧眼的领导者。腓特烈二世早在16世纪已经正确地预见了科学技术在国家未来成长中的重要作用，从国外引进大量优秀人才，也派出大量优秀队伍前往其他国家学习经验，为本国的科学技术发展奠定良机。此后科学发展得到国家的官方支持，不仅拨付大量的财政经费，而且建立完整的科学研究体系和教学系统。时至今日，德国在科学技术研究方面的投入，仍然位居欧洲之首，在美国、日本之后，排名全球第三。如今，在21世纪发展的今天，德国率先提出工业4.0的智能化战略，将信息物理系统技术集成应用于制造业和物流行业，并且在工业生产过程中使用物联网和服务互联网，这对于全球的价值创造、商业模式、下游服务和工作组织而言，是一场新的革命。

德国制造业被称为"众厂之厂"，是世界工厂的制造者，其工业的基础是"制造科技"。依靠传统技术和高新技术领域的雄厚实力，德国拥有"世界第二大科技出口国""欧洲创新企业密度最高国家"等美誉，无论是从造船还是汽车、飞机等制造，德国一直位居全球前三，其四大优势产业在国际上具有难以撼动的地位。

1. 机械制造业

机械制造业在德国工业制造行业中占据重要地位，这一直是德国就业人最多的行业。根据德国机械制造业协会提供的数据显示，2010年这一行业产生了1734亿欧元的营业额，拥有6274家企业，解决90.8万人的就业问题，远高于其他行业。机械制造业在德国是典型的出口导向型产业，全国有3/4的机械设备销往国外，主要出口驱动技术机械和设备、建筑机械及建材设备、传输技术设备、印刷机械及造纸技术设备、机床、食品及包装机械设备、民用航空技术设备。2010年德国凭借其19.1%的全球贸易份额，排在美国（12.2%）、日本（9.4%）和中国（9.2%）前面。[①] 从表4-6可以看出，2010年得益于欧洲统一市场，德国的机械制造设备主要销往欧洲，其中40%以上销往欧盟27国，而在亚洲、美洲和拉美等地，均比2009年呈现一定的增长情况。

---

① 中国工业和信息化部电子贸促会：《德国机械设备制造业发展概述》，2011年8月。

表 4-6　　　　　　2009—2010 年德国机械设备制造业出口情况

| 地区 | 2009 年 | | 2010 年 | |
|---|---|---|---|---|
| | 销售额（亿欧元） | 份额占比（%） | 销售额（亿欧元） | 份额占比（%） |
| 欧洲 | 621 | 55.9 | 663 | 53.1 |
| 欧盟 27 国 | 484 | 43.6 | 505 | 40.5 |
| 欧元区 16 国 | 308 | 27.8 | 325 | 26.0 |
| 非洲 | 38 | 3.4 | 38 | 3.0 |
| 亚洲 | 296 | 26.7 | 362 | 29.0 |
| 北美 | 93 | 8.4 | 111 | 8.9 |
| 拉美 | 46 | 4.2 | 58 | 4.7 |
| 大洋洲 | 16 | 1.4 | 15 | 1.2 |

资料来源：中国工业和信息化部电子贸促会。

### 2. 汽车和汽车配件工业

德国汽车品牌在全球汽车市场中占据重要地位，一说起德国汽车，很多人马上联想到奔驰、宝马、奥迪等品牌，其安全、舒适、环保等特点深入人心。汽车工业之所以能在德国长期保持第一产业地位，其主要原因在于德国汽车企业高度重视研发。德国工业领域 28% 的研发人员从事汽车的研发工作，汽车工业平均每十天就有一项专利产生，每年获得专利 3650 项，其研发重点在于提高汽车质量、改善安全性能、降低能耗等。在汽车配件工业领域，博世集团作为生产大鳄在全球拥有 3 万名研发人员，在全球 140 多个国家和地区拥有制造、销售和售后服务网络，解决了 26 万名员工的就业问题，在 2010 年创造了 473 亿欧元的营业额。

### 3. 电子电气工业

德国电子元件主要产品包括：半导体产品、电阻器、电容器、缩合器、感应器、无源及混合微电路、电子机械元件和印刷/混合电路板等。汽车电子行业是德国电子元件的主要消费者。根据德国电子电气行业协会提供的数据显示，2010 年该行业营业额为 1650 亿欧元，增长了 14%，生产量增长 13%，出口增长 23%，主要出口到西欧国家。截至 2010 年年底，该行业总企业数约为 4000 家，解决了 81.4 万人的就业问题。英飞凌公司是德国最大的电子元件生产商，产量占德国电子元件总产量的 29%。

4. 化学工业

化学工业是德国第四大支柱型产业，这一产业中三大优势领域分别是有机化学品、初级塑料产品及药品。2010年，德国化学工业产品主要的出口市场为欧盟（62.1%）、亚洲（13.3%）、北美（8.4%）。德国化学工业产业强大的原因主要在于德国对其长期的投资，自第一次世界大战以后，德国一直致力于这方面的研究，目前已经具备完善的化工基础设施，其中德国BASF（巴斯夫）公司是世界上最大的化学企业，Bayer（拜耳）公司也在世界范围内享有一定的知名度。

德国在科学技术研究领域的大量投入使其拥有世界上最具竞争力的制造业、全球领先的装备制造业、全球领先的信息技术能力以及高水平的嵌入式系统和自动化工程。如今，德国西门子敏锐地捕捉到物联网、云计算、大数据等信息技术在制造业中的作用，结合本土独特的优势开展智能化时代的工业革命。

目前，在制造工程领域，全球竞争愈演愈烈，德国并不是唯一认识到物联网和服务互联网重要性的国家。比较传统的制造业，德国是当之无愧的世界大国，具有一定的竞争力，但要论新一代信息技术与工业的融合，德国仍缺乏一定的竞争力。当下，美国掌握智能化时代最关键的资源：互联网技术。日本和美国以工业互联网为核心，提早进入制造业的高端市场，而中国凭借其廉价劳动力的优势也在制造业的中低端市场"宣誓主权"，与此同时，德国境内提高可再生能源税收无疑给德国制造业造成"内忧外患"的压力，人口数量少、劳动力短缺等国内环境催促着德国传统制造业向低劳动力成本、高技术含量的制造业转型。

## （二）工业4.0战略的提出

随着大数据概念的提出和应用，谁能把每天产生的海量数据和生产很好地结合在一起，很好地监测、追踪这些数据并做科学的分析，谁就能掌握未来世界的脉搏。在此次工业革命中，工业4.0是德国工业研究联盟发起的工业计划，后来德国政府逐渐认识到其重要性，加强对科学技术研究投资，先后有联邦部门、州政府部门、联邦科研教育部等部门在生物技术、纳米技术、信息与通信技术等方面共投资63个项目，以保证德国在这些领域的领先地位。然而，如表4-7所示，同样作为制造业大国的美国、日本以及低劳动力成本优势的中国也高度关注此次工业革命，其中美国和日本对德国构成了巨大的威胁。美国早在2009年12月，推出《重振美国制造业框架》，详细分析了重振制造业的理论基础和优势，随后2011年6月和2012年2月先后启动《先进制造伙伴计划》和《先进制造业国家战略计划》。日本以人工智能为本次革命的突破口，力图通过对人工智能产业的探索来解决劳动力断层的问题，同时对未来工业智能化提供支撑，近年来日本政府加大对3D打印等高端技术的财政投入，2014年日本经济产业省继续把3D打印机列为优先政策扶持对象，计划当年投资45亿日元，实施名为"以3D造型技术为核心的产品制造革命"。2014年10月中国国务院总理李克强访问德国，与德国总理默克尔共同签署《中德合作行动纲要》，标志了中德工业4.0合作即将开展，随后出台《中国制造业发展纲要（2015—2025）》，被誉为"中国版工业4.0战略规划"，中国即将借鉴德国经验，打造新一代信息技术产业、高端装备制造业、新能源产业和生物医药与生物制造产业。由此可见，工业4.0并非德国的专属革命，其他国家都早已对这张大饼虎视眈眈。

表4-7　　　　　　　　　各国工业4.0战略规划

| 国家 | 政府规划 | 战略重点 |
|---|---|---|
| 德国 | 《高技术战略2020》 | 工业4.0 |
| | | 成为新一代工业生产技术的供应国和主导市场 |
| 美国 | 《重振美国制造业框架》《先进制造伙伴计划》《先进制造业国家战略计划》 | 再工业化、工业互联网 |
| | | 侧重"软"服务，用互联网激活传统工业，保持制造业的长期竞争力 |
| 日本 | "以3D造型技术为核心的产品制造革命" | 人工智能 |
| | | 智能化生产和3D造型技术 |
| 中国 | 《中德合作行动纲要》《中国制造业发展纲要（2015—2025）》 | 两化融合、制造强国 |
| | | 打造新一代信息技术产业、生物医药与生物制造产业、高端装备制造业与新能源产业 |

### 1. 美国

美国是世界头号制造业强国，特别是在航天航空、电子信息、生物医药、新能源等领域均具有超强实力，根据德勤（Deloitte）的《全球制造业竞争力指数报告》，美国制造业竞争力连续多年位居全球前三的位置。此外美国作为第三次工业革命的主要阵地，在信息技术方面遥遥领先，并在工业3.0时代为技术、标准化、产业化等方面做出一系列前瞻性布局，重新定义制造业的未来。不仅如此，2008年金融危机爆发后，奥巴马政府为迅速挽救经济颓势并实现快速增长，推出一系列措施，其中作为长期性、根本性战略措施就是重振制造业战略。此后美国政府在2009年至2012年期间，陆续密集性地出台一系列政策（见图4-6），强调重振美国制造业，应作为美国经济长远发展的重大战略。2009年2月，奥巴马签署《2009年美国复兴与再投资法案》，国会授权7870亿美元，为后面的振兴制造业计划提供资金保证；2009年9月，公布《美国创新战略：促进可持续增长和提供优良工作机会》，为美国发展创新型经济提供完整的框架；2009年12月，发布《重振美国制造业框架》，详细分析了美国重振制造业的理论基础、优势与挑战，并提出7大改革措施；2010年8月，公布《2010年制造业促进法案》，为美国重振制造业提供法律框架；2011年2月，发布《美国创新新战略：保护我们的经济增长和繁荣》，把发展先进制造业、生物技术、清洁能源等作为国家优先突破的领域，是2009年公布的新战略的升级版；2011年12月，成立国家先进制造项目办公室（Advanced Manufacturing National Program Office，AMNPO）；2012年12月，发布《先进制造业国家战略计划》，把再工业化上升为国家战略。

从美国一系列的重振制造业措施来看，美国势要在充分利用自身在信息技术优势的基础上，争夺这次工业革命的市场份额。而信息技术则是德国乃至整个欧洲都错过的发展机会：欧洲互联网市场基本被美国企业垄断、德国企业数据由美国硅谷的科技掌握。与之对应的是，德国要在工业4.0革命中，用信息物理系统使生产设备智能化，打造智能工厂，使云计算等信息技术成为制造业中的一种手段或方式，而非掌控生产制造的中枢。

2. 日本

日本是全球经济最发达、制造业发展水平最高的工业强国之一，日本的制造业竞争力一直位居世界前列。联合国工业发展组织根据2010年的数据，发布了《2012—2013年世界制造业竞争力指数》报告，显示日本以0.5409

```
┌─────────────────┐
│ 2009年2月,《2009年美│
│ 国复兴与再投资法案》│
└─────────────────┘
┌─────────────────┐      ┌─────────────────┐
│ 2009年9月,《美国创│      │ 2009年12月,《重振美│
│ 新战略:促进可持续增│      │ 国制造业框架》   │
│ 长和提供优良工作机会》│    └─────────────────┘
└─────────────────┘
        ┌─────────────────┐
        │ 2010年8月,《2010年│    ┌─────────────────┐
        │ 制造业促进法案》 │    │ 2011年2月,《美国创│
        └─────────────────┘    │ 新战略:保护我们的│
                               │ 经济增长和繁荣》 │
                               └─────────────────┘
                                       ┌─────────────────┐
                                       │ 2012年2月,《先进制造│
              ┌─────────────────┐      │ 业国家战略计划》 │
              │ 2011年12月,成立 │      └─────────────────┘
              │ AMNPO          │
              └─────────────────┘
```

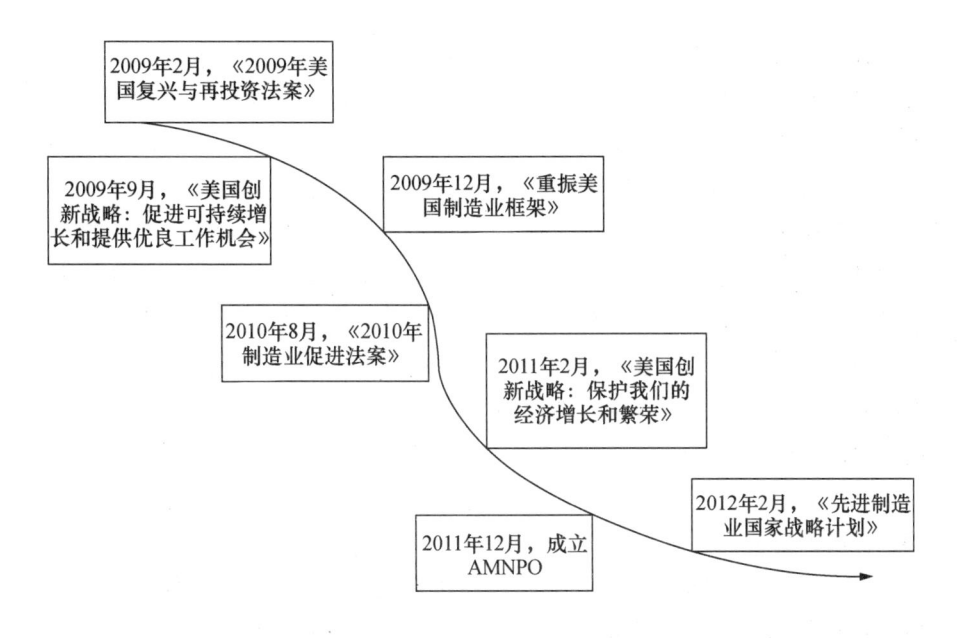

**图4-6 美国重振制造业历程**

的工业竞争力指数[①]位居全球第一,德国和美国分别以0.5176和0.4822排名第二和第三。日本的制造业竞争优势主要体现在机械设备制造、汽车及关键零部件,其中半导体制造设备出口占35.2%,机床出口占28.1%,数码相机出口占20.1%。日本的汽车、电子信息、高端制造等领域在全球制造业分工体系中居关键地位,不少核心技术、关键装备、高精尖产品生产等对德国乃至美国构成了巨大威胁。

在美国发布一系列的重振制造业措施以后,日本敏锐地发现了制造业的重要性,因此除了相继推出的大力发展机器人、新能源汽车和3D打印技术等政策以外,日本发布了《2015年版制造白皮书》(以下简称"白皮书"),并特别强调发挥IT的作用。白皮书认为如果日本错过了德国和美国引领的制造业务模式的变革,日本的制造业难保不会丧失竞争力。根据白皮书的分析,日本制造业现状出现三个主要问题:一是虽然日本工厂在节能化等改善生产效率方面略胜一筹,但不少企业对未来数字化的发展持消极态度,尤其是物联网的关键——软件技术和IT人才的培养。这预示着

---

① 工业竞争力指数是衡量国家工业部门竞争力的指标,以产能、技术进步和世界影响力作为考量因素。

倘若德国工业4.0体系一旦建立，信息物理系统一旦完善，德国工业包括汽车产业将实现压倒性的高效率和供应链的整体优化，届时日本制造业竞争力将节节败退。二是日本制造业企业之间合作不充分，工厂之间使用的制造设备的通信标准繁多，企业和行业壁垒难以破除，而完善德国工业4.0体系的首要问题是建立多行业之间的通信标准体系。三是生产制造过程中软件使用不够，如PLM（Product Lifecycle Management，产品生命周期管理）的使用，使用这一软件的最大效益在于提高生产效率。Aberdeen公司分析认为，企业全面实施PLM后，可节省5%—10%的直接材料成本，提高库存流转率20%—40%，降低开发成本10%—20%，进入市场时间加快15%—50%，降低用于质量保证方面的费用15%—20%，降低制造成本10%，提高生产率25%—60%。而这一软件在德国无论是西门子公司还是SAP公司，都得到普遍的研究和应用。

根据此次白皮书的发布，日本在未来的制造业发展模式将可能靠近德国的工业模式。然而与德国不同的是，日本强调把大数据、物联网作为技术手段进行研究和应用，以此把日本的工业技术和产品制造发挥到极致，而非把大数据和物联网作为产业发展重点，希望在这些领域占据主导地位。

### 3. 中国

中国凭借其廉价劳动力，长时间大力发展劳动密集型产业，被视为"世界制造大国"或"世界制造中心"。中国的制造业竞争力主要来源于中国持续的廉价劳动力，从图4-7中可以看出，中国劳动力成本仅2.8美元/小时，远低于德国（46.4美元/小时）、日本（35.4美元/小时）和美国（35.4美元/小时），同样低于全球平均劳动力成本（21.9美元/小时）。中国凭借其廉价劳动力，让全球近80%的空调、70%的手机、60%的鞋类都打上"Made in China"的印记。到2010年，中国制造业的规模已经超过美国，跃居全球第一，工业竞争力排名第七。在德国提出工业4.0以后，中国随即提出中国版工业4.0规划——《中国制造业发展纲要（2015—2025）》，规划的重点目标在于引领中国基本实现工业化，进入制造强国行列，其重点领域为新一代信息技术产业、生物医药与生物制造产业、高端装备制造产业、新能源产业等。在中国版的工业4.0中，清晰地展现出中国向工业强国迈进的路径：传统产业加快转型升级、新型产业将成为主导产业、提升服务业的支撑作用、深入实施创新驱动发展战略。

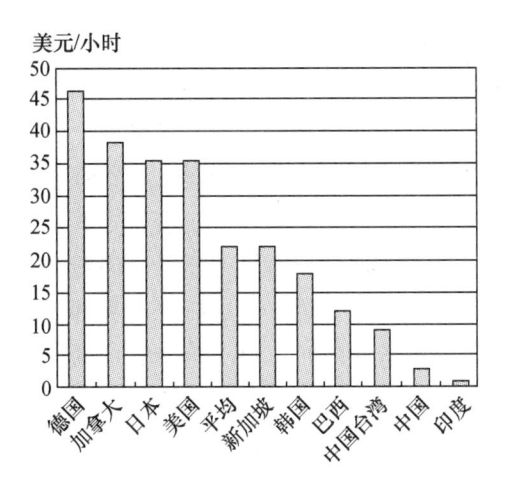

第四章 工业4.0：智能化与德意志战略

**图4-7 世界劳动力成本排名**
资料来源：德勤（Deloitte）《全球制造业竞争力指数报告》。

中国工业4.0对于德国的威胁没有美国和日本这么强大，然而中国13亿的人口基数以及迅速发展的经济能力让世界不容小觑。低廉的劳动力成本有助于中国争夺中低端市场。

## （三）虚实结合的网络化生产

工业4.0是德国政府在危机意识和机遇意识的指导下，提出了国家发展战略，这一战略旨在确保德国未来在制造业中的领先地位，这是一场以物联网和制造业服务化为特征的工业革命，信息物理系统在智能制造的过程中发挥着重要的作用，其目标是实现智能化生产。设想在未来工厂中，人、机器以及资源能在同一个网络中"对话"，智能产品能理解制造的细节，知道自己将被如何使用，并进一步协作整个生产过程；当资源库存数量低至一定限值时，工人不需要再打电话给供应商补货，因为工厂的MES（Manufacturing Execution System，制造执行系统）系统会自动发电子信息给供应商，及时补货；个人用户需求在每个产品的每个阶段都可以完美体现。一句话：在未来的工厂中，一切都是智能。把人从传统的、枯燥的流水线上解脱出来是第三次工业革命的重点，而第四次工业革命的着力点则在于通过智能工厂实现网络化生产，虚实结合。

要实现工业4.0，其首要的步骤就是在制造业中构建一个完整的信息物理系统网络（Cyber-Physical System，CPS）。这是旨在支持协作工业流程和智能工厂以及智能产品生命周期相关的业务网络。信息物理系统通过把物理设备连接到互联网上，让物理设备具有计算、通信、精确控制、远程协调和自我管理的功能，通过这一平台把人、物和系统连接起来，实现数字化和基于信息通信技术的端对端集成。简言之，在这个平台上，物理设备不仅能自我调节、自我完善，而且人还可以向智能工厂表达自己的需求，工厂也可以根据客户的需要对产品进行调配和部署，在尽量做到个性化产品以满足每个客户需求的同时，力求单个设计的个性化产品也能获得盈利，实现虚拟网络世界和现实物理世界的融合。

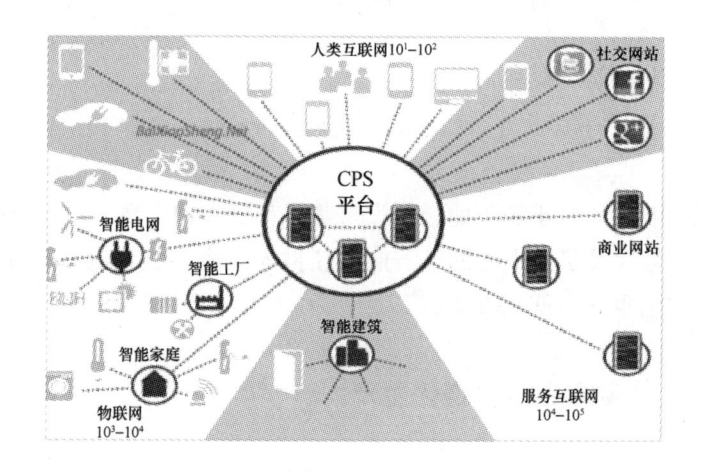

图 4-8　物联网和服务互联网：网络中的人、物和系统

资料来源：博世软件创新公司（bosch），2012。

在制造业中构建 CPS 系统之后，德国开始着手通过双重战略推动新一轮工业革命的进行。所谓的双重战略是指领先供应商战略和领先市场战略。德国具有全球最具竞争优势的装备制造业，德国主要通过设备供应商为全球制造业企业提供世界领先的技术方案，因此在双重战略中，德国瞄准供应商这一源头，为其提供智能产品，开拓新的市场，要求德国设计一套成熟的知识和技术推广方案，将全球化运作的大型公司和基本在地区范围内运营的中小企业囊括到系统之内，在整个系统中进行 CPS 的营销，提升制造业产能。

在信息物理系统和双重战略的指导下，德国将在以下领域采取行动：

（1）标准化建设。如果公司间通过 CPS 平台进行联网和集成，就必须在合作机制和信息交换方面进行标准化统一,并配以完整的技术说明指示。而在这之前,所有参与合作的公司必须就接口、数据等问题已经达成一致。

(2) 更加全面的宽带基础建设。如果全部合作的企业都能在 CPS 平台上进行数据交换,则必须建立一个比现有的通信网络更高容量、更高质量的数据交换基础设施,让企业间的数据能很好地保存,企业间的互动交流能顺利进行。这一点随着大数据的发展和在更多领域的使用,将逐步建立起来。

(3) 安全与安保。这里的安全与安保主要是指用户的信息安全性。前段时间斯诺登对美国信息的披露,让世人对信息的安全性产生极大的怀疑,而无所不在的信息滥用更是让用户感觉自己的信息处于透明之中,因此如何确保用户信息的安全性,是工业 4.0 中需要着重解决的问题。在 CPS 平台上,涉及企业间的数据、技术、生产流程、产品设计、客户信息等,这些数据都需要得到保护,防止错误操作或者未经授权的访问。因此在未来的工厂中,需要有更高级的安保措施,同时也要针对新的工厂和机器制定相应的安保方案。

# 中 篇

## 第五章
## 集成化的智能平台

德国为了提升工业竞争力,在汉诺威工业博览会上提出工业4.0战略,旨在新一轮工业革命中占领先机;美国重点建设互联网工业,以互联网激活传统工业,保持制造业的长期活力;日本侧重于将人工智能作为其工业制造发展的方向;中国提出"中国制造2025"战略,推动两化融合,打造制造强国……建设工业4.0的浪潮席卷全球。为了发展新兴产业、发展新兴业态,通过信息网络建设、高端装备建设、新能源建设、新材料研发、生物科技发展等一系列的重大项目来培育新兴产业的发展,使之逐渐发展成为主导产业。中国制订"互联网+"行动计划,将制造业与互联网应用、大数据、云计算、物联网等新兴技术手段融合发展,推动电子商务、工业互联网以及互联网金融的发展,促进互联网业态的健康发展,促使互联网企业积极开发国际市场。国家设立专项投资引导基金400亿元积极推动新型产业的发展,引导制造业转型升级。"互联网+"的概念与我们当前倡导的工业4.0发展的核心概念是一致的。"互联网+"就是把传统产业与互联网资源整合起来,发挥各自的优势与长处,实现"1+1>2"的效果。从本质上来说,工业4.0就是把先进的科技与现代工业制造相结合,创造一个智能化的制造时代。工业4.0智能制造时代的实现必然需要大数据、云计算和物联网等先进的科学技术平台助力其发展。

# 一 大数据

**【案例 5-1】**

深圳市儿童医院引进 IBM 公司的集成平台与商业智能分析系统进行管理。基于 IBM 领先的大数据技术手段,智能分析系统把原来各个部门分散的海量数据信息化,实现了数据在医院各个部门之间的共享。同时通过分析手段深入挖掘这些数据的价值,从而为医院的管理决策提供科学的数据辅助,进而帮助医院提升管理水平和服务能力。[①]

IBM 利用大数据分析技术在广州中医药大学第一附属医院实施智能化数据分析。通过对大数据信息分析工具的使用,帮助医院在日常运营监控、阳光用药监察、医保费用监控、科室目标管理等实现了工作效能的提升。通过数据挖掘工具和数据分析工具与智能化系统的结合,为医院构建了智能化运营平台,帮助医院实现日常工作信息的整合分析,为复杂工作的解决提供了信息分析技术的帮助。

作为第四次工业变革的中心技术手段,大数据技术的发展与应用为工业 4.0 时代的到来提供了技术平台上实现的可行性。那么,大数据技术是如何帮助智能制造工业 4.0 的实现呢?

## (一) 挖掘有价值的数据信息

工业 4.0 就是将制造业与智能科技结合,以此实现智能制造的个性化、定制化。大数据是工业 4.0 运作的信息技术平台基础,通过大数据分析挖掘出具有价值的信息,为智能制造提供信息支持。

在信息化时代,对于数据信息的占有就意味着占据了优势地位。好莱坞影片《速度与激情 7》中,令人惊奇的莫过于影片中双方争夺的"天眼系统"了。"天眼系统"主要是依靠世界上互联的监控摄像头、智能终端

---

① 谢然:《2014 大数据应用案例 TOP100》,http://www.ciweek.com/article/2015/0417/A20150417567720.shtml。

（如手机、电脑等）来对目标进行监控。其中，一项让人印象深刻的技术是"人脸识别"，电影中的敌对组织头目利用人脸识别来确认一行人的行踪。其实，人脸识别这项有着高科技光环的技术已经在一些高级别的保密场合中得到应用，比如，用于一些受安全保护地区的门禁系统、考勤系统和智能手机上，这些仅仅是大数据分析的部分价值体现。"天眼系统"距离现实有多遥远？有哪些即将实现的高科技？其实，已经有不下数十部电影描绘过这个大数据应用前景。现实生活中要实现，代价可能很大，大到只能实现部分功能（比如实时监控），因为这需要系统具备高速的数据计算能力和大数据存储、挖掘和分析的能力。所以，这绝对不是电影中一个U盘大小的芯片能够实现的。不过，随着大数据和物联网时代的到来，建设"天眼系统"在技术上并不遥远。

图 5-1　电影《速度与激情 7》剧照

不仅仅体现在电影中，现实中国家对大数据的发展重视程度也是与日俱增的。2015 年 9 月 5 日，国务院印发《促进大数据发展行动纲要》，大数据发展已经成了国家战略，国家将打造一批面向全球的大数据龙头企业，中国大数据产业的发展已经形成井喷之势了。作为工业 4.0 的重要平台依托，大数据发展上升为国家战略层面，无疑对于智能制造时代的来临增添了莫大的动力。

工业 4.0 时代的智能化制造与传统的制造相比，需要处理的信息多而且类型复杂。借助大数据分析能够对海量的结构化、非结构化的数据进行分析处理，从中获得新的价值。大数据分析的数据量大、数据类型广、处理速度快，需要大量的存储设备与计算资源来满足需求。大数据分析与传统的数据分析相较而言有三点区别：第一，传统分析模式一般是对采样方法得到的部分数据进行分析，大数据是对收集到的海量的数据源扩展到全部的数据进行分析；第二，传统数据分析的数据源是比较单一的，大数据分析的数据源是跨领域的、全方位的，还可以对诸多领域的数据进行组合分析；第三，分析的侧重点，传统的数据分析更加关注数据源与其分析结果之间的因果关系，大数据分析不仅关注其因果关系，而且正确的结果往往是可以通过数据源的相关关系分析预测得出。

作为工业4.0时代的制造业技术前沿，大数据如何帮助制造业向智能制造工业4.0转变呢？我们可以通过对大数据技术的发展创造的价值角度进行思考。

（1）大数据分析挖掘信息价值。不管是传统制造业还是未来的智能制造业，可靠的信息对于生产而言总是十分必要的。与传统制造业相比较更加具有优势的是，智能制造时代能够充分利用大数据分析技术对于生产所有环节产生的所有数据信息进行分析，计算出企业最需要的信息以帮助其开展生产活动。

（2）大数据平台优化生产流程。利用传感技术将制造流程所产生的所有信息统一分布于大数据平台之上，传统制造时代是无法实现对整个生产流程的全程实时监控的，而在4.0时代轻易就能实现。在统一平台上的各个生产部门都能对其生产所需的信息进行查询和补充，相关部门之间的信息沟通是非常便利的，工作协调十分方便。

（3）大数据优化产业生态链。向工业4.0迈进，也是一个产业生态价值链的重组。IBM商业价值研究院《2025年的汽车行业》调研也指出，过去一个世纪，严格、封闭的行业必须转型成为开放、协作的行业，且必须由致力于全面颠覆汽车生态系统的新型创新者组成，包括产品、服务，以及消费者与车辆或企业的关系。制造业的生产生态链包括上流的原料供应、中间的制造流程以及下端的产品销售与服务。通过数据平台将生态链所有信息都汇聚到一起，利用大数据分析技术实时掌控整个生态链流程，同时能及时发现问题并具备快速反应的能力。在生产链的上流供应商的库存信息能够通过传感器实时收集信息并传输到平台上供其他制造相关的单位参考。制造企业处于生态链的中间段，既要对供应商的信息进行分析，也要把握市场的销售与需求信息，综合各类信息之后运用数据分析得到更好的决策来优化生产链。处于生态链的直接面对市场的企业利用大数据分析市场的需求来制定合适的销售策略，同时也将信息通过平台反馈给生态链的其他企业。基于大数据平台对制造业产业生态链进行优化能够使产业生态链中的所有企业都能从中得益，对消费者而言也是有意义的。

## （二）促使制造业发展模式转变

工业4.0强调通过建设信息与物理相融合的系统来对工业生产与服务模式进行改变。智能制造业的新契机伴随着大数据的分析应用而产生，智能制造时代与工业大数据时代之间相辅相成，密不可分。智能时代的产生也意味着工业大数据时代的出现。工业大数据的应用是目前全球工业转型所需的重要课题。它将在未来提升制造业生产力、竞争力、创造力中产生关键的作用。

相对工业4.0的3.0时代，工业自动化的制造业模式有5个特征：Material（材料）、Machine（机器）、Methods（方法）、Measurement（测度）、Modeling（建模），可以用5M来表示。这些特征包括了对产品的功能与特征的设定，对设备机器的要求，对生产方式的探索，对生产过程的检测与模式设计优化。随着工业生产方式的发展，智能制造时代的制造业生产可能进化为以6C为特征的方式，即Connection（连接）、Cloud（云储存）、Cyber（虚拟网络）、Content（内容）、Community（社群）、Customization（定制化）。与传统方式不同的是智能制造时代明显脱离了单一个体的制造困局，强调网络化与定制化、个性化服务。在制造智能化时代，工业机器、设备、存储系统以及运营资源可以利用现代网络通信技术连接成网络可以在任何时候任何地点进行信息共享，并且可以进行自我管理。①

图5-2显示，制造业实现5M到6C的转变，关键在于围绕着数据、网络和计算这三个中心点来着手分析。要实现这个设想目标，企业需要掌握通过工业IT设施收集、传输和分析处理大数据的能力，以此来实现工业制造系统对制造设备以及产品制造过程中产生的数据进行深入分析的需求。如今随着技术的发展，收集数据已经十分简单可行了，同时云计算技术的发展也让数据处理与分析变得高效与高速。在工业4.0模式中，CPS

---

① 佚名：《工业大数据：下一个提升制造业生产力的技术前沿》，《中国证券报》，引用时有删减（http://news.cnstock.com/industry/sid_cyqb/201410/3213246.htm）。

系统将通过 M2M 通信（Machine-to-Machine，机器对机器）在工业机器与设备之间实现信息交换、运转和互相操控，被制造的产品可以与机器设备进行信息交流，机器可以依据实时生产数据自主组织生产，智能工厂能够自行运转。智能制造时代催生的工业大数据是由一个工业体系或者一个产品制造流程智能化生成出来的数据，既是制造业智能化的必然结果，也是制造业智能化的必要条件与基础。

| Material | | Connection |
| Machine | | Cloud |
| Methods | Into | Cyber |
| Measurement | | Content |
| Modeling | | Community |
| | | Customization |

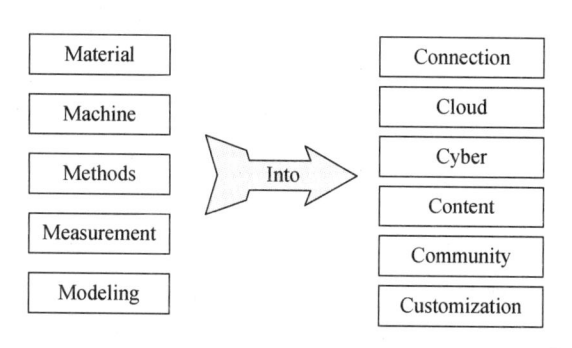

**图 5-2　5M 向 6C 转变模型**

工业 4.0 需要将大数据与工业制造结合，制造业的工业大数据同我们传统提到的消费、商业中的大数据概念有相似的一面，但又有差异。工业领域大数据主要呈现大体量、多源性、连续采样、价值密度低、动态性强等特点。[①] 大数据应用技术出现前，除结构化数据外，其他半结构化、非结构化等类型数据很难通过机器分析来挖掘应用价值。而目前大数据应用技术、建模技术与仿真技术等信息技术，为研究工业领域机理不清的复杂系统的动态行为开辟了可能途径。例如，风力涡轮机制造商在对天气数据及涡轮仪表数据进行交叉分析的基础上，可以对风力涡轮机布局进行改善，从而增加风力涡轮机的电力输出水平并延长其服务寿命。工业自动化、智能化系统的建模、控制系统的运行、管理与优化，各个环节都要涉及图像和信息等数据处理。而要优化工业系统的运行，必须要利用大数据技术进行流程的信息化整合。因此，大数据应用对于工业领域动态模型建设、安全运行及监控、多目标优化控制方法等多个方面将有促进作用。

一些对新兴技术发展型的企业为了更好地适应消费者的转变，借助大

---

① 佚名：《制造业向智能化转型将催生工业大数据时代》，中国自动化网，引用时有删减（http://www.ca800.com/news/d_1nss76a0v1j11.html）。

数据、云计算、社交、移动等新技术推动企业转型,从而帮助企业更好地满足消费者需求。它们能够运用基于云计算的多种移动社交和大数据分析工具了解市场状况,预测客户未来需求,并根据数据洞察指导企业内部运作和市场销售的行动目标。在工业4.0趋势下工业的信息化水平进一步提升,尤其是"互联化"和智能化的提升,使企业呈现出产品智能化、制造业互联网化以及流程智能化的特征。产品的智能化使产品具有更多数据特征,并将这个特征贯穿至其产品的研发、生产等全流程中,通过数据分析发现有价值的信息,指导下一步的流程与决策。

IBM在中国经营发展多年,已经在互联化与智能化结合领域经验丰富,在中国多个企业乃至地方政府部门同时也以开放的心态拥抱新技术。宁波市与IBM合作开发了智慧物流中心来简化当地港口的整个供应链,使宁波的5000家物流公司能够共享数据。现在,每个运载工具都安装了GPS跟踪装置,卡车空载现象因此减少,货物流通因此加快。通过分析融入了乐友业务的核心,IBM帮助这家由传统连锁商店发展成为包括在线和直复营销的企业的母婴用品公司,识别其会员进行的数百万交易的内容、时间和地点。拥有400万在线顾客和分布于13个城市众多商店的乐友发现分析技术在帮助其理解不断发展壮大的中国中产阶级的需求和巩固其在中国最大零售商中的地位方面发挥着重要作用。无独有偶,2014年3月,IBM公司与智慧物流科技公司共同打造了领先行业的供应链统一协作平台,通过协作平台的作用,让业务流程之间变得更加便利,使企业的成本得到大幅度节约,同时提升了企业的效率。①

将大数据、云计算科技与移动互联网结合起来,中国的企业可以紧贴市场,与用户建立一种新型的互动关系,更好地了解用户的想法与需求,做出更明智的决策,反过来驱动创新。

### (三) 驱动制造业智能化发展

纵观人类工业发展的历史,从以煤炭为能源的蒸汽机时代到以电力为主导的电气时代,发展到以信息技术为主的工业发展时代,再到现在所倡导的以大数据、云计算平台、物联网等为基础的工业4.0时代,工业生产

---

① 中国新闻周刊:《大数据技术+工业4.0引发智能制造革命》,引用时有删减(http://www.siasun.com/news/news20150323085224.html)。

的方式逐渐由粗放型生产转为精细化生产、由手工操作转向自动化操作、由热能源主导转化为数据主导。工业4.0时代的智能制造是基于第三次工业革命（工业信息化）的基础上进一步利用新兴技术手段变革制造方式的工业生产方式。实现制造业的智能化是工业4.0时代的基础条件，那大数据如何驱动制造业走向智能化发展的道路呢？

要了解大数据对制造业的智能化驱动作用，我们首先要知道制造业能产生哪些数据，以及这些数据信息如何被大数据分析技术所使用。通过图5-3可知，在制造业产生的结构化和非结构化的数据主要类型包括产品数据、运营数据、价值链数据以及外部数据等。[1] 产品数据包括产品在生产过程中的所有数据，如产品的设计数据、建模数据、测试数据、零部件数据以及功能数据等，利用大数据分析能够对产品的信息数据进行实时监控，帮助优化产品设计与完善；运营数据包括企业的组织设置数据、生产管理数据、营销数据、生产与库存数据等，利用大数据平台能够优化生产的组织机构设置、优化成产管理过程设置、实时掌控库存与生产信息、进行营销计划设计等功能；价值链数据主要包括客户数据、供应商数据和合作商数据等，利用大数据分析能够帮助企业分析目标客户的需求信息、供应商的产品信息与诚信系数等；外部数据主要包括宏观经济环境数据、行业与市场数据以及消费者需求数据等，通过大数据分析可以掌控宏观经济的发展动向、市场与行业的经营状况以及企业的应对措施。

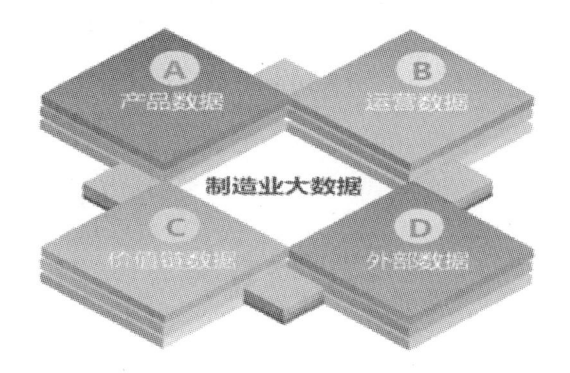

**图5-3 制造业产生的数据类型[2]**

---

[1] 王喜文：《大数据驱动制造业迈向智能化》，中国经济网，http://intl.ce.cn/specials/zxgjzh/201411/04/t20141104_3847351.shtml。

[2] 王喜文：《大数据驱动制造业迈向智能化》，引用时有删减（http://intl.ce.cn/specials/zxgjzh/201411/04/t20141104_3847351.shtml）。

大数据促使制造供应链智能化。制造业供应链包括从客户下订单到接单、评估、供应商选择与管理、采购原材料、账务控制、IQC来料检验、入库、库存管理、出库、生产管理、退仓、成品入出库等一系列相关的活动。通过大数据平台与技术将供应链的所有环节与组织部门统一在一个平台上进行数据信息交流共享，并且建立程式模型来智能化控制链条环节，如自动进行库存管理、智能化分析生产信息而自动向供应商发出原料供应信息等。通过大数据的使用，实现制造供应链的智能化。供应链智能化可以为制造业减少因信息沟通、生产延误等产生的成本损失。

大数据使制造平台智能化。利用传感器等设备将生产制造平台的每个环节数据化，通过大数据平台对这些数据进行实时监控，连接云端平台上的智能生产操作系统，通过大数据分析与云计算平台的结合，系统能够识别制造过程中的任何微小误差，并且具备智能修正的功能。极大程度地改善了传统制造时代人工无法轻易发现机器设备的问题，降低了机器设备磨损的程度，节约了大量的制造成本。

大数据使产品智能化。随着人们消费越来越注重产品的体验与定制化，制造业必须摒弃传统的生产观念，必须将人们的个性化要求添加到产品中来。在互联网产品以及电子产品中，产品常常被设计具备反馈用户体验的功能，产品的反馈数据用来改进产品的设计与功能。智能穿戴设备从最基础的单项传感器数据到多项指标数据分析，从计步功能发展到心率脉搏测定以及身体健康指数分析等。大数据技术的应用使得我们的产品更加智能化，我们甚至可以预测：像科幻电影中的植入式电话等智能产品的实现不会太远了。

## 二 云计算

**【案例 5-2】**

洛杉矶市政府鉴于传统邮件系统的邮箱容量小，不支持移动设备且系统维护成本高等原因，将其系统切换到 Google Apps 提供的云计算服务，由 Google 为其 3.4 万雇员提供 5 年邮件服务。此项基于云计算技术的服务，能够为洛杉矶市政府提供针对即时邮件和视频会议的强化协同功能，使其雇员不必在同一地点就能够开展高效工作；文档共享功能使文档在联合编写和编辑方面效率更高，任何计算机或移动设备均可轻松访问邮件系统，提升可用性，大幅扩充存储空间，雇员邮箱容量是旧系统提供容量的 25 倍，节省 IT 资源，用原来运行邮件系统的资源服务于其他更重要的城市建设项目。[①]

2016 年元旦上映的国产动画片《小门神》将传统文化与云计算技术结合。故事源于传统文化中的斗"年兽"，影片的制作将云计算技术深度地应用起来了，《小门神》的总渲染核小时数超过《功夫熊猫 2》《超能陆战队》等好莱坞影片，达到了 8000 万小时，在最后四个半月的渲染高峰时段，《小门神》最多时曾同时使用了阿里云 2000 多台服务器。这一数字，是目前国内已公开的最高纪录。除了大幅缩短制作时间外，丰沛的计算资源使影片的每一帧都美妙动人。云计算与在动画电影制作上的应用已经是大势所趋了。我们可以预测，不仅仅是基于云计算平台技术发展的动画电影制作方面，更多的行业将运用云计算获得新的发展。

传统产业与云计算结合能够碰撞出新的火花，为传统产业创新提供新的土壤。云计算普及应用的时代已经来临，工业 4.0 的平台运行基础已然发展成熟。云计算是如何帮助工业 4.0 的实现呢？

## （一）推动用户思维云转变

工业 4.0 是大数据与云计算相结合的智能制造时代，云计算为工业 4.0 提供了重要技术平台支撑。要了解云计算究竟如何助力工业 4.0 的发展，我们先从云计算的概念出发分析。美国国家标准与技术研究院（NIST）把云计算定义为一种基于网络条件上的按用户的使用进行收费模式的技术，提供共享的计算资源如网络、服务器、储存、应用软件等，用户可以方便快捷地使用这些服务，并且在管理上也是十分便利的。维基百科将云计算定义为一种计算方式，通过互联网将资源以服务的形式提供给用户，而用户不需要知道如何管理那些支持云计算的基础设施。作为工业 4.0 智能制造的中心技术支撑，云计算听起来像是十分高端的技术，其实

---

① 万方数据：《云计算应用案例介绍和分析》，引用时有删减（http://www.chinacloud.cn/show.aspx?id=16027&cid=12）。

我们收发邮件也算是在使用云计算，它早就普遍存在于我们日常的生活中了。

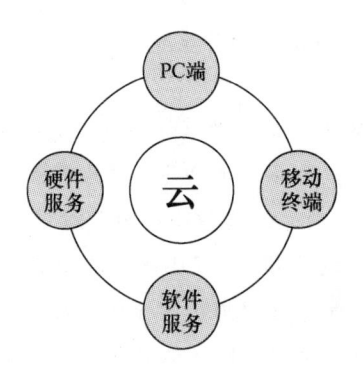

图 5-4 云计算服务示意

云计算的普遍应用给用户带来了极大的便利，习惯使用云应用的用户形成了对云计算的"路径依赖"，这也促使了用户思维的云转变。传统用户存在这样一种思维：完成某项任务必须要实现工具的占有，所使用的工具需要自己购买或准备，即工欲善其事必先利其器。传统时代用户按照自己的需求购买并安装软件服务，产生的数据保存在本地存储器中，一旦更换地点与工具，数据就有丢失的风险。利用云计算技术，用户使用云服务所需的软件和数据并不需要安装和储存在自己的电脑里，利用互联网、通过智能终端就能完成自己所要做的任务了；同时用户所使用的软件也不需要自己进行维护和运转；用户所使用的数据也是储存在云端外部的服务器中，通过互联网可以随时使用。

云计算如何改变用户的思维认知？首先，在于改变用户的认知。通常用户对新生技术的使用持观望态度，即使其宣传能够给用户带来极大的好处。传统工具投入的沉没成本还未发挥足够的效用，对于新工具的使用必然存在一个时间缓冲期。云计算服务的优势在于用户可以按需购买使用，不必自己购置硬件设施，极大地降低了用户的使用成本。转变用户硬件思维认知对云计算应用的普及至关重要。其次，在于改变用户习惯。云储存出现之前，我们通常会把资料备份保存在 U 盘等移动存储设备中，现在我们基本习惯于将文件上传到云端存储空间里，这就是云服务改变了我们的习惯。最后，在于提升用户体验。用户的需求会随着社会的发展而不断地变化，云计算服务也要根据用户的需求不断更新完善。

云计算促使用户硬件思维的转变切合了工业4.0发展需求。互联网激发了人的创造力，使人人可以成为未来生产的主导者。生产智能化是智能制造时代的基本特征，机器设备不用安排时间来吃饭、睡觉、度假等。智能化的设备之间也能进行信息传递与交流，自动在云平台进行业务流程之间的协调。云平台为市场提供云服务，企业可以根据业务所需订购相关的服务，云端的服务设计成为模板化了，用户可以根据所需自由组装应用模板。

正如图5-5所示，云计算为工业4.0智能制造提供平台支持，将制造所需的需求信息通过大数据分析所得的结果反馈于制造环节，物联网的发展使物资调配变得更加便利了，生产过程中也可以通过云平台进行管理，产品销售之后的服务信息以及产品的信息反馈也是能够通过平台反馈，这一系列的环节都依托于云计算平台、大数据分析和物联网的运用。

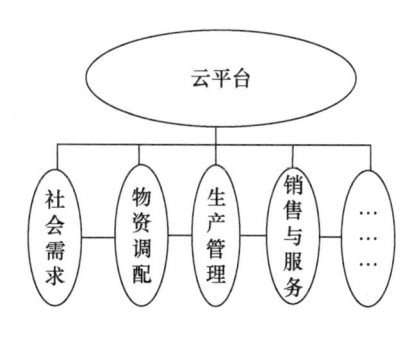

图5-5　云平台与智能制造交互示意

## （二）促进产业云发展

云计算不仅能够推动用户思维云转变，也能促进产业云发展。云计算如何促进产业发展的"云转化"可以从其IaaS、PaaS、SaaS三个层级来进行分析。

1. IaaS：Infrastructure as a Service（硬件基础设施服务）

在IaaS这一层级中，云计算平台所需的基础硬件设施可以外包给专门的公司去，依靠网络技术的发展，硬件设施安装在任何地点都是一样的。

专门的 IaaS 公司建设好之后就能够提供服务器、储存等服务，这些业务可以根据客户的需求进行定制化服务。租用服务的公司能够随时随地使用这些硬件来运行其应用，以此节省维护成本和办公场地。信息化和网络化是智能化制造的基础性特征，企业倘若都依托自己来建设基础设施的话，往小而言是企业的负担，往大了说就是社会资源的浪费。云计算 IaaS 为工业 4.0 时代企业提供基础设施服务。

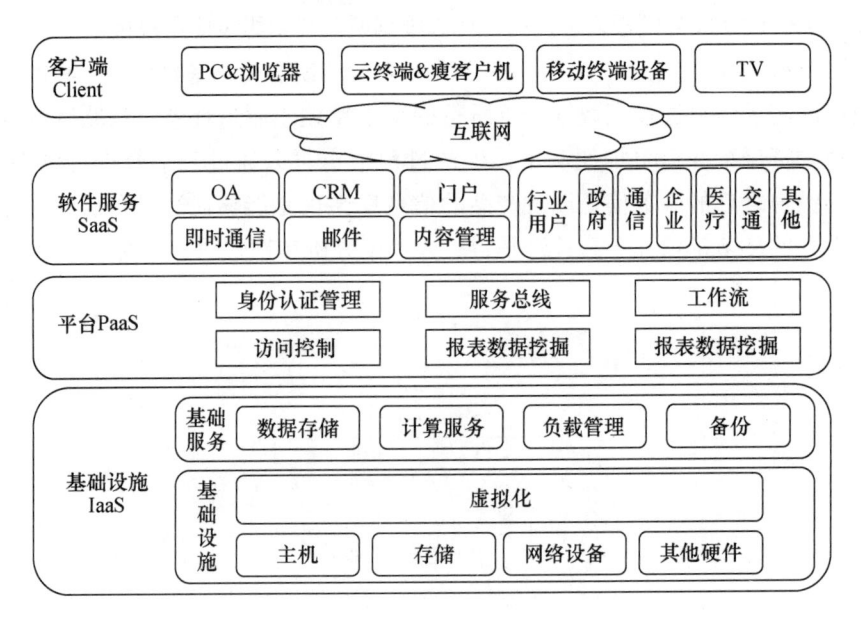

图 5-6　云计算层级结构①

## 2. PaaS：Platform as a Service（平台服务）

云计算的第二层就是 PaaS，我们通常也把它叫作中间件。接受服务的公司可以在这一层级进行开发，既能够为公司节约时间成本也能够节省资金耗费。PaaS 平台在网上进行各式的应用开发，同时也能为客户提供服务使用时候遇到的问题的解决方案。这节省了公司在硬件上的费用，也让分散的工作室之间的合作变得更加容易。这是云计算服务的技术中坚层级，这一虚拟化的平台能够让汇集的数据进行分析、存储和运算，是基于 IaaS 基础服务之上的虚拟平台服务，智能制造依托此平台能够使企业更优化地

---

① 聚生网管：《大唐移动云计算平台》，http://www.grabsun.com/article/2012/977911.html。

进行数据处理和业务操作。

3. SaaS：Software as a Service（软件服务）

与我们日常生活接触最紧密的云计算层级莫过于 SaaS。生活在互联网时代，我们每天要跟它打交道，拿起手机看新闻、与朋友进行互动等都是在与 SaaS 接触。在 SaaS 层级中，远程服务器储存的各种应用随时供用户进行使用。面向用户端的云计算层级，既包含着企业用户的应用，也可以发布服务个人用户的应用。随着移动终端设备的普及，工业 4.0 时代的智能制造必然是可以由诸多便携的终端来进行操作的。通过移动互联网，用户就能够全天候在任何地点进行操作和监管整个产品流程。当然，这一切的前提必然是需要网络技术以及应用服务的支持。

根据云计算层级分析我们可以知晓云计算是多种日趋成熟完善现代信息技术的集合体，云端系统生成用户所需要的计算能力、存储空间和应用服务等依托于网络交付使用的虚拟服务。云计算能够打破时间和空间的禁锢，将全世界优质的设备和服务通过网络连接起来便于全球的用户使用。传统而言，一个公司的运营必须具备以下条件：人员、资金、场地以及设备等。倘若公司的运作，所有的条件都是自己购置，对于企业而言将是一笔很沉重的负担。对于整个社会资源分配而言，也是一件十分不合理的现象。工业 4.0 云计算平台提供商能够在云端为企业用户提供所需的各式服务，企业无须重新购置设备来满足自己业务需求，只需要通过云计算服务即可实现。我们可以设想一下工业 4.0 时代基于云计算平台的市场和社会运行机制。就市场而言，企业创新的成本降低了，微创业的时代即将来临，市场的活力必定是十分充足的。就社会而言，技术的发展使人们生活变得更加便利，社会的需求将得到极大的满足。

然而，我们也有一定的担忧。倘若大部分的信息和服务都基于云计算平台来进行，那么安全问题便是人们所需要担忧的事情了。数据的安全性以及平台的稳定与安全将会是制约云计算平台发展的重要的因素之一。智能制造的发展需要云计算平台的发展来支撑，平台的发展水平也将决定了工业 4.0 的发展进程。

### （三）助推传统工业转型

工业 4.0 智能制造的发展目标是要革新传统制造，云计算技术的运用促使传统工业转型，使传统工业生产发展快速走向工业4.0的发展时代。

根据艾瑞的数据显示：中国云计算趋势已经形成，近几年内就会普及，将会有更多的企业借助云计算更好地服务大众。互联网和云计算带动产业变革，市场需求带动产品改进。而用户需求不断增加，如何利用云计算的优势，如何在大数据中找到用户的需求，对传统企业是一大挑战。传统企业由于受到IT技术的制约，很多厂商要考虑用户需求、市场前景、竞争对手的压力，在技术方面的制约会严重影响企业发展。传统的IT软硬件模式由于成本高、实施周期长等因素很难适应"互联网+"时代传统企业转型，而云计算的租用方式大大降低了企业在IT投入方面的成本，同时云计算快速交付和稳定可靠的特性更适合互联网时代的IT技术转型，可以让传统企业以极低的试错成本完成业务创新和转型。比如，在云计算平台上前期只需投入数千元或数万元即可进行业务创新，如果业务转型顺利则可以继续投入IT资源，如果转型方向发生变化则可以马上减少IT支出，相对于传统IT方式动辄投入数十万元甚至数百万元来说云计算更适合"互联网+"时代的业务创新和转型。同时，云计算赋予了企业对于大数据分析的能力，大数据其实就像矿产资源一直都存在，只是非云时代对于数据分析的成本太高导致了投入产出比低，而只有用低成本的云计算开采方式进行大数据分析才能为企业带来实际收入和价值。①

云计算通过云端服务将所有的应用和数据储存在云中，用户通过接入互联网就能够便捷地使用服务和进行数据分析，打破了传统行业的地域限制，变革了传统行业的格局。云端提供的云服务可供企业进行自由搭配租用，应用在云上能够自动进行升级更新，让企业摆脱应用升级的困扰，同时也让企业脱离了硬件条件的约束。云计算配合智能化的设备能够在生产流程中实时收集数据，通过大数据分析技术让生产流程中的各个环节得到科学数据的指导，打破传统行业的流程沟通不顺畅的局面。云计算的发展与应用毫不置疑地将对传统行业的发展产生革命性的冲击效果，促使传统行业的转型。

根据IDC 2014年全球技术和行业研究调查结果显示：在美国，四成从事制造业的受访者表示，他们在工作的时候使用云服务。对于那些希望跨国运营、为全球客户服务的制造商来说，未来10年云计算将成为新型运营

---

① 朱菊：《当工业4.0遇上云计算》，引用时有删减（http://www.lanjingtmt.com/news/detail/8257.shtml）。

（通过有机增长或者收购之后的增长）的事实标准。制造商将越来越多地依赖于企业和行业云来访问信息、技术资源和运营支持。要为此做准备，制造商们将需要重新审视他们的底层网络和通信基础设施。根据这份报告，云服务将会给业务带来显著价值，能够让制造商们轻松直接地使用或利用数据的价值，这些数据将通过制造业务的传感器与基于 IP 的连接和物联网连接到一起。基本上，这些产品上的传感器、工厂设备上的传感器、供应链中各种资产和库存上的传感器的数据是最有价值的——前提是这些数据可以被企业内各种部门机构甚至是价值链中的合作伙伴轻松访问并分析。这份调研结果从侧面证实了云计算在全球的发展速度并非妄言。[①] 近年来，我国的互联网巨头公司腾讯也顺应时代发展的潮流大力发展云服务。依托腾讯公司的优秀人才、优良技术基础以及雄厚资金支持的"腾讯云"发展势头良好，有望在"互联网＋"的时代打造一个良好的互联网生态环境，帮助更多的企业搭乘科技发展的"大船"实现转型发展的目标要求。

云计算在制造业的运用变革了制造企业的生产方式，降低了企业成本，提高了生产效率。广州东莞云计算中心为东莞百进五金塑料有限公司搭建了基于云计算平台的综合平台系统。运用云计算的技术服务为企业的生产提供改造方案，采用信息化方式对生产管理流程进行优化，使企业的生产效率得到大幅度的提升。云平台服务取代了过去依靠人工进行操作的工作流程，同时系统对流程进行了科学的规划再设计，帮助企业提升了流程管理水平，为企业创造了隐性的经济效益，减少了社会成本的浪费，实现了资源的有效优化配置。当前实现的生产数据采集与监控只是工业领域运用云计算技术的初阶段。当云计算平台的硬件设施与软件条件达成后，平台运作时能够将设备收集的大量阶段性的数据信息进行分析，通过分析结果来设定合理的制造安排，从而就能够帮助企业实现智能化自动生产计划的安排了。倘若单一生产个体链的技术运作经验成熟了，那么，这个项目的合理推广部分就能够使整个制造行业都能受益。云平台能够对制造业的同质产品企业的生产信息数据进行综合的分析，为生产过程链实施监督控制，能够实现快速发现问题、实时解决问题，优化生产过程中的不合理部分，实现制造产业的转型升级。

---

[①] 李祥敬：《IDC 调查显示制造商云计算接受度提高》，引用时有删减（http://cloud.yesky.com/329/62016329.shtml）。

## 三 物联网

**【案例 5-3】**

电子收费（Electronic Toll Collection，ETC）是最常见的物联网在日常生活中的应用，是我国首例在全国范围内得到规模应用的智能交通系统。它能够在车辆以正常速度行驶过收费站的时候自动收取费用，降低了收费站附近产生交通拥堵的概率。在这种收费系统中，车辆需安装一个系统可唯一识别的称为电子标签的设备，且在收费站的车道或公路上设置可读写该电子标签的标签读写器和相应的计算机收费系统。车辆通过收费站点时，驾驶员不必停车交费，只需以系统允许的速度通过，车载电子标签便可自动与安装在路侧或门架上的标签读写器进行信息交换，收费计算机收集通过车辆信息，并将收集到的信息上传给后台服务器，服务器根据这些信息识别出道路使用者，然后自动从道路使用者的账户中扣除通行费。

智能交通管理是一个综合性智能产物，应用了无线通信、计算技术、感知技术、视频车辆监测、全球定位系统（GPS）、探测车辆和设备等重要的物联网技术。这其中包含了众多物联网设备，如联网汽车用微控制器、RFID 设备、微芯片、视频摄像设备、GPS 接收器、导航系统、DSRC 设备等，这些设备由于民用情况不多，较多的是线下政府采购，但随着近年来物联网的兴起，也逐渐地有线上供应平台可以获得，这些平台的兴起使智能交通概念得以推广。①

### （一）创建协同共享创新经济模式

工业 4.0 研究的主题有：智能工厂、智能生产以及智能物流等，智能工厂主要涉及智能化生产系统和网络化智能生产设备的实现，智能生产重点在于整个生产流程中各个环节的数据收集与反馈，智能物流关键在于通过互联网技术把物流资源进行整合优化，发挥信息化与网络化的作用，提

---

① 中国安防展览网编辑部：《物联网融入智能交通典型应用案例分析》，http://www.afzhan.com/news/detail/33050.html。

升物流配送的效率。其中，智能物流实现仅仅只是物联网发挥的作用之一。

物联网（Internet of Things）是通过装置在各类物体上的各种信息传感设备，如射频识别（RFID）装置、二维码、红外感应器、全球定位系统、激光扫描器等种种装置与互联网或无线网络相连而形成的一个巨大网络。其目的是让所有的物品都与网络连接在一起，方便智能化识别、定位、跟踪、监控和管理。[①] 它正在被广泛应用于绿色农业、工业监控、公共安全、城市管理、远程医疗、智能家居、智能交通、环境检测等领域，并以其强大的生命力、渗透力和扩散性深刻地影响着人类社会生活方式、产业形态、商业模式、价值观念乃至生态环境的变革。

图 5-7　物联网示意

我们可以从功能和价值影响两方面来分析物联网对社会发展的影响，通过物联网的特征主要能够从功能上了解物联网对社会发展的影响作用。物联网具备三个特征：一是全面感知；二是可靠传递；三是智能处理。[②] 通过智能设备对目标进行适时信息收集与监控，借助互联网通信技术与手

---

① 杨正洪：《智慧城市：大数据、物联网和云计算之应用》，清华大学出版社2014年版，第91页。
② 李新苗：《物联网牵手云计算的"两大关键"》，《通信世界》2010年第7期，第38页。

段将信息进行传递,利用云计算、模糊识别等各种智能计算技术对海量的数据和信息进行分析和处理,对物体实施智能化的控制。科学技术的功能会随着经济社会发展的需求而改变,但是科学技术的使用给社会带来的价值影响却是深刻而久远的。几次工业革命中的某项科学技术的使用,伟大的不是因其使用而生产了多少产品,而是因其解放了人的生产力而产生的社会影响。在当前进展如火如荼的第四次工业革命中,物联网技术被认为是工业4.0时代的标志性技术手段。此时,我们除了关注物联网技术的功能本身之外还应该关注于物联网怎样给社会发展带来哪些深刻的影响。

美国华盛顿特区经济趋势基金会总裁杰里米·里夫金在《零边际成本社会》一书中,基于物联网的发展创造性地提出零边际成本社会经济发展模式的设想,详细地描述了数以百万计的人生产和生活模式的转变。里夫金认为,资本主义的交换经济随着物联网的发展将会逐渐被共享经济所取代。在市场交换型经济中,利润是从差价中赚得的,在零边际成本社会的共享型经济中,商品的边际成本几乎为零,就不存在价格差了,资本主义交换经济赖以生存的基础就存在坍塌的危险。"一种新的经济范式正在演变,有可能进一步降低边际成本,使之接近于零"。"在未来几年,几乎所有经济领域都将引进'零边际成本'模式"。"在全球协同共享模式和各经济体依赖性不断深化的背景下,人类正迈入一个超脱于市场的全新经济领域"。①

物联网让数十亿的人通过点对点的方式接入网络,携手共创了基于全体网络用户的协同共享的平台与机会。物联网平台使每个人都成为产消者②,使每项活动都变成一种合作。物联网把所有人连接到一个全球性的社区中,社会资本繁荣的规模前所未有,使共享经济成为可能。没有物联网平台,协同共享既不可行,也无法实现。③

互联网的普及释放了人的个性与创造力,单一的个人不再只是渺小的个体,作为互联网的一个节点,理论上能够与网络世界任何一个人建立联系,从此渺小不再渺小,伟大不再伟大。物联网连接了互联网、人、物等,等同于创造了一个虚拟结合现实的新世界。基于此,协同共享变得如此简单。现在有数百万人正把当前经济生活中的资本主义交换经济向全球

---

① [美]杰里米·里夫金:《零边际成本社会》,中信出版社2014年版,序XII。
② "产消者"是指那些参与生产活动的消费者,他们既是消费者(Consumer)又是生产者(Producer)。
③ [美]杰里米·里夫金:《零边际成本社会》,中信出版社2014年版,第18页。

性的协同共享经济转移。产消者以协同共享模式生产并共享那些边际成本近乎于零的信息、娱乐、慕课，或以较低成本的模式共享房屋、车辆、生活用品等。曾经被誉为人类最权威的社会百科全书《大不列颠百科全书》由于互联网共享模式的发展遭遇了245年来最大的挑战。① 这个挑战者就是"维基百科"，它之所以能够发展迅速是因为它编撰的队伍是来自全球1600万名的志愿者，他们就是互联网时代知识的产消者，自己分享知识同时又享受别人分享的知识。随着物联网的普及发展，协同共享经济模式的普及，资本主义"交换价值"将会逐渐被协同共享经济的"共享价值"所取代。

### （二）促进制造业"两化融合"

要了解物联网的普及应用对工业4.0发展的作用，首先要知道物联网是如何对制造业产生影响，这对了解工业4.0的发展进程是十分必要的。

工业4.0与工业3.0的区别就是变"制造"为"智造"，实现制造业的创造性改变需要充分发挥物联网在制造业的作用。物联网通过感知设备和仪表设备等对制造过程实施全程的感知监控，通过网络化的手段能够实时对生产过程进行控制，能及时发现生产过程中的问题，同时缩短了生产中对指令的响应时间。每个生产环节都是可控的，就能有针对性地进行控制，能节约生产成本和提高生产质量。物联网等新兴信息技术的发展更新对传统制造业的发展会有创造性的推动作用，能够帮助传统制造业实现良性的可持续发展之路，物联网的发展对于制造业的"两化融合"将会有着十分重要的推动作用。

物联网技术的发展与应用，信息化与工业化的双向融合使得智能制造时代工业4.0的来临提供了智能化的平台基础。那物联网是如何影响制造业的发展呢？

（1）将物联网技术融入制造业生产，加强制造流程智能化。把物联网技术与制造过程的每个环节相结合起来，用优化的智能程式设定来取代或延伸制造环境中人的部分手工和脑力劳动，以达到最佳生产状态。通过智能系统与智能设备的优化组合，实现生产的全过程、全方位的实时数据收

---

① 央视大型纪录片《互联网时代》主创团队：《互联网时代》，北京联合出版公司2015年版，第119页。

集与生产的查验与控制。同时生产生态链的相互关联性也通过物联网技术得到加强，各个制造环节之间数据与信息的传递反馈更加便利，生产决策指令的下达能够在极短时间内得到贯彻实施，利用智能化系统与设备实现制造的自动化。

（2）物联网在制造业的应用，促使产品的智能化。在制造业产品中采用物联网技术提高产品技术含量，如智能家电、工业机器人、数控机床等。利用传感技术、工业控制技术及其他先进技术嵌入传统产品和服务，增强产品的智能性、网络性和沟通性，从而制造出先进智能产品。我们通常认为的智能性便是产品的"类人性"，即产品能够像人一样自动判断并完成某项任务，如自动清洁机在发现房间内有垃圾的时候会自动启动然后进行清扫；那么，网络性便是沟通的类人化了，即产品之间能够进行信息交流。比如智能电表可以同智能家电形成网络，自动分析各种家电的用电量和用电规律，从而对用电进行智能分配；所谓沟通性，指产品和人的主动的交流，形成互动。比如电子宠物可感知主人的情绪，根据判断用不同的沟通方式取悦主人。

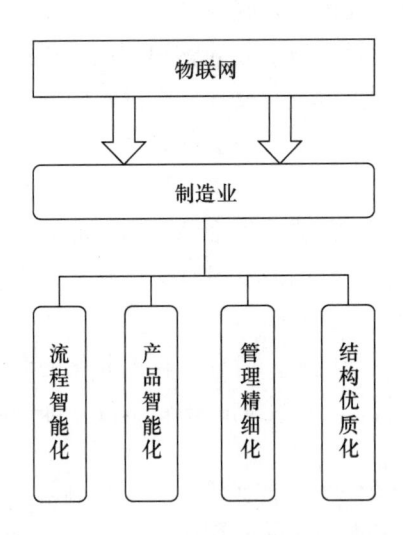

图 5-8　工业 4.0 时代物联网对制造业的影响

（3）将物联网融入制造业的发展还能促进管理精细化。在企业经营管理活动中采用物联网技术，如制造执行系统 MES、产品追溯、安全生产的应用。以 RFID 等物联网技术应用为重点，提高企业包括产品设计、生产制造、采购、市场开拓、销售和服务支持等环节的智能化水平，从而极大地提高管理水平。将 RFID 技术应用于每件产品上，即可实现整个生产、销售过程实现可追溯管理。基于平台系统，制造工作流程的每个环节都配备了 RFID 设备，通过互联网技术手段的使用，将材料、生产、库存等生产过程中的每一个节点都实现了实时监控的状态，基于编码技术以及 RFID 的使用以及平台技术的发展，生产操作员或公司管理人员在办公室就可以对整个生产现场和流通环节进行很好的掌握，实现动态、高效管理。

(4) 制造业产业和物联网技术融合优化产业结构，促进产业升级。作为新兴信息技术的物联网，凭借着它具备方便、快捷、经济、效率、节能等特征，已经成为当前经济社会发展的可持续技术手段，当它与传统制造业相结合之后，必定能够促进传统制造行业产业转型升级。当今，采取可持续发展的经济发展方式已经成了社会的共识，传统高耗能的生产方式已经面临淘汰的局面，物联网与传统制造业结合能够促进制造业节能减排，使制造业的发展进入良性的可持续发展道路。同时，物联网作为新兴的技术手段，与传统制造业的结合发展，必然能够给制造业增添活力。不仅是制造业市场的活跃，而且能给市场其他产业的发展注入新的活力。最后，物联网与制造业的融合发展破除了传统制造业的单一发展局面，物联网使生产生态链的管理变得更加经济便利，行业之间的交流与合作将更加深入。

经过多年的发展，中国制造业的信息化发展已经经历了从 MIS 发展到 ERP、CRM、SCM，从 CAD/CAM 发展到 CAPP 和 PLM 的局面了。以前制造业单纯的产品生产观念，以生产的产品为中心。而如今，客户的需求引入制造的生产理念当中来，关注需求、注重服务是当前制造业的中心。随着物联网等新兴的技术与制造业的融合发展，势必又会引发新的技术的革命与更替，进而促进产业的优化升级。物联网在制造业的生产过程、性能控制、故障诊断、节能减排、提高生产效率、降低运营成本等方面都能够给其带来发展的新能量。物联网技术的研发和应用，是对制造业"两化融合"的又一次升级换代，能提升企业竞争力，使企业更多地参与到国际竞争中。物联网技术的应用，必将引发制造业行业一场新的技术革命。

## (三) 推动工业 4.0 "泛在服务" 发展

工业 4.0 是实现生产制造的虚拟化与现实化相结合的生产方式，相比传统制造业而言效率更高、成本更省、更加注重生态环保，具备灵活的生产方式、快速便捷的信息沟通网络和物资传输网络。而在这其中，物联网发挥着举足轻重的作用。

工业4.0的直接目标是将传统制造业的生产过程智能化，以全面有效地提升制造业的智能化水平；从战略角度来看，工业4.0的目标是打造智能制造产业，让生产方式出现革命性转变，从而助力德国主导未来的第四代工业革命，这也是德国将其命名为"4.0"的原因。总的来看，德国工业4.0以智能制造为基础，有望带来革命性的变化。支撑工业4.0计划的基础就是信息通信技术和物联网。与德国相似的是，我国提出了"中国制造2025"计划，后续又提出了与工业4.0基本相似的"互联网+"。基于2014年中德两国签订的合作计划，以及双方共同的发展诉求，中德两国有望在工业制造领域展开深入合作。

物联网并不是一个具体的网络或技术，而是应该表述为利用网络的连接性以提供智慧化服务的一种概念或者技术思想。物联网的技术思想可以定义为利用"泛在网络"实现"泛在服务"，就是利用无处不在的信息网络技术来满足无所不在的智慧服务需求。构建物联网环境的方式就是将智能化的感知与控制终端通过互联网嵌入和装备到农林牧渔、交通物流、健康医护、节能环保、家居安防、矿山能源、工业制造、城市服务等各行各业的环境和事物中，在一个统一的网络信息服务平台上通过泛在网络为无处不在的应用需求提供智慧化服务，实现互联网基础上多种资源和信息服务的协同与共享。工业4.0概念的提出，就是把制造业智能化，即把互联网和物联网技术应用到制造业领域，因此，物联网和互联网是工业4.0发展中至关重要的技术。

物联网作为工业4.0的智能化平台，通过技术手段在生产过程中达成机器之间、人与机器之间的信息互联互通状态，最终实现生产系统的自动智能控制。并非指的是单纯的基于初期设定的程序指令让机器完成自动任务设定，而是更高层次的机器智能化自主参与，类似于赋予智能机器一种创造的能力。虽然当前技术水平距离这一目标还有一段距离，但是随着科技人员的不断努力探索，终会实现这一目标的。智能制造时代是基于高端人才的创新设计能力以及对社会发展方向的判断能力，智能平台的作用就是将传统时代造成思维、能力、技术、设备等因素传播的阻碍扫空，实现平台内信息交流与科技共享，促进制造业的颠覆性发展。3D打印机的发展说明创新思维与新兴技术的强悍生命力，创造能力将会是未来制造业发展的核心驱动力。

智能制造依托智能化的物联网的发展，物联网的智慧服务包括工业制造和信息消费的智慧化服务，物联网未来发展的重点任务将是建设包括满足智能生产制造的"智慧工厂"，以及满足智能用户消费的"智慧商店"。目前，基于物联网智能制造工业4.0制订的"中国制造2025"计划已经成为我国今后10年的产业发展战略。

未来产业界将不仅进行硬件的销售，而且要通过提供售后服务和其他后续服务，来获取更多的附加价值，这就是软性制造；而带有"信息"功能的系统成为硬件产品新的核心，意味着个性化需求、批量定制制造将成为潮流；产业界需要充分利用互联网技术在制造过程中尽可能多地增加产品附加价值，拓展更多、更丰富的服务，提出更好、更完善的解决方案，满足消费者的个性化需求，走软性制造加上个性化定制道路。

物联网为工业4.0构建泛在服务平台，泛在服务将助力智能制造的实现。但是目前我国的物联网发展水平要想支撑工业4.0或者"中国制造2025"，物联网发展还存在许多亟须突破的环节。中国物联网研究院院长朱洪波教授认为，我国物联网能否助力于工业4.0关键在于强力推动技术变革，通过强大的革命性技术来引领变化。① 自2009年国家提出物联网计划以来，我国掀起了发展物联网战略产业的热潮。近年来，物联网领域的发展重点已经从早期聚焦于网络末梢的传感器、传感网及其连接方式，逐步向系统化、产业化应用方向转移，智慧农业、智慧交通、智慧环保、智慧健康、智慧家居等传统产业基于互联网的转型升级和智能服务已经成为社会关注的重点，并在此基础上提出了实现区域性综合服务和管理智慧化的概念，智慧城市由此成为众多城市的标签；云计算、大数据已经成为推动物联网智慧服务产业发展的创新驱动力，利用互联网为传统产业提供智慧化增值服务的物联网产业开始进入了一个更高水平的发展阶段并且面临历史性转折。

从战略目标和技术要求的角度来看，我国的物联网产业发展目前在整体上还处在较低的水平，面向物联网智慧服务的核心技术和关键技术尚未取得重要突破，系统级的智能化技术产品还没有形成，物联网智慧服务标准有待建立，各种物联网的应用基本上处于碎片化状态，未能达到面向具

---

① 左岸：《物联网："工业4.0"加速前行的助推器》，引用时有删减（http://www.cww.net.cn/UC/html/2015/3/25/20153251434134236.htm）。

体行业的产业化、规模化水平；在智慧城市的发展过程中，尽管通过平台和大数据将不同应用集成到平台上，但仅仅是孤岛式的信息化集成应用，并远未达到智能化水平；并且大多数应用还只是在现有技术应用基础上"贴标签"，可谓"新瓶装老酒"，很难提高发展的层次。

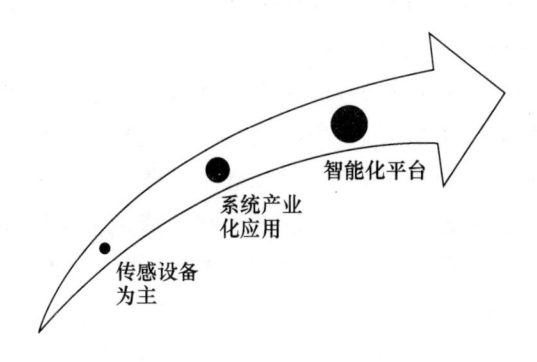

图 5-9　物联网发展阶段

物联网的技术支撑是什么？物联网的智慧服务需求期待支撑物联网的智慧服务系统，从用户末梢的智慧服务技术到智能化服务终端设备，从信息网络的智能组网技术到智慧服务网络设备，从信息平台的智能化大数据处理技术到智能化管理设备；信息技术面临革命性的挑战，物联网发展至今，我们需要通过强大的革命性技术来引领变化，并推动未来工业革命的发展，这也是物联网服务工业4.0或者"中国制造2025"所需要突破的关键点。

当然，当智能化制造的时代来临之后，整个系统都依赖着智能平台的运作。那么，平台的安全性问题同样是制约智能制造发展的一个非常重要的因素。数据与信息的安全性，企业生产数据的信息化程度越高，信息被泄露的可能性就越大，如何才能保证在高度信息化发展的前提之下保障企业的信息数据安全、创新数据加密技术、加强网络平台的管理与安全监控是当前智能化平台发展的议题之一。

# 第六章
# 数字化的智能工厂

  毫无疑问，制造业的快速发展给我们带了无穷的幸福感。对于我们许多人来说，产品质量高低、材料好坏、做工精细度等都是我们所关注的重点。我们也都希望自己能够拥有世界上独一无二的产品，或是像科幻电影中上演的那样，在短暂的时间中将所需要的产品生产出来。随着工业 4.0 的到来，这些所有的幻想不再是存在于小说或电影中，而是真正实现于人类社会生活之中。在工业 4.0 的热潮里，有许多以"智能"为主题的定义随之而出，如"智能平台""智能城市""智能产品"等。而在其中，对制造业的发展影响最为深刻的无疑是"智能工厂"的出现。在"智能工厂"里，能够大幅度提高工厂的生产率，进一步加快产品创新设计的速度，满足顾客对于产品个性化定制的需求，在生产过程中降低能源消耗的同时提高资源配置效率，使生产制造中存在的问题得以加快解决。从根本上来说，工业 4.0 的发展定位就是集信息化的物理系统、网络化的智能工厂以及集成化的智能生产于一体，将传统制造业逐步向智能化、机械化转型，最终实现制造模式的变革。

## 一 信息化的物理系统

信息物理系统（CPS）是工业4.0时代工厂发展中的核心。工厂通过信息物理系统（CPS），从而建立一个完整的网络系统。"它通过将物理设备连接到互联网，让物理设备具有计算、通信、控制、远程协调和自治五大功能，从而实现虚拟网络世界和现实物理界之间的融合"。[①] 信息物理系统的发展是实现设备、产品、人协调互动的基础，它可以使资源、信息、物体以及人紧密地联系起来，并将生产过程中的工厂转变为一个拥有智能生产环境的工厂，从而创造物联网与其他相关生产和服务的连接与融洽。与传统的物联网相比较，CPS更加强调的是在数字世界中实现对物理世界的控制，让数字世界能够逐渐地丰富起来，而不再仅仅只是对物理世界中存在事物的虚拟映像的反映，而是真正地在人类社会发展中开辟新的天地。

### （一）信息物理系统的概念

在继计算机、互联网诞生之后，世界信息技术发展史上出现了第三次信息技术革命的浪潮——信息物理系统（CPS）的产生。它是一个结合网络、计算和物理环境为一体的具有多维性的庞大的系统，并且经过对计算技术、通信技术和控制技术的有机结合与深度合作，最终实现在工厂生产中对大型工程系统的实时感知、动态控制和信息服务。

"所谓CPS，是Cyber Physical Systems的缩写，意为信息物理融合系统，也是实现工业4.0最核心的技术，它是通过把计算和通信与实物的过程相结合，并与实物过程进行深入的密切互动，从而给实物系统添加新的能力"。[②] 中国科学信息技术研究所战略研究中心研究员刘润生介绍道。采用这项技术，不仅使生产和服务的模式都会得到进一步的发展和强化，而

---

[①] 新华网：《习大大在德国报纸发文谈工业4.0，他都说了些什么？》，http://gongkong.ofweek.com/2015-01/ART-310008-8440-28925547.html。

[②] 工控网：《工业4.0再度引发热议，超级智能工厂将出现》，http://gongkong.ofweek.com/2014-12/ART-310005-8420-28911525.html。

且在虚拟空间内,通过传感网将高级计算能力与现实世界紧密地连接在一起。在工厂制造过程中,这项技术还可以对设计、开发、生产等制造阶段所需要的相关数据进行收集和分析,从而形成一种容易操作且具有充分自律性的智能生产系统。

信息物理系统(CPS)是一个可以控制、可以信任、可以在此基础上进行扩展的网络化物理设备系统,它具有自主性、可靠性、功能性、安全性、适应性等特点。在对周围环境感知的基础之上,此系统被作为是计算进程和物理进程结合的统一体,它集合了计算、通信和控制的能力,通过计算进程和物理进程之间的互相作用来形成对信息反馈的循环,并在系统内部进行深度的融合;与此同时,它还通过信息交换来增加或扩展新功能,并用安全性和可靠性的方法来对目标主体实行智能性的监测和控制。所以在新技术革命的发展浪潮中,信息物理系统的最终目标是实现信息世界和物理世界的完全融合,并且构建一个可操控、可信赖、可扩展的安全高效 CPS 网络,最终从根本上改变人类对信息物理系统的构建方式。[①]

为推动工业 4.0 的实现,德国机械及制造商协会,德国信息技术、通信与新媒体协会,德国电子电气制造商协会合作设立了工业 4.0 平台。2013 年 4 月,德国工程院向德国政府提交了工业 4.0 工作组的最终报告——《保障德国制造业的未来——关于实施工业 4.0 战略的建议》。这份报告中表明了信息物理系统(CPS)技术对德国制造技术的重要性,也表示德国将要成为 CPS 技术及产品的领先市场。

但是,信息物理系统(CPS)技术并非只受到德国人的重视。根据资料显示表明,在 2005 年 5 月,美国国会要求美国科学院对美国的技术竞争力进行评估与测评,并提出要维持和提高这种技术竞争力。5 个月后,发表了命名为《站在风暴上》的相关研究报告。2006 年 2 月,美国基于《站在风暴之上》这篇报告发布了《美国竞争力计划》,将信息物理系统(CPS)列为重要的研究项目。到了 2007 年 7 月,美国总统科学技术顾问委员会在题为《挑战下的领先——竞争世界中的信息技术研发》的报告中列出了八大关键的信息技术,其中信息物理系统(CPS)位列首位。在对信息物理系统的研究方面,美国国家科学基金会扮演着重要角色,而他们也指出信息物理系统(CPS)能够让整个世界相互联系起来,就像互联网

---

[①] 何廷润:《"工业 4.0"战略中 CPS 系统的挑战与前瞻》,《移动通信》2014 年第 21 期。

改变了人与人的沟通交流方式一样,信息物理系统(CPS)的产生也将转变人们与物理世界之间的关系。

## (二)信息物理系统的发展

信息物理系统(CPS)使虚拟的信息世界与现实的物理世界之间进行了信息的沟通,让智能物体和设备之间能够互相沟通、交流并且相互作用,从而创造一个真实的网络世界。生产设备中的嵌入式系统与生产线上的物联网传感器是构成 CPS 的要素之一,这些技术被称为"物理技术"。信息物理系统(CPS)的出现从一定程度上体现了当前嵌入式系统和物联网的进一步深化,通过与互联网或者网上可搜集的数据和服务的相互结合,实现更加具有广泛性、创新性和应用性的新物理空间,从而淡化了物理世界与信息世界的界限,让信息物理系统能够在真正意义上发挥它的作用。在工业 4.0 中,CPS 通过对物联网的基础部分进行构建,与"服务互联网"一体化相融合,使得传统制造业中的物理技术就像互联网一样让用户相互通信、相互作用。信息物理系统(CPS)让我们与物理现实世界越来越近,让我们与物理现实世界之间的相互作用关系发生了新的、根本性变化。[1](见图 6-1)

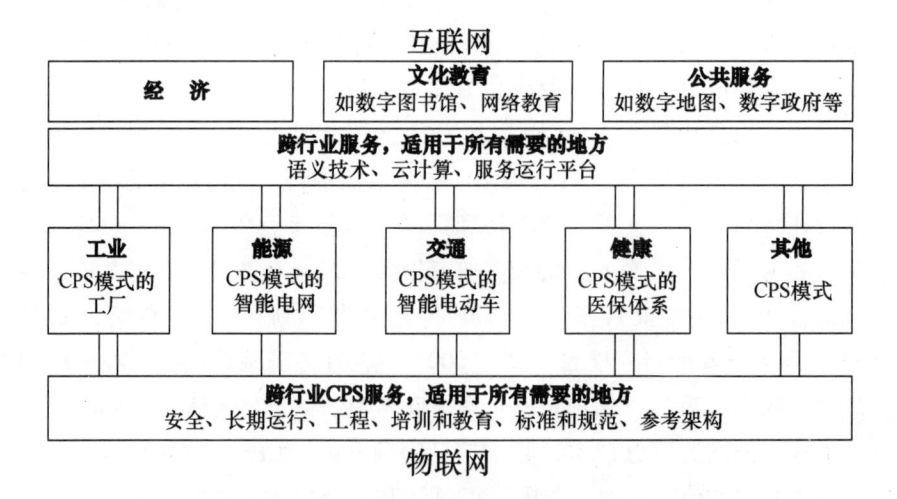

图 6-1 CPS、物联网和互联网的相互关系

---

[1] 王喜文:《工业4.0:最后一次工业革命》,电子工业出版社 2015 年版,第 34—35 页。

工业4.0希望通过智能工厂与智能生产的发展,能带动相关制造业的变化与创新,最终实现制造模式的变革。在工业4.0中,每一个产品都会对生产过程中所需的各种信息进行融合,这些信息往往来源于整个生产供应链和生命周期之中,而生产设备在整个生产价值链中会根据当前的生产状况自行地进行组织和管理,并灵活地决定其生产的过程和方式。而在工业4.0时代里,进一步丰富了信息物理系统(CPS)的融合概念,实现从3C向6C的进步。而6C分别为连接(Connection,传感器和网络)、云(Cloud,任何时间及需求的数据)、虚拟网络(Cyber,模式与记忆)、内容(Content,相关性和含义)、社群(Community,分享和交际)、定制化(Customization,个性化服务与价值)[1](见图6-2)。

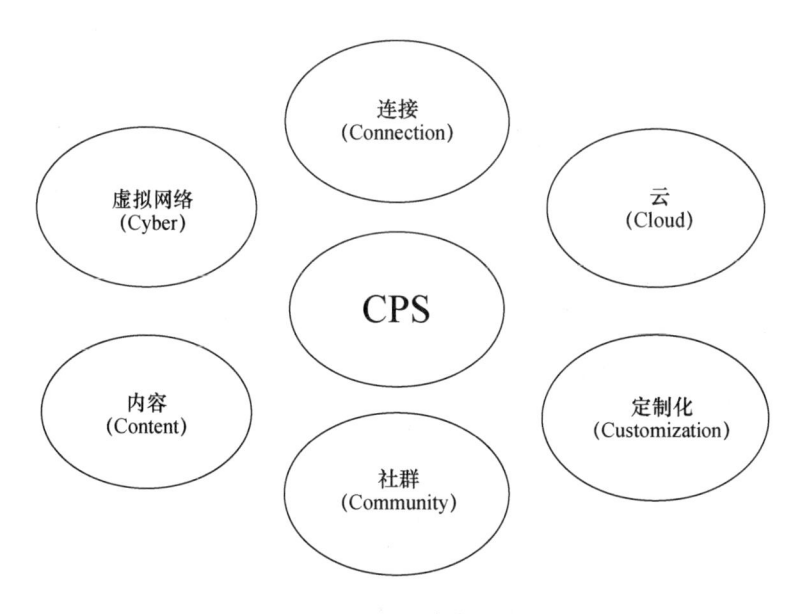

图6-2 CPS系统的6C融合

在6C条件下,工厂不仅可以在整个制造链中进行智能化的生产,针对生产过程中的各种状况实时调整生产模式和方法,并且在6C条件下,工厂也可以实现透明化的生产和预测性的制造。在传统的制造业中会存在许多无法定量和预测的因素,包括加工过程中的机器性能的下降、设备的零部件突发故障、废品的返工、整体设备的效率下降等都是在传统制造业

---

[1] 芮明杰:《工业4.0与CPS战略、路径下的上海准备》,《东方早报》2014年9月16日。

中不可避免的问题。但是，透明化生产方式的实施可以使生产组织者能客观地评价制造设备和机器的生产能力，并通过管理预测性制造，实现减少维修的成本，提高生产运行的效率，从根本上改进产品的质量。

未来的智能制造业中，无论是在自动化、生产技术、机械工程、能源、运输等工业部门还是在远程医疗等应用领域中，信息物理系统（CPS）的应用面将会变得非常的广泛。信息物理系统（CPS）不仅可以减少实际生产成本，提高能源、时间的利用效率，还可以从节能环保方面大大降低二氧化碳的排放水平，体现了绿色生产的环保理念，做到了真正的节能环保。所以信息物理系统（CPS）的运用，为新的附加价值链和商业模式的产生奠定了基础（见图6-3）。

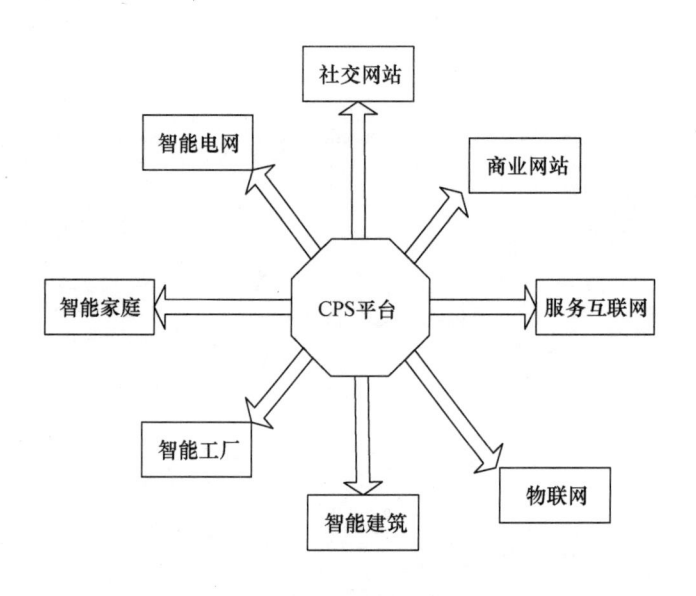

**图6-3 CPS的应用**

在工业4.0时代里，工厂的生产和制造通过信息物理系统（CPS）实现生产产品与信息系统的融合，使生产模式从"集中型"向"分散性"的转变。而这一转变正是基于信息物理系统（CPS）技术，才能让传统的生产理论发生巨大的改变。所以在工业不断发展的未来，信息物理系统对于智能化的发展有着非常重要的意义。它的存在使智能工厂中的生产系统、产品生产、资源运用及处理过程等都会具有非常高水平的实时性，同时也让智能工厂在成本、资源节约和环境保护方面更具竞争优势。

## （三）信息物理系统的挑战

简单来说，信息物理系统（CPS）就是由嵌入式系统再加上网络控制功能而组成的，其中，网络控制功能的主要目的是实现对实际生产过程的操控。但是就目前来说，信息物理系统还处于研究探索的阶段，所以进一步发展和完善信息物理系统（CPS）还要面临一些挑战和困难。

在信息物理系统中，首先，其发展的关键点就是要处理好物理系统与计算系统之间的协同关系。信息物理系统在对物理环境进行感知时，使空间上和时间上相互关联，所以计算系统方面就必须保证在进行事件处理、决策和控制时是具有高度的准确性和实时性的，并且确保物理系统在空间和时间上控制和操作的正确性。其次，为了更好地发展信息物理系统，其条件是必须处理好物理系统与信息网络系统的协同。由于信息网络系统实现了与通信的对接，从而使各个物理设备之间能够进行信息的相互交流和沟通。所以，为了更好地实现物理系统与信息网络系统的协同管理，就必须建立起物理系统和信息网络系统之间的协同模型，并且用定性和定量相结合的方法对物理系统和信息网络系统之间的协同关系进行系统的分析。最后，必须处理好计算系统与信息网络系统的协同关系。由于物理系统与计算系统中的部件在本质上存在一些差异，而这些差异也会涉及设备的安全性、广泛性和可靠性，因此必须着重研究物理系统的动态性和计算的离散性、时序性，重新构造计算和信息网络，使其两者之间能够更好地融合。①

在当今社会高速发展的时期，工业也正处于大变革的前沿。自20世纪90年代以来，新型经济体在经历了快速的工业化之后，随之产生了更具有优势的全球大分工和大竞争。与此同时，在互联网时代的大背景下，消费者和消费观念也在随着时代的变化而不断地改变着。当市场供应和个人消费方面同时发生改变时，工厂的核心竞争力也会有颠覆性的转变。这一转变意味着要促使其核心竞争力从产品质量的控制转移到对产品价值的创造与创新上去。产品价值的创造与创新更是意味着工厂需要更为复杂、先进的系统。但是复杂系统的建成也需要更复杂的供应链和价值链去支撑，以

---

① 罗俊海、肖志辉、仲昌平：《信息物理系统的发展趋势分析》，《电信科学》2012年第2期。

及更多的人员去参与。在以前的发展中,工厂受到经济学理论的影响,将工厂的工作任务进行精细划分,然后在将工作任务逐层外包出去,从而达到专业化分工的目的。① 但是专业化的分工在提升生产效率的同时,却造成了信息流通效率的降低。所以,只有在确保拥有先进的信息技术条件下,才使工厂能够在复杂的系统内进行高效、有序的生产与创造。

在全球化和互联网化背景下,工厂的分工价值链已经不仅限于地区合作。如硅谷团队负责对产品的研发,巴黎事务所负责对其产品进行包装与设计,纽约团队负责对企业品牌进行管理,韩国和日本企业负责为工厂的生产提供零部件,中国深圳的工厂为其进行加工与组装,再由迪拜分销商送往世界各地。② 这种大分工在现在很多的行业内都已经是十分普遍的,就目前的发展来看,有一部分巨型企业在进行这种大分工的同时,还具备了对复杂价值链的管理能力,如西门子、苹果、东芝等。但是随着工业的不断发展,由信息物理系统(CPS)所掀起的新工业革命将会使其他组织都具备这种应对复杂价值链的能力,所以信息物理系统(CPS)在很大程度上直接影响到了工业4.0的进程。

从整体上来说,信息物理系统(CPS)不仅是实现工业4.0战略的核心技术,还是物联网产业的科技前沿,更是以智能制造为代表的物联网产业发展的基础和后盾。信息物理系统通过互联网,以安全又可靠的方式,实现对目标主体和生产系统的监测与控制。所以,信息物理系统所带来的虚拟物理大融合,必将会使工厂的生产变得更智能、更高效、更环保。

## 二 网络化的智能工厂

"智能工厂"是通过互联网等通信网络,使工厂内部和外部的物品与服务之间相互合作,从而产生前所未有的价值,形成全新的业务模式。③ 作为工业4.0项目的两大主题之一,"智能工厂"主要关注的是智能化的

---

① 网易科技:《工业4.0到底是消灭还是成就淘宝?》,http://tech.163.com/14/1230/12/AENAM8PA00094ODU.html。
② 曹寅:《Cyber Physical Systems将颠覆工业和能源行业》,钛媒体。
③ 新华网:《工业4.0智能工厂解决未来社会问题》,http://www.chinairn.com/news/20140830/155016650.shtml。

操作系统及生产过程,以及网络分布式生产设施的实现。在成熟运作的智能工厂里,每个工厂将具备单独统一的机械、电器和通信标准,并以物联网和服务互联网为基础,配备一些具有感测器、无线和通信技术的智能制造设备,对生产过程实现智能化监控。基于此配置之下,智能工厂能够单独地运行,而且生产设备和机器之间能够实现相互交流和沟通。智能工厂在大数据时代的技术发展下,还能对制造过程做出实际的调整与改善。这能够让工厂的操作设备摆脱原有生产线的限制,针对相应的问题做出智能性的调整与转变,从而通过高效可靠的运行方式让一次性生产的产品也能够制造出来,打破了标准化生产成本优势的格局。

### (一)智能工厂的概念

"智能工厂"的概念最早是由美国提出来的,其核心任务和目标是在工厂生产中将工业化和信息化进行高度的融合。智能工厂是在数字化工厂的基础之上,通过利用对设备的监控和物联网技术去强化信息的管理与服务,并且"通过大数据与分析平台,将云计算中由大型工业机器产生的数据转化为实时信息,并集绿色智能手段和智能系统等新兴技术于一体,从而构建一个节能、环保、高效、舒适的人性化智能工厂"。[1]

在工业4.0所刻画的"智能工厂"中,原有的生产线模式逐渐淡化,取而代之的是采用重新组成模块化的动态、有机的生产方式。例如,将生产模块视为一个信息物理系统(CPS),正在进行生产配置的汽车能够自行地在生产模块间穿梭,并接受所需要的装配作业。如果其中某车型的零部件供给环节发生了问题,系统能够快速地调度其余车型的生产资源或者零部件来进行补给,使其能够继续地进行装配。[2] 在这样的生产模式之下,可以运用制造执行管理系统原来的综合管理能力,可以对整个生产过程中的动态管理进行设计、装配、测试等,不仅保障了生产设备和机器的运行效率,还能够实现多样化的生产类型。

在"智能工厂"中,主要包含了六项核心业务领域。一是生产管理和控制。通过生产管理和控制,主要实现的是制造过程中的闭环管理,从而

---

[1] 物联网:《智能工厂"狂想曲"》,http://iot.ofweek.com/2014-02/ART-132216-8110-28774275_3.html。

[2] 王喜文:《德国工业4.0直指智能工厂》,《中国电子报》2014年第3期。

提高了生产操作的优化性及自动化水平，推进制造业技术的不断改善与发展。二是资产管理。资产管理可以实现设备的全生命周期规范管理，实现故障自动诊断及预知性维修，实现预支维修模式的设备健康管理。三是能源管理。能源管理的治理，促进了常用能源的在线优化，构建了能源管理的评价与分析体系。四是 HSE 的管理。所谓 HSE 指的是将健康（Health）、安全（Safety）和环境（Environment）三要素集合在一起的管理体系。通过对 HSE 的管理，能够实现 HSE 的规范性，对 HSE 进行过程监控，实现联动的应急指挥。五是供应链管理。对供应链里各环节的信息进行监控与分析，实现供应链计划上和整体上的优化，实现供应链的高校协同。六是辅助决策。辅助决策能够对能源使用的全过程进行规范化的管理，实现生产经营的全面监控，实现生产经营指标的主动分析。[①]

"智能工厂"推动工业 4.0 发展的关键是因为它拥有以下四项关键能力：分析优化能力、协同能力、预测能力和感知能力。分析优化能力表现在能够在现有的资料分析基础之上，提高生产技术，并且使用更多的分析技术和手段去提高设备和工厂的优化能力。协同能力主要是让远程专家可以参与到其中，能够及时地解决问题，并且利用先进的通信手段建立虚拟的环境可以减少费用和提高反应速率。预测能力则是通过智能工厂中的智能化设备，对生产和操作过程进行事先演练，从而获得对其的预测能力。感知能力代表对现场生产过程的洞察力。它可以大幅度减少工程师和现场操作人员收集数据的时间，以便让他们更好地去分析生产和操作的数据。通过以上四项关键能力，能提升工厂智能化的水平，促进生产效率和质量的提高。

## （二）智能工厂的特征

在工业 4.0 时代中，智能工厂的发展进程是由物联网加以控制的，而生产流程是由电脑来对其进行整合的。在工厂生产过程中，可以对生产进行实时的监控。如果在生产过程中系统出现什么故障，系统也会自动下令停下，并对其问题进行修理。所以，在工业 4.0 里，智能工厂被赋予了四项基本的特征：数字化、可视化、全景化和集成化。

数字化的"智能工厂"是借助于生产现场的感知网络来及时地预知与

---

① 李德芳、索寒生：《加快智能工厂进程，促进生态文明建设》，《化工学报》2014 年第 2 期。

收集生产过程中各种各样的信息，进行物理空间与信息空间的无缝隙对接，从而最大限度地扩展人们对工厂现状的了解和检测能力，为精细化和智能化管理控制提供前提条件。

可视化的"智能工厂"实现的是对制造过程管理和控制的可视化。一方面，由于智能工厂高度的整合性，因此无论是产品制造过程，还是原料管理和控制的流程上，都可以直接展示在生产者的眼前，而且生产者根据可视化的特点对系统机器设备进行实时性的掌控，这样就可以大力减少由于系统故障及其他问题而造成的偏差。另外，可视化还能将制造过程中的相关数据保留在数据库中，让管理者能够了解到完整的信息并对其进行后续的规划，还能够根据生产操作系统的现况来对设备和机器的维护进行有计划地调控，并依据信息的整合度构建产品制造的智能组合。从另一方面来说，"智能工厂"可视化的特征将制造过程、工厂生产等各种信息进行高度地集中和融合，并为操作和决策人员提供一个真实、直观的工厂场景，从而能够确保工厂生产人员迅速、准确地掌握所有的生产和管理的信息，并对其存在的问题进行快速的判断与决策。

在工厂里，设备的制造是以物联网的概念和传感器作为链接，使具有感知的能力，并且让系统可自行地进行识别、分析、推理、决策以及控制功能，从而实现了智能工厂的全方位化。这种制造模式是将先进的生产技术、信息技术和智能技术深度地结合起来，而且这样的系统也不仅仅是在工厂内部配备一个软件系统。它能够通过系统平台去累积知识，并根据其知识的收集建立设备信息与反馈的数据库。在工厂里，从产品订单的开始，到产品生产制造的完成，最后到入库的信息都可以在数据库中一目了然。如果在遇到制造异常的状况时，生产者也可以更为迅速地做出反应，促进工厂的运转与生产。

"智能工厂"的集成化使设备、零件及其他配件进行及时性数据和信息的交换。而这一特征代表了工厂从死板的集中式控制操作系统转变为灵活性的分散式智能控制系统，而且主控制电脑执行的任务将会由组件来替代完成。这些元件能够智能地进行自行联网、自行配置，过程由复杂到简单，并且独立满足生产订单的各种需求。

实行制造绿色化是"智能工厂"中的另一大特色。为了使生产制造逐步趋向于绿色化，除了在制造上使用环保材料，留意污染等问题，还必须与厂商之间达成协议，从资源、材料、设计、制造、废弃物回收到再利用处理的过程，形成绿色化产品生命周期管理的循环，并且延伸到绿色供应链的协同管理、绿色化管理与指挥环境监控等，从而更好地帮助生产商家与客户之间共同制造具有环保概念的绿色产品。

### （三）智能工厂的发展

为了能够更好地推进"智能工厂"的发展，应该从工厂的智能技术方面着手，使智能工厂的设备逐渐智能化。所以在此目标之上，对于"智能工厂"的建设主要基于无线感测器、云端智能工厂和工业通信无线化这三个技术的发展和完善。

无线感测器是智能工厂里非常重要的技术之一。其中，构成无线感测器的基本因素就是智能感测。而"无线感测器仪器仪表的智慧化，主要是以微处理器和人工智能技术的发展与应用为主，包括运用神经网路、遗传演算法、进化计算、混沌控制等智慧技术，使仪器仪表实现高速、高效、多功能、高机动灵活等性能"。[1] 在无线感测器的基础之下所研究出来的专家控制系统、模块逻辑控制器等都成为推动智能工厂前进的重要动力。

伴随着在工厂生产制造过程中所设计的配置越来越多，利用云端来控制工厂的制造系统，已经是当今智能工厂发展的重要趋势之一。在工业自动化领域里，自动化模式使生产应用和服务向云端运算的转变，信息资料和运算位置等主要模式也都随着进行了改变，因此也为生产设备带来彻底的变革和创新。随着产品和自动化领域的典型IT元件智能化的日渐提高，云端运算将能够为其制造提供更全面、更安全、更可靠的系统和服务。

而在物联网进程中，工业无线网络技术是专业领域发展的主流方向，对制造业在未来的发展和变革有着极其重要的促进作用。通过设备间的相互交流，工业无线网络技术为工厂里的生产制造提供了灵活性高、成本较低、可靠度高的全新的制造信息系统和生产工作环境。随着无线技术普及程度日益加深，为了能在产品中增加一些新的通信功能，工业无线网络技术的应用正好能够为其提供一系列软硬体技术。通过这些技术拓展开来的通信标准包括 GPS、蓝牙、Wi-Fi 等。而这些技术的运用，从一定程度上加快了"智能工厂"的建设，更能促进"智能工厂"的快速实现。

---

[1] 常杉:《工业4.0：智能化工厂与生产》,《化工管理》2012年第11期。

# 第六章 数字化的智能工厂

在工业4.0的大背景之下，提出以通信和服务作为发展的目标和基础去构建网络化智能工厂的构想。在"智能工厂"里，生产环境是由智能产品、智能设备、舒适的工作环境、高素质的劳动者和智能能源供应而组成的，而这些构成元素在企业内部进行生产和通信数据的采集、工作情况的分析、制造过程的决策等。部分智能工厂会通过大数据、云计算和服务平台的衔接和融合构成复杂的生产网络，并利用智能化的物流网来形成一个完整的制造体系。所以，"智能工厂"的发展优势不仅表现在特定的生产条件下，还能够在多家工厂、多个生产单元所构成的全球网络环境下实现生产集合体最优化的目标。[1] 所以"智能工厂"的实现大大拓展了工业生产的局限性，提升了生产的效率和质量，使工厂更富有个性化和智能化（见图6-4）。

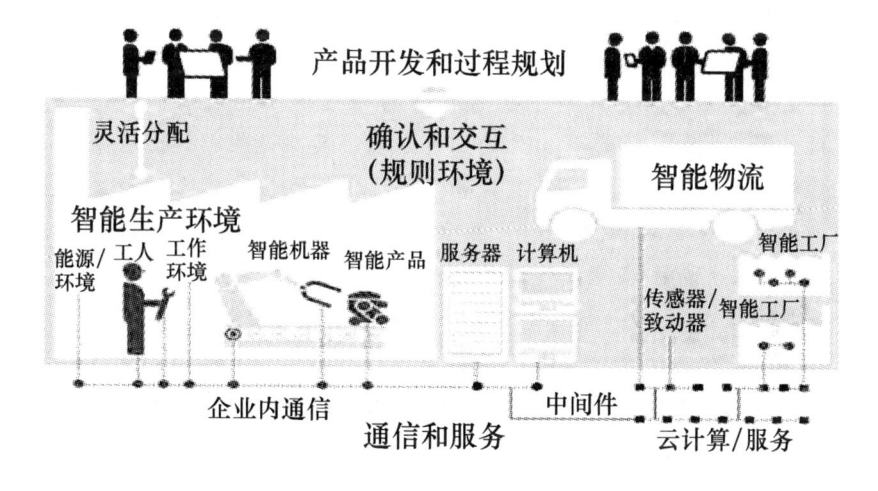

图6-4 网络化的智能工厂

资料来源：《工业4.0和智能制造》。

## 【案例6-1】

德国西门子公司的电子车间在实现"智能工厂"方面作了很好的示范。作为西门子公司一家高科技的车间，被称为高效的数字奇迹。这是由于在西门子公司的工厂里，智能机器主要是进行协调该公司控制设备的生产和全球销售，而这个接单生产的定制流程却涉及每年5万余种产品的约16亿个部件。西门子公司为了能够更好地生产制造该工厂的950种产品，

---

[1] 张曙：《工业4.0和智能制造》，《机械设计与制造工程》2014年第8期。

西门子公司向全球 250 家供应商采购了约 1 万种原材料。在这个生产流程中包含了许多不可预计的因素和相对复杂的生产供应链,这些都远远超出了传统工厂的能力范围。西门子达成这个生产目标的关键,以及推而广之让将来所有智能工厂都顺利运行的秘诀,就是建立起一个紧密结合的技术网络,这些技术之间相互整合、相互联系,共同组成一个更智能、更高效的整体。①

## 【案例 6-2】

在全球工业 4.0 的革命浪潮下,海尔沈阳冰箱工厂作为中国具有代表性的智能工厂向世界展示了用产品与用户的个性化需求去推动智能生产的新目标,而这一新目标的提出也将进一步增强中国冰箱制造产业在全球范围内的竞争力。在海尔的智能工厂里,生产过程将产品与用户的需求与工厂的制造无缝隙地衔接起来,并从两个方面给予用户最佳的体验感。首先是产品自定制化。用户能够依据自己的喜好选择冰箱的款式、性能、颜色、结构等来定制一台属于自己的专有冰箱。其次是生产过程可视化。用户在购买相应的产品后就能够随时查到自己冰箱在生产线上所处的位置以及详细的装配过程和信息,如产品生产到了哪一个工位、什么时候出厂等。目前该工厂的一条生产线最多可支持 500 多个型号的柔性大规模定制,生产节拍缩短到 10 秒一台,是目前全球冰箱行业节拍最快、承接型号最广的工厂。智能化是海尔工厂要凸显的特征。在海尔的智能工厂里,实现了内外互联、信息互联和虚实互联三方面的相互联系。如果产品用户需要了解到工厂内部的制造信息,只要通过三方面的相互联结,就可以直接联系到内部生产线上的每一个工位,其生产员工是按照用户的需求和标准去进行产品的生产和装配,实现生产过程的实时优。而且,生产线上有一万多个传感器,通过这些传感器就可以实现设备、产品、用户之间的相互交流和沟通。另外,通过虚实互联等虚拟仿真系统,工厂生产做到了过程模块的布局,从而大大减少了物流配送的距离,节省了配送时间,提高了物流的流通性和效率性。②

---

① 中国自动化网:《数字化生产代表——西门子智能化工厂》, http://www.ca800.com/news/d_1nsr38oc7le31.html。

② 中国品牌总网:《全球首个家电行业智能互联工厂在海尔落成》, http://www.techweb.com.cn/ucweb/news/id/2117859。

在智能工厂中，信息物理系统的存在使生产系统、产品制造、生产资源和处理过程都具有较高的实时性，并且在资源、成本节约方面使集成化的智能工厂更具备竞争优势。智能工厂的目标是以重视可持续性的发展为原则来制定的，因而服从性、自我适应性、学习和模仿的能力、灵活的调控、承受错误的程度甚至危机管理等都是智能工厂生产制造过程中的必须要素。所以在生产制造系统日趋成熟化的基础之上，实现智能工厂设备的高级自动化、集成化和数字化，利用及时性、可靠性和灵活性的生产制造系统，最终实现生产过程的最优化。

与传统的制造业相比较，以智能工厂为代表的未来智能制造业更是一种发展趋势，以产品的特性、成本、物流管理、安全、信赖性、时间以及可持续性等要素进行智能化的编辑，按照每个顾客特定的需求进行最优化的产品制造。这种"自上而下"生产模式的变革，不仅可以节省工厂的生产成本与制造技术创新的时间，还拥有培养新市场机会的网络容量。

## 三　集成化的智能生产

"智能生产"指的是从事作业的工作站能够通过网络实时访问有关信息，并根据信息内容，自主切换生产方式以及更换生产材料，从而调整成为最匹配模式的生产作业。这种生产方式能够实现针对各个客户的喜好和需求对每个产品采用不同的设计、零部件的配置、生产的计划、生产的过程、物流的配送，大力削减整个生产销售链条中的浪费情况。[1] 智能生产在制造设计或者是制造过程中，都可以结合突发情况及时地对最初的设计方案进行调整，就这一点来说与传统的生产模式有很大的不同。总体来说，作为工业4.0的另一大主题，智能生产是在智能工厂的基础上进一步加入了人的要素，提高了生产者的配合性和参与性，同时也强调了生产过程本身的实效性与变通性，它主要涉及的方面包括整个工厂的产品生产与物流管理、人机互动、3D打印等技术在工业制造中的应用等。

---

[1] 控制工程网佚名：《"中国制造20225"对标"德国工业4.0"和"美国工业互联网"》，http://www.cechina.cn/m/article.aspx? ID = 51499。

### (一) 智能生产的概念

"智能生产"也称作"智能制造",它是一种由智能机器和人类专家共同组成的人机一体化智能系统,它在生产过程中能进行智能性的活动,诸如分析、推理、判断、构思和决策等。"智能生产"的核心在于将机器智能和人类智能相结合,实现在制造过程中的自我感知、自我适应、自我诊断、自我决策以及自我修复等功能。[①] 而且利用人与智能机器的共同协作,优化其使用范围,并且逐渐替代人在生产过程中的脑力劳动。通过智能化的生产方式对制造自动化的相关概念进行更新,并在其基础之上延伸到柔性化、智能化和高度集成化的相关方面。与传统的制造相比,智能生产具有组织性和超柔性、自我控制的能力、自主学习能力和自我调整和完善的能力、人机一体化、虚实结合等特征。

实现"智能生产"的条件就是需要将硬件、软件以及咨询系统三方面进行互相的融合。那些具备"智能生产"特性的生产线,不单是具有数量之多的控制器和传感器,而且通过有线或无线传感网络构架进行串联,将信息数据传输给上一层的制造执行管理系统,整合物联网的系统模式,从而让制造业的发展提升到一个新的阶段。"智能生产"的主要目标是致力于产品的制造,随着客户个性化需求的逐渐增加,产品的设计和生产也越来越多地呈现出少量多样等发展趋势,从而促使生产厂商要提高工厂生产线的速度与效率,并根据市场前端的变化和需要能够快速调整生产方式。例如,在汽车厂里,客户可以根据自己的喜好和需求在线定购汽车的颜色,然后工厂就会快速地调整生产线,使其能够尽快地交付产品。

### (二) 智能生产的特征

随着工业4.0进程的不断发展,"智能生产"为工厂带来更多的创新和效率。和以前的制造业相比,智能生产更具备一些显著的特征。在工厂进行高效性智能化生产,从很大程度上依据的是那些具备自我操控能力的设备。这些设备赋予生产过程进行自我调节的能力,并且提供强有力的知

---

① 新华网佚名:《习大大在德国报纸发文谈工业4.0,他都说了些什么?》,http://gongkong.ofweek.com/2015-01/ART-310008-8440-28925547.html。

识库和知识模型使其也具备自律能力。这些智能性的设备能够对周边的环境和自身所需要的信息进行搜集和理解，分析其信息，并对自身行为的能力进行判断和规划，以便更好地满足工厂生产的需要。另外，这些设备在很大程度上也表现出了独立性、自主性和个性化的特性，而且还可以在设备与设备之间实现协调、运转与竞争。

在工厂的生产和管理中，不单纯只是依靠"人工智能"系统来实行信息管理，而是通过人机一体化的智能系统来进行。由于人工智能的设备只具有逻辑思维和形象思维，只能单纯地进行机械式的推理、预测、判断，完全做不到真正的思考，而真正具备以上三种思维能力的只有人类专家。与此相对比，人机一体化的出现不仅凸显了人在制造系统中的核心地位，还可以在智能机器的配合下，更好地发挥出人的潜能，使人和机器之间表现出一种平等共事、相互理解、相互协作的关系，使二者在不同的层次上各显其能、相辅相成。所以，在智能生产系统中，高素质、高能力的人在人机一体化中将发挥更好的用处，使机器智能和人的智能将真正地结合在一起，互相配合、相得益彰。为了达到更高水平的人机一体化目标，智能生产中所需要的虚拟现实技术是其关键的技术之一，也是实现虚拟制造的支持技术。虚拟现实技术是以计算机为基础，融信号处理、动画技术、智能推理、预测、仿真和多媒体技术为一体；借助各种音像和传感装置，虚拟展示现实生活中的各种过程、物件等，因而也能模拟实际制造过程和产品，从感官和视觉上使人获得完全如同真实的感受。这种人机结合的新一代智能界面，是智能制造的一个显著特征。

除此之外，智能生产系统中的各组成单元还能够依据工作任务的需要，自行组成一种最佳结构，其柔性不仅表现在运行方式上，而且还表现在结构形式上。具备学习能力与自我维护能力的智能生产能够在实践中不断地充实知识库，同时，在运行过程中能够自行故障诊断，并拥有对故障自行排除、自行维护的能力。这种特征使智能生产系统能够自我优化并适应各种复杂的环境。①

### （三）智能生产的发展

"智能生产"源于人工智能的研究。人工智能就是用人工方法在计算

---

① 孟俊焕等：《智能制造系统的现状与展望》，《机械工程与自动化》2005年第4期。

机上实现的智能。随着产品性能的完善化及其结构的复杂化、精细化，以及功能的多样化，促使产品所包含的设计信息和工艺信息量猛增，随之生产线和生产设备内部的信息流量增加，生产过程和管理工作的信息量也必然剧增，因而促使制造技术发展的热点与前沿，转向了提高生产系统对于爆炸性增长的生产信息处理的能力、效率及规模上。先进的生产设备离开了信息的输入就无法运转，柔性制造系统一旦被切断信息来源就会立刻停止工作。生产系统正在由原先的能量驱动型转变为信息驱动型，这就要求生产系统不但要具备柔性，而且还要表现出智能，否则是难以处理如此大量而复杂的信息工作量的。

瞬息万变的市场需求和激烈竞争的复杂环境，也要求生产系统表现出更高的灵活、敏捷和智能。因此，智能生产越来越受到高度的重视。综览全球，虽然总体而言智能生产尚处于概念和实验阶段，但各国政府均将此列入国家发展计划，大力推动实施。1992年美国执行新技术政策，大力支持总统称赞的重大技术，包括信息技术和新的制造工艺，智能生产技术自在其中，美国政府希望借助此举改造传统工业并启动新产业。加拿大制定的《1994—1998年发展战略计划》，认为未来知识密集型产业是驱动全球经济和加拿大经济发展的基础，认为发展和应用智能系统至关重要，并将具体研究项目选择为智能计算机、人机界面、机械传感器、机器人控制、新装置、动态环境下系统集成。日本1989年提出智能制造系统，且于1994年启动了先进制造国际合作研究项目，包括了公司集成和全球制造、制造知识体系、分布智能系统控制、快速产品实现的分布智能系统技术等。中国在20世纪80年代末也将"智能模拟"列入国家科技发展规划的主要课题，已在专家系统、模式识别、机器人、汉语机器理解方面取得了一批成果。国家科技部正式提出了"工业智能工程"，作为技术创新计划中创新能力建设的重要组成部分，智能生产将是该项工程中的重要内容。由此可见，智能制造正在世界范围内兴起，它是生产技术的发展，特别是生产信息技术发展的必然，是自动化和集成技术向纵深发展的结果。

随着工业4.0的兴起，由人工智能技术、机器人技术和数字化生产制造技术等结合的智能制造技术，正引领新一轮的制造业变革。智能制造技术逐渐涉及产品设计、生产过程、生产管理和售后服务等各个生产环节，随着智能化和产业化的制造技术的广泛应用，促进了智能制造业的发展。所以"智能工厂"的实现主要是通过3D打印技术、工业机器人等一些智能制造技术在工业生产中的应用。

（1）以 3D 打印为代表的数字化制造技术逐渐凸显出来。数字化制造技术是以计算机设计方案为基础，以特制粉末或液态金属等先进材料为原料，通过利用 3D 打印机，在产品生产中添加特殊材料直接把需要生产的产品精确完整的打印出来（见图 6-5）。3D 打印技术会转变未来产品的设计方案、销售渠道和交易支付的方式，为大规模的产品定制和简化的生产过程的实施奠定了基础，也使工厂可以实现针对不同的需求随时随地地进行产品生产和管理，从而彻底改变了传统制造业形态。3D 打印技术开创了一个全新的一体化合作性的全球制造业市场，而不是传统意义上的层级式、自上而下的生产模式。[1]

图 6-5　3D 打印机

3D 打印技术的出现从本质上提升了制造业的发展。首先，3D 打印技术可以为顾客量身订制产品。现有的生产模式强调的是生产成本的节省和最低化，通过比较明确的劳动分工形式和规范化的工作流程，进行大批固定化的产品制造，但是，这一生产在未来的发展过程中难以满足顾客多元

---

[1]　常杉：《工业4.0：智能化工厂与生产》，《化工管理》2013 年第 3 期。

化的需求。但是将来制造业的发展更关注的是个性化的产品生产。① 而 3D 打印可以拓展设计人员的想象空间，发挥设计者和生产者的想象力、创造力。消费者能根据自己的需求，量身订制产品。这一方式促进了大规模生产向大规模定制的转变。相比之下，3D 打印技术采取量身订制的生产方式，能够在生产过程中增强产品内部结构的标准化，提升生产过程的多样性。

其次，3D 打印技术在制造业的应用可以降低工厂的生产成本，提高生产效率。3D 打印机既不需要用纸，也不需要用墨，而是通过电子制图、远程数据传输、激光扫描、材料熔化等一系列技术，使特定金属粉或者记忆材料熔化，并按照电子模型图的指示重新叠加起来，最终把电子模型图变成实物。通过这项技术可以打印各种造型复杂、难以制造的产品，还能够节省工业样品生产制作的时间。针对目前工业发展的状况，同样是使用相同数量的制造材料和零件，但是从生产效率和质量方面上来说，3D 打印机是传统制造方法的 3 倍。② 这也体现了 3D 打印技术引领了制造业发展的新趋势。

最后，3D 打印技术重新定义了工业生产。在智能生产里，根据 3D 打印技术的特点，工厂在生产中不再过分依赖人工劳动，减少了大规模生产，并重新定义了工厂生产，让工厂化生产向社会化生产转变。在前三次的工业革命所产生的都是基于工厂范围的集中型生产方式。而在工业 4.0 中，信息技术的飞跃发展使大量物质流被成功地虚拟化，从而转化为信息流。这种转变是因为生产组织中的各流程经过了无限制的划分，使生产方式展现出社会化生产的重要特征。

所以在工业 4.0 时代中，3D 打印技术是产品创新和制造技术创新的核心技术之一，它将深刻变革制造业的生产模式和产业形态，是驱动新的工业革命发展的重要力量。

（2）以工业机器人为代表的智能化设备在生产过程中的应用变得越来越广泛。工业 4.0 战略的核心就是实现人、设备与产品的实时联通、相互识别和有效交流，从而构建一个高度灵活的个性化和数字化的智能生产模

---

① 王雪莹：《3D 打印技术及其产业发展的前景预见》，《创新科技》2012 年第 12 期。
② 孙柏林：《试析"3D 打印技术"的优点与局限》，《自动化技术与应用》2013 年第 6 期。

式。① 在这样的一种形式下，生产模式由集中型向分散型转变，产品设计由标准化向个性化转变，用户也将由部分参与向全程参与转变（见图6-6）。

图6-6 工业机器人

在智能生产的过程中，工业机器人是非常重要的生产技术。在此之前，工业机器人在汽车生产制造方面运用的最为普遍；到现在，随着工业机器人应用领域的不断扩张，机器人的类型变得更加多样化，自动化和智能化的功能也越来越显著。在工业4.0时代之前，工业机器人主要替代体力劳动和复杂的劳动方式，解决体力劳动在生产过程中所存在的问题；随着工业机器人的发展，作用的场所正在转移到重复使用大量劳动力的地方，替代从事简单的机械性的生产劳作。随着工业机器人的不断发展，汽车、电子电器、工程机械等行业已大量使用工业机器人自动化生产线，工业机器人自动化生产线成套装备已成为自动化装备的主流及未来的发展方向（见图6-7）。

随着工业机器人应用范围的扩大，其标准化、模块化、网络化和智能化程度越来越高，功能也越发强大，正朝着成套技术和装备的方向发展。② 目前在我国，广州、深圳、佛山、东莞、惠州等珠三角地区城市已初步形

---

① 中国报告大厅网：《解析2015年我国工业机器人发展前景》，http://www.chinabgao.com/k/gyjqr/15039.html。
② 孙志杰等：《工业机器人发展现状与趋势》，《吉林工程技术师范学院学报》2011年第7期。

成从研发生产到工业应用的工业机器人产业链。以广州为例，工业机器人及职能装备产业产值规模超过百亿元，广州数控连续14年产销量位居全国行业首位。工业机器人在生产过程中的应用不仅仅为智能生产提供先进的技术，也促进了工厂智能化的发展。

图6-7 工业机器人在工作

**【案例6-3】**

据《南方日报》报道，2015年1月6日下午，广东省省长朱小丹率有关部门负责同志到广州数控设备有限公司调研，研究推进广东省工业机器人和智能装备产业发展。在广州数控，朱小丹省长考察了其数控系统、工业机器人、全电动注塑机等产品展示和搬运机器人、焊接机器人、码垛机器人、并联机器人的装配车间、应用示范生产线和产品测试实验室。在此次调研中，朱小丹省长指出推广应用工业机器人、加快制造业智能化，是推动工业化信息化相融合、促进制造业转型升级的主攻方向。广东省正抓紧制订全省智能制造发展规划，以抢抓"机器换人"的时间窗口期，大力支持智能制造装备产业加快发展。另外朱小丹省长还强调，在推进制造业智能化的同时，还要着力加快工业智能装备的国产化进程。[①]

此外，智能生产技术的创新及应用适用于制造业的全过程。先进生产

---

① 谢思佳：《朱小丹调研广东工业机器人产业有何深意?》，《南方日报》2015年1月7日。

技术的快速发展促进了制造业从产品设计、生产、管理到售后服务等各个环节逐渐趋向智能化。一方面通过对生产技术的创新，推动了全球供应链管理的加速变革。通过使用企业资源规划软件和无线电频率识别技术等信息技术，使得全球范围的供应链管理更具效率，缩短了满足客户订单的时间，提升了生产效率。① 另一方面，智能生产技术的应用促使智能服务业模式的加速形成。先进的制造产业通过嵌入式软件、无线连接和在线服务整合成全新的"智能"服务业模式，使制造业与服务业两个部门之间的界限越来越淡化，相互之间的融合越来越深入。

总而言之，在工业4.0时代，智能工厂的出现，不仅是为工厂在制造过程中提供先进的技术，而且形成了一个全新的工厂运作模式，让工厂到内部生产到外部管理和服务之间相互合作，大幅度提升效率和质量，为工厂带来巨大的生产效益，从而形成全新的发展模式。另外，随着智能工厂的发展，大大缓解能源消耗问题，促进绿色能源的发展，实现低污染、高效率的工厂生产模式。

---

① 中国产业洞察网：《2014年全球智能制造发展前景》，http：//www.51report.com/free/3046790.html。

# 第七章
# 个性化的智能产品

第四次工业革命以智慧为核心，它唤醒了我们每个人作为客户的个性化需求，同时也享受科技给我们带来的全方位改变。生活在信息碎片化中，来回穿梭于虚拟与现实世界。为了满足我们个性化的需要，一系列的新技术和新发明被创造和应用，它重组了制造业的生产方式、资源配置模式和企业组织结构，一种全新的经济结构被构建，一种新的生产方式被创造，一种新的商业模式被运作。工业4.0融合了互联网、物联网、大数据、云计算、机器人、3D打印技术，与新制造模式进行融合，塑造了全新的智慧制造。"智慧"与"创新"是这个时代的代言词，借助新科技，全民创意，生产出层出不穷的智能产品，包括智能家居、智能交通、智能手机、智能软件、智能安全产品等。

# 一　智能家居

智能家居始于1994年，那时尚处于概念摸索阶段；2000—2005年，沿海城市出现众多研发生产企业，市场出现恶性竞争局面。国内花样众多的创新产品，由于质量问题和设计不合理，系统功能缺乏实用性，产品无法正常使用，最后整个系统变成了摆设，在2005—2010年这段时间，整个市场都在收缩。2011年，技术进步、互联网通信变革助推市场需求快速放量，市场得以恢复；几乎同时，行业巨头开始布局中国，智能新生态逐渐成形。

智能家居是利用先进的计算机、网络通信、自动控制等技术，将与家庭生活有关的各种应用子系统有机地结合在一起，通过综合管理，让家庭生活更舒适、安全、有效和节能。与普通家居相比，智能家居不仅具有传统的居住功能，还能提供舒适安全、高效节能、具有高度人性化的生活空间；将一批原来被动静止的家居设备转变为具有"智慧"的工具，提供全方位的信息交换功能，帮助家庭与外部保持信息交流畅通，优化人们的生活方式，帮助人们有效地安排时间，增强家庭生活的安全性，并为家庭节省能源费用等。

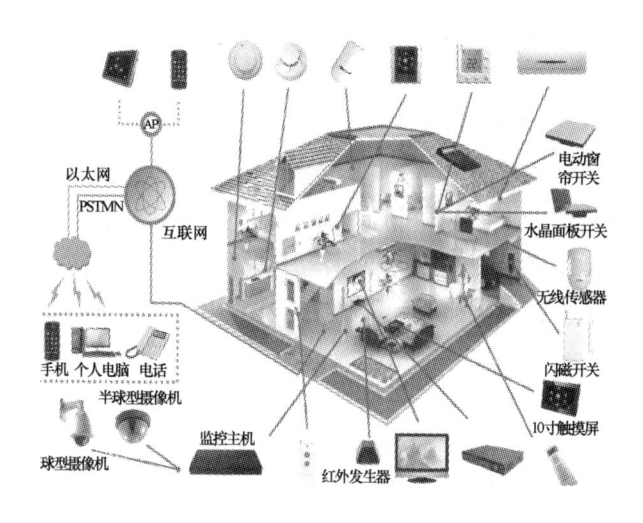

图7-1　智能家居场景

## （一）个性化的系统功能

智能家居已经走进人们的生活，随意在家居市场、建材中心、家电卖场、美居中心等都可以看到智能家居产品。在充分了解智能家居后，人们开始接受并且会喜欢智能家居系统。比如说，物联传感开发的智能家居软件使原本的固定控制终端成为历史，用户拿着手机就可以对家居设备实现一键化操作。最典型的便是场景控制模式，包括离家、回家、会客、影院、睡眠等分类。轻轻点一下影院模式，立刻客厅里吊灯关闭，壁灯开启，电视机播放画面，主人则可以端坐欣赏。另外还有区域控制模式，一般情况下，在某个时间段，家庭成员往往会集中在某一区域，比如说在客厅看电视，在餐厅吃饭等，因此，可以根据预先的设定，对该区域实现集成控制，更加方便实用。

此外，智能家居软件场景控制中还设有联动、定时、自动等功能。例如，在睡眠场景中设立联动模式，当夜里起床如厕时，一路上只要有人走动的卧室和厕所其壁灯都随着人感应，做到"人来灯亮，人走灯灭"。物联传感还在努力让用户可以实现语音控制，目前已经可以通过语音实现部分场景控制功能，等到技术更加成熟，那么人体的活动便会是最终的控制终端，让用户更加省事舒心。如果用户为家里的智能家居装上服务器，把数据储存在云端，通过手机云端或是其他终端，可以随时随地掌握家里的情况。

智能家居产品有多个子产品，安防系统、背景音乐系统、照明系统、视频会议系统、家庭影院系统、电动窗帘、家用机器人等（见表7-1）。每个系统都有相应的个性化功能。安防系统有保护功能，背景音乐系统让你在音乐的海洋里遨游，视频会议系统让你足不出户便可以与其他人进行可视化沟通，家庭机器人接收到语音指令，可以完成一些简单的家务，既省时又方便。

表7-1　　　　　　　　　　智能家居产品分类

| 智能家居产品 | 个性化功能 |
| --- | --- |
| 智能安防系统 | 包括门禁、报警、监控三个部分，指纹、瞳孔、人脸识别、声控等作为门禁钥匙，监控随时记录并且保存，发现可疑任务，随时联动报警 |

续表

| 智能家居产品 | 个性化功能 |
| --- | --- |
| 背景音乐系统 | 采用吸顶音箱在每一个房间安装音乐线，不占据空间与天花板融为一体，采用一个或多个音源，每个房间安装独立的控制器，调节音量与开关 |
| 照明系统 | 采用电磁调压及电子感应技术，对供电进行实时监控与跟踪，自动平滑地调节电路的电压和电流幅度，改善照明电路中不平衡负荷所带来的额外功耗 |
| 视频会议 | 两个或两个以上不同地方的个人或群体，通过现有的各种电信通信传输媒体，将人物的静、动态图像、语音、文字、图片等多种资料分送到各个用户的计算机上，使分散的用户通过图形、声音等多种方式交流信息 |
| 家庭影院 | 采用独具 CMMB 功能和接机顶盒直接看电视的功能，加工内置存储，可以下载网络最新电影和听歌等功能 |
| 电动窗帘 | 一键式开关上下左右浮降 |
| 家用机器人 | 按照指令完成家庭服务 |

## （二）智能化的操作模式

智能家居是现代家居发展的趋势，并不是千篇一律，消费者仍然可以按照自己的需求参与设计，可以根据需要自由选择相应产品、功能和升级。智能家居实现节能环保、安全可靠外，更重要的是人性化和智能化。人性化最大的体现是个性化，不仅是产品本身的个性化，也是消费者个性化的需求。

智能家居产品实现终端控制，你拥有一部智能手机，按下指令，房间的空调自动打开，并且在主人到家时，享受舒适的温度。借助软件语音交互能力，实现语音遥控，装有终端的智能家电接收到语音指令，自动切换到你想要的频道。近日在马来西亚的国际智能产品展会上，某智能有限公司展出了一款"意念控制"家电的智能家居产品，用户通过脑电波发出指令，从而控制家居电器。用意念控制，或许只能在电视和小说里如今变成了现实。假如你想喝杯咖啡，智能饮水机接收到意念指令后，自动调整为冲泡咖啡的最佳温度。

也许人们会质疑智能家居的安全性，门禁系统的数据被窃取，储存端上的数据丢失，等等。通过手机开启门禁系统，智能安防可以实现动态加密与验证，每次使用不同的加密钥匙，关键的数据在无法破解的通道进行传送，两端通过不可逆的算法达到关键数据的同步。即使有人能够破解，但这些数据对下一次开门毫无作用。即使有心思破解的话，也需要上千台服务器协作，花费难以计算的时间。借助物联网的智能家居，各类传感器的数据、视频、图片等信息被储存，如果没有超大储量的储存器，用户的数据会遗失或碎片化保存，可以采用云服务。云计算却可以将这些资源集中起来，自动管理，用户随时随地可以申请部分资源，支持各种应用程序的运转。通过云计算，既可以让家庭与社交网络、新闻渠道、数据分析甚至是政府决策联系起来，也可以构筑智能社区平台。

### （三）市场化的应用前景

受到美国的推动，全球智能家居市场预计在未来五年内将翻一番。市场研究公司 Strategy Analytics 称，世界上 26% 的宽带家庭将在 2019 年至少有一个智能家居系统，智能家居在美国收入将占到全球总量的近 40%，2014 年有超过 2000 万户家庭在智能家居系统上花费数十亿美元。而创想智慧城市研究中心《中国智慧家居行业市场现状与发展趋势研究报告》数据显示，我国 2012 年智能家居市场规模达 600 亿元，预计 2013 年至 2020 年平均增长率将达到 25%，2020 年市场规模将达到 3500 亿元。

在可观的市场前景下，谷歌、苹果、三星、小米、美的、海尔等纷纷涉足智能家居。苹果在 homekit 发布会上表示，homekit 平台可以让公司用户通过使用 iPhone、iPad 甚至 Apple TV，整合 Siri 功能来自动控制门窗的锁、调整光线，可以实现对门窗、灯光等设备的控制。苹果将为一批第三方产品施以 Made for iPhone（MFi）认证，提升设备互联的简易度。在此之前，智能家居的概念已经逐渐升温。从 2014 年开始，从谷歌 32 亿美元收购 NEST，三星发布 Smart Home 管理平台，微信与海尔、创维电器品牌合作，美的发布物联网智能空调，海尔发布全新 U＋智慧生活操作系统，百度推出智能家居解决方案小度 family，小米发布承载智能家居平台功能的路由器。家电和互联网行业刮起了一阵"智能家居"的旋风。

史玉柱那句"今年过年不收礼，收礼只收脑白金"的广告语，或许在未来的智能家居市场流行，每逢重大节庆，走亲访友，或许送一件个性化的、创意型的、时尚的智能家居产品，会有别样的情意。基于物联网、大数据和云计算等新技术的物联网智能家居，从智能照明、家电控制、安全防护、影音娱乐、环境监测、健康管理等方面全方位为现代家庭、社区以及城市打造全智能的管理服务平台。谁还停留在传统家居理念，虽然能够在旧有的传统家居市场建立自己的"朋友圈"，但无法适应现代信息潮流的智能社会"生态圈"。

## 二　智能交通

### （一）人性化的用户体验

【案例 7-1】

也许你有这样的经历，横过马路时，信号灯明明显示绿色，突然跑到马路中间时，又变为红色，惊慌失措地跑向马路对面。这样很容易发生交通事故。为解决这个问题，伦敦一项道路改进计划研发出一套智能交通系统，名为行人分裂周期抵消优化技术（Pedestrian Split Cycle Offset Optimization Technique，SCOOT），这项计划花费 20 亿—40 亿英镑，旨在使伦敦的交通事故减少 40%。

SCOOT 所要解决的问题是如何让行人穿越马路更加有效，同时又不影响车流。SCOOT 用摄像头捕捉并计算人行道上的行人数目，如果有大量的行人，系统会改变绿灯的持续时间，让更多的人能够安全穿越。此外，如果没人要过马路，或者有人按下请求按钮却走开了，系统会切换到"呼叫取消"状态而不激活步行灯。根据行人数量控制，交通信号灯自动调控绿灯的时间，智能交通带来不一样的体验。[1]

为什么可以如此智能地控制信号灯的时间长短呢？在城市的车道上，每条车道距停车线几米处都装一个小检测器，是能实时检测过往车辆流量。只要有车辆经过，它就会发出信号，传送给附近的接收器，中央管理计算机根据路口采集的流量信息联网进行分析，当车辆流量过大就给该路口增加绿灯时间，流量较少就相应减少时间，这样可以保证车辆通行效

---

[1] 《交通灯也智能 英国将提升过马路的"用户体验"》，http://www.631xiangxun.com/content/? 536.html。

率，减少压车数量，压缩等待时间。

　　智能交通系统（Intelligent Transportation System，ITS），是未来交通系统的发展方向，它是将先进的信息技术、数据通信传输技术、电子传感技术、控制技术及计算机技术等有效地集成运用于整个地面交通管理系统而建立的一种在大范围内、全方位发挥作用的、实时、准确、高效的综合交通运输管理系统。[①] 智能交通是一个基于现代电子信息技术面向交通运输的服务系统，它的突出特点是以信息的收集、处理、发布、交换、分析、利用为主线，为交通参与者提供多样性、个性化的服务。谈及智能交通，车联网、智能汽车是不能避开的话题和趋势。车联网就是让车与车，车与路，车与行人，车与乘客，通过车内网、车际网和车载移动互联网，进行无线通信和信息交互。让汽车，让交通，甚至让路更加智能化。智能汽车装有先进的传感器（雷达、摄像）、控制器、执行器等装置，通过车载传感系统和信息终端实现与人、车、路等的智能信息交换，使车辆具备智能的环境感知能力，能够自动分析车辆行驶的安全及危险状态，并使车辆按照人的意愿到达目的地，最终实现替代人来操作的目的。通过这些设备可用于交通管理、公共服务、电子服务、公共交通、应急指挥等方面，图7-2为智能交通应用的案例。

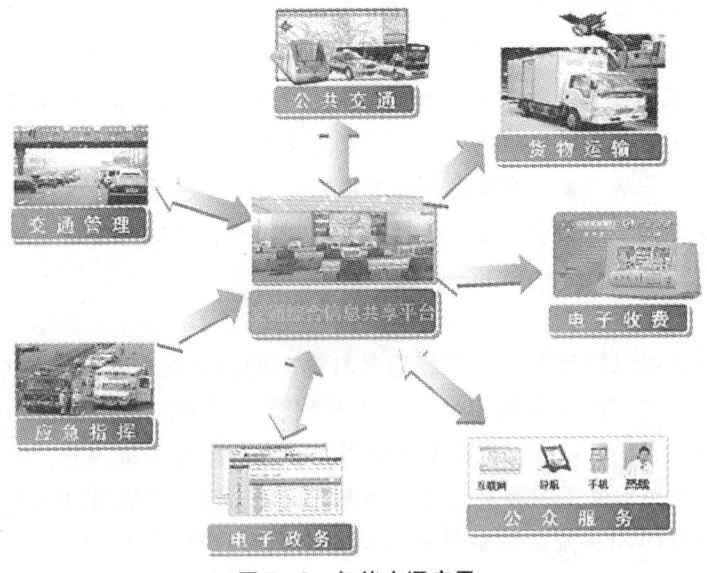

图7-2　智能交通应用

---

① 概念来自百度百科（http://baike.haosou.com/doc/872214-922109.html）。

## （二）高效化的管理服务

交通运输部门通过智能交通系统，可以打击非法营运及提供公众出行信息服务，发布交通路况及相关信息，提高出行效率。公共交通装有智能交通系统可以收集车上的运营状态、行驶里程、营运收入等各种数据，传输到后台系统，便于监管部门了解城市公共车辆的运力和营运情况。在智能终端设一个刷卡区，驾驶员上下车都可以刷自己的司机卡电子签到和签退，不需要设置全职人员专门管理司机的签到工作。安装的车载智能终端同时具有定位监控、电召服务、司机信息显示、车辆调度、数据采集、电子支付、无线通信、警示提醒、录音管理、广角拍照、服务评价等功能。除具备上述功能以外，还可以根据行业或市场的需要不断增加新的功能，并通过无线进行远程自动升级。如果出租车安装使用智能终端系统，可对营运中车内情况进行拍照和全程录音、录像，乘客不用再担心个别司机存在拒载、绕路、多收费、中途甩客等行为，无论是载客、空车、预约等车辆状态，还是行车时间、地点、速度、方向、运行轨迹、对话，都有据可查。接到乘客的投诉后，管理部门可通过平台查阅相关数据，查实后对责任人予以处罚。智能交通包含多个系统，车辆控制系统、交通监控系统、车辆管理系统、旅游信息系统。这些系统衍生出许多智能交通产品，通过表7-2的形式展现各个子系统的工作原理及个性化功能。

表7-2　　　　　　　　　智能交通产品分类

| 智能交通产品 | 个性化功能 |
| --- | --- |
| 交通信息系统（ATIS） | 交通参与者通过装备在道路上、车上、换乘站上、停车场上以及气象中心的传感器和传输设备，提供道路交通信息、公共交通信息、换乘信息、交通气象信息、停车场信息以及与出行相关的其他信息 |
| 交通管理系统（ATMS） | 通过车辆检测技术和计算机信息处理技术，对交通进行管理，交通状况、事故、环境、气象等，提供诱导信息与道路管制 |
| 公共交通系统（APTS） | 个人计算机、闭路电视等向公众就出行方式和事件、路线及车次选择等提供咨询，在公交车站通过显示器向候车者提供车辆的实时运行信息 |
| 车辆控制系统（AVCS） | 帮助驾驶员实行对车辆的控制 |

续表

| 智能交通产品 | 个性化功能 |
| --- | --- |
| 电子收费系统（ETC） | 通过安装在车辆挡风玻璃上的车载器与在收费站 ETC 车道上的微波天线之间的微波专用短程通信，利用计算机联网技术与银行进行后台结算处理，从而达到车辆通过路桥收费站不需停车而能交纳路桥费的目的 |
| 紧急救援系统（EMS） | 通过 ATIS 和 ATMS 将交通监控中心与职业的救援机构联成有机的整体，及时救援，也可以防止车辆被盗 |
| 货物管理系统（CMS） | 综合利用卫星定位、地理信息系统、物流信息及网络技术有效组织货物运输 |

　　智能化的公交系统，应用公交卫星定位调度系统、路口公交的信号优先系统、公交枢纽的集中调度系统和可视化管理系统，以及快速公交 BRT 的智能系统，极大地促进了城市公共交通的运营服务水平和安全管理水平。西安等一些城市已经建立智能公交电子站牌，可实时显示车辆到站时间或者是能用手机等终端去随时查询。高速公路上装有 ETC 系统，可节省通行时间，特别是在节假日通行压力较大的收费站，北京等一些大城市积极推进电子收费系统应用。智能化、信息化、人性化、个性化的运用在交通系统，体现在能实行紧急救援。车辆被盗，发出紧急报警系统，通过连接通信设备发出警报。当车辆发生交通意外，装有感应器以及智能化设备的车辆，感应到不正常，抑或是在驾驶员不清醒的情况下，向当地的交警部门发出救援信号，甚至可以连线最近的医院，及时抢救。

　　智能信号灯、智能监控、智能 ETC 等为交通管理带来很大的便利，也能够提供个性化服务，其中，智能交通产品消费者体验最为感观的是智能汽车。假如驾驶员状态不好，车子会自动感应，不会发动。抑或是开车途中，驾驶员打瞌睡，特别是长途汽车，车子也会语音安全提醒，甚至会让车子紧急刹车。更多的个性化服务，只有用户想不到的，没有做不到的。特别是最近一则智能汽车的新闻"十年后出租车司机会最恨一个叫苹果的公司"在 2015 年开春汽车科技领域引起很大的骚动。

## （三）颠覆性的人力变革

**【案例7-2】十年后出租车司机会最恨一个叫苹果的公司**[①]

十年后苹果将让中国数百万出租车司机陷入失业境地，包括黑车司机。美媒称，苹果公司正组建千人团队，研发无人驾驶电动汽车，项目代号"Titan"（泰坦），还把前梅赛德斯—奔驰研发中心总裁兼首席执行官约翰·荣格·沃恩（Johann Jung Wirth）给挖了过去。

凡是看过梅赛德斯概念车F015的人都会对其中的场景留下深刻印象，特斯拉那样的电驱动、扁平车型、手机控制、触屏操作、自动驾驶。未来汽车将不再是石油驱动，而是电池驱动。不再是机械传动，而是计算机控制。整辆汽车就是一台电脑，外加四个轮子。电脑，也就是机器，将通过4G或者更高维数的网络，随时随地与外面的世界进行联系和互动。万物之间会互相联系，车主通过手机与汽车沟通，行驶在路上，周围的汽车互相之间会进行沟通，避免交通事故的发生。天上的卫星会即时与汽车沟通，引导汽车选择最便捷和畅通的路线。抵达目的地，汽车会与停车场的计时设备进行沟通，自动泊位，自动计费。这一切，在可见的未来都会实现。人在车内，将不再需要与外界直接接触，人类只需要告诉汽车需要去哪儿、做什么就行了，剩下的时间，就是一路聊天娱乐，或者选择办公和休息。

苹果的智能汽车可能会比特斯拉和谷歌更加颠覆汽车产业，它整个把汽车变成了人与世界沟通的工具了。为什么现在行业颠覆得如此迅猛？马克君认为，那是因为整个人类都处在第二次机器革命的前夜，在这场革命中，出租车司机只是殉葬品之一。正如第一次机器革命让机器取代了人的四肢，把人类从繁重的重复劳动中解放出来。第二次机器革命将让机器取代人的大脑，把人类从程式化的思考中解放出来。

其实，无人驾驶技术已经进入天空（飞机早已实现了自动驾驶），今后除了地面以外，还将进入海洋。现在的船舶都有人驾驶，需要舵手、需要船长等。但是今后并不需要了。马克君曾看过沃尔沃的游艇操纵技术，他们将船舶的动力系统和控制系统整合在了一起，把整个仪表盘变成了一

---

① 马克：《十年后出租车司机会最恨一个叫苹果的公司》，http://business.sohu.com/20150216/n409047007.shtml。

个触摸屏，这是一个很了不起的进步。他们无疑可以百尺竿头——更进一步，再整合进移动互联网技术，在船身上布置传感器，把整条船变成一个电脑，随时可以知道周围的情况，无人驾驶，自动泊位，将不再是天方夜谭。

可以想象，今后豪车的卖点将不再是硬件指标，不再看发动机多先进，钢板有多厚，而是看你的车载电脑系统有多先进。今后车友见面会互相问，你的系统是安卓的还是苹果的，是iCar6的还是iCar4的，安卓和苹果哪个好用？便宜的小米汽车在汽车启动时弹出的藏秘排油植入广告有多烦人，等等。司机这个职业今后也将成为装饰性的存在。

智能化给汽车行业带来的变革是颠覆性的，它可以使出租车司机失业，政府不会担心出租车司机联合罢运。甚至为防止交通拥堵，出现"空中汽车"现象。以色列特拉维夫以色列航空工业公司（IAI）推出的"空中汽车"（SkyTran）计划，这种交通工具拥有无人驾驶导航系统，在城市的街道上空顺着高架铁轨构成的网路滑行着——这就是空中汽车。这种空中汽车只有300磅，如果乘客留下预订信息，只要按下手机，由电脑控制的悬浮汽车将会载向你所要到达的目的地，空中汽车的智能化与个性化定制未来可能会普及。

2014年4月交通运输部发布了《关于加快推进城市公共交通智能化应用示范工程建设有关事项的通知》（以下简称《通知》）。《通知》确定，支持太原、石家庄、青岛、武汉、株洲、贵阳、苏州、乌鲁木齐、杭州、保定、银川、兰州、昆明、宁波、合肥、南昌、新乡、上海、沈阳、西宁、柳州、福州、海口、呼和浩特、天津、长春共26个城市开展城市公共交通智能化应用示范工程建设。智能交通拥有广阔的市场前景，智能交通在欧、美、日等发达国家和地区已得到广泛应用。其在美国的应用率达到80%以上，2010年市场规模达到5000亿美元。日本1998—2015年的市场规模累计将达5250亿美元，其中基础设施投资为750亿美元、车载设备为3500亿美元、服务等领域为2000亿美元。欧洲智能交通在2010年产生了1000亿欧元左右的经济效益。

兰州提出将筹资7亿余元建设基于物联网的智能交通系统，欲借助互联网实现道路智能化；南京也提出利用物联网技术，在两年内构建一个以全面"感知"为基础的新型智能交通系统；番禺将投资4000万元、郑州也将投资8000万元、禅城计划投入1亿元；深圳也将在三年内建成六大智能交通系统，均为打造城市智能交通系统。

面对当今世界全球化、信息化的发展趋势，传统的交通技术和手段已不适应经济社会发展的要求。智能交通系统是交通事业发展的必然选择，是交通事业的一场革命。通过先进的信息技术、通信技术、控制技术、传感技术、计算器技术和系统综合技术有效的集成和应用，使人、车、路之间的相互作用关系以新的方式呈现，从而实现实时、准确、高效、安全、节能的目标。

## 三　智能通信

想象一下，当你晚上感到肚子饿了，想吃特色宵夜，手机接收到你的语音指令，自动搜索离家最近的宵夜店，在核实你的喜好后，自动为你联系商家，送上宵夜，并且系统自动保存你的喜好。在某个周末的晚上，焦急的顾客给零售店店员办公室打电话，系统识别其电话重要性后，自动地转接到店员的移动手机上。一名领导下班后，为了尽可能地融入家庭生活，如果收到常规语音电话，会自动转换成文本格式，可以让他在休息的时间免被打扰。抑或是当你离开办公区域，按下电脑关闭按钮，任何人想启动你的电脑，你的手机会出现报警提示，防止机密文件泄露。

这些情景是人们向往已久的工作方式和生活方式，智能通信时代让这一切变得可能，并且更加方便、快捷。从这些场景中我们可以看到，新的通信功能正以多种多样的形式加速着与这个世界的联系，国家与国家之间，个人与个人之间。移动智能时代让不可能变成可能，它在改变我们的生活，也在改变我们的工作方式，它正朝着智能化、人性化、网格化、移动化、个性化的方向迈进。

智能通信是指利用IP融合网络和新智能设备实现任何时间、任何地点多种形式的沟通。企业智能通信可以实现通信应用与商务流程的无缝连接，能通过任何网络在恰当的时间，以恰当的语音、文本或视频方式将工作人员、客户和流程连接到恰当的人。个人智能通信可以实现人与人可以在"任何时间、任何地点"进行沟通的理想，它使人们总是可以在恰当的时间、恰当的地点，使用恰当的设备与恰当的人进行联系。

1876 年贝尔发明电话，当初只能满足两个人的通话，无法与第三个人之间进行通话。将多个用户连接起来进行通话，不仅需要连线非常多而导致造价极高，而且两个用户进行通话时，所连接的其他用户无法进行隔离。最初移动通信的应用主要集中在军队和政府部门，特点是工作频率较低，工作在短波频段。

历史上，移动通信的发展与科学技术的发展紧密相连。第二次世界大战期间战争的要求使得通信技术及其制造业有了长足的发展。从 20 世纪 40 年代中期到 60 年代初期，完成了从专用网到公众移动网的过渡，采用人工接续的方式解决了移动电话系统与公用市话网之间的接续问题。但这时的通信网的容量较小。

从 20 世纪 60 年代中期到 70 年代后期，主要是改进和完善移动通信系统的性能，包括直接拨号、自动选择无线信号等，同时自动接入公用电话网的问题。但由于相关设备以及无线资源的制约，当时整个移动通信市场的发展速度较慢。

随着大规模集成电路技术和计算机技术的迅猛发展，解决了困扰移动通信的终端小型化和系统设计等关键技术问题，移动通信系统进入了蓬勃发展阶段。随着用户数量的急剧增加，传统的大区制移动通信系统很快达到饱和状态，无法满足服务要求。针对这一情况，美国的贝尔实验室提出了小区制的蜂窝式硬碟通信系统的解决方案。在 1978 年，发明了 AMPS（Advance Mobile Phone Service，商级移动电话服务）系统，这是第一种真正意义上的具有随时随地通信的大容量的蜂窝移动通信系统。他结合频率复用技术，可以在整个服务覆盖区域内实现自动接入公用电话网，与以前系统相比具有更大的容量和更好的语音质量，蜂窝化的系统设计方案解决了公用移动通信系统的大容量要求和频谱资源受限的矛盾。这就是第一代蜂窝移动通信系统。

第二代数字蜂窝移动通信系统只能提供语音和低速数据业务的服务。为了满足更多高速率的业务以及更高频谱效率的要求以及目前存在的各大网络之间的不兼容性，一个世界性的标准——未来公用陆地移动电话通信系统应运而生，1995 年又更名为国际移动通信 2000（IMT－2000）。IMT－2000 支持的网络被称为第三代移动通信系统，简称 3G。欧洲提出了 WCDMA，北美提出了 CDMA 2000 标准，中国提出了 TD－SCDMA 标准。第四代移动通信是一个高度自治、自适应的网络，具有很好的重构性、可变性、自组织性等，以便于满足不同用户在不同环境下的通信需求。第四代移动通信可以在不同的固定无线平台和跨越不同的频带的网络中提供无线服务。

表7-3 移动通信系统发展

| 第一代 | 第二代 | 第三代 | 第四代 |
| --- | --- | --- | --- |
| 单频模拟蜂窝系统<br>仅用于语音通信<br>覆盖区仅有宏小区<br>商业用户 | 双频双模式数字系统<br>语音/低速数据通信<br>宏小区、微小区、皮可小区<br>与固定电话网互补<br>商业用户与消费者 | 双频多模式数字系统<br>多媒体通信多业务<br>同固定电话结合一起，与IP网、VPN等网络互补<br>个人通信 | 不同频道多模式数字系统<br>宽带接入与分布网络<br>集多功能的宽带移动通信系统<br>分配层、蜂窝层、热点小区层、个人网络层、固定电话层 |

高度智能化的4G网络是移动手机主体客户需求产生的，也加速了移动智能手机的发展。人们的通话方式经历了简单的语音通话，发展到文本格式与语音通话，到现在的集成各种应用App服务。智能手机（Smart phone），是指"像个人电脑一样，具有独立的操作系统，可以由用户自行安装软件、游戏等第三方服务商提供的程序，通过此类程序来不断对手机的功能进行扩充，并可以通过移动通信网络来实现无线网络接入的这样一类手机的总称"。智能手机是移动通信时代的产物，智能手机有四大特点：一是具备无线接入互联网的能力，即需要支持GSM网络下的GPRS或者CDMA网络的CDMA 1X或3G（WCDMA、CDMA-EVDO、TD-SCDMA）网络，甚至4G（HSPA+、FDD-LTE、TDD-LTE）。二是具有PDA的功能，包括PIM（个人信息管理），日程记事，任务安排，多媒体应用，浏览网页。三是具有开放性的操作系统，拥有独立的核心处理器（CPU）和内存，可以安装更多的应用程序，使智能手机的功能可以得到无限扩展。四是个性化，可以根据个人需要扩展机器功能。根据个人需要，实时扩展机器内置功能，以及软件升级，智能识别软件兼容性，实现了软件市场同步的个性化功能。

2011年我国迎来了智能手机年，年销售量达1.18亿部，超过以往智能手机销量的总和。智能手机销量每年以惊人的速度增长，2014年国家网信办网络新闻信息传播局副局长汪祥荣在第十二届中国互联网经济年会上提到，预计2014年中国智能手机用户量将超过5亿，明年将有超过40%的中国人使用手机上网。① 智能手机已经广泛应用于生活，并且在改变我们的生活。

### （一）可视化的即时社交

在古代生产力极其低下，出现了烽火传军情、邮驿制度、飞鸽传书等，这些在古人的生活中发挥了重要作用。从1837年莫尔斯发明电报，1876年贝尔发明电话。经历了长达一个多世纪的发展，电信服务已走进了千家万户，成为国家经济建设、社会生活和人们交流信息所不可缺少的重要工具。现在我们拥有即时通信工具移动智能手机，借助各类App进行社交活动，2005年腾讯推出的QQ手机客户端，2006年中国移动推出飞信业务，美国推出Twitter，2008年百度推出百度Hi业务，2009年中国门户网站新浪推出"新浪微博"，2011年腾讯又推出微信（WeChat）等。截至目前，超过90%的用户在手机上网时使用手机即时通信工具，而且超过60%的用户经常使用。

第一象限公司数据显示，手机上网对城市单身族日常生活的融入度更高，已经代替其他传统方式成为重要的维系人际关系的社交工具。35.10%的单身被调查者会特意通过手机微博或者SNS网站等方式去认识一些人，其中微信和陌陌使用者通过社交产品结识陌生人的意愿也更为强烈。② 微信的摇一摇功能寻找附近的人很容易结识陌生人，这种即时沟通缩短了人们的距离。以前你想认识C，要与B处理好关系，可能还需要D与E，传统的六度空间理论可能被打破，即时通信工具特别是智能手机的应用，你可以直接联系C，人们的联系变得更加直接、高效、频繁。同时我们从语音通话功能，增加了信息编辑，过渡到现在可视化的通信服务，稳定的网络环境给我们带来了即时的社交生活。智能手机的广泛使用减少了人们沟

---

① 新华网：《今年中国智能手机用户预计将超过5亿》，http://news.xinhuanet.com/tech/2014-12/18/c_1113693869.htm。

② 百度文库：《智能手机在生活中的应用》，http://it.soha.com/20120526/n344149625.shtml。

通的时空感,使人们能够在"任何时间、任何地点"与恰当的人进行可供选择的个性化沟通模式。

### (二) 重组化的网络关系

北京大学社会学家刘德寰教授提道:"若干年后,中国的第一代独生子女也已经老了,他们会比父母那一辈更孤独。他们是为中国社会急剧转型付出代价的那一代人:计划生育让他们没有了兄弟姐妹,城市化迁徙运动让他们远离了乡亲友邻,物欲横流异化了朋友关系,频繁的工作变动让同事关系变得生疏。"费孝通先生在社会学著作中描述传统的中国人社交关系是基于血缘、地缘、亲缘所形成的"差序格局"。在基于血缘、亲缘的强关系中,你关心他,是因为他是你的亲人;在基于名片交换所形成的弱关系中,你关注他,是因为他能给你带来机会;在基于"趣缘"所形成的半熟关系中,你关注他,是因为你们彼此有共鸣。半熟关系是基于半熟社会建立起来的一种关系,半熟社会用刘德寰教授的解释是互联网时代的线上社会,你们很熟悉,又仿佛不熟悉,你们可能没有见过面,甚至也没有见面的欲望。

整个半熟社会是一张交织着想法、爱憎的智能网络,你就是其中的一个结点,当人们在手机上互相关注、互相评论的时候,一个结点在向他周围的结点传递能量,每一个结点总能找到另一群和他共振的结点,形成纯粹的基于爱好、兴趣、价值观的圈子。[①] 半熟社会弥补了这种因地缘、血缘所形成的"差序格局",它可以在线上重构一种新型的社会关系,你总能进入某个社交圈子,找到自己的存在感与兴趣感。

### (三) 碎片化的时间管理

在机场、火车站、地铁、公交车上甚至走路,大家都在干什么?抬头你就会发现都在玩手机。世界上最遥远的距离是我在你身边,你在看手机,我也在看手机。有调查显示,99.99%的人用手机打电话,76%的人拍照,72%的人收发文字短信,38%的人上网,34%(中国内地只有2.5%)

---

[①] 甲乙:《我们都是手机人》,http://tech.hexun.com/2011-12-28/136749154_5.html。

的收发邮件，34%的人玩游戏，34%的人（还有7%的人从网上下载视频）拍摄视频，33%的人听音乐，30%的人即时通信。另外，59%的人会在购物和等待时使用手机，58%的人会在朋友聚会时使用手机，47%的人会在乘坐公共交通工具时使用手机，28%的人会在洗澡时使用手机，23%的人会在会议时使用手机。似乎人们每时每刻都离不开手机，喝咖啡的时候，隔壁桌的手机响了，你也会不由自主地掏出自己的手机看一看，有人戏称这是一种病——"手机强迫症"。可见手机已经成为身体的某个"器官"，离开它，会出现功能性障碍，你就很难存活。用它来买股票、查看天气、订酒店、打电话、玩游戏。

以前人们总是习惯在"公车时间"浏览路过报刊亭买的一份报纸，特别是远距离的上班族，也习惯了在九点后喝杯早茶浏览当天的互联网新闻。现在人们总是在"早茶时间"用手机客户端浏览新闻，这种收视率往往超过定位在"朝日新闻"的电视。"公车时间"往往被认为是互联网和电视的垃圾时间，而智能手机让人们的垃圾时间消失。在一个强调时间和效率的社会，地理位置变动得越频繁，就会出现更多的零碎时间。生活中我们总是产生很多碎片化的时间，上下班、排队候车、就餐，甚至冗长的会议时间都被视作无聊的垃圾时间。智能手机让垃圾时间加以利用，变得更有意义。按照"长尾理论"，人们与家人、朋友以及外界社会的交流再也不需要现实的空间和整块的时间，他们只要动动手指就可以随机完成，而这些大多处于移动、短暂停留甚至私密的地理空间的碎片时间，正在重构"黄金时段"。"垃圾时间"变成移动互联时代的"黄金时段"，智能手机改变了"黄金时间"和"垃圾时间"的简单区分。智能手机使用者眼里所有的碎片时间都是"黄金时间"，"垃圾时间"与"黄金时间"分割观念逐渐模糊。

## （四）电子化的消费模式

你是否记得《北京遇上西雅图》有一个镜头，吴秀波饰演胡子拉碴的Frank，一个不会带女人坐游艇吃法餐却为心爱的女人跑几趟街买豆浆油条的男人，感动了汤唯饰演的文佳佳，也感动了无数的观众。以前我们总是横穿几条大马路到百货商场挑选商品，看到琳琅满目的商品也可能面临选择性困难。也可能在人潮涌动的周末，花费大半天时间排队埋单。现在只需要轻轻触摸手中的智能手机,你就可以在手机终端购买,完成支付。传统的消费模式被打破,新的消费方式正在改变,移动互联网经济已经成为新的趋势和潮流。

根据中国商务部数据,2014年上半年,中国电子商务交易额约为5.66万亿元,同比增长30.1%。网络零售市场交易规模约1.1万亿元,同比增长33.4%,相当于上半年社会消费品零售总额的8.4%。自2010年中国电子商务交易额突破4万亿元以来,每年以2万亿元人民币左右的速度在增长,网络零售市场交易规模在社会消费品零售总额的比重也在逐年以2个百分点的数字增长。互联网分析机构艾瑞咨询调查显示,淘宝网占据国内电子商务80%以上的市场份额。2007年,淘宝的交易额实现了433亿元,比2006年增长156%。2008年上半年,淘宝成交额就已达到413亿元。2009年全年交易额达到2083亿人民币。2012年11月11日,截至上午8点16分,开始8个小时的天猫"双11"购物节,支付宝交易额已经达到50亿元,接近2011年"双11"全天淘宝和天猫的总交易额。"双11"全天,淘宝、天猫平台交易金额已经达到191亿元。2013年,"双11"天猫及淘宝的总成交额破300亿元,达350.19亿元。淘宝作为最大的电子商务网站,给实体店经营的商户带来了严重的冲击。

谁是互联网消费的"首席购物官"?世界80%的消费决策是由女性做出,20%由男性做出,女性主宰了由个人到家庭的消费,成为因移动互联网而变得更加柔软、感性、碎片化的商业世界的发动引擎。针对女性购物主体,兴起一批网站,唯品会、爱购网、尚品网等。周一至周五的午休时间、上下班时间、周六周日很容易成为女性的下单时间。时装、家居用品,甚至万达也联合淘宝在其官网销售楼盘,并且折扣很大。商家也开始用互联网经济头脑赢得市场先机,并且开通门户网站手机客户端并使其成熟。

吃饭先通过手机进行"团购",唱歌、吃饭大多都会用手机"扫"一下,看有没有团购优惠券和先预订好位置,既方便又实惠。现在很多百货、餐饮和娱乐经营实体都在尝试线上营销,通过手机扫描二维码或通过手机客户端下载团购App等方式,消费者得到优惠折扣,并且通过手机支付,往往比现金更便宜。用户通过手机比价、社会化推荐完成购物决策,即时化下单,将需求产生满足的时间压缩到最小。现在出门你只要带一个手机,就可以随心所欲了。把手机放在POS机上,即可完成支付。

智能手机更加个性化的体现是在旅行中和深夜里，人们通过智能手机找到最便捷的路径，用手机定位，发生意外还可以 GPS 手机定位寻求援助。人们也可以安装各类集成软件，美图秀秀即时拍照上传，公布自己的状态。滴滴出行可以既省时又省钱，甚至安装各种食谱 App，手机每天会自动更新菜谱为你搭配营养餐。这所有的一切，智能手机为你做到。从沟通到支付，我们不需要其他介质去完成，只要拥有一部智能手机，它可以承担你想要的功能。我们遥想未来，手机与我们身体融为一体。凯斯总结道："技术正在将我们进化成一种盯着屏幕、点击按钮的新新人类，我们现在依靠'外接大脑'（如手机和计算机）来交流、记忆，甚至生活在第二人生。我们看到的并不是指人类自身体能的延伸，而是心智的延伸，因此我们可以更快的生活，用不同的方式交流"，这即是智能通信时代。

从新一代智能产品的形态来看，产品形态更具多样化。有老人用药介护机器人、智能自行车、智能发牌机、智能 3D 观影机、智能语音音箱、智能语音摄像头、智能马桶、智能学习笔等。用药介护机器，子女可以用手机远程设置，提醒父母按时用药，并对没有用药情况及时知晓，与父母进行视频和语音的远程互动。此外，用药介护机器人后台有专业服务人员，可对老人用药进行安全指导，跟踪患者"周、月、年"的病情变化，给家属适时建议。混合动力智能自行车，可以实现人力与电动切换，时速可达到 25 公里，续航里程达到 45 公里，2.5 小时可完成充电时间。这种产品增加骑行选择并且智能识别人的骑行状态和路况，输出合适的动力。智能马桶起源于美国，用于医疗和老年保健，后来加入了座便盖加热、温水洗净、暖风干燥、杀菌等多种功能。目前市场上的智能马桶大体上分为两种，一种为带清洗、加热、杀菌等的智能马桶；另一种为可自动更换薄膜的智能马桶。冲洗同时还可以根据个人喜好调节水流强度。智能学习笔，集成了 5 大传感器，可实现握笔纠正、角度感应、距离侦测、光线感应、时间检测等多种预防近视的功能。它不仅可通过显示屏对小朋友的用笔进行提示，还可通过内置语音提示，使小朋友对学习不再产生抵抗感。不仅在功能上实现智能化，并在互动方面有进一步扩展，家长可通过蓝牙实现与孩子的互动。可以通过笔给孩子留言，可以设定孩子学习时间，还可以查看孩子用笔的错误率，哪怕想看看孩子每天学习时间有多长，家长们都可以通过手机 App 来实现。

技术改变一切，智能时代的我们充分享受这个时代带来的个性化生活、工作,我们处在一个联动的世界,人与人、人与物、物与物。智能家居的应用,让我们的生活更美好。个性化的家居功能,安全、舒适、联动、环保。智能交通的推行,让我们出行更便捷。既有利于我们城市管理,也有助于安全出行。智能通信的发展,让我们联系更紧密。及时的社交联系,碎片化的时间管理,电子化的消费方式,改变我们的生活方式和工作方式。智能化、信息化、人本化、个性化成为智能时代的显性特征,它打破了人力成本制约工业发展的格局。以智能制造为主导的第四次工业革命,它通过充分利用信息通信技术和网络空间虚拟系统——信息物理系统(Cyber-Physical System)相结合的手段,将制造业向智能化转型,工业4.0时代的目标旨在建立一个高度灵活的个性化和数字化的产品与服务的生产模式。

# 第八章
# 便捷化的智能服务

　　技术随时都在颠覆我们的传统思维,改变我们的生活、生产方式及服务模式。特别是物联网、大数据、云计算等新兴技术的普及与应用,带来了消费者需求的个性化满足,并紧紧围绕人类的日常生活,基于行政、商贸和医疗三个面向,实现了服务消费的智能化、高效化和便捷化发展。

## 一 智慧政务

智慧政务是以技术革命引导政府管理与服务方式的变革，利用互联网、物联网、云计算等技术，通过传感器、控制器等设备，将公共医疗、公共安全、文化教育、环境保护、经济活动等各个领域多样化的、碎片化的政务信息上传到政务云端，再通过云技术处理器将数据进行分类筛选，进行网络政务智能化处理抑或是人工政务处理。个人可以建立独立的信息数据云端，包括但不限于户籍、身份、工作单位、教育经历等；企业（公司）也建立企业信息云端，包括但不限于公司基本信息、法人代表、企业员工、利润、纳税金额、社会活动等；与政府部门的云端实现自动对接。能有利于增强政府与企业、个人及社会双向的互动。智慧政务的高效管理与服务，需要建立完善的个人、企业及社会团体数据库，同时教育、医疗卫生、社保、民政、养老、环境等政府部门数据库平台能够实现有效对接、共享与兼容，才能实现信息跟踪、行政服务、智慧管理。智慧政务以物联网、云技术等现代信息技术为基础，通过全面感知、信息交换、流程整合、数据智能处置方式，将社会治理与政府服务优化升级。

标志着政务3.0时代的来临，智慧政务是对电子政务与移动政务的继承与发展，其作为一个依赖信息技术实现主动、高效、个性化公共服务的过程，目的在于实现以公民为中心的智慧服务，且通过更加开放的、跨地区、跨身份的合作治理，实现跨边界整合与动态协同，使依赖于公民参与、顾客到访等被动响应的、有限制的公共服务向满足不同公民需求的包容性、无边界的泛在化服务（Ubiquitous services）扩展，实现了社会利益融合。[1] 而事实上，在政务1.0时代大幕开启之前，不联网的计算机就已经介入到了日常的政治行政工作当中，这为电子政府建设以及"互联网+政务"目标的实现奠定了坚实的基础。从而，自20世纪80年代开展办公自动化工程以来，我国政府治理与信息技术的"联姻"实际是分四步走的。

---

[1] 徐晓林、朱国伟：《智慧政务：信息社会电子治理的生活化路径》，《自然辩证法通讯》2012年第5期。

第一阶段是政府办公自动化。20世纪80年代初至90年代初，中央和部分地方党政机关开展办公自动化（OA）工程，建立了各种纵向和横向的内部信息办公网络。1992年在政府机关普及推广计算机的使用，推进政府机关自动化程度。主要是利用计算机技术和通信技术、现代化的办公设备等来代替手工作业，提高办公效率，该阶段以文件处理为核心。

第二阶段是网上政府、政府在线（Government Online）或数字政府（Digital Government）阶段。主要是政府网站或信息平台的在线服务。政府建立自己的门户网站，向公众发布信息，完成部分公共服务事项。这也是E-government的最初含义，即电子政府阶段。国务院多个部门启动"政府上网工程"，绝大部分政府部门建立互联网站，70%以上的地市级政府在网上设立了办事窗口，部分实现了人们足不出户即可完成与政府部门的办事程序，标志着真正意义的电子政务活动在我国正式启动。

第三阶段是电子政务阶段。各级政府建立政府门户网站，发布政务信息和提供在线服务，北京、上海、广州、深圳走在电子政务的前列，提供多种便民服务项目。我国的电子政务建设在过去的二十多年的建设中，网络基础设施建设、核心业务信息化、重要信息资源数据库建立、部分基础数据库等方面取得较大发展，电子公共服务体系逐步建立，实现了从无到有、从小到大、从起步向深化应用的跨越式发展。既提高了政府行政效率、节约了行政成本，同时还产生了巨大的社会效益，市民足不出户即可办理一些基本的业务。这个阶段主要是信息技术在政府系统内不同政府部门以及不同层次和地区的政府治理中的运用。在这个阶段人们对E-government的含义理解与界定也开始由电子政府转变为电子政务，即实现了由内而外的扩展性理解。这是目前大多数国家和地区所处的阶段。此时，信息技术渗透到政府的各项工作和工作场所中，但分散化的应用也造成了互不连接的信息孤岛。

第四阶段是智慧政务（Smart government）阶段。是对上述问题的一种积极回应，智慧政务是电子政务发展的高级阶段，基于实境网络，通过综合应用云计算、语义网等多种技术，面向公民和企业提供无缝对接的政府公共服务的高级阶段电子政务。智慧政务将信息高效处置机制引入公共部门政务流程中，同时将政府管理和服务职能通过资源的整合优化，实现政府廉洁高效运行、公共管理集约精准、公共服务便捷惠民、社会经济综合效益显著的一种全新政务运营模式。

相较于电子政务、移动政务而言，智慧政务不仅实现了实践工具的革新，更在服务对象、服务方向、服务范式等方面有了自己的创新与反思（见表8-1）。政务载体方面，实境网络打败了Web2.0时代的博客；服务对象方面，个性化的定制产品在政务服务方面成为可能；服务方向层面，顾客不再仅仅是政府服务的享受者和政府利益的分享者，而是通过定制化服务实时参与到具体的产品生产与设计过程中，DIY将以另一种形式进行表达；尤其是在服务范式层面，3.0时代的政务服务开始能够"自己""思考"，切实把政府管理变成了一项艺术。同时，也正是基于智能技术的开发与普遍适用，政务服务领域的O2O模式建构与实践适用成为可能，在推进智慧城市建设的同时，实现了政务服务的无缝隙、精准化、协同化对接。

表8-1　电子政务到智慧政务政府公共服务的范式转变[1]

|      | 电子政务（政务1.0） | 移动政务（政务2.0） | 智慧政务（政务3.0） |
| --- | --- | --- | --- |
| 普及年份 | 1995—2000 | 2005—2010 | 2015—2020 |
| 政务载体 | 万维网 | Web2.0 | 实境网络 |
| 面向对象 | 面向政府、首站式 | 面向市民、一站式 | 面向个体、政府服务 |
| 服务方向 | 单向服务 | 双向互动服务 | 个性化智慧服务 |
| 局限条件 | 时间、空间限制 | 移动服务 | 无缝对接、随时随地 |
| 服务范式 | 基于服务供给范式统一服务 | 基于公私伙伴关系协作服务 | 智慧服务 |

## （一）无缝隙政务

"无缝隙政务"是对"无缝隙政府"（Seamless Government）概念的具体化操作，后者由美国哲学博士拉塞尔·M.林登（Russell M. Linden）建构，是对20世纪60年代以来发生的公共管理危机的回应，在有效管理顾客对官僚机构的"信息落差"危机的同时，强调政府要与顾客保持密切的、直接的联系，为顾客提供他们所需要的个性化选择、多样性参与，更

---

[1] 赵玎、陈贵梧：《从电子政务到智慧政务：范式转变、关键问题及政府应对策略》，《情报杂志》2013年第1期。

好地满足顾客更高层次的无缝隙的需要和需求。① 据此,所谓"无缝隙政务",就是强调政务服务之于公民需求的不同角度的关注与供给,几乎不存在任何明显的疏忽之处,尤其凸显针对公民需求的个性化满足与参与实践。

在大数据、云计算、"互联网+"等新兴信息网络技术的支持下,智慧政务实现了虚拟政府组织的"无缝隙"设计。一是将组织整合为"无缝隙"。将原先分散的、封闭的、交叉的职能部门整合,面向社会提供低成本的、高效率的、个性化的智慧服务。二是随时随地地"无缝隙"对接服务,智慧政务系统能够打破时空的限制,24小时不间断地提供在线服务。虽然在Web2.0移动政务时代,政府已经在某些领域实现了"无缝隙"服务,但虚拟的电子政府始终不能代替实体政府,甚至出现了虚拟电子政府与实体政府的"真空地带"。智慧政务打造了实体政府与虚拟政府无缝对接的"政府智能服务平台"。突破行政层级壁垒与信息沟通不畅的行政弊端,建立网格化、集成化、动态化、数字化的政府服务。

想象一下,当你去中国香港需要申请通行证时,你可以选择在个人云端提交电子申请,不需要大费周折地跑到政府部门排队申请,政府云技术平台自动接收数据按照设定的程序与制度,进行审批;当你在超市购物,购买的每一种商品都有一个电子条码,只要手机微信扫一扫,就会出现储存在云端的该商品信息,商品成分、生产厂家、物流公司等,每经历一道程序,系统扫描的信息都存储在云端。如果发现有任何造假等质量问题,你可以电话或者网络举报投诉,食品监管部门会及时检查该商品的质量问题,等等。

以智能监控为例,其管理系统自动把该企业列入核查名单,自动调取所有部门关于该企业的数据,给执法人员查证企业是否诚信经营;公共场所按照要求都装有消防设施,在政府云端所有的消防设施存留使用年限等信息,当消防设施达到使用年限时,系统自动发出预警提示,防止火灾发生造成更大损失;在人流密集的地方装有人脸识别摄像头,当公安部门建立人脸与指纹数据信息化时,在人口密集的车站,摄像头扫描到公安部公布的犯罪分子时,人脸识别摄像头能够立即传送相关信息到最近的公安部门,以便及时抓捕罪犯。

---

① [美]拉塞尔·M. 林登:《无缝隙政府:公共部门再造指南》,汪大海等译,中国人民大学出版社2002年版。

## (二) 精准型政务

所谓精准，即精确、准确，是一个时空概念，表现为时间观念中的精准和空间位置上的准确，这里强调政务服务的针对性和有效性。在管理的情境下，资源有限性和需求无限性之间的矛盾、冲突，使管理本质上演变成了一种提高资源利用率的过程，要求在效用最大化的指引之下，"好钢用在刀刃上"！以城市公共安全为例，城市风险的突发性、偶发性和破坏性，对安全管理提出了效率和质量的双重标准，因为处理不及时，损失就越大，危害也越明显，从而需要在碎片化的线索中迅速定位、找准原因、提出对策，也就是说，要提升城市公共安全管理的精准化程度。

除此之外，个性化消费也要求精准服务。工业 4.0 时代是一个凸显个性的时代，每个人都有自己的消费需求、参与偏好以及治理预期，这对传统的生产管理模式提出了新的挑战。如果依然按照传统的订单式、流水线生产，显然将不再能够满足消费者需求，企业也就会失去客户和订单，无法盈利和生存；从而，在摒弃流水线生产的同时，我们建立起定制化大生产模式，鼓励客户参与的同时，实现了管理流程的再造，从设计到选料再到生产、配送，都完全由消费者自己来最终拍板，企业"沦"为了纯粹的"加工厂"，是消费者意志的执行者。至于智能化时代的政务服务，各级政府、部门和代理机构必须针对公民的办事需要提供个性化、有针对性、灵活系统的政务服务，只有这样才能"对症下药""药到病除"，重拾公民对政府部门的认同和信心，夯实政府组织的政治合法性，这就是精准政务的内在逻辑。

2013 年，习近平总书记调研湖南湘西时，首次做出了"精准扶贫"的重要指示，并在日后的会议和讲话中进行了深化、完善，从而实现了这一精神的系统化和可操作化，引发了政治、经济学界的广泛关注和积极讨论，是为对精准政务的切实表达。受这一精神的启发，甘肃省为了提升扶贫的效率和质量，利用大数据、云计算、"互联网+"的新型技术手段，就建立了精准扶贫大数据管理平台，用信息化手段提升扶贫的精准度，精准扶贫大数据平台实现了甘肃全省 101 万贫困户、417 万贫困人口动态管理，并找准贫困户致贫原因，对症下药、因村施策、因户施策 1100 万条，实现了扶贫对象与扶贫措施的精准管理。据悉，在平台设计中，涉及精准扶贫方案的甘肃省将"1+17"各项政策措施设计成信息采集表，分为户级、村级、县级数据结构，嵌入大数据云平台，每一个贫困百姓的信息都精准锁定；通过完善每一个贫困户相对应的信息，精准掌握贫困户的情况。在该平台上，任何一个贫困户，致贫原因、家庭情况、子女上学情况、享受政策等全部能够查到。①

甘肃大数据平台以精准扶贫、精准脱贫、精准管理为目标，通过建立智能分析模型，准确评估扶贫措施叠加效应，推进扶贫对象精准、措施到户精准、项目安排精准、资金使用精准、因村派人精准、脱贫成效精准，确保各项扶贫政策落实到位。甘肃省"量体裁衣"式的扶贫服务有效地解决了贫困信息不对称的局面。建立居民大数据平台，政府能够全面、准确、动态地掌握居民情况，包括家庭情况、经济情况、医疗情况等，根据居民需求，提供精准服务。特别是政府为了更好地提升工作效率，满足人们需求，建立了政府微信公众号。基于庞大的数据库支撑，假如你想到某地旅游，打开政府旅游微信公众号，自助查询服务，输入目的地，菜单会显示城市特色介绍、旅游动态、旅游达人方案、旅游优惠等，如果想了解哪一方面可以继续点击。这种点对点的政务服务，让市民更加方便、快捷、精准地找到自己需要。

### （三）协同型政务

**【案例8-1】**

打开"北京城管公共参与平台"网页，在页面最上边的左边一栏，市民可以下载两个版本的市民城管通，一个是安卓版，一个是iOS版。安装之后，你就成为北京城市管理的一分子，随时随地都可以参与到城市管理中来。该应用是北京市民和北京城管共同建设和维护的一个平台，已经实现了市民"自管理"与政府公共管理的相互对接。

北京城管局借鉴维基百科开放文档管理技术，成功开发出"我爱北京"城管政务维基系统，用来汇聚群众智慧共同管理城市，这是国内第一个政务维基系统。在这个系统上，市民可以分享城市管理知识、提交相关提案，并直接参与政府文件的发起、起草、修改过程，从而真正实现了社

---

① 《中国电信互联网+扶贫，让精准扶贫更精准》，http://gov.163.com/15/1217/19/BB2EQ7E700234LAP.html。

会"自管理"与政府公共管理的相互融合。

每位登录北京城管政务维基的网民,都可以参与编辑,提出自己的想法;北京城管局也能在第一时间看到网民的想法,可行性建议就会落实在管理的执行中。北京城管政务维基秉持的一个核心理念——"我的城市我做主",即每一位市民都是城市管理的参与者,也是城市管理政策的制定者。北京城管新一代指挥中心,初步构建了基于云计算的云到端的物联网基础架构,实现了"市民城管通"和"执法城管通"的端到端互动。基于创新2.0的城管地图公共服务平台获得了亚太地区政府现代化大奖"未来政府奖"授予的"技术领导奖",成为继新加坡国内税务局、菲律宾马里基纳市、马来西亚行政现代化和管理规划中心、大韩民国行政安全部之后第五个获得该奖项的亚洲地区政府机构。①

基于物联网的北京市"智慧城管"总体架构自下向上分为"感、传、支、用"四个层,即感知层、传输层、支撑层、应用层。感知层通过无线射频、卫星定位、视频监控、噪声监测、状态监测、执法城管通、市民城管通等多元传感设备,实现身份识别、位置感知、图像感知、状态感知等多方面感知,全面增强城市管理的感知能力。感知层收集的数据进行传输与整理,储存在云端,方便各部门随时调取与应用。北京市"智慧城管"是应用物联网作为开放载体,充分汇聚群众智慧和社会力量,从而做到智慧城市的共建、共享、共治。

智慧政务依靠智慧感知、信息挖掘、云计算、虚拟现实以及物联网等技术,科技变得更加智慧化,开始具有了思考的能力。高速的网络传输、Web3.0的语义网结构以及个性化的信息终端设备,赋予技术以更强的文化敏感性,改变了公民和政府间沟通的方法,也实现了以公民或服务对象为中心的无处不在的信息跟踪服务。在泛在技术(Ubiquitous Technology)发展的基础上,通过多元的信息接收设备,将政府服务嵌入公民的日常生活之中。通过基于身份信息的基础型数据库与基于生活动态信息的个人化数据库,以智能匹配技术进行服务需求信息的动态传播、采集及总体分

---

① 百度百科:《根据智慧城管整理而成》,http://baike.baidu.com/link?url=pIImE3HrV_6muwBMZguaz5vI2jFkj1oTt_bBqBjWIZv0AaxOauqCNYtm-2_R7zZcZDccbc83OibEgUxJaYJa-q。

析。实现信息的实时更新、整合以及服务内容、服务方式的动态调适。①

智慧政务同样可以借助维基模式，开发开放政府管理系统，问计于民、问需于民、问政于民。第一，开放政府管理服务系统，广泛征集民意，充分尊重社会各界对国家政府、文件的意见。第二，构建知识创新平台。增加知识的获取、创造、分享、整合、记录、存取、更新能力，推动城市管理的可持续创新与各方力量参与城市治理的协同创新。第三，推动政府信息公开与数据整合，集合全社会力量参与到城市建设中，探索社会"自管理"与政府管理的融合，充分尊重民意，科学决策、民主决策，建立一种共建、共治、共享的协同型创新与智慧的服务模式。

## 二 智能商务

智能商务是企业利用现代信息技术收集、管理和分析结构化和非结构化的商务数据和信息，创造和累计商务知识和见解，改善商务决策水平，采取有效的商务行动，完善各种商务流程，提升各方面商务绩效，增强综合竞争力的智慧和能力。作为对传统商务模式的继承与超越，智能商务利用数据仓库、数据挖掘技术对客户数据进行系统的储存和管理，并通过各种数据统计分析工具对客户数据进行分析，提供各种分析报告，如客户价值评价、客户满意度评价、服务质量评价、营销效果评价、未来市场需求等，为企业的各种经营活动提供决策信息。

Target 是美国第二大超市智能商务时代的典型，Target 利用大数据分析技术对客户进行细分，从 2002 年到 2010 年，Target 的销售额从 440 亿美元增长到了 670 亿美元。大数据的威力经《纽约时报》报道轰动了美国，Target 的顾客数据分析部对顾客大数据的充分收集、挖掘、分析与整理，并对 Target 市场营销决策形成有重要的参考作用。在零售业等商业领域，大数据已体现出巨大的商业价值，创造了新的商业格局。智能商务是从不同的数据源（交易系统或其他储存内容系统）从中获取大量数据，运用现代信息技术对数据进行分析和处理，从而科学做出决策。运用物联网、智

---

① 徐晓林、朱国伟：《智慧政务：信息社会电子治理的生活化路径》，《自然辩证法通讯》2012 年第 5 期。

能硬件、云计算、大数据、3D 打印现代信息技术从生产到销售以及支付实现定制化、可视化、电子化,从而实现管理与交易活动的智能化发展。

### (一) 智能商务新思维

智能商务充分体现互联网思维,在传统商业模式上做了很多尝试与突破,共享经济、众包、平台、生态、社群、粉丝、产品、用户、快速迭代等思维都在传统企业得到应用,产品的生产、销售及管理也都基于数据说话。

1. 以用户为中心

在用户需求日益碎片化、个性化的体验经济时代,企业真正比拼的是洞察用户需求和满足用户个性化需求的能力,这也就要求企业需以互联网思维为核心重建供需关系,真正做到以客户为中心,而不是以产品为中心。为了面对新时期市场转型,海尔顺应时代要求,变革经营理念。对外搭建智慧家庭平台连接用户,满足用户需求;对内则搭建"互联工厂"智能交互制造平台;前联研发、后联用户,通过打通整个生态价值链,实现用户、产品、机器、生产线之间的实时互联,提升用户个性化满足能力。

海尔负责人曾坦言:"不跟用户交互、互联,只是在工厂和企业层面进行的改造,还是传统的思想,改造得再完美,还是工业 3.0 的概念,不是真正的智能制造。我们的新理念,就是一定要引入用户。从设计开始,用户有需求可以参与设计、提供方案,自动化和信息化的建设也要跟用户关联起来。"快速回应客户需求,将研发、销售、生产、供应商、用户,都互联起来,海尔通过互联网为用户搭建起了与海尔虚实互动的平台。用户通过海尔官网、Facebook、海尔虚拟展厅等,可以事前参与产品设计,加上对海尔 1.2 亿用户的大数据分析,让前台和用户的交互与企业的供应链、营销、研发系统形成无缝对接。就如张瑞敏所言:"没有成功的企业,只有时代的企业。"现代社会互联网的产生,把企业与用户紧密地联系在一起,通过企业平台可以随时反馈用户意见,以用户为中心是现代企业竞争生存法则。

2. 以免费体验为卖点

免费体验是一种全新的营销文化,试图通过让顾客来体验产品,从而抓住顾客的需求。但它显然不是新生儿，只不过在智能商务的语境下，这样一种营销方式完全变成了一种显学和企业生存的必备技能。通过邀请顾客进行免费体验，企业不仅能够采集到消费者的需求规模和偏好，还能够在潜移默化中培养顾客之于产品、品牌的忠诚感，从而创造一个潜在的消费市场。在智能化时代，这显得尤为重要，一旦企业无法及时、有效把握消费者需求的变化轨迹，其生产的产品、提供的服务也就无法满足消费者需求，进而卖不出去。

比较典型的如快车行业，它们的发展壮大就是免费体验的结果。滴滴快车2015年5月22日在北京宣布，将从5月25日起的一个月在北京、天津、杭州等全国12个城市推出"免费坐快车"活动，滴滴快车将投入10亿元进行补贴。每逢周一，每位乘客当天可以两次免费15元乘坐滴滴快车，覆盖城市包括北京、天津、杭州、广州、深圳、成都、武汉、重庆、南京、长沙、大连和西安，这些城市的所有乘客都可以通过滴滴打车App中的滴滴快车板块，呼入滴滴快车。早前滴滴和快的是两家独立公司，消费者下载其App在打车过程中可以得到补贴甚至是打车零付费的优惠。这种免费模式很快就打入了市场，甚至一度扰乱了传统的出租车市场。为了争抢市场份额，滴滴与快的开始比拼谁的补贴更多，这种免费体验消费的模式最大的受益者是消费者，其他类似的专车软件公司也群起而效仿。滴滴与快的基于共同利益走向合并而结束这场烧钱游戏。当消费者使用其软件服务成为一种习惯，并占有一定的市场份额之后就是有偿使用。

3. 众智+众筹思维

工业时代，企业强调的是"制造"，"制造"是以企业为中心的商业模式。在互联网时代，消费者希望参与"创造"，因此，进入一个新的用户"智造"产品的时代。企业需要为消费者设立"吐槽社区"和"创新社区"，并懂得将这些社区的消费者内容为创新所用。"吐槽社区"和"创新社区"，就是消费者痛点的发掘之地。由"85后"男生组成的海尔内部创业组织发现没有一个"游戏本"能让用户满意，他们将京东商城的3万条笔记本电脑中差评总结为13个痛点。用了5个月的时间，通过与用户交互、整合代工厂、设计资源、引入风投，推出了针对这些问题的全新"游戏本"品牌——"雷神"。仅一年半的时间，"雷神"实现2.5亿元销售额收入。在2011年至2013年5月底，大众建立的大众自造的平台，有1400万用户的访问，贡献了 25 万个造车创想,这些创想是研发人员所想不到的,但是却通过这个平台可以得到很多消费者买车的需求。

"众筹"则是通过互联网,把原来非常分散的消费者、投资人挖掘出来、聚拢起来,为那些创意、创新、个性化的产品找到了一个全新的生态圈。阿里巴巴联手国华人寿推出的"娱乐宝",让影视和游戏爱好者们可以用很少的资金来投资,本质上这是一个理财产品,但是模式上,这是一个众筹的娱乐类的基金产品。"众筹"是个性化、定制化、分散化的产物,改变了消费者的角色,让粉丝、社群都可能成为创新商业推动者和投资者,这是一个新的社群商业。众筹是现代商业共同协作理念又一阐释,把所有用户或潜在的用户连接起来,变为间接的投资者,数以万计的用户成为众筹项目的有生力量。

## (二)智能商务新消费

传统商务的 CRM 系统,只能简要回答"发生了什么事",现在智能商务大数据系统可以被用来回答"为什么会发生这种事",而且一些关联数据库还可以预言"将要发生什么事",最终发展成为非常活跃的数据仓库,从而能判断"用户想要什么事发生"。根据数据预测出用户的偏好,从而帮助企业做出有利于企业发展与市场良性运转的决策。

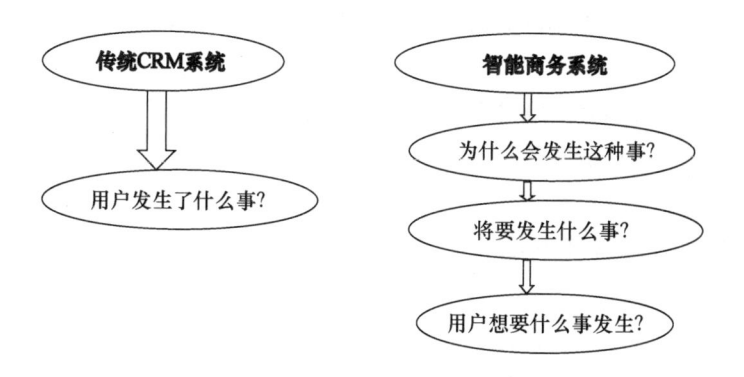

**图 8-1 传统 CRM 系统与智能商务系统**

传统的 CRM 系统只能提供一些结构化数据,满足企业正常营销管理需要。智能商务充分挖掘图片、视频形式存在的社交媒体数据、地理位置数据等多元化数据，提供个性化定制与消费。以沃尔玛、希尔顿饭店等知名企业为例，这些企业利用智能商务系统，安装智能数据装置，用于跟踪客户互动、店内客流和预订情况。饭店可以对菜单变化、餐厅设计以及消费者意见等对物流和销售额的影响进行建模。企业可将这些数据与交易记录结合起来，并利用大数据工具展开分析，通过获取更丰富的消费者数据，对客人方方面面的信息进行充分有效管理并深度挖掘，绘制出更完整的消费者行为。假如你是某个酒店的老客户，通过大数据系统可以明确地告知酒店经理客户的习惯和喜好，如是否喜欢靠路边、是否吸烟、是否喜欢大床、喜欢什么样的早餐，甚至从事什么工作、有什么商务需求等。当客人再次光临时，不用客人自己提出来，酒店大数据系统就会自动提供客人所喜欢的房间和服务等相关信息，大大提升酒店管理效率。[1]

在智能商务框架下，大数据指导生产，物联网实现生产车间互联，云计算提供数据技术支持与协同办公，3D打印与机器人可以提高生产效率并且实现定制化、智能化、个性化的未来。智能商务不仅改变了人们的传统生活、生产方式，也着力解决全社会全行业的资源合理配置问题。未来三到五年传统企业在如何有效利用数据方面得不到提升与加强，就会在信息化社会淘汰。每一个传统企业特别是生产型制造企业，都有责任与计划朝着信息化、智能化、数据化时代迈进。在生产领域、生活领域，未来的世界将会是平的，互联式、场景式、智能化。智能服务，服务中国。工业4.0时代已经到来，无论是在医疗卫生、教育、政府服务、现代商务，利用大数据、物联网、互联网、云计算、3D打印等信息技术已经成为潮流与趋势。智能服务技术、智能服务模式、智能服务思维所带来的变革是巨大的，惠及数以亿计的我们。

### （三）智能商务新模式

保险行业在车险方面是如何管理的？保险公司传统的做法是把客户简要地分为四种：第一种是连续两年没有出车祸的，第二种是过去一年没有出车祸，第三种是过去一年出了一次车祸，第四种是过去一年出了两次及以上车祸的。但这样的分类太过笼统且没有针对性。因此，工业4.0时代

---

[1] 胡络绎：《大数据，让营销更精确》，http://www.cmmo.cn/article-130805-1.html。

充分运用互联网、物联网、大数据、云计算信息技术，收集汽车启动的每个数据，车子型号、驾驶里程、驾驶路线、驾驶习惯、保养记录、事故记录等。保险公司将根据每个月产生的所有数据建模分析，驾驶习惯好、事故率低、保养及时、加油平均等，保险公司就会给客户满意的折扣。保险公司在大数据的支持下重构了商业模式，根据客户为中心，提供个性化的解决方案，对客户分为成千上万种，理赔成本低、风险低的客户可以给予优惠的折扣，风险高的客户可以较高报价也可以直接拒绝，在车载物联网系统，以大数据支撑的大型保险公司将会大大获益，减少了经营风险。不仅是汽车行业与保险行业因为有新的互联技术、数字技术等信息技术的支撑改变了这个行业的商业生态与商业模式，我们也可以用同样的逻辑重新构造新的商业机会与商业模式。

依靠领导的市场嗅觉与灵敏度来主导生产的传统商业模式已经落后与过时。借助数据说话，我们可以以用户的喜好作为产品设计与销售的根据，我们知道顾客喜欢什么，不喜欢什么，产品的类型风格会因为顾客的喜好而改变，也会调整我们的营销模式。海量流动的商业数据，让我们更加全新地、全面地了解我们的顾客，也可以实现顾客定制化制作。各行各业不再是一个独立的生态圈，保险公司根据汽车行业数据定做保单。药品公司可以根据医疗卫生保健机构客户的健康数据，有针对性地定制药品，一种数据化的判断商业模式正在建构。

## 三　智慧医疗

作为一种新的医疗形态，智慧医疗（Smart Health - care）缘起于 IBM 智慧的地球战略。2009 年 1 月 28 日，美国总统奥巴马出席美国工商业领袖的一次圆桌会议，IBM 首席执行官彭胜明向奥巴马总统抛出"智慧地球"的概念，通过将感应器嵌入到电网、建筑、铁路等各种物体中，物物相连，通过超级计算机与云计算将其整合，从而实现物理世界与社会的高度融合。同年 IBM 推出了在中国的六大智慧领域："智慧城市、智慧医疗、智慧交通、智慧电力、智慧银行和智慧供应链。"其中，智慧医疗是建构以患者为中心的医院诊疗服务系统和管理系统。

智慧医疗的核心是借助互联网、物联网和传感器技术，通过传感器设备进行患者身份识别；打造健康档案区域医疗信息平台，构筑医院患者信息索引；再按照就医业务逻辑与协议，进行信息交换与通信；实现智能化识别、定位、跟踪、监测与管理，实现患者与医务人员、医疗机构、医疗设备之间的互动。智慧医疗为何能迅速崛起，与传统医疗有何异同？（见表8-2）

表8-2　　　　　　　　传统医疗与智慧医疗异同

| 项目 | 传统医疗 | 智慧医疗 |
|---|---|---|
| 挂号方式 | 排队取号 | App、微信、电话、互联网挂号 |
| 就医流程 | 时间长、程序烦琐 | 时间短、程序简单 |
| 就医方式 | 线下（面对面） | 线上（远程医疗）、线下 |
| 医患关系 | 较为紧张 | 和谐 |
| 医疗目的 | 治疗 | 疾病预防与健康管理 |

## （一）"触手可及"的诊断

【案例8-2】[①]

我醒来感觉很糟糕，我手机上的应用程序告诉我昨晚睡眠断断续续，两者之间可能有关系。我走进卫生间，在一个传感片上撒尿，尿液中大多数代谢物都没问题，但有过量硝酸盐，可能表明尿路感染。

回到卧室，我进行了更多的检查。血液检测结果表明，我的维生素D水平偏低——但是我生活在干燥的伦敦，我已经预料到了这个结果。我的心律和血氧良好，尽管我的炎症水平比正常值高。随后我擦拭我的鼻子，我床边的仪器只需几分钟就告诉我哪里真的出问题了：我得了流感。扫一眼手机上的流感地图，我就知道有8%的邻居已经感染了，我只是流感地图上的又一个红点罢了。

疾病诊断方式正在发生改变，而我们都被邀请参与这种改变。上文提到的每一项技术都已经或即将面市——而产生这些技术的技术还有更多。

---

① 蔡立英：《自助诊断》，《世界科学》2015年第9期。

对于已经用智能手机应用程序或可穿戴设备来监控健康状况的人而言，对一些技术将会感觉很熟悉。但是有一个差别：这些技术不仅是跟踪生活方式指标，如睡眠质量、饮食和身体活动，还将提供医疗诊断和建议。欢迎步入自助诊断时代。

手机应用和可穿戴设备已经在朝这个方向发展。例如，你可以买一个心电图软件装到你的智能手机上，顶级范围的健康跟踪器现在可以记录你的脉搏和呼吸速率；下一代健康跟踪器还可以跟踪血压、血糖水平、水合作用和血氧。接下来将有各种小玩意儿，把专业水平的诊断仪器带入千家万户。12月，美国圣地亚哥的Cue公司将装运其第一代床头柜诊断仪器——一个白色小盒子能诊断流感并测量四项关键生命体征：维生素D水平、炎症、女性生育能力和睾酮。

无论你是否有心理准备，我们诊断疾病的方式正在受到自助诊断的非同小可的冲击，而我们还刚刚处于冰山的一角，我们可以通过家用医疗设备进行自我诊断，检查生命各项体征。例如，能够诊断的疾病：贫血、心房纤维性颤动、慢性阻塞性肺病、糖尿病、甲型肝炎、白细胞增多症、肺炎、中耳炎、睡眠呼吸暂停、中风、结核病和尿路感染，等等。这些家用医疗设备的诞生，改变了传统医疗的被动就医格局，创造一种全新的自我诊断医疗生态。它打破了传统医疗专业权威垄断格局，建构起一种医疗知识普及的大众医学。它也改变了传统医疗以治疗为目的的人人自危的生命恐慌，重新建立起一种预防疾病与健康管理未雨绸缪的新生态。

通过家庭医疗检测仪器可以诊断一些特定的疾病，让你对自己哪里出了问题略有所知。负责医用三录仪大奖赛的高管格兰特·坎帕尼（Grant Campany）说："医用三录仪的工作机制更像一个医生，它们会询问症状，然后进行检测以得出一个有道理的诊断结果。医用三录仪是为那些可能不知道自己哪里出问题的人设计的。"得益于人工智能、无线传感、诊断成像和芯片实验室技术的进步，以及将所有这些功能缩小集中到一个小巧设备的能力，医用三录仪的所有这些设想正在成为现实。再配上日益高端化的智能手机和云计算，使得医疗数据能够存储和分享，你会拥有"一个用于医疗保健的特殊的技术生态系统"。这些不仅成为现实，也会成为一种人们乐于追求的新兴产业，它推动人们向着更健康、更积极、更主动的方面发展，更少去看医生，在的确需要求医时，会带上诊断结果和数据作为支撑，这将对医疗提供方式产生深刻影响。

## （二）"私人订制"的医疗

**【案例 8-3】**

2015 年 2 月武汉协和医院通过一款名叫"达芬奇"的机器人成功地为一例胆囊病患者做了切除手术。这个机器人突破了人类的三个很大的障碍：第一，机器人比人眼看到的视野范围大 20 倍，对于手术中对血管、神经和肌肉等的观察更为精确；第二，机器人突破了人手的局限，它可以做稳定的七维度运转；第三，它可以做很微小伤口的手术，比如把前端手术臂伸入患者体内进行手术，使得手术出血少，愈合快。达芬奇手术机器人是目前世界上最先进的用于外科手术的机器人，最开始的目的是用于外太空的探索，为宇航员提供医疗保障，提供远程医疗。①

智慧医疗借助远程医疗网络实现分级诊疗，建立基层卫生院、乡镇（社区）医院、县、市、省层级诊疗。市医院远程支持县以下的医院，疑难杂症可以申请省三甲医院的远程协助。可以逐步扩展一个大医院对口多个小医院甚至多个大医院对多个小医院的远程医疗支持服务。远程技术可以为大量基层医疗单位提供临床示范，分享传播医疗经验，帮助更多的病患。远程会诊能够实现医疗资源的二次分配，还可以应对"急、难、险"突发医疗事件。

未来医疗将朝着智能化、个性化、移动化、便捷化的方向发展，可以通过射频仪器等相关终端设备在家庭中进行体征信息的实时跟踪与监控，通过有效的物联网，可以实现医院对患者或者是亚健康病人的实时诊断与健康提醒。这极大地消除了医生和患者之间物理距离的不便，更像是个"移动诊所"。通过医疗大数据，医生的诊断在某些学科会更高。云计算云服务平台的建立，更方便地存储、计算、分析、交换、共享医疗大数据，为临床医学提供帮助与决策。3D 打印人体器官等技术的运用，突破了器官需求较大的限制。医疗机器人在诊断、治疗、康复、护理方面的应用，极大地减轻了医疗从业人员的负荷。

---

① 《智能医疗机器人调查"大白"离我们并不远》，http://tech.hexun.com/2015-04-13/174907449.html。

中国目前已经进入移动医疗急速发展的时期,未来医疗将呈现如下发展趋势:医疗资源的重新配置及互联网对传统医疗方式的颠覆,医疗场景将逐步"去医院中心化",延伸至医院以外的社区、家庭及办公场所;由于信息产业的发展及患者健康意识的日益增强,医患信息之间不对称的状况将得到改善,整体医疗模式将从医生主导向患者主导转变;"单一救治"模式向"防—治—养"模式转变;大众化医疗向个性化、精准化、便捷化转变;智能医疗设备将在医疗活动中充当重要角色,提高医疗效率和品质。① 同时基于移动互联网、智能医疗设备、基因测序、细胞治疗、3D 打印人体器官等技术的综合移动医疗应用呼之欲出,将给患者带来更多希望和生机,造福人类。

### (三)"棱镜计划"与护理

**【案例 8-4】桐庐"智慧医疗"植入乡村**②

"大伯,你平时口味偏咸吗?晚上睡得可好?"近日,桐庐莪山畲族乡龙峰村村委大楼里,周边老人纷至沓来,座无虚席,正在这里接受问卷调查和心房颤动(简称房颤)检查。

"心房颤动是常见的持续性心律失常,易使脑卒中风险增加 5 倍……"一旁的专业人士正"答疑解惑",并详细向村民介绍预防事项。在接受细致的房颤检查后,69 岁的叶樟莉老人兴奋地说:"平时压根没听过房颤,且房颤都为隐性。现在通过这短短几分钟的免费检查,让自己放了心,无病防病,有病早治,真是太好了!"

目前在全国范围内尚未有地区开展过大范围的房颤筛查。房颤早期干预不仅效果好而且成本低,对于本次筛查出来的房颤患者,后续卫生部门将采取 24 小时动态心电监测、经常化的干预管理等措施,由各级医疗机构进行跟踪管理、实施干预和治疗。同时,针对居住分散、交通不便等农村慢性病系统的管理难题,卫生局开展了"无线生理参数监测"惠民关怀项目,这也是桐庐对"智慧医疗"的一次大胆探索。该项目通过给全县 65

---

① 《智能医疗机器人调查"大白"离我们并不远》,http://tech.hexun.com/2015-04-13/174907449.html。
② 《桐庐"智慧医疗"植入乡村》,http://news.xinhuanet.com/info/2014-09/02/c_133614296.htm。

岁以上的慢性病患者配置腕式监测呼救定位器、无线网络血压计等设备，采集患者的各项生理参数，利用移动网络传递至相关医疗单位监测平台，医生及保健人员可根据采集到的数据，对全县居民的慢性病情况进行监控、分析和干预。目前，该项应用已经覆盖了全县所有村级卫生服务站，实现1000套设备的推广使用。

只要带上这个腕式监测呼救定位器，就能让子女或村卫生室实时掌握家中老人的健康和行动位置，实现家庭养老，弥补养老护理资源的不足。智慧医疗带来的便利在一定程度上解决了现代独生子女和空巢老人的担忧。人步入老年，慢性病等多种疾病缠身，任何突发状况，可能导致生命的终结。智慧医疗实现健康与监测，它正在实现"疾病医学"向"预防医学"的转变。传统医疗以医院为中心的治疗医学，智慧医疗通过全面感知、传递、处理，实现治疗前预防、治疗中处理、治疗后随访跟踪，全面改变就医新格局。

借助智慧治疗信息系统，建立对病人诊疗信息和行政管理信息的收集、存储、处理、提取及数据交换的能力，并建立满足所有授权用户功能需求的医院信息系统、实验室信息管理系统和医学影像的存储和传输系统。借助现代化网络与通信技术，构建统一的在线健康数据库。从家族遗传、行为方式、饮食习惯、职业环境等角度出发，获取全面健康信息，建立个性化系统健康档案；根据健康状况做出综合分级，形成评估方案，对潜伏的健康问题或危害健康的危险因素进行干预，帮助建立健康的生活方式和避免危险因素侵害；最后利用医疗资源大数据优化组合，根据需求分析所适合医院和专家，提供个性化的体检套餐和便捷的体检渠道，从而更简便更科学地达到健康管理效果。

借助物联网与互联网的智慧医疗，不仅可以实现医疗的无缝对接，也可以真正意义上实现疾病的预防与健康管理。第一，实现病前的健康管理，有助于帮助病人进行真正科学、有效的疾病预防。病中能够记录包括门诊和住院诊疗的接诊、检查、诊断、治疗、处方、医疗医嘱、病程记录、会诊、转科、手术、出院、病案生成等全部医疗信息，病后实现跟踪与反馈。第二，在病人就医方式上，智慧医疗能够突破传统医疗模式的禁锢，通过在线问诊和远程医疗实现优质医疗资源的跨时空配置，帮助病人免去不必要的到院就医。第三，在病人院内就医的体验上，智慧医疗能够帮助优化患者院内就医流程，节约时间，提高效率。第四，在购药环节上，互联网医药电商的兴起有望带给患者更便捷、便宜的购药体验。第五，优化医患对接机制，促进医患沟通，使医生价值最大化，服务最优化。用户健康信息的采集不是断断续续的过程，它有跟踪与预警，甚至检测到身体某项指数不正常时，系统会自动联系到对接的医院及医生，通过手机信息、电话、邮件告知用户及时预防与治疗。这种在线健康监护体系大大地提高了国家医疗卫生服务水平，减轻了医院负担，创造了传统疾医学到预防医学的新理念。

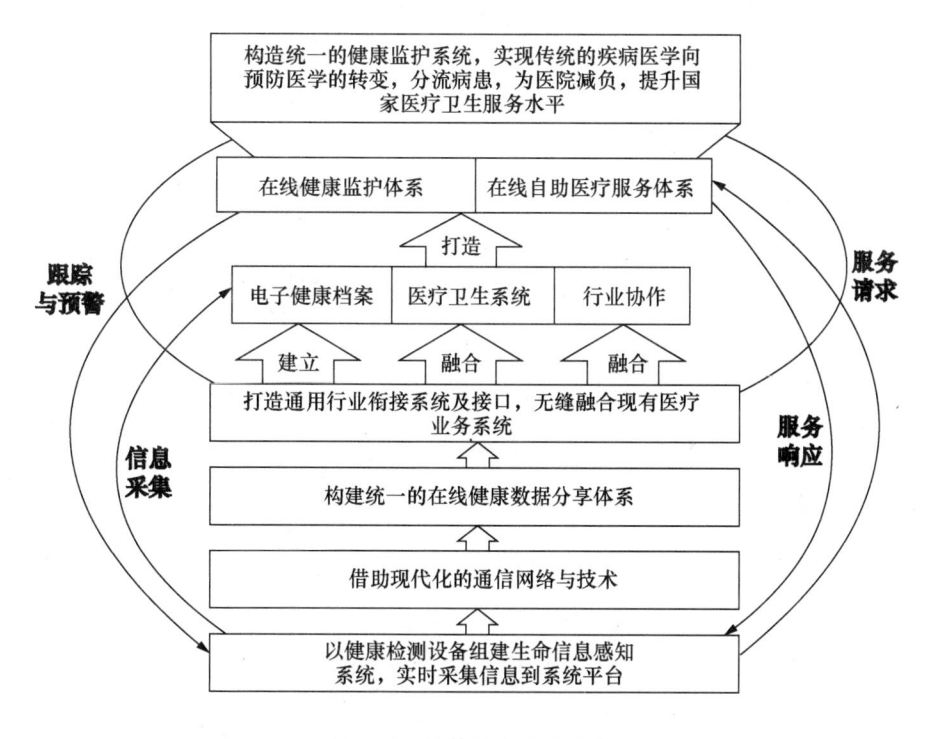

图8-2 智慧医疗信息系统

工业4.0时代的政府角色正在重塑，依靠大数据、云计算、物联网等信息技术，提供精准的、无缝隙的政务服务，构建一个协同型政府。智能商务时代传统优势将加快消失，商业模式将会重构，消费观念正在重建。智能医务、智慧教育、智慧养老等社会服务呼之欲出。

# 下篇

## 第九章
## 智能化时代的企业革命

技术红利是历次工业革命带给人类社会最直接的影响。从"蒸汽时代"到"电气时代"再到"信息时代",机器代替了手工劳动,工厂取代了手工作坊,石油打败了煤炭、水力,社会生产力大幅度提升,工业总产值全面超越农业生产总值。蒸汽机、电力、汽车、航空、计算机、互联网等新兴技术的发明、应用,不断重塑着人类的生产生活模式和思维方式,将人类社会一次次带入崭新时代。现在,人类将步入数字化、智能化、个性化时代,"移动式互联网技术、个人便携式计算机、控制和自动化技术的飞速发展,大大增强了生产的智能化程度,从而提高了劳动生产率"[1],呼吁生产方式的变迁。在全球化语境中,超级竞争将企业置于一种动态的和不可预期的环境中,"产品换代、机器换人、制造换法、商业换型、管理换脑(云脑替代人脑)"[2]正变得难以逆转,迫使企业更具灵活性、革命性和创造性,快速适应不断变化的竞争规则[3],以增强企业竞争力。后者的提升与企业的生产技术、作业流程、组织结构、管理模式、人员素质、企业文化等密切相关。因而,工业4.0时代,伴随着企业的设备、工艺,

---

[1] 周洪宇、鲍成中:《大时代:震撼世界的第三次工业革命》,人民出版社2014年版,第25页。
[2] 毛光烈:《物联网的机遇与利用》,中信出版社2014年版,第12、24—26页。
[3] Thomas Biedenbach and Anders Soderholm:《超级竞争行业组织变革的挑战:文献综述》,《管理世界》2010年第12期。

企业的生产技术水平，企业的信息技术应用状况等的变化，伴随着企业中人的能力与素质，成员的个人目标追求，人与人之间的关系，以及企业的整体目标追求等的更新，企业需要进行组织变革。① 实现生产技术的机器化更替，组织结构的扁平化重塑，企业产品的个性化设计，以及企业管理的柔性化发展。

---

① 林志扬：《从治理结构与组织结构互动的角度看企业的组织变革》，《中国工业经济》2003年第2期。

# 一 生产技术的机器化

## (一)"美国制造"的神话

2010年,中国制造业产值高达1.955万亿美元,占全球制造业总产值的19.8%,超过美国(19.4%)成为全球制造业第一大国。一个多世纪以来,美国首次失去了这一宝座。但"中国制造"并没有真正打败"美国制造"。根据美国经济咨询机构IHS环球透视(IHS Global Insight)数据,2010年美国制造业产出仅略低于中国0.4%,但美国制造业只有1150万工人,而中国制造业雇用了1亿人。美国的劳动力生产率比中国高效近10倍。[①] 也就是说,一旦考虑技术因素,中国制造业是大而不强,只能算"世界代工厂";美国仍然是世界制造业第一强国。

一直以来,美国以中高技术制造业为主,中国以中低技术制造业为主。中国制造业仍处于世界制造业产业链的中下游,出口的产品大多数是技术含量低、单价低、附加值低的"三低"产品,却大量进口高技术含量、高附加值和高价格的"三高"产品。在美国,主要输出中高级技术制造业商品(86%);在中国,则主要输出中低级技术制造业商品(61%)(见图9-1)。如相关统计发现,2011年中国制成品国际市场占有率从高到低依次为:电脑及办公设备(39.5%)、服装(37.29%)、电信设备(32.96%)、纺织品(32.15%)、办公和通信设备(29.57%)、集成电路及电子元件(14.1%)、钢铁(10.43%)、化工产品(5.76%)、汽车产品(2.92%)、制药(2.4%)。[②] 服装、纺织品等主要为劳动密集型产业,集成电路及电子元件、化工产品、汽车产品、制药等为技术密集型产品。换句话说,当前中国的高新技术产业患上了技术进口依赖症,"设备投资有2/3依靠进口,其中光纤制造设备的100%,集成电路芯片制造设备的

---

[①] 腾讯网:《"中国制造"打败"美国制造"只是假象》,http://view.news.qq.com/zt2012/cnus/index.htm。

[②] 陈文科:《中国制造业现状与国际竞争力分析》,《对外经贸》2013年第7期。

85%，石油化工装备的 80%，轿车、数控机床、纺织机械、胶印设备的 70% 是进口的"。①

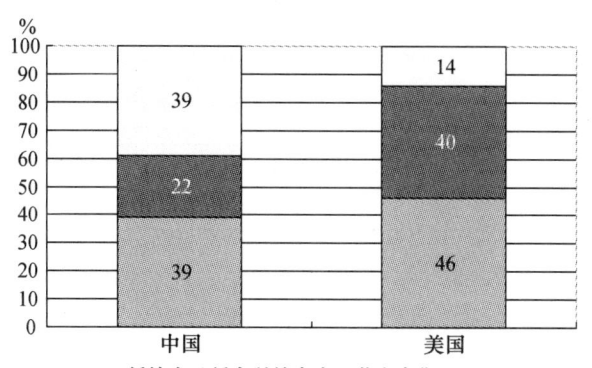

**图 9-1 中美制造业商品输出类型比例**

资料来源：[美] 德勤有限公司与美国竞争力委员会：《2013 全球制造业竞争力指数》。

2013 年年初，德勤有限公司全球制造业组与美国竞争力委员会联合发布《2013 全球制造业竞争力指数》，排名为中国第一，德国第二，美国第三（见表 9-1）。但就具体的竞争力分析来看，中国在劳工生产力、每百万人口中的研究人员数目、创新指数等方面，都低于平均值，并远远落后于美国。如劳动生产力方面，2011 年，中国员工创造了 14200 美元，美国员工每小时创造 68200 美元，是前者的 4.8 倍，行业平均值为 33000 美元；在科研队伍建设方面，2012 年，中国每百万人口中有研究人员 1071 人，美国有 4663 人，是前者的 4.35 倍，行业平均数为 2980 人，等等（见表 9-2）。换句话说，强悍的技术实力，世界上最高的劳动生产力，加上政府对国家实验室、大学研究的支持，共同打造了"美国制造"的神话！这也正是"中国制造"短时间内无法真正打败"美国制造"的深层归因！

---

① 赵彦云等：《"再工业化"背景下的中美制造业竞争力比较》，《经济理论与经济管理》2012 年第 2 期。

表 9-1　　　　　全球首席执行官调查：2013 年国家/地区
　　　　　　　　制造业竞争力指数前十名

| 排名 | 国家/地区 | 指数评分 |
| --- | --- | --- |
| | | 10 = 高 1 = 低 |
| 1 | 中国大陆 | 10.00 |
| 2 | 德国 | 7.98 |
| 3 | 美国 | 7.84 |
| 4 | 印度 | 7.65 |
| 5 | 韩国 | 7.59 |
| 6 | 中国台湾 | 7.57 |
| 7 | 加拿大 | 7.24 |
| 8 | 巴西 | 7.13 |
| 9 | 新加坡 | 6.64 |
| 10 | 日本 | 6.60 |

资料来源：[美]德勤有限公司与美国竞争力委员会：《2013 全球制造业竞争力指数》。

表 9-2　　　　　全球首席执行官调查：中美制造业
　　　　　　　竞争力驱动因素（技术）分析

| | 中国 | 美国 | 行业平均值 |
| --- | --- | --- | --- |
| 劳动生产力（美元） | 14200 | 68200 | 33000 |
| 科研人员数量（人） | 1071 | 4663 | 2980 |

注：劳工生产力即 2011 年劳动生产力（每一员工的 GDP），科研人员数量即 2012 年每百万人口中之研究人员数目。

资料来源：[美]德勤有限公司与美国竞争力委员会：《2013 全球制造业竞争力指数》。

## （二）技术塑造企业竞争力

技术是影响国家、行业或企业竞争力的关键变量之一。从宏观层面来看，一国的国际竞争力与其技术发展水平密切关联，因为后者既是发展国民经济的资源之一，也是决定国民经济发展水平的自变量。

1956 年，美国经济学家、1987 年诺贝尔经济学奖获得者罗伯特·索罗（Robert Merton Solow）发表了《关于经济增长理论：一种解说》一文，开始创建新古典经济增长理论模型，通过引进一个专门的参数来表示人们掌握的技术，以表明技术进步率在经济持续增长中的决定性地位。因为，人均实际GDP的增长是由于技术变革引起了人均储蓄和投资水平的上升；如果技术进步停止，增长就结束。作为当代经济增长理论模型的研究范式，"在现代社会，技术进步日新月异，新古典增长模型把技术进步纳入基本模型，技术进步率成为经济持续增长的决定性变量，技术进步率在很大程度上解释了人均生活水平的持续上升以及地区经济增长的差距，这又为发达地区如何促进经济持续增长提供了理论依据"。①

2005年，林毅夫的一项研究就发现，"对于一个欠发达国家来说，要实现比发达国家更加快速的、可持续的经济增长，就必须比发达国家有着更快的技术创新速度"，而"欠发达国家要以最快的速度来提升自己的技术水平，就必须向发达国家引进技术"，一方面，"欠发达国家必须能够以比发达国家更加低廉的成本来实现技术创新"，另一方面，能够"按照本国的资源禀赋所决定的比较优势从发达国家引进适宜的技术"。②

从微观层面来看，技术也是塑造单个企业市场竞争力的关键变量。"在激烈的市场竞争中，如果一个企业缺乏产品（技术）创新能力和市场开拓能力，不具有价格竞争优势或质量竞争优势，并不断丧失自己的产品市场空间和市场份额，那么，优胜劣汰的市场竞争规则迟早会无情地让该企业及其产品出局"。③因此，技术创新是衡量企业竞争能力的重要指标。作为企业核心能力的重要构成，企业的核心技术能力包括企业的研发能力、产品和工艺创新能力，具体表现为R&D经费比重、科技人员比例、专利数、科技进步贡献率、科技成果转化应用率、新产品开发成功率等。④

因此，2015年5月8日，国务院印发《中国制造2025》，作为我国实施制造强国战略第一个十年的行动纲领和顶层设计，以促进新一代信息技

---

① 王岩、李洪亚：《新古典增长模型中技术进步对经济增长影响的机理分析——对宏观经济学教学中的新古典增长理论的完善》，《内蒙古财经学院学报》2008年第4期。

② 林毅夫、张鹏飞：《后发优势、技术引进和落后国家的经济增长》，《经济学》（季刊）2005年第1期。

③ 蔡昉等：《工业竞争力与比较优势——WTO框架下提高我国工业竞争力的方向》，《管理世界》2003年第2期。

④ 任天飞：《企业竞争力的界定及指标体系设计》，《湘潭大学社会科学学报》2001年第1期。

术与制造业的深度融合，促推我国制造业的转型升级。要求"创新驱动"，"坚持把创新摆在制造业发展全局的核心位置，完善有利于创新的制度环境，推动跨领域跨行业协同创新，突破一批重点领域关键共性技术，促进制造业数字化、网络化、智能化，走创新驱动的发展道路"。

### (三) 机器代人与崛起的智能工厂

#### 1. 以机器代人

智能化是工业4.0时代的技术印记，也是大数据、物联网、移动互联技术之于工业设备制造的深层期盼和现实选择，并将机器人技术普遍应用于工业生产。中国正在成为世界上最大的工业机器人需求国家，数据显示，2013年全球售出17.8万套工业机器人（见图9-2），70%被售往日本、中国、美国、韩国和德国，其中，中国成为最大的工业机器人需求国家，占总销售量的20%。[1] 有意思的是，某种意义上，正是得益于工业机器人在生产线上的应用及其对人力劳动的替代，美、日等才确保了其世界制造强国的地位。作为全球机器人保有量前两位的日本和美国，截止到2014年，分别有48.5万台和23万台机器人"服役于"该国的制造业[2]，且普遍应用于汽车制造、机械加工、模具组装、半导体和电子产品等行业领域。

以机器代人，智能装备、智能生产、智能管理、智能物流等高端信息技术的应用，能够极大地提高企业的劳动生产效率，降低生产成本，保障产品质量。因为，相较于作为劳动者的个人，机器不需要吃喝拉撒，没有事假、病假一说，也不会为了涨工资、谋福利、要保障而联合起来"罢工"，从而耽搁生产时间，增加管理成本。尽管机械手与智能机器也需要维修、"休息"，但用于工作的时间显然要比人多得多，也"专心"得多。特别对于中小企业而言，3D打印技术的发明与转化，使它们能够更容易地"调头"，更专业地对待顾客的个性化需求，从而与制造业巨头一起"抢食"！

---

[1] *World Robotics* 2014 *Industrial Robots* (http://www.ifr.org/industrial-robots/statistics/).
[2] 资料来源：*North American Robotics Markets has Strongest Year Ever in* 2014 (http://www.robotics.org/content-detail.cfm/Industrial-Robotics-News/North-American-Robotics-Market-has-Strongest-Year-Ever-in-2014/content_id/5219); *Production and Shipments of Manipulators and Robots by Application Areas* 2014 (http://www.jara.jp/e/h/statistics02.html).

资料来源:World Robotics 2014

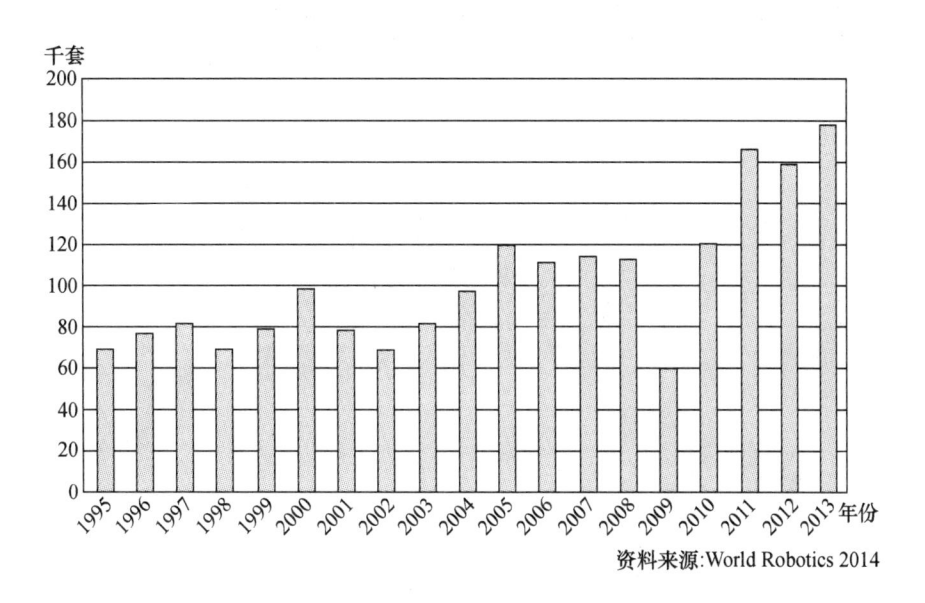

图 9-2 全球工业机器人年度出货量估算

## 2. 崛起的智能工厂

机器人技术在制造业领域的完美适用,就是"智能工厂"的打造!想象一下,在智能工厂(见图9-3):控制师可以心情愉快地扫视自己监控设备的数值波动,DCS(分散控制系统)会自动提示出现异常数值波动的环节,并通知车间巡检班长到设备区进行仔细巡视。一会儿,巡检工人的坐标出现在电子视图上,对方发现的问题和记录的数据也一并通过电子巡检设备传回控制室。判断问题后,系统自动给出处理方案,并指导技术工人轻松地处理设备问题。① 以飞机引擎的生产制造为例,机器人不仅具备娴熟的装配工艺,还能灵活变换工作任务,更为重要的是,它们懂得彼此沟通。如果前一台机器人提高速度,它会通知后一台机器人做好准备;而当引擎投入使用时,其装载的传感器会收集飞机在空中飞行时的各种数据。

---

① 陈军君:《威创的"互联网+"机遇》,《中国经济时报》2015年5月8日第14版。

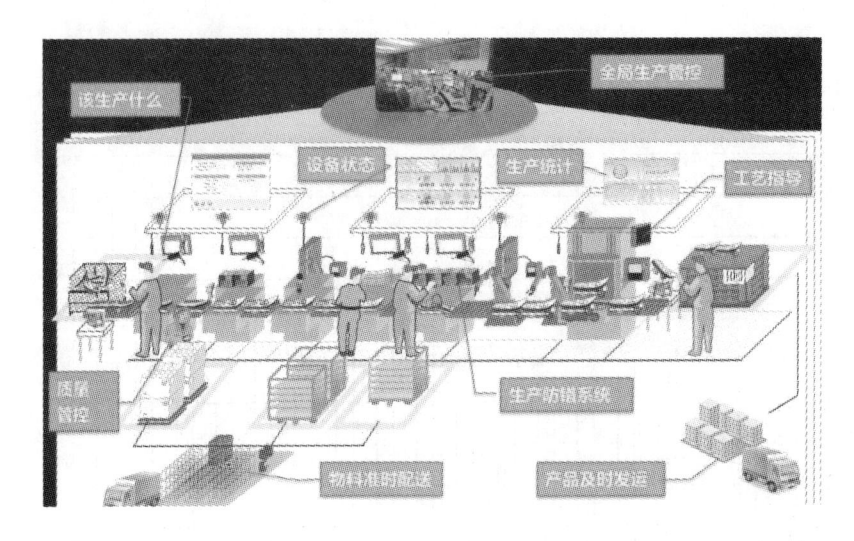

图9-3 "智能工厂"示意

在智能工厂里,人、机器和资源如同在一个社交网络里自然地相互沟通协作;生产出来的智能产品能够理解自己被制造的细节以及将如何使用,能够回答"哪组参数被用来处理我""我应该被传送到哪里"等问题。在智能工厂里,智能辅助系统将从执行理性任务中解放出来,使他们能够专注于创新、增值的活动;灵活的工作组织能够帮助工人把生活和工作实现更好地结合,个体顾客的需求将得到满足。[1]

## 二 组织结构的扁平化

### (一) 苏宁的结构调整史

2013年2月,苏宁云商集团股份有限公司宣布进行组织架构大调整,将原有的矩阵式企业组织架构转变为事业群组织模式。[2] 事实上,这已经

---

[1] 杜品圣:《智能工厂——德国推进工业4.0战略的第一步(上)》,《自动化博览》2014年第1期。

[2] 《苏宁企业组织架构变为28个事业群组织》,《东方早报》2013年2月22日。

是苏宁进行的第四次组织架构调整了。自成立以降伴随着我国科学技术的革新与变迁，其组织结构实现了从直线制向网络制的演化。①

**第一阶段：职能式组织结构（1990—1999年）**

成立之初，苏宁主要负责专营春兰空调。为了解决资金不足的问题，张近东提出了"先卖货后进货"的大胆设想。为了打赢"八大商家围攻苏宁"的商战，张近东首创反季节打款的做法，在淡季向工厂订货，解决了工厂生产能力闲置的问题，商家淡季支持厂家，厂家旺季回报商家，给商家较大幅度的价格优惠，一举击败对手，苏宁一战成名。1996年，苏宁开始第一次战略转型，由批发重心转向零售重心，次年在全国各省市先后建立了30家空调专营店，实现危机扭转。

这一时期，伴随着苏宁大规模的扩张，其组织结构渐趋正规化，初步建立起职能制组织结构。决策权集中于张近东一人，其战略决策对苏宁的成长壮大起着主导作用。

**第二阶段：三级矩阵式组织结构（2000—2005年）**

1999年苏宁开始第二次战略转型，从单一的空调经营转向综合家电经营。为了响应这次战略转型的要求，其组织结构亦进行了调整。2000年，苏宁正式形成"总部—大区—分公司"的三级矩阵式组织架构，最上一级为总部及其14大管理中心，即形成14个管理中心、28个管理大区和数百个分公司的三级矩阵式组织架构（见图9-4）。

类似于联合舰队的组织方式，总部南京为"司令部"，统一计划、指挥、控制和协调，地区管理中心是"旗舰"，各子公司是独立的"军舰"，形成了苏宁特色的"点、线、面结合的事业部制结构"，并兼具矩阵结构的特点。点就是分布在每个城市的四大作业终端，线就是按照专业职能划分的上下一条线的垂直管理，横向专业化分工，纵向垂直化管理，面就是以地区为单位的统一组织、统一监督的大区管理体制。

**第三阶段：集团军群式组织结构（2006—2012年）**

2006年，苏宁进行了有史以来最大的一次组织结构调整。

总部方面，取消原有的14个管理中心，新形成四大管理总部。苏宁电器将原来工作职能关联度较大的管理中心进行了整合，在总裁办统一管理的基础上又新形成了四大管理总部：营销总部、连锁发展总部、服务总部

---

① 有关苏宁结构调整的阶段划分，参见崔娜《企业组织结构进化研究》，硕士学位论文，暨南大学，2013年。

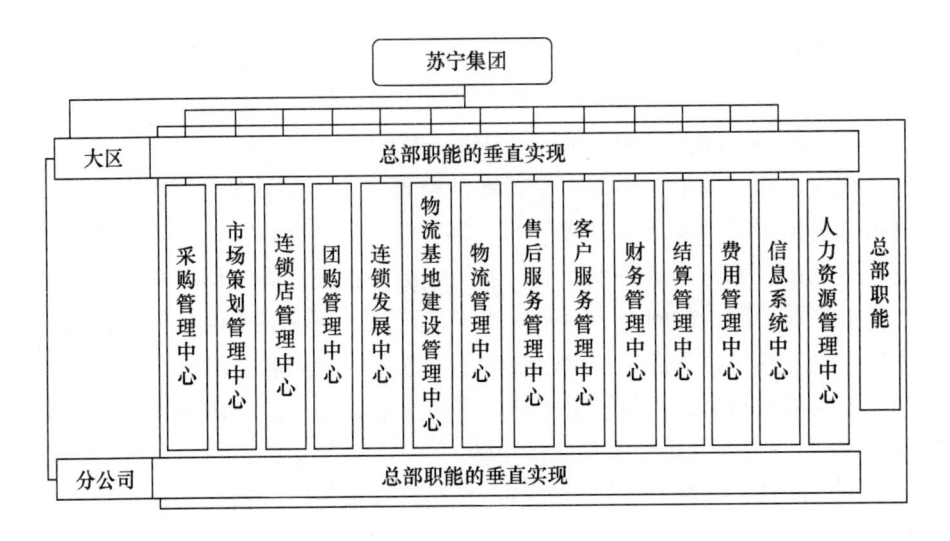

```
                    ┌─────苏宁集团─────┐
         ┌──────────┴───────────────────┴──────────┐
    大区  │          总部职能的垂直实现              │
         │ ┌──┬──┬──┬──┬──┬──┬──┬──┬──┬──┬──┬──┬──┐ │
         │ │采│市│连│团│连│物│物│售│客│财│结│费│信│人│总│
         │ │购│场│锁│购│锁│流│流│后│户│务│算│用│息│力│部│
         │ │管│策│店│管│发│基│管│服│服│管│管│管│系│资│职│
         │ │理│划│管│理│展│地│理│务│务│理│理│理│统│源│能│
         │ │中│管│理│中│管│建│中│管│管│中│中│中│中│管│ │
         │ │心│理│中│心│理│设│心│理│理│心│心│心│心│理│ │
         │ │  │中│心│  │中│管│  │中│中│  │  │  │  │中│ │
         │ │  │心│  │  │心│理│  │心│心│  │  │  │  │心│ │
         │ │  │  │  │  │  │中│  │  │  │  │  │  │  │  │ │
         │ │  │  │  │  │  │心│  │  │  │  │  │  │  │  │ │
         │ └──┴──┴──┴──┴──┴──┴──┴──┴──┴──┴──┴──┴──┘ │
    分公司│          总部职能的垂直实现              │
         └──────────────────────────────────────────┘
```

**图 9-4　2000 年苏宁"总部—大区—分公司"三级矩阵式组织架构**

资料来源：《苏宁组织架构图业务模式》，http://www.docin.com/p-62922072.html。

和财务总部。其中，营销总部由采购管理中心、市场策划管理中心、连锁店管理中心和团购管理中心构成，全面负责全国的营销系统管理工作。连锁发展总部由连锁发展中心、设计中心、物流基地建设项目部和装饰工程管理中心组成，全面负责连锁拓展相关工作。服务总部由物流管理中心、售后服务管理中心、客户服务管理中心组成，全面负责服务体系的建设和日常运营。财务总部包括财务管理中心、结算管理中心、费用管理中心、信息系统中心等部门，全面负责苏宁电器的费用管理控制工作。此外，人力资源管理中心、集团办公室以及战略规划部作为总裁办公直属部门独立运营。

大区方面，新成立八大地区管理总部，接收总部下放的权力。苏宁电器新成立华北、华东一区、华东二区、华南、西南、西北、东北以及华中八个地区管理总部。地区管理总部的层级位于原先的总部和大区之间，是作为苏宁电器总部的派出机构，负责所辖区域内苏宁电器连锁体系的日常经营管理的指导工作，其中，有相当一部分是原先苏宁电器总部各管理中心所承担的职责。不过，地区管理总部并不是一个管理层级，而是代表南京总部行使对 28 个省市级大区的管理职权，南京总部的权力下放有助于公司的精细化管理运作。

至此，苏宁电器的总部管理转向了"集团军群"式的作战方式，精细

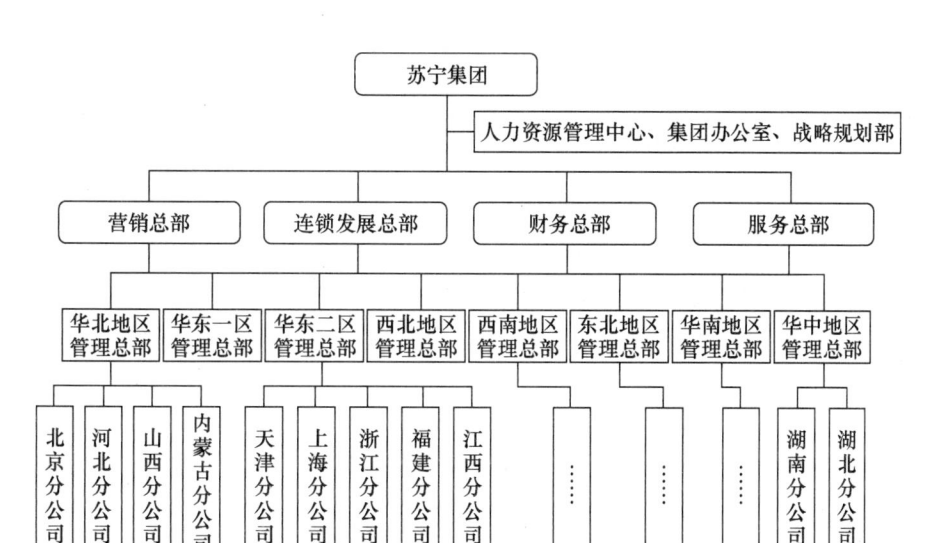

化、联动式的管理风格逐步树立（见图9-5）。

**图9-5　2006年苏宁建构的集团军群式组织结构**

资料来源：《苏宁组织架构图业务模式》，http://www.docin.com/p-62922072.html。

### 第四阶段：事业群组织（2010年至今）[①]

2010年，苏宁易购正式运营，预示着苏宁第三次组织再造的开始。这次组织再造需要融合线上线下资源，苏宁提出了一种全新的运营模式——云商模式，将自己定位于"店商+电商+零售服务商"，做好线上线下融合的同时，逐步转型成为"零售服务商"，对外开放苏宁的核心竞争力。这种模式对苏宁的组织架构提出了全新的要求，苏宁也进行了相应的组织结构变革，形成包括三大经营事业群、28个事业部、60个大区的新架构。

首先，新增连锁平台经营总部、电子商务经营总部、商品经营总部三大总部。其中，连锁平台经营总部，负责店下所有实体店面平台的经营管理；在线下连锁中，又分为连锁店事业部、商业广场事业部、乐购仕事业部三大事业部。电子商务经营总部，负责店商所有业务的经营管理。商业经营总部，则负责各类商品的经营管理。加上原来的服务物流管理总部、

---

① 详见《苏宁详解云商集团组织架构调整》，http://tech.sina.com.cn/i/2013-02-21/14138077948.shtml。

市场营销管理总部、财务信息管理总部、行政人事管理总部、商品经营总部，此次调整之后，形成共计八大管理总部。

其次，在地区的运营层面，拆分增设几个大区。为了进一步强化纵深扩展，精耕细作，在沿海发达的华东、华南、华北等区域，以及人口密度较大的华中、西南等区域，一共增设了 16 大区，海内外大区总数达到 60 个。其中，在华东一区增设了扬州、常州、南通、盐城、临沂。华东二区增设金华、宜春。华南区增设佛山、东莞。华北区增设唐山。华中区增设衡阳、向阳、南昌。西南区增设内江。西北区增设西宁、银川。从大区终端的三级管理将逐渐变成大区到终端两级管理，将有效提高经营效率，提高各地市场的反应速度。

经过此次架构调整，线上线下两大开放平台，三大经营事业群，28 个事业部，60 个大区组成了苏宁的联合舰队（见图 9-6），苏宁的组织机构形式逐渐由事业部制结构向网络结构进化。

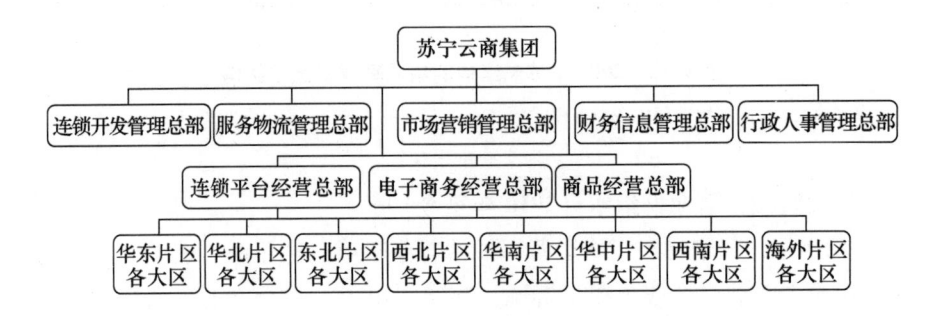

**图 9-6 2013 年苏宁组织结构调整图系**

资料来源：《张近东重构苏宁：零售业正在历史危机关头》，http://news.itxinwen.com/2013/0222/471656.shtml。

苏宁的成长轨迹表明，适应性要求企业的组织结构必然发生动态调整，以匹配企业战略的实施和目标的实现。尤其是伴随着技术发展和外部环境复杂化的变迁，为了提升企业管理的敏感性、快速化，企业组织结构需要走向扁平化。

## （二）从"直线"到"网络"

1983 年，美国学者奎因（Robert E. Quinn）和卡梅隆（Kim S. Cameron）

联合发表了《组织的生命周期和效益标准》[①]一文,把组织的生命周期划分为创业、集合、正规化和精细四个阶段,分别讨论了组织的特征及其遇到的危机,并基于内生动力的考量,赋予企业组织结构动态演进的合理合法性(见表9-3)。在他们看来,创业阶段,组织需要生存,强调权力集中和控制,宜采用直线制的管理体制;集合阶段,组织需要发展,风险抵御能力不强,一切都还不太稳定,依然需要集权,宜采用职能制或直线职能制的管理体制;正规化阶段,企业步入成熟期,规模大、员工多、层级多,信息传递不畅、反应迟缓、控制不力,需要分权,强调中低层级的独立性、自主性、灵活性,宜采用事业部制的管理体制;而在精细阶段,随着分工的日益深入、需求的日益多元,强调产品的差异性和组织的独特性,主张组织管理的多元参与及协商合作,宜采用矩阵制甚或网络式的管理体制。

表9-3  企业生命周期各阶段的组织特征

|  | Ⅰ创业阶段 | Ⅱ集合阶段 | Ⅲ正规化阶段 | Ⅳ精细阶段 |
| --- | --- | --- | --- | --- |
| 重点目标 | 生存 | 成长 | 声望,稳定性,扩大市场 | 独特性,完善的组织 |
| 正规化程度 | 非正规化 | 初步正规化 | 正规化 | 正规化 |
| 组织形式 | 直线制 | 职能制或直线职能制 | 直线职能制或事业部制 | 直线职能制加矩阵制 |
| 集权程度 | 个人集权 | 上层集权 | 有控制的分权 | 有控制的分权 |
| 高层领导风格 | 家长式 | 有权威的指令 | 分权 | 参与 |
| 奖励方式 | 凭个人印象和情感 | 个人印象和制度各半 | 有正规考核制度,不靠个人印象和情感 | 系统考核,按小组奖励 |

资料来源:龚荒主编:《企业战略管理》,中国矿业大学出版社2009年版,第230—231页。

作为"组织成员为了实现组织总体战略和组织目标而分工协作,在职权、职责等方面所形成的结构体系"[②],组织结构具有适应性、生长性。系统权变理论学派就认为,组织是一个开放的动态系统,作为社会总系统的

---

[①] Quinn R. E., Cameron K. S., "Organizational Life Cycle and Shifting Criteria of Effectiveness: Some Preliminary Evidence", *Management Science*, 1983, Vol. 29, pp. 33-51.

[②] 龚荒主编:《企业战略管理》,中国矿业大学出版社2009年版,第213页。

一部分，组织与社会环境各部分之间相互依赖、相互影响；组织结构必须根据环境的变化不断进行调整，以适应组织战略实施和目标实现的需要。如保罗·劳伦斯（Paul R. Lawrence）和杰伊·洛奇（Jay W. Lorsch）在《组织与环境》一书中就明确提出，环境作为一个重要因子影响的不仅是组织单位的内部结构设置，还影响该组织内部各个子系统的设置。权变管理理论就要求管理者根据组织的具体条件及其面临的外部环境，采用相应的组织结构、领导方式和管理方法，灵活地处理各项具体管理业务。

由此，在内外因素的共同作用下，组织结构实现了从传统向现代、从直线制向矩阵制、网络制、从金字塔向扁平化形式的转变（见图9-7）。就其推动力而言，技术变迁与新型组织结构形式的产生息息相关。宏观层面，技术变迁是企业组织结构进化的外部动力，重大的技术变迁使企业的外部环境发生了重大变化，要求企业进行相应的组织结构变革，尤其是信息技术和互联网的发展改变了人们的生活方式，改变了人们的等级观念，也改变了人们沟通交流的方式，人们期待打破传统的建立在等级制基础上的自上而下发号施令的官僚层级结构，代之以更为开明和强调合作与共赢的新型结构。① 微观层面，企业技术如互联网、物联网、工业机器人、智

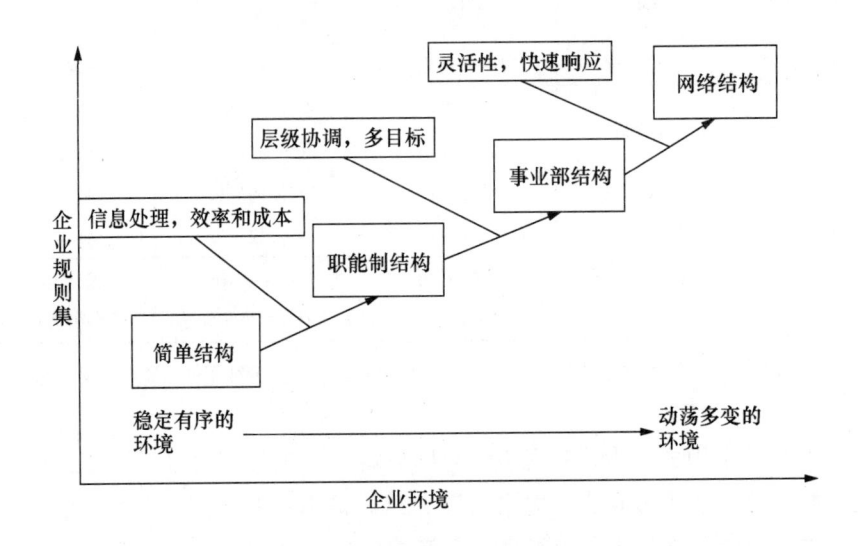

**图9-7 企业组织结构进化路径**

资料来源：崔娜：《企业组织结构进化研究》，硕士学位论文，暨南大学，2013年。

---

① 崔娜：《企业组织结构进化研究》，硕士学位论文，暨南大学，2013年。

能设备、工人的技能和知识等在生产、管理实践中的适用，一定程度上决定了企业组织结构的设计，加快了信息传播的速度，降低了组织管理的成本，方便了知识的获取与传递，减轻了对中层管理者的依赖；而且，互联网等信息技术在日常管理实践中的应用与渗透，在减少管理层级的同时，扩大了管理幅度，一个管理人员能够有效地直接领导和控制的下级人员的数量增加，缩短了上层领导与下层业务员之间的距离，直接沟通与交流的机会增加、次数增多，这些都倒逼企业组织结构的扁平化改革。

以苏宁为例，其组织结构的每次调整，始终伴随着集团信息化手段的升级与改进，两者相辅相成，互为依托（见图9-8）。1994年，苏宁率先建立第一套基于DOS操作系统下的完整的售后服务管理系统，将客户购买空调的送货信息、安装信息、维修记录等数据存入数据库。1996年，苏宁率先进行了销售与财务系统信息化，建立了商场、物流配送、仓库、售后服务中心等局域网络系统。利用信息系统，进行进销存管理、配送管理、仓库管理及售后服务管理。2000年年初，苏宁率先建立集中式ERP信息管理系统，按照总部—省级公司—子公司三级架构组建超大规模的网络硬件平台，各子公司、门店不设立服务器，通过ATM网与总部直接相连。2006年4月，苏宁建立了以SAP/ERP为核心的国际化信息平台，建立总部—大区—分公司三级架构，三网合一的强大网络体系，建立多媒体监控系统，实现全国连锁网络"足不出户"的全方位远程管理，等等。

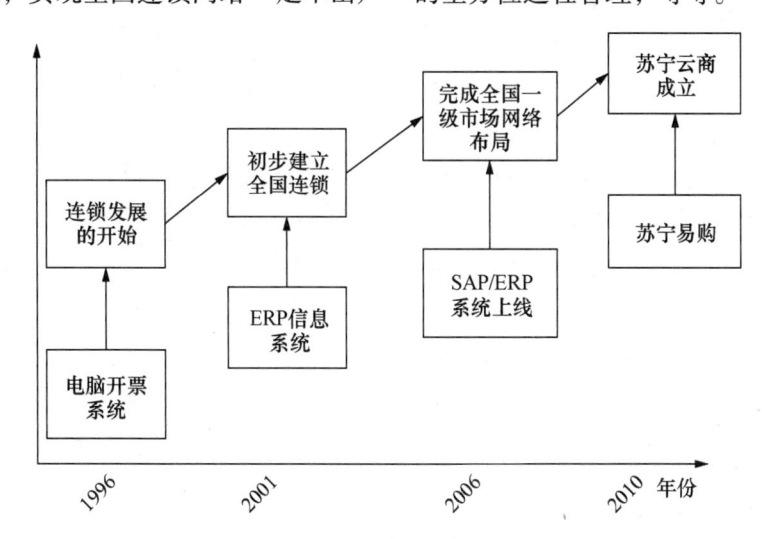

**图9-8 苏宁技术发展与战略发展的历程**

资料来源：崔娜：《企业组织结构进化研究》，硕士学位论文，暨南大学，2013年。

### (三)走向有选择的扁平化

组织结构扁平化,就是通过减少管理层次、裁减冗余人员来建立一种紧凑的扁平型组织结构,使组织变得灵活、敏捷,提高组织效率和效能。① 作为适应组织外部环境的日益复杂多变而提出的挑战,组织结构扁平化的顺畅运作需要具有两个重要条件:

一个条件是现代信息处理和传输技术的巨大进步,能够对大量复杂信息进行快捷而及时的处理和传输,能够大大缩减原有的信息处理和传输工作的中间管理层次。现代信息技术的飞速发展,特别是网络技术的日臻完善,满足了当代企业对信息处理和传输的要求。以现代计算机技术为基础的网络技术使整个企业内部各个部门、各个岗位由一个四通八达的信息网络紧密联系起来,企业的每一个普通员工都能够通过网络系统获得企业内与自己业务有关的任何信息,大大减少了企业内部的数据和报表工作,并且使基层工作人员能够直接与最高管理层进行沟通。

另一个条件是组织成员的独立工作能力大大提高,管理者向员工大量授权,组建各种工作团队,员工承担较大的责任。普通员工与管理者、下级管理者和上级管理者之间的关系由传统的被动执行者和发号施令者的关系转变为一种新型的团队成员之间的关系。②

工业4.0本质是物联网的智能工业,强调"1"个网络即信息物理系统网络(Cyber-Physical Systems,CPS)在工业生产中的桥梁沟通作用,在互联网的基础上,实现了从"人—人"到"物—物"的渗透,能够把互联网络——固定网络与移动网络覆盖到社会生活的方方面面,实现了信息技术的真正普及和在企业生产经营中的采用。从而扩大了组织的管理幅度,减少了管理层次,使组织结构趋于扁平化。

在规模经济背景下,"层级"组织结构具有纪律性强、精准和高效的特点,符合大规模生产的要求。但在智能化时代,面对市场的瞬息万变,市场信息的层层传递显然已经不适应时代需求。除了响应速度慢之外,"层级"组织中的"一线"员工往往只是执行上级命令的工具和手段,其

---

① 张晓全、曹光明:《扁平化——西方企业组织结构的演变趋势》,《管理现代化》1994年第3期。
② 龚荒:《企业战略管理》,中国矿业大学出版社2009年版,第231—232页。

自主性受到极大约束。结果，最能感知用户温暖的人是最没有自主权的，反而"唯命是从""唯指标而动"成了员工行为的最佳选择。① 因此，压缩管理层级，实现管理结构的扁平化发展，是大多数企业的科学选择，但表现各异。

### 海尔："小微"模式②

海尔为了有效缓解和应对工业4.0时代的全球竞争和个性化生产要求，进行了组织变革。从2010年算起，海尔的组织变革走过了从自主经营体，到利共体，再到"小微"三个阶段。在自主经营体阶段，原来的正三角组织结构，变成了倒三角组织结构，企业变成了2000多个自主经营体，具体包括"三类三级"，即研发、制造和市场三类，一线经营体、资源经营体和战略经营体三级，一线经营体直面用户。

2013年年底，"小微"组织形式出现，在海尔组织中只有平台主、小微主和小微成员三类角色。"小微"成为为用户负责的独立运营主体，只有为用户创造价值才能获得报酬，充分享有决策权、用人权和分配权。"小微"和平台之间是"市场结算"关系，平台报酬源自"小微"。统计显示，截止到2015年4月底，海尔创业平台上已经诞生了470个项目，涉及家电、智能可穿戴设备等产品类别，以及物流、商务、文化等服务领域。汇聚了1322家风投，吸引了4000多家生态资源，孵化和孕育着2000多家创客小微公司。③

### 小米：直面用户

小米也是扁平化结构的代表。它摒弃了传统公司通过制度、流程来保持控制力的树状结构，其架构直面用户，是一种以人为核心的扁平化管理模式，从最底层员工到创始人只有三级，即"联合创始人—部门负责人—员工"。每个创始人分管不同领域，类似于"地方自治"，合伙人拥有较大自主权，且不互相干预（见图9-9）。创始人下面又有很多个团队，例如，

---

① 王钦：《动态组织之道》，《哈佛商业评论》2014年第8期。
② 同上。
③ 张起花：《海尔：平台型企业突围"互联网+"》，《企业观察报》2015年5月12日。

创始人之一的洪峰负责 MIUI，管理着 20 多个团队，包括应用商店、游戏中心、主题商店等。每个小团队都具有各自的优势，相对独立运营，相当于一个小型创意公司；同时，业务部门内没有层级关系、职级名称、不考察 KPI，所有人看上去都是平等的。洪峰说："由于我管理的团队较多，我本身不能成为'瓶颈'，所以不能采取事先审批制度，要给团队主管自主权，让他决定对成员的分配。同时，让团队之间相互竞争，优胜劣汰。"①

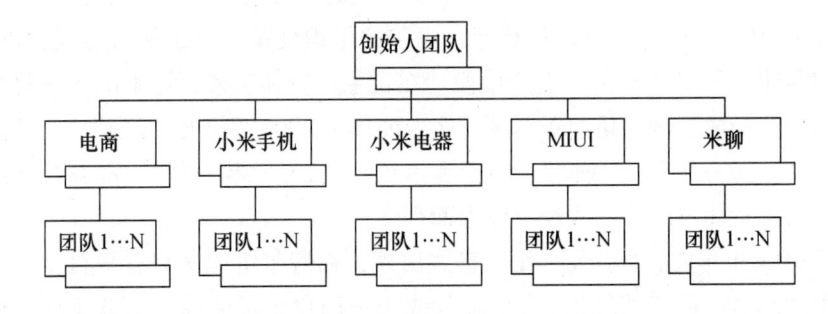

```
                      创始人团队
      ┌──────┬───────┬─────┬──────┐
     电商  小米手机 小米电器  MIUI  米聊
      │      │       │      │      │
    团队1…N 团队1…N 团队1…N 团队1…N 团队1…N
```

**图 9-9　小米手机组织结构**

## 苹果："环状沟通"

以产品为导向，乔布斯建立起一个以强权为核心的"环状沟通"组织架构。他好比圆心，主管各部门的核心管理层好比圆周。各部门主管直接与乔布斯沟通，部门员工再直接与各部门主管相连，管理方式十分扁平化。苹果的每个项目都有明确的责任人制度，执行项目时偏爱小团队作战（见图 9-10）。2011 年 10 月 6 日乔布斯去世之后，库克保留了这种架构，认为它依然适应当下的发展环境。但圆心不仅仅是库克，在并不擅长的产品设计领域，库克选择放权于被誉为小乔布斯的苹果首席设计师乔纳森·艾维。②

---

① 王钦：《动态组织之道》，《哈佛商业评论》2014 年第 8 期。
② 谢丽容、金焱：《苹果的抉择》，《财经》2015 年第 5 期。

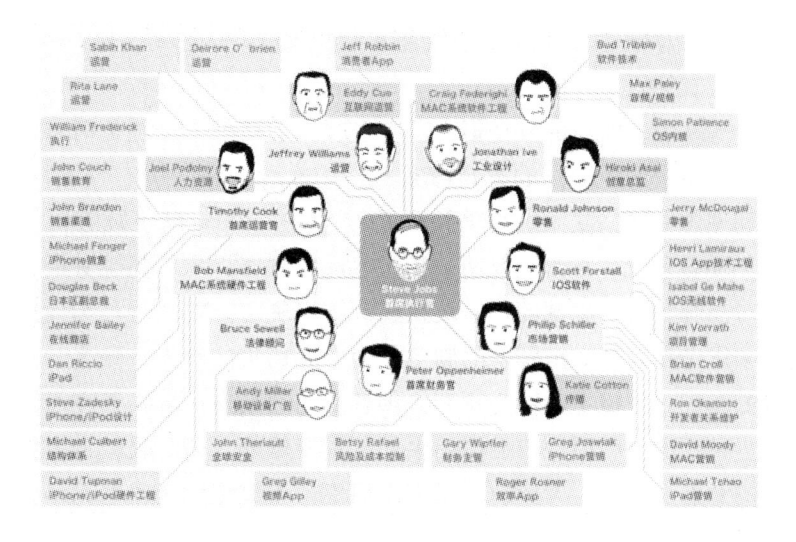

图9-10 苹果公司"环状沟通"组织结构

## 三 产品设计的个性化

### （一）欧派家居的"生意经"①

广东欧派家居集团有限公司创立于1994年，2009年成立"广东欧派集团"，2013年更名为欧派家居集团股份有限公司，2014年正式发布大家居战略，从产品经营者转变为一体化家居解决方案提供者，是中国整体橱柜行业的领先品牌，以整体橱柜为龙头，带动相关产业发展，包括整体衣柜、整体卫浴、现代木门、墙饰壁纸、厨房电器等，形成多元化产业格局，是国内综合型的现代整体家居一体化服务供应商。自成立以来，欧派的产销量连续以40%—60%的速度稳健增长，2013年增速为32%，集团

---

① 该部分内容主要参考：《欧派2014年度企业质量信用报告》（http://www.oppein.com/news/欧派2014企业质量信用报告.pdf）；叶小果：《欧派家居：把个性化做出规模》，《新营销》2014年第9期；梁健航：《欧派"大家居"定制革命》，《新营销》2014年第9期。

总部全年销售总额达 50 亿元，全国零售总额超过 100 亿元，其中橱柜稳居国内第一，衣柜跃居全国第二。

很多人认为，欧派的成功很大程度上取决于其对"个性化需求与标准化、工业化生产的矛盾"的有效解决。

管理理念方面，欧派始终秉持"持续改进，100% 满足顾客对质量的需求"的质量理念，始终把倾听、满足、解决顾客诉求，超越其期望值以提高其对品牌黏度、忠诚度等，放在影响甚至决定公司能否长远发展的战略高度去思考与管理。把顾客的满意作为企业前进的动力，顾客的不满作为改进的基础，积极主动地为顾客提供各类沟通渠道，解决其在产品购买前后的各种顾虑及障碍，产品使用中的各类疑难等，同时收集顾客在产品使用后的意见及建议，为此建立了自上而下，多渠道顾客关系网络，与各类顾客建立良好的顾客关系。

生产经营方面，欧派 1994 年开始做橱柜的时候就研究如何解决个性化需求与标准化、工业化生产的矛盾。它把消费者个性化需求进行归类，包括不同的厨房采用不同的搭配，满足人体工程学要求，使操作更方便、更人性化等。针对标准产品与非标准产品，提供不同的定制模式：一方面，采用模组化生产方式，基于几百个产品模块，组合出成千上万种柜子；另一方面，对于那些复杂的非标准产品，则创造性地进行 96 道精细分工，进行生产。正是通过"大规模定制"和"模组化生产"，欧派解决了个性化需求和规模化生产的矛盾，根据订单生产，避免库存，多年来利润率也保持在 30% 以上。

信息化建设方面，在业内第一个建立 ERP、信息化流程，从客户下订单到生产全都通过信息化进行管理。2003 年，欧派投入资金开发"橱柜软件设计系统"并和"订单管理系统"一起上线，对橱柜生产进行信息化管理。这套系统，既是欧派的设计工具，更是营销工具。每一个顾客到欧派门店，先由营销人员引导到展示厅看样品，然后根据房型图通过软件做出设计方案，再由设计师上门丈量，做出基础图、效果图。通过沟通两次确认设计方案，明确水电线路位置、媒体管道位置以及如何贴瓷片等，据此修改设计方案。

欧派以 2000 多台电脑组成信息化平台，实现了大规模生产，既可以按照客户要求进行零单设计、生产，也可以批量生产，满足每个客户不同的设计、用材需求。从而以其独创的"定制化"模式，欧派颠覆了传统的以生产和技术为导向、以厂商为主导的生产、销售模式，消费者成为生产、营销的驱动力，主动参与到家居产品的设计、制造环节。因此，有人评论说：

"橱柜软件设计系统"就是一个庞大的数据库，里边有丰富的色彩、材质。而欧派的工作，就是根据客户需求，将模块调取出来，进行组合、修改。这套系统不但是欧派设计师的设计工具，也是与客户沟通的重要载体。通过"橱柜软件设计系统"，欧派设计师可以按照顾客的要求，以顾客的厨房环境为背景，生成仿真三维图，10分钟内，就可以让顾客感受真实的效果。

事实上，欧派"个性化"定制的成功并不是家居行业的唯一，作为全球家居行业的领头羊，宜家也在"个性化"定制方面煞费苦心。[①] 与欧派的"橱柜软件设计系统"不同，宜家通过实施"互联网+"战略，把"线上"与"线下"有机衔接起来，以线上带动线下发展。换句话说，把网站浏览量转化为实体店光顾量，有统计显示，2011年宜家网站的浏览量为11亿人次，光顾实体店的为7.76亿人次。借用宜家全球零售服务营销经理克劳迪尔·威尔万希达（Claudia Willvonsede）的话说："在传播和互动方面，我们注重和各个方面的媒体合作，但是我们非常重视自己的官网，将它作为一个与客户互动的主要渠道。我们相信多年来的网站运营可以为我们提供许多参考数据"。

而从更深层次来看，通过大数据分析，首先创建一个调研模型，在线上行为和销售业绩之间建立联系，并对此进行分析，以便优化数字化活动策略；其次建立数据模型，以此了解客户的购买行为，瞄准特定的客户有针对性地制定营销策略，提升线下实体店的业务表现。这其中的重点在于，了解自己的哪些线上行为和实体店顾客密切相关。因此，宜家从众多数据源中提取了三种数据：根据不同商店、不同部门、不同日期排列的实体店收入和客流量数据；运用在线分析工具 Adobe Site–Catalyst，按照不同部门、不同店面位置和不同日期，标出所有线上互动行为和互动结果；了解外部条件的影响因素，譬如，店面销售数据、天气情况、经济环境数据、重要新闻和假日数据。

长尾理论就认为，整个市场需求可以画成一条曲线，前端的几个型号

---

① 菜籽：《宜家数字可视化导流》，《新营销》2014年第9期。

可以满足80%的人的需求，尾巴部分很长，但只包括20%的人的需求。换句话说，工业4.0时代的生产制造必须紧扣消费者偏好，市场整体"消费者化"，个性化消费浪潮正在来袭！并且在数字化、智能化的制造条件下，个性化产品的大规模定制生产在技术上已经成为可能，甚至部分已经成为现实。①

## （二）价值链的故事

2015年6月1日，著名经济学家郎咸平先生在《财经郎眼》中直指大数据对我国制造业的巨大挑战，认为"大数据时代来临，将对中国现存制造业带来毁灭性的打击，给你们消费者带来是无限的机会"。以产业链为依据，他将工业2.0、工业3.0总结为"6+1"模式，按生产顺序表现为"产品设计+原料采购+仓储运输+订单处理+批发经营+终端零售+制造"；将工业4.0归纳为"4+1"或"4+0"模式，强调"订单处理→产品设计制造→原料处理→终端零售"的环形演进（见图9-11）。换句话说，伴随着大数据、云计算、物联网等新兴技术的适用与渗透，郎咸平先生承认"仓储运输""批发经营"环节的边缘化，重估不同环节的重要性，尤其强调"订单处理"的关键地位。信息技术的革新及大数据分析技术在制造业领域的适用，促推了工业4.0时代的来临！

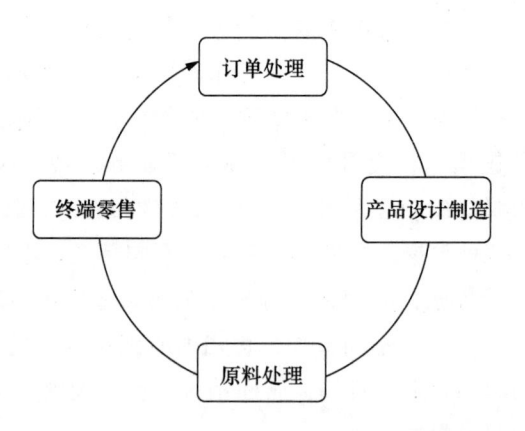

图9-11　工业4.0时代的制造业产业链

---

① 芮明杰：《第三次工业革命的起源、实质与启示》，《新华文摘》2012年第22期。

价值链（Value Chain）的概念由哈佛大学商学院教授迈克尔·波特（Michael E. Porter）首先提出，在讨论企业竞争优势这个议题时，他将"价值链"打造为核心概念和分析工具。波特认为，"竞争优势来源于企业在设计、生产、营销、交货等过程及辅助过程中所进行的许多相互分离的活动。这些活动中的每一种都对企业的相对成本地位有所贡献，并且奠定了标新立异的基础"，而"所有这些活动都可以用价值链表示出来"（见图9-12）。① 也就是说，单独的设计、生产、营销、物流等环节，均对企业价值的生产有独立的价值贡献，企业价值也就成为一系列单元价值的集合，即：

$$X = X_1 + X_2 + X_3 + X_4 + \cdots + X_i$$

其中，$X$ 表示企业总价值，$X_i$（$i=1, 2, \cdots\cdots$）表示设计、生产、营销等环节的价值贡献。

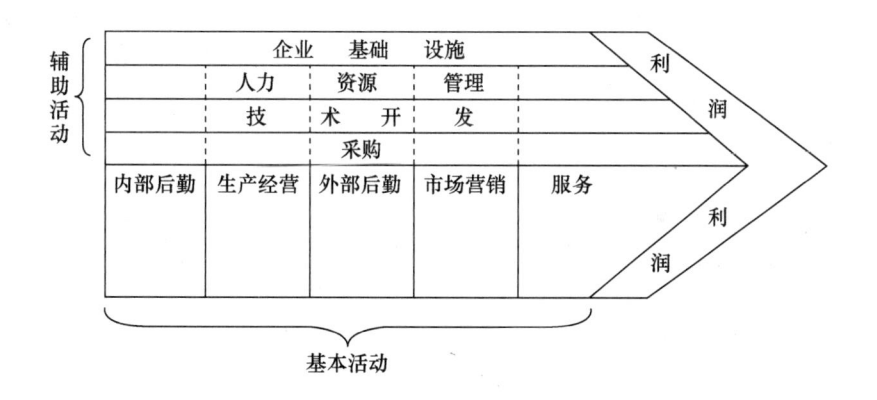

图 9-12　基本价值链

当然，一个值得关注的事实是，并不是所有环节都会创造价值。企业所创造的价值，实际上来自企业价值链上的某些特定的价值活动，这些真正创造价值的经营活动，就成为企业价值链的"战略环节"。从而，企业在竞争中的优势，尤其是能够长期保持的优势，说到底，是企业在价值链某些特定的战略价值环节上的优势。

从历史角度看，机械化时代，机器对人力、畜力的替代，极大地提高

---

① ［美］迈克尔·波特：《竞争优势》，陈小悦译，华夏出版社 1997 年版，第 33、36—37 页。

了劳动生产率、提升了社会生产力水平。从而，谁的机器功率大、开工足、速度快，单位产品的必要劳动时间短，谁的产品就有市场竞争力，谁在行业发展过程中就最有话语权。结果，技术优势带来了技术价值。能源化时代，煤炭的开采、石油的提炼、电力的普及，以及太阳能、生物能等清洁能源的适用等，有效替代了风力、水力、畜力等自然能源的地位。从而，谁越早使用新能源，谁对能源的利用率最高，谁对清洁能源的认同度越高，谁就能更有效地压缩生产、管理、维护成本，谁就站在经济发展的风口浪尖上，成为行业革新的"领导者"。至信息化、数字化时代，数据、信息取代劳动力、生产技术、管理水平等成为新的核心资源，谁对市场需求的变迁最敏感，谁对市场变迁的预测最准确，谁提供的产品最契合消费者偏好，也最符合个性、环保、生态的社会选择，谁的产品就最具竞争力，谁就能占据"新山头"，成为行业标准的制定者，时尚潮流的引领者，并最终占据最大的市场份额。以苹果为例，其紧扣消费者偏好的 iPhone 系列手机，不仅在某种程度上成为时尚的标致和弄潮儿的象征，而且占据了全球高端手机市场的大半江山，也一度使苹果公司成为全球市值最高的上市公司。

迈克尔·波特说："竞争优势归根结底来源于企业为客户创造的超过其成本的价值。"[①] 因此，在个性化消费日益盛行的市场环境中，企业要想保持自己的竞争力和产品竞争优势，必然要把顾客需求、产品设计、个性化定制放在生产的核心位置，即重塑传统的价值链。

### （三）个性化定制与选择

说到劳斯莱斯，"Bespoke 客户定制计划"呼之欲出。作为豪华车王冠上的那颗明珠，她会倾听客户各种各样的想法和需求，尽其所能去满足各种各样的客户需求，即汽车的每个部分都能量身订制，而且每个部分都有参与制作的工匠的签名。以"幻影"为例，外观方面，她会提供 15 种标准色和 5 种对比色，如果客户要求更加个性化的颜色，有超过 4.4 万种色彩可以同时与标准色、对比色、非标准色和车身线混合使用；内饰方面，客户定制小组（核心成员有 14 位，手工工人 30 人）会提供 23 种单色和

---

① ［美］迈克尔·波特：《竞争优势》，陈小悦译，华夏出版社 1997 年版，第 2 页。

对比色作为标准"幻影"内饰颜色,对希望展现更强烈个性的客户则有更多选择。①

换句话说,只要客户能够想到的、技术能够达到的、在法律允许的范围内,所有设计都可以成为现实,"您的想象力是唯一的限制"。据悉,上海曾有一位客户定制幻影软顶敞篷车的时候甚至到古德伍德的工厂去探讨他想要的汽车要求。这位客户甚至咨询过什么样的颜色能够给他带来好运,什么样的颜色最适合他,最后他选择了随身佩戴的玉石颜色。事实上,从迎宾踏板、刺绣、木材镶嵌到外观与内饰非标准的定制颜色,以及带有对讲装置的车内隔屏和电视/影碟机娱乐设备的特别要求等,劳斯莱斯客户定制计划均可以帮你实现(见表9-4)。

表9-4　　劳斯莱斯"幻影"客户定制年度增长比重②

| 年份<br>地区 | 2005年 | 2009年 | 2011年 | 2012年 |
| --- | --- | --- | --- | --- |
| 欧洲 | 55% | 72% | 89% | 96% |
| 北美 | 30% | 60% | 84% | 96% |
| 中东 | 75% | 90% | 99% | 99% |
| 亚洲 | 50% | 75% | 79% | 80% |
| 总计 | 50% | 75% | 84% | 90% |

事实上,"定制"并不是劳斯莱斯汽车的"专利",这种追求个性化的产品营销方式也普遍存在于其他高档服饰、首饰、鞋帽、住宿等领域的营销实践中。并且,得益于机器人技术的广泛使用和智能工厂的大力兴建,"定制"也终于走上了批量化之路,成为工业4.0时代最具影响力的商业模式。比如马桶盖,你定制了一个马桶盖并全程参与到具体的生产流程,你把你的喜欢红色、喜欢大理石材质、喜欢不带棱角的造型、希望融入时钟、来电提示、抗打扰等要素,等等,所有个人偏好告诉了设计师、工程师,他们将依托3D打印技术,完全按照你的设计要求进行生产,并最终

---

① 新浪汽车:《劳斯莱斯汽车客户定制计划》,http://auto.sina.com.cn/news/2007-09-24/1520312803.shtml。

② 刘越:《什么才是真正的定制车　劳斯莱斯定制专访》,http://news.bitauto.com/sjsft/20131205/2306297123.html。

在成品上边贴上你的相片、刻上你的签名，将会是一幅怎样有趣而又尴尬的场景！

想象一下，在智能工厂，"以可重构制造系统为代表的新型制造系统将适应大规模定制生产，这类制造系统已重排、重复利用和更新系统组态或子系统的方式，实现快速调适以及制造，具有很强的包容性、灵活性以及突出的生产能力"。① 以电子行业的小批量多品种生产为例：

在生产线的最开始，机器首先自动扫描条码，在识别了条码之后 SMT 机会自动地切换程序去安装该型号产品的零部件，而当机器读取到不同的型号的时候就会自动切换程序去贴装不同的型号所需要的零件，这样就做到了生产不同的型号的产品时的 0 秒钟切换。在生产完 PCBA（PCBAssembly）之后，仍然是根据型号的不同会自动地切换安装不同的感应磁芯，磁芯的设计也尽量地标准化，但是与 PCBA 的组合会形成更多不同的型号，再接下来的工序是装入套管并注胶，这些也是机器会根据产品条码不同而进行自动地切换的。在进行产品测试时也是如此，检测设备会根据不同的产品型号自动地选择不同的测试指标进行测试。②

## 四 企业管理的柔性化

### （一）从刚性管理到柔性管理

1. 演进的轨迹

在大多数人看来，尽管柔性管理是现代企业发展的必然趋势，但之于"刚性 VS 柔性"，更愿意看作一个多项而非单项选择题，强调在企业发展的不同阶段所表现出来的管理特征，本质是刚性与柔性的比例混合物。如

---

① 中国社会科学院工业经济研究所课题组：《第三次工业革命与中国制造业的应对战略》，《学习与探索》2012 年第 9 期。
② 曾立波：《工业 4.0 时代个性化定制如何实现?》，http://miit.ccidnet.com/art/32559/20150206/5761579_1.html。

所谓"刚性结构"阶段，其实是刚性占据主导地位的管理时期；所谓"柔性结构"阶段，则是柔性占据主导地位的管理时期；混合成为企业管理的常态。因此，从刚性管理到柔性管理，实际上是在肯定企业管理刚柔并济的前提下所做的一项混合"实验"，是组织结构适应性的具体抉择，关键在于比例的不同配置而已。据此，他们习惯于把柔性管理的演进分为两个阶段：

**阶段一：20世纪前半段，刚性管理和柔性管理"水火不容"**

20世纪初，泰勒的管理学名著《科学管理原理》出版，主张管理的核心是提高生产和工作效率，强调管理应该以工作为中心，并企图把人修改得适合于工作，而不是把工作设计得适合于人，从而促成了由经验管理向科学管理的转变，是为刚性管理的标致。

进入二三十年代，作为对霍桑试验的反思及其对科学管理忽略人性的批判，一些学者开始从生理学、心理学、社会学等方面研究企业中有关人的问题，如人的工作动机、情绪、行为与工作之间的关系，以及如何根据人的心理规律，去激发人的积极性和创造性，行为科学应运而生，可看作柔性管理的基础。

尽管第二次世界大战结束后，两者皆有发展，如现代自然科学和技术科学的方法如信息论、控制论等在管理中得到广泛应用，实现了对科学管理理论的继续和发展；有关人的需要和动机理论、管理中的"人"性理论等方面的研究取得较大进展，柔性管理的理论体系得到进一步完善。但"此消彼长"的整体关系形态基本没有发生变化，一种观点的胜出往往奠基于对另一种观点的批判与反思，两者已经初步展现出了相互弥补的内在关联。

**阶段二：20世纪后半段，刚性管理和柔性管理"水乳交融"**

1961年，美国密执安大学利克特教授和他的研究人员通过研究，把管理者分为"以工作为中心"和"以员工为中心"两类，前者强调任务分配结构化，严密监督，工作激励，依照详尽的规定办事；后者重视人员的行为及反应问题，利用群体实现目标，给予组织成员较大的自由选择的范围。他们以企业管理者为载体，把两种模式——刚性管理和柔性管理——表述为管理行为的不同选择，从而初步表明两种管理方式存在合作的可能。

到了1981年，美国理查德·帕斯卡尔和安东尼·阿索斯在《日本的艺术》一书中，对"日式管理"和"美式管理"进行了一番比较，认为美国企业注重战略、结构、制度等刚性因素；日本企业不仅重视刚性因素，而且还注重人员、技能、作风、共同的价值观等柔性因素。从而以当时日本经济所取得的惊人成就为证，建议学习日本企业的学习风格，即刚柔并济，兼用刚性管理与柔性管理手段来治理企业。

再自80年代以后，西方普遍兴起"企业文化"热潮，管理的人本主义色彩更加浓厚，要求在管理理论研究中理解人、关心人、尊重人、充分发挥人的创造性和能动性。而且，尽管学者们把视线聚焦于如何发掘人的价值上来，但绝大多数研究柔性管理的学术成果都没有否定感性管理，而是强调刚性管理与柔性管理的渗透、融合与互补。①

### 2. 管理柔性化的必然

柔性管理（Soft Management），本质上是一种"以人为中心"的管理，"是在尊重人的人格独立于个人尊严的前提下，在提高广大员工对企业的向心力、凝聚力与归属感的基础上，所实行的分权化的管理"，"它主要不是依靠外力（如上级的发号施令），而是依靠人性解放、权利平等、每个人当家做主的主人翁责任感，从内心深处来激发每个员工的内在潜力、主动性和创造精神，使他们能真正做到心情舒畅、不遗余力地为企业不断开拓新的优良业绩，成为企业在全球性剧烈的市场竞争中取得竞争优势的力量源泉"。② 相较于刚性管理（Rigid Management），具有以人为管理核心、强调组织的柔性化、组织生产的柔性化、重视人才等特征（见表9-5）。

表9-5　　　　　　柔性管理与刚性管理的主要区别

| | 柔性管理 | 刚性管理 |
| --- | --- | --- |
| 管理核心 | 以人为中心 | 以工作为中心 |
| 管理依据 | 组织的共同价值观和文化心理氛围 | 组织制度、职责权力 |
| 管理手段 | 说服教育、自我约束 | 制度约束、纪律监督、奖惩规则 |
| 管理基础 | 员工的责任心、归属感、忠诚度 | 组织权威 |
| 管理目标 | 做正确的事 | 提高工作效率 |
| 管理类型 | 非强制性 | 强制性 |

---

① 司江伟：《20世纪刚性管理与柔性管理发展的对比》，《科学管理研究》2003年第1期。
② 余绪缨：《柔性管理的发展及其思想文化渊源》，《经济学家》1998年第1期。

余绪缨曾经说过:"企业管理应以'以人为本'的柔性管理为主导,'以规章制度为本'的刚性管理只能起辅助作用。"① 这种判断同样是工业4.0时代企业的生存策略。作为现代企业发展的必然趋势,柔性管理显然已经不可避免,之所以如此,其原因如下。

一方面,激烈的竞争、复杂的环境要求企业管理更具开放性、灵活性和敏感性。作为一种"逆向复兴性演进轨迹",关于从"刚性结构→柔型结构→混合结构",有人做出这样的解释,刚性结构存在于低竞争环境中,企业一般使用常规技术、机械结构和保守的文化,据此建立和保持竞争优势并产生超额利润;柔性结构处于超竞争环境中,组织需要广泛的柔性组合,组织应采用非常规的技术,有机结构及创新文化,为增强对新环境的适应能力,组织还需要在信息收集和信息处理方面具有较强的能力。② 也就是说,企业管理模式的选择,必然要参照外部竞争的激烈程度,越是激烈,越是复杂多变,就越需要倾向于柔性化管理。工业4.0时代,受全球化、知识化、信息化、差异化、个性化等浪潮的冲击,企业尤其是制造业企业的生存与发展态势将尤为严峻,必须更加注重组织管理的灵活性、灵敏性和战略性。

另一方面,物联网技术的发展、智能设备的安置,为柔性管理的实现提供了可能。目前占市场主导的消费者的需求呈现为个性化、多样化的趋势,按照顾客的特定需求,快捷地提供产品或者服务才是企业生存和发展的基本方式。而企业要适应这种方式必须具备两个条件:第一,要具备对消费者需求变化的快速发现和快速反应能力;第二,要具备在同一时间生产不同特点的产品的能力。③ 工业4.0时代的技术柔性正好满足了这两个要求。物联网网络的铺开、机器人生产线的安置、智能工厂的建造等,将能够使企业的日常生产与管理更加灵敏、更加快捷。

## (二)走向整体柔性管理

一般认为,柔性管理由情感柔性、组织柔性、服务柔性、质量柔性、

---

① 余绪缨:《柔性管理的发展及其思想文化渊源》,《经济学家》1998年第1期。
② 蒋峦等:《组织柔性结构的演进及演进的理论诠释》,《中国软科学》2005年第3期。
③ 张毅、赵佳宝:《柔性管理及其在企业中的实现途径》,《现代管理科学》2004年第3期。

战略柔性、营销柔性、技术柔性、心理柔性等部分构成①，强调以对人的管理为核心，打造扁平化的组织结构，增强战略设计的灵活性，组织生产的柔性化，等等。因此，要践履企业柔性管理的目标，除上文所述产业技术机器化、组织结构扁平化、产品设计个性化等举措外，还需要做到：

## 1. 人力资源管理柔性化

人力资源管理柔性化是企业柔性管理的关键，"人力资源的柔性管理是在尊重人的人格独立于个人尊严的前提下，在提高广大员工对企业的向心力、凝聚力与归属感的基础上，采取'信任—指导—感化—自控'的方式，在人们的心目中产生一种潜在的说服力，把组织的意志变为员工的自觉行动"。② 涉及投资员工感情、塑造企业文化、重视人才培训、开发人力资源等具体内容。

一方面，需要创造一个良好的、人性化的工作环境。环境造就人，环境影响人。建设良好的工作环境，用以激发人的工作积极性和创造力，是提高工作效率、改进工作作风的有效选择。

## 【案例9-1】揭秘谷歌员工工作环境③

Google 提倡个性、创造力和创新精神，强调个人的重要性，不论发展如何强大都始终保持小公司的氛围，极为生动地展现在办公室的设计、布置当中。因此，作为 Google 在瑞士的新办公室，苏黎世 EMEA 工程技术中心设计的初衷就是人性化，一个充满活力的工作环境。

办公室在一个总面积为 12000 平方米的七层建筑中，整个设计过程都采取互动和透明的方式。苏黎世的 Google 员工（他们称自己为 Zooglers）实际上参与了自己办公室的设计，在设计的初期阶段，通过讲习班和访谈形式，建筑师对所有 Zooglers 进行了调查，这个过程是在心理学家的指导下完成的，调查包括有关该 Zooglers 的人格类型、行为表现、价值观和激励因素。虽然调查结果的细节是保密的，但最终结论是 Zooglers 所需要的

---

① 杜春峰：《论企业柔性管理》，《平顶山学院学报》2007 年第 2 期。
② 朱晓辉、凌文辁：《人力资源管理柔性化——柔性管理的关键》，《商业研究》2005 年第 3 期。
③ 中国电子商务研究中心：《揭秘谷歌员工工作环境》，http://b2b.toocle.com/detail4922431.html。

工作环境是多样化的，强调更为轻松的公共空间，更强烈的视觉享受，以美观和娱乐因素来促进创新性和协作能力。

一方面，Google 认为食物是无比重要的，餐厅服务提供免费早餐、午餐和晚餐，厨师只选用最新鲜、高质量的原料和当地特产做出健康美食，共同进餐也是 Zooglers 绝佳的沟通机会，为了平衡饮食，Google 还配备健身房，提供瑜伽、普拉提和健身班，指导 Zooglers 保持健康的要诀（见图9-13）。

**图9-13 瑞士苏黎世 Google 新办公室的餐厅服务**

另一方面，Google 的办公环境一贯重视公共空间设计，并认为放宽限制是至关重要的创新，工作与娱乐并不相互排斥，就像 Google 官方招聘广告上所说的"It is possible to code and pass the puck at the same time"（写代码的同时也可以过关斩将）。所以，这里拥有用于放松的水族休息室，一个可以玩台球、桌上足球或交互式视频游戏的娱乐室，一个以古董为主题的图书馆和一个水疗按摩室，为舒缓紧张的肩部肌肉，这些空间大多还包括"micro kitchens"，提供全天饮料和零食（见图9-14）。

Zooglers 宁愿缩减个人的工作区域，以获得更多公共空间，此外，整个设计必须能适应频繁的人员变动和增长，空间布局要满足所有群体和部门可以使用任何办公室的一部分的要求。办公区基本是以4—6人的封闭办公室为单位，采用玻璃隔断系统，为保持通透性和良好的采光，同时降低噪声并确保每个小组必要程度的隐私。

且公共区域故意地分散在各处，为促进七个楼层间不同工作组和团队的沟通，为了让楼层之间的连接更富乐趣，甚至设有能快速下滑的消防柱或者餐厅内的滑梯，这些装置对于一个正在饥饿状态的Zooglers来说非常实惠。

图9-14 瑞士苏黎世Google新办公室的水族休息室

另一方面，加强人才队伍建设。一直以来，人才都是企业组织建设的重要组成部分。拥有一支技能强、素质高、结构合理、团结合作的人才队伍，将能够极大提升组织作业绩效，有利于组织能力建设，提升企业市场竞争能力。如在华为"员工是华为公司最宝贵的财产"，是其"一直保持竞争力和持续领先的重要因素"。[1] 因为，在华为最支持任正非的是15万华为员工。后者用了中国企业中史无前例的奖酬分红制度，98.6%的股票都归员工所有——员工持股计划参与人数为82471人（截至2014年12月31日），参与人均为公司员工；任正非本人所持有的股票只占了1.4%，造就了"华为式"管理的向心力。[2]

---

[1] 华为投资控股有限公司：《2013年年度报告》。
[2] 林俊劭：《破解全球通讯新龙头——华为的秘密》，《商业周刊》2013年第1349期。

因此，应对工业4.0，要想打造并维系企业市场竞争力，必然需要一支强大的人才队伍，不仅是睿智的领导者、管理者，也是素质高、有忠诚度、能力强的工作人员队伍。"新的制造方式下，需要生产人员有很高的知识水平和技能，要对客户的需求能够做出快速响应，还要具有良好的设计能力与创意。我国的教育制度不能仅满足于培养合格的工人，应该多培养一些创新性人才，这对我国现行的普通教育和职业教育提出了更高的要求。"[1]

要转变人才培养理念。第三次工业革命的人才培养理念将遵循教育规律和人才成长规律，以人的综合素质的提升为核心，以云计算、云教育、大数据等新兴的交互式媒体的运用为方式，以新能源、新材料、新技术与互联网的融合创新为手段，注重全球视野与全球思维的培养，注重人的个性化和差异化发展的因材施教，注重知识的学习和学习知识的能力并重，注重人才的创新意识、合作意识、发展意识、服务意识的培养，注重人的终身学习能力的培养，注重社会情绪能力的培养，注重人的同理心的唤醒，注重人与自然的亲密关系营建，创新教育模式和学习模式，构建绿色生态的教育教学质量体系，培养第三次工业革命需要的高素质的劳动者和创新型人才。

要转变人才培养目标。第三次工业革命背景下的人才培养目标要与第三次工业革命需要的个性化、创新型人才要求相适应，培养出综合素质全面发展，具有信息化能力和综合职业能力，能够将自身价值与社会价值、人类价值紧密结合起来；具有较高的科学文化素养、跨学科的知识背景、终身学习的能力和创新精神；具有较强的团队精神、合作意识和与他人分享的意识；具有健康的身体和心理；具有亲近自然、热爱社会素养的高素质劳动者和创新型人才。这一人才培养目标主要体现在四个层次上：即创新型劳动者、创造型研发者、优秀的生物圈管理者和践行者、优秀的公共服务者。

要转变人才培养内容。人才培养内容已不再是简单的知识传授，特别是面对3D数字制造技术、能源互联网等新能源、新材料、新技术及各种交互式网络平台，人才培养内容将把前沿信息、纳米技术、生物科技、地球科学、生态学、系统理论以及各种职业技能纳入课程体系，注重从学历

---

[1] 牛建宏：《3D打印产业：瓶颈犹存未来可期》，《人民政协报》2012年11月20日第B02版。

转向学力、能力的培养,注重从学科中心、教师中心、课程中心转向学习者中心、自主学习力中心、资源整合中心,注重从固定的、短期的、封闭的学校教育转向动态的、终身的、开放的教育。①

2. 企业业务流程柔性化

"柔性管理的一种有效定义是适应性管理,即适应顾客需求来管理生产与运作活动。企业实行柔性化管理的目的,就是努力使目标市场的消费者满意,要实现此目的,就必须了解顾客的真正需求"。② 也就是说,企业管理应该以消费者需求为中心,这是流程再造的核心、目标和逻辑起点。

流程再造又称业务流程再造(Business Process Re-engineering,BPR),20世纪90年代由美国麻省理工学院企业管理博士迈克尔·哈默(Michael Hammer)和CSC指数咨询公司董事长詹姆斯·钱皮(James Champy)为了探询美国汽车技术落后的原因,学习日本经验后提出来的。在《企业再造》一书中正式将其界定为,对企业的业务流程做根本性的再思考和彻底性的重新设计,其目的是在成本、质量和速度等方面取得显著的发展使得企业能最大限度地适应以顾客、竞争、变化为特征的现代企业经营环境。流程再造的核心是面向顾客满意度的业务流程,核心思想是要打破企业按智能设置部门的管理方式,代之以业务流程为中心,重新设计企业管理过程,从整体上确认企业的作业流程,追求全局最优,而不是个别最优。

工业4.0时代是"个性化时代",个性化消费盛行,"消费者出于自身收入水平、知识水平的提高和商品与劳务的丰富而使得消费者的行为更加成熟,消费需求更加复杂,消费心理更加稳定;消费者购买商品不再只是满足对物的需求,而主要是看重商品的个性特征,希望通过购物来展示自我,达到精神上的满足"。③ 因此,基于对顾客参与需求的回应,"订单处理"在整个生产流程中的作用将最为重要。企业通过交易、搜集等手段,获取消费者消费行为的大数据,并对其进行分析,全面了解消费者的消费需求、颜色偏好、消费频率、消费水平、材质偏好、形状喜好等,并在此基础上指引市场营销和产品制造,实现个性化定制。更加重要的是,智能

---

① 周洪宇、鲍成中:《大时代:震撼世界的第三次工业革命》,人民出版社2014年版,第213—218页。
② 阴兆栋、郭永春:《浅议企业柔性化管理》,《机械管理开发》2008年第3期。
③ 周洪宇、鲍成中:《大时代:震撼世界的第三次工业革命》,人民出版社2014年版,第122—123页。

工厂将完全实现"一对一"生产,所有产品从其进入生产环节就已经打上了购买者的"烙印",出厂就能够直接送到购买者手中,从而最大限度地削弱了"仓储"的必要性。并且,产品设计将与制造同时进行,产品制造的任何一个环节都将按照消费者偏好进行,能够实时进行修改和调整,一旦产品设计完成,产品的生产也就结束了。因此,在工业4.0时代,"4+1"或者"4+0"的企业流程再造将变得不可避免,个性化定制将能够实现量产,通过采用一些自动化流程以降低成本、保证精确度,有别于500年前的制造业和传统的少量定制方式。[①]

烟台东方电子信息产业集团股份有限公司的企业流程再造极为成功。进入21世纪以后,为了适应快速变化的外部环境(如快速变动的生意伙伴关系、产品寿命周期的缩短、产品与服务的界限日趋模糊、竞争对手的不确定等),提高自身的竞争力,东方电子公司制定了"全面规划,分阶段推进"的再造策略,进行了以流程为核心的企业再造,从以职能划分的金字塔式层级管理模式转变为以流程为导向的扁平化组织管理模式。以营销流程再造为例,变"一对多"为"一对一",将分散在各个事业部的营销业务整合在一起,成立市场营销部专门负责公司产品的销售工作,这样用户只需办理一次手续就可买到所需的全部产品。同时,在全国25个地区设立办事处,负责产品的推销及信息反馈工作,并在全国电力设备供应商中率先开通免费服务热线。营销流程再造后,缩短了流程时间,并使库存管理流程得到优化(见表9-6)。

表9-6　　烟台东方电子公司营销流程再造前后对比

|  | 再造前 | 再造后 | 效果 |
|---|---|---|---|
| 时　间 | 16小时 | 4小时 | 时间缩短300% |
| 部门数 | 8个 | 1个 | 部门数减少7个 |
| 仓库数 | 4个 | 1个 | 仓库数减少3个 |
| 员工数 | 16人 | 6人 | 人数减少10人 |

---

① [英]彼得·马什:《新工业革命》,赛迪研究院专家组译,中信出版社2013年版,第72—73页。

# 第十章
# 智能化时代的政府再造

对于资本，马克思曾言：如果有10%的利润，它就保证到处被使用；有20%的利润，它就活跃起来；有50%的利润，它就铤而走险；有100%的利润，它就敢践踏人间一切法律；有300%的利润，它就敢犯任何罪行，甚至冒绞首的危险。"数据"作为未来制造业的最大能源，是竞逐利润的关键资本，但其所具有的碎片化、海量化等特征，极易引发互联网、智能化时代的罪恶与肮脏。为此，哈佛大学教授克莱顿·克里斯坦森提出了"破坏性创新"①这一概念，以阐释新兴技术的"双重效应"，强调针对大数据、云计算、移动互联等的冷思考。那么，谁来维护社会主义市场经济的正常秩序？谁能保障"中国2025"的茁壮成长？政府！历经"以政府为中心"的1.0时代、"以国民为中心"的2.0时代，政府正在走向"以每个人为中心"的3.0时代，需要改变过去以报刊、广播、电视等传统媒体来传播政务信息，以实体政府部门提供行政服务的模式，而应该及时与新兴媒体保持同步，构建政府"朋友圈"，来创新政务服务方式，实现政府公共服务提供的"转身"。②

---

① 《谁来保证"有秩序的撤退"》，《南风窗》2015年第14期。
② 陈潭等：《大数据时代的国家治理》，中国社会科学出版社2015年版，第57页。

## 一 政府生态的权变

作为对未来世界的整体构想与战略遐思,工业4.0倾向于对政府、企业、社团、个人角色的重新设计,以谋求政府再造的3.0版本。马克·波斯特说:"互联网的虚拟世界将全世界的人类智能连接起来,在理论上建立起了一种新的交流结构。"[①] 基于此,以交流塑共享、促发展,智能技术从内部结构到外部环境,贯彻于政府3.0的整体再造。

### (一)权力正在衰退

"流动的权力优先于权力的流动",美国加州大学伯克利校区社会学与城市和区域规划学系教授曼纽尔·卡斯特(Manuel Castells)这样形容网络与权力的关系,并以"网络社会的崛起"为题,讨论网络之于社会的实质性影响,重塑了权力形成并发挥作用的基础:比特成为新的原子,形成对传统权力格局的颠覆性影响。

一般认为,权力是一种强迫改变、实现目的的能力与手段,主要基于政治地位、经济实力、社会影响、文化渗透等优势资源产生并发挥作用。如在老板与员工之间,基于前者针对后者工资福利水平、职位晋升机会等的掌握,老板的命令、要求也就形成对员工的权力。又如在父母与婴孩之间,基于前者针对后者的抚养义务、爱护之心,婴孩的啼哭、撒娇也就生成了指挥、左右父母行为、态度的权力。因此,站在发生学的立场,权力基础的更新必然会引发权力关系、权力结构、权力表达等权力现象的变迁,从而在以"数据为王"的智能化时代,谁生产数据、谁占有数据,谁就是权力"蛋糕"的分享者。

作为一种塑造与再塑造工具,技术在某种意义上策划了工业4.0,表现为管理学维度的信息传播革命。大数据概念的建构及其分析实践,使得信息内容发生了更新,直接的、间接的、相干的、不相干的、因果的、关

---

① [美]马克·波斯特:《互联网怎么了?》,河南大学出版社2010年版,第28页。

联的,都可称为科学决策的依据。多媒体、射频技术的普及与应用,变革了信息的外生表达,语言的、数据的、文字的、图像的、动画的、视频的,都成为信息的多元载体。移动物联技术的渗透,则重塑了信息传播的路径、模式,对目标的实时监控,对信息的瞬时传递,保证了事实分析的客观、全面与透彻,保障了决策者对基本情况的及时把握与正确认知,成为科学决策的基础。更为重要的是,信息生产的碎片化、信息传播的网络化、信息采集的便捷化、信息分析的科学化,使权力发生了转移。因此,莫伊塞斯·纳伊姆(Moisés Naím)说,新的信息革命带来了数量革命、迁移革命和心态革命,[①] 最终导致权力发生衰退!

数量革命以各种数量的增长为特征,国家数量、人口规模、生活水平、识字率和市场上的商品数量都包括在内。对企业来说,3D打印技术的发明及其成熟,使"作坊式"生产重获新生,定制化服务缩短了中小微企业与大型、超大型企业间的差距,个性化优势使前者能够生存下去,行业垄断被打破,行业格局重新洗牌,趋于分散。而之于政府,为了有效应对业务增多、环境"恶化"、挑战增加、提高质量、提升效率等挑战,分权、放权变得不可避免。横向上,中央向地方放权,减少审批事项,降低审批门槛,强化地方政府的自主性和决策的灵活性;纵向上,各级政府向社团、中介分权,行业组织影响力日渐增长,公共服务购买清单越来越长、购买的频次也越来越密集。从而,随着主体数量的增加,公共权力的壁垒正在被打破,用于维系公权力的传统手段、做法日渐失效,权力的"大饼"越摊越薄了!

迁移革命使人员、货物、资本、思想和价值观以难以想象的速度移动到世界的各个角落(包括过去那些偏远、交通不畅的地区)。互联网络的普及、物联包括移动互联技术的适用,便捷了信息获取、分享的路径,倍增了信息扩散的范围,从而削弱了政府、大型专业组织(包括企业、社团、行业组织等)之于种种信息的垄断。统计显示,截止到2014年12月,我国有网民6.49亿,网络普及率47.9%,其中农村网民1.78亿,占比27.5%。[②] 换句话说,当1999年中国政府开始"上网","物联网+互联网"技术扩散到整个社会,人员迁移便实现从实体走向虚拟,异地登录与

---

① [美] 莫伊塞斯·纳伊姆:《权力的终结》,王吉美等译,中信出版社2013年版,第14页。

② 中国互联网络信息中心:《第35次中国互联网络发展状况统计报告》。

匿名访问的实现，使政府的信息垄断地位开始崩塌，信息孤岛也越来越稀有，地域、行政壁垒成为新的"马其诺防线"。进一步讲，当企业、社团、公民能够通过互联网络、移动App等手段与载体规避政府之于公共信息的垄断时，后者所建立并努力维系的权力体系便瓦解了，依托信息垄断所建立起来的行政权力也就弱化了，管理对象开始有了"不听话"的选择。

心态革命反映了人类思维模式、预期和愿望的主要变化。经济基础决定上层建筑，因此于建嵘说，"三十余年的改革开放已经使中国告别了高度集中统一的国家利益的时代，开始进入一个个体自主性不断增强、利益高度分化的时期"①，新的市场逐渐贴上了差异化的标签，个性化逐渐成为新的利润生长点。在个性化消费、定制化量产过程中，消费者扮演了关键角色，其在这一过程中的参与实践锻炼了表达、参与、监督技能，更养成一种心态，一种责任意识和一种参与欲望，并将转移到日常的社会管理中去，如他们能够票选2005年的"超级女声"冠军，也能够聆听干部竞争性选举、网络直播法院审判。而且，一种观念也被传播开来，"事物并不一定总是一个样子，它们会在某个地方以某种方式得到更好的呈现。它们也导致人们对权威的怀疑和不信任，任何形式的权力分配在人们眼中不再理所当然"②，得益于参与效能感的刺激，他们意识到事物需要"改变"，从思想上撼动了公共权力的壁垒。

因此，工业4.0时代，权力正在衰退！"正从体力转向脑力、从北转向南、从东转向西、从传统企业巨头转向灵活的新兴企业、从根深蒂固的独裁者转向城镇广场和网络空间中的民众"。③从而，"权力更易获得，却更难运用，而且更易失去"。④因为：

在现实中，任何个人和机构的权力都会随着情境的改变发生变化。权力的运用需要双方或多方的互动或交流，如主仆之间、统治者和民众之间、雇主和雇员之间、家长和孩子之间、老师和学生之间以及众多个人、政党、军队、企业、机构甚至国家之间。行为体游走于不同情境之中，它们指挥或组织其他行为体的能力（即它们的权力）也会随之变化。行为体及其属性的变化越小，权力的分布越稳定。但只要行为体的数量、身份、

---

① 于建嵘：《访法札记》，四川人民出版社2015年版，自序。
② [美]莫伊塞斯·纳伊姆：《权力的终结》，王吉美等译，中信出版社2013年版，第83页。
③ 同上书，第3页。
④ 同上书，第4页。

动机、能力和属性发生改变，权力的分布就会随之变化。①

## （二）"黑箱"正被打开

"黑箱"，即那些既不能打开，又不能从外部直接观察其内部状态的系统。放置于客厅中正在放映的电视机，尽管我们拥有对信号转换的抽象认知，却无法在不打开机壳的情况下弄明白从广播信号到图像、声音的具体转换路径。又如尽管我们知道投票表决、多数服从少数等基本原则，但在不参加投票、不现场观察、不全程直播的情况下，我们也不会知道做出决策、制定政策的详细情况，不知道谁投了赞成票，谁投了反对票，谁没来投票，赞成票、反对票、弃权票的比例分别是多少，等等。因此，从信息学角度分析，"黑箱"具有信息的不对称性、信息的不完全性和信息的缺失性。

计划经济时代，政府将自己束缚于深深的"象牙塔"之下，成了凌驾于社会之上的封闭的官僚机构。一切靠红头文件办事，但红头文件不是产生于广泛的民主讨论中，而是产生于个别领导的大脑中，其结果主观随意性很大，往往严重脱离实际，造成决策的失误。② 这是由权力的隐蔽运行决定的。政府对即将就某一社会问题制定政策的动议并未向公众保密，但一旦进入政策制定的具体环节，便将政策制定的过程全部封闭，公众既无从知晓政策制定过程中到底经历了哪些程序、每个程序是否规范、期间到底发生了哪些事情，更无从获得对政策制定及其程序发表意见、建议以实现决策参与权的机会。③

具体到行政管理，"黑箱"现象或者说"暗箱"操作普遍存在。尽管维系了政府决策的权威性、权力运作的神秘性，却在更大程度上恶化了政民关系，尤其是导致了腐败行为的大量滋生，政民信任纽带弱化，政府的执政合法性遭受质疑与侵蚀。从而，为了有效巩固执政的合法性、保障公民的基本权利，越来越多的国家和地区倡导"信息公开"。

2009 年，美国最早发布《开放政府指令》。2011 年，巴西等八个国家

---

① ［美］莫伊塞斯·纳伊姆：《权力的终结》，王吉美等译，中信出版社 2013 年版，第 20 页。

② 方世南：《公共管理与政府十大管理理念的转换》，《管理世界》2002 年第 9 期。

③ 何志武：《打开决策"黑箱"：大众媒介参与公共政策转化的核心环节》，《新闻大学》2008 年第 1 期。

联合发布《开放数据声明》，政府数据开放成为一种国际化发展趋势。2013年，法国、美国、英国、德国、日本、意大利、加拿大和俄罗斯等国签订了《开放数据宪章》。到2014年，有63个国家——包括印度、巴西、阿根廷、加纳、肯尼亚等发展中国家建立开放政府合作伙伴关系，建立数据开放门户网站。[①]

在中国，1987年党在十三大报告中首次提出"重大问题必须经过公众的讨论，重大情况必须告知公众"，迈出了信息公开的历史性步伐。1998年，信息公开的制度建设被提上议事日程，开始酝酿信息公开条例的制定。2002年8月，中共中央办公厅发布《国家信息化领导小组关于我国电子政务建设指导意见》，要求各级政务部门要加快政务信息公开的步伐，并以政府综合门户网站建设为载体，促进政务公开；同时提出要"推动相关配套法律法规的制定和完善"，加强研究和制定政府信息公开及网络与信息安全等方面的行政法规和规章，从而第一次明确提出要制定政府信息公开条例。

在中央文件的导引之下，2002年11月，广州通过了我国第一个市级地方政府信息公开的规章《广州政府信息公开规定》。2003年4月，《上海市政府信息公开规定》经过市政府常委会审议正式予以通过，成为我国第一个省级信息公开办法。2007年1月，《中华人民共和国政府信息公开条例》通过，翌年5月1日开始正式实施，构建起一个多层级、立体化的政务信息公开制度体系，为我国政务信息公开提供了法律依据和制度保障。

到了工业4.0时代，数据资源将无疑成为推动社会发展进步的最强动力。有鉴于长期计划经济体制下的行政管理实践，我国政府部门掌握着大量的社会信息资源，且尽管自改革开放以来，市场机制在信息服务领域发挥了平衡价格与竞争的重要作用，但是在信息资源供给方面，尤其是在交通、工商、能源、环境等关键领域，政府部门仍然拥有对数据资源绝对的垄断。[②] 从而，为了适应智能化时代的数据要求，满足工业设计与智能生产的数据期望，政府必须在信息公开、数据开放方面做表率，并有效维系信息公开的持续活跃。

也就是说，作为工业4.0时代的重要选择和典型特征，依托于技术更

---

① 安小米：《现代国家治理的云端思维——信息治理能力与政府转型的多重挑战》，《人民论坛·学术前沿》2015年1月（下）。

② 同上。

新的优势,"信息公开"成为揭开政治"黑箱"的强力推手。而且,得益于"互联网+"战略的全面覆盖与积极落实,政府之于信息的垄断地位已经丧失,信息公开的大潮必然到来,这是民主政治的内生要求。

## (三) 公民渐趋成熟

2005年8月26日,湖南长沙,湖南卫视演播大厅,"2005超级女声"总决赛落幕,来自四川的成都姑娘李宇春笑到最后,以350余万短信投票票数荣膺冠军,成为网络时代票选"国民偶像"的第一人。受此影响,"投票"成了当前各类选秀节目的保留项目和必备环节,是眼球经济时代博取收视率的不二法宝。有意思的是,也许囿于信息公开条例的规范,也许受到全民投票事件的启发,"中国法院庭审直播网"(http://ts.chinacourt.org/)(见图10-1)2013年12月11日正式上线,公众可通过该网站观看到全国各地法院的庭审实况,还可通过"中国裁判文书网"(http://www.wenshu.court.gov.cn/)查阅裁判文书,"投票"渗透到了司法审判领域,以创新并推进我国的"法治"建设。应该说,随着互联网络、微博、微信、App等新兴技术、操作终端的开发与应用,公民参与政治生活、政府管理、社会管理的机会越来越多、内容越来越广、质量越来越高,公共参与正逐渐融入公民生活,成为不可或缺的组成部分。

图10-1 中国法院庭审直播网

公民,即具有某一国国籍,并根据该国法律规定享有权利和承担义务的人,反映了个人与国家之间的固定的法律关系,属于某一国的公民,就享有该国法律所赋予的权利,可以请求国家保护其权利;同时也负有该国法律所规定的义务，并接受国家的管理。对于现代政治生活中的公民来说，"一要具有积极的参政意识，二要具有熟练的参与技能"①，基本的政治人格和参政技能是公民养成的基础，也是评判一个公民是否合格的标准，而体制外参与正好能够强化公民的政治参与能力，并通过实践形成政治认知。

50多年前，美国政治学者加布里埃尔·A. 阿尔蒙德（Gabriel A. Almond）与同事西德尼·维巴（Sidney Verba）以美、英等五国的政治文化为研究对象，明晰了现代社会的参与特征，并给现代公民贴上了参与的标签，强调"民主国家的公民在政治中被期望是活跃的和参加的。此外，在参与政治的方式上，应该是有理性的，为理智而不是为感情所指导。他应该得到足够的信息，并在对各种利害得失和他所愿意进一步了解的诸原则深思熟虑的基础上作出决定"。② 从而，在现代民主政治的建设实践之中，培育一个合格的公民群体变得尤为重要，因为"民主的成就不仅依赖于所得到采用并受到保障的规则和程序，而且取决于公民如何运用这些机会"③，这些需要"习惯成自然"。

2015年7月16日起，广州市电蟒网络科技有限公司率先在音响业内向所有音乐爱好者推出2 Face云音响的网罩定制服务，有意向购买电蟒2 Face的消费者可以通过该项服务，定制自己的专属云音响。消费者可通过京东和电蟒官网咨询定制，从提供素材，设计师进行设计，定制化生产到最终发货，仅仅需时7天。④

正是在这样一些个性化定制、产品设计和修改过程中的深度参与，个人的参与能力、参与意识都得到了锻炼。换句话说，作为个性化消费的一个溢出效应，在消费者利益偏好得到完美表达、消费需求得到有效满足的同时，他/她的参与技能、表达欲望、责任意识均得到了有效锻炼和形塑。一旦这种"参与"成为习惯，定制成为显性规则，消费者个人就极有可能把这种思维模式、行为习惯、观念态度等复制、移植到社会生活的其他方

---

① 俞可平：《中国公民社会：概念、分类与制度环境》，《中国社会科学》2006年第1期。
② ［美］加布里埃尔·A. 阿尔蒙德、［美］西德尼·维巴：《公民文化——五个国家的政治态度和民主制》，徐湘林译，华夏出版社1989年版，第34页。
③ ［印］阿玛蒂亚·森：《以自由看待发展》，任赜等译，中国人民大学出版社2013年版，第155—156页。
④ 黄梅宇：《工业4.0时代那些玩转个性化定制的产品》，http://sound.it168.com/a2015/0724/1749/000001749006.shtml。

面,起到锻炼政治/公共参与技能、改善参与意识和态度、增强参与意愿的效果。更进一步讲,消费参与、社会参与、政治参与、公共参与之间互为补充、相互强化,通过不断地"演习"、不断地批判、不断地累积,公民的参政意识将越发强烈,参与技能也将愈益熟练。并且,在羊群效应、盲从效应、晕轮效应等机制的作用之下,公民群体规模也将越来越庞大,为民主政治的建设与实践提供知识储备、人才基础与强信任纽带。

在工业4.0时代,政府3.0将要面对一个越来越庞大、成熟的公民群体,不再能够蒙人,也不再能够随心所欲,权利意识的觉醒,公民行为的理性,社情民情的复杂,将重新打破政府与社会、公民间的既有平衡,整体治理环境变得更具挑战性,要求重新思考社会治理过程及实践中的角色定位!

## 二 政府角色的重塑

2015年5月8日,《中国制造2025》新鲜出炉。作为我国实施制造强国战略的第一个十年行动纲领,该报告分析了我国制造业发展的形势与环境,明确了战略与目标,解读了任务和重点,也提及了战略支撑和保障,尤其重申了战略推进过程中的政府定位,从改革体制机制、营造竞争环境、完善金融扶持、加大财税支持、健全人才培养、健全组织实施等方面,多立场、多维度、多层次重塑了未来政府。

### (一)作为服务者的政府

2000年,美国亚利桑那州立大学公共事务学院教授罗伯特·B. 登哈特(Robert B. Denhardt)与珍妮特·V. 登哈特(Janet Vinzant Denhardt)在《公共行政评论》第六期合作发表《新公共服务:服务而非掌舵》(The New Public Service: Serving Rather than Steering)一文[①],继传统公共行政、新公共管理范式之后,建构了"新公共服务"研究模型,以比较为基础,

---

[①] Robert B. Denhardt and Janet Vinzant Denhardt, "The New Public Service: Serving Rather than Steering", *Public Administration Review*, Vol. 60, No. 6, pp. 549–559.

概括、梳理了新公共服务的七项基本原则，如"服务而非掌舵"，认为"公务员越来越重要的作用就在于帮助公民表达和实现他们的共同利益，而非试图在新的方向上控制或驾驭社会"，从而重塑了未来社会政府、公共行政官员的社会角色和公共形象，勾勒出了服务型政府的基本轮廓。

尽管作为概念被提出是早晚的事情，但"服务"却是政府一直以来的职能设计与目标设定。追根溯源，作为臣民与主权者之间建立起来的中间体，政府是公民让渡权利、整合并进行委托的结果，是公共意志的载体和具体表达，"负责执行法律并维护社会的以及政治的自由"，因此，在论述政府与公民关系的时候，卢梭始终认为，"人民服从首领时所根据的那种行为……完全是一种委托，是一种任用；在那里，他们仅仅是主权者的官吏，是以主权者的名义在行使着主权者所委托给他们的权力，而且只要主权者高兴，他就可以限制、改变和收回这种权力"。[①]

换句话说，根本上，权力与公民是仆人与主人的关系，前者是后者为了达到某种目的而创设的一种工具，即两者间建立起一种服务与被服务关系。霍布斯认为[②]：

如果要建立这样一种能抵御外来侵略和制止相互侵害的共同权力，以便保障大家能通过自己的辛劳和土地的丰产为生并生活得很满意，那就只有一条道路：把大家所有的权力和力量付托给某一个人或一个能通过多数的意见把大家的意志化为一个意志的多人组成的集体。这就等于是说，指定一个人或一个由多人组成的集体来代表他们的人格，每一个人都承认授权于如此承担本身人格的人在有关公共和平或安全方面所采取的任何行为，或命令他人作出的行为，在这种行为中，大家都把自己的意志服从于他的意志，把自己的判断服从于他的判断。这就不仅是同意或协调，而是全体真正统一于唯一人格之中；这一人格是大家人人相互订立信约而形成的，其方式就好像是人人都向每一个其他的人说：我承认这个人或这个集体，并放弃我管理自己的权利，把它授予这个人或这个集体，但条件是你也把自己的权利拿出来授予他，并以同样的方式承认他的一切行为。

从而，这里的公共权力变成了结束"所有人对所有人战争"，以维系公共秩序的有力"武器"，且这把"武器"只能服务并服从于公共利益，也就天生奠定了政府之于公民、公共利益的服务属性和角色定位。这样，

---

① ［法］卢梭：《社会契约论》，何兆武译，商务印书馆2003年版，第72—73页。
② ［英］霍布斯：《利维坦》，黎思复等译，商务印书馆1985年版，第131—132页。

政府对"服务"职能的履行，根本上成了执政合法性、权威性的来源。

2010年7月，德国联邦政府正式通过《思想·创新·增长——德国2020高技术战略》，探求德国未来的新发展，工业4.0作为十大未来项目之一，上升为国家战略，于2013年4月在汉诺威工业博览会上正式推出，旨在支持工业领域新一轮革命性技术的研发和创新，以提高德国工业的竞争力，从而在新一轮工业革命中占领先机。而为了配合工业4.0战略的实施，要求政府营造一个有利于创新的友好环境，即"审核现有法规（含欧洲层面）的创新友好程度，为发明与创新提供充足空间及推动力，全面提升企业创新能力"，重申了"服务型"政府建设的重要性。

自2009年12月出台《重振美国制造业框架》伊始，美国政府对制造业的扶持也是不遗余力。一方面，制定、完善顶层设计，先后推出并启动"先进制造伙伴计划""先进制造业国家战略计划""国家制造业创新网络"和《国家制造业创新网络初步设计》。另一方面，则全力扶持智能制造业的发展，投资10亿美元组建美国制造业创新网络（NNMI），融资8500万美元成立"国家3D打印机制造创新研究所"，资助2亿美元成立"轻型和当代金属制造创新研究所""数字制造和设计创新研究所"和"下一代电力电子制造研究所"等，依据美国国防分析研究所（Institute for Defense Analyses，IDA）发布的《先进制造业的全球新趋势》[1]报告的数据，美国科研经费（R&D）的3/4投入了制造业领域。

事实上，中国对"服务型"政府理念的践行一直走在世界前列。2006年10月11日，中国共产党第十六届中央委员会第六次全体会议通过《中共中央关于构建社会主义和谐社会若干重大问题的决定》，明确提出要"建设服务型政府"，强化社会管理和公共服务职能，首次在党的文件中提出服务型政府建设的明确要求。之所以如此，一个非常重要的特殊性在于党的群众路线理论的建构与实践。群众路线规定了共产党领导的全部内涵和实质。共产党的领导就是为人民服务，共产党的领导和执政就是要准确地反映和代表最广大人民群众的意愿和呼声、切实体现和维护最广大人民群众的权利和需求。同时，群众路线也是实现党的领导的保证和方式，只有始终保持党与人民群众的密切关系，党才能得到群众的拥护，巩固领导地位和执政地位。[2]

---

[1] Stephanie S. Shipp, etc., Emerging Global Trends in Advanced Manufacturing, 2012.
[2] 李严昌：《当代中国政府回应过程研究》，博士学位论文，中国政法大学，2009年。

因此，在标榜大数据、云计算、物联网、移动互联等新兴技术革命的工业4.0时代，政府的首要角色是"服务者"，如对企业、社团、个人等的需求做出回应，为信息公开、社会秩序、战略实施、产业升级等创造良好的社会环境。因为，政府回应是经济社会发展的需要，特别是现代市场经济发展和民主政治发展的需要。是现代民主社会公民对政府行为的理性要求，是建立公共服务型政府的价值取向之一。从价值层面来看，政府回应体现的是实质正义，实质正义是公共服务型政府追求的终极目标；从制度层面来看，政府回应是现代政府制度的重要组成部分，反映的是政府服务的质量、能力与效率。①

## （二）作为管理者的政府

"管理"是政府的天性！对政府来说，其基本职能主要由管理与服务两部分组成，通过开展公共管理活动，政府旨在保护公民的人身安全，维系国家的长治久安，并组织、引导经济、文化建设；通过提供公共服务，则是为了满足公民需求。两者之间，尽管服务的理念正在越来越被广泛接受，但转变职能并不意味着抛弃政府的管理行政。

理论地看，国家以及政府的诞生从根本上决定了政府的"强势"。霍布斯认为，在"人人相互为敌"的情况下，"产业是无法存在的，因为其成果不稳定。这样一来，举凡土地的栽培、航海、外洋进口商品的运用、舒适的建筑、移动与卸除须费巨大力量的物体的工具、地貌的知识、时间的记载、文艺、文学、社会等都将不存在。最糟糕的是人们不断处于暴力死亡的恐惧和危险中，人的生活孤独、贫困、卑污、残忍而短寿"②，从而需要国家以及政府作为结束"每一个人对每个人的战争"的超然力量。

实践地看，政府力量的"全身而退"依然无法保证市场经济的良性运转。20世纪20年代末30年代初爆发的经济危机及"罗斯福新政"，2008年开始蔓延的次贷危机及其救市，均证明政治与经济不能完全剥离，政府对经济行为的适当干预反而能够有效地推进市场经济的自由、健康发展。苏联经济的短暂辉煌以及中国经济的增长奇迹，也很好地证明了行政干预

---

① 曹云平：《服务型政府视角下我国县级政府回应研究——以昆山市政府回应实践为例》，硕士学位论文，苏州大学，2008年。
② ［英］霍布斯：《利维坦》，黎思复等译，商务印书馆1985年版，第94—95页。

之于国民经济发展的必要性、可能性、可行性。进而重申了管理之于政府"生存与发展"的重要性。

此外,"管理"职能的不可或缺还依赖于管理内容的"保驾护航"。政府是国家履行职能的实际载体,对外要保卫国家的独立和主权完整,对内要保护公民的生命安全及各种合法权益,保护国家、企业和个人的合法财产不受侵犯,而这些职责显然靠"服务"无法提供,必须有一个强力组织或能量进行维系、提供保障。而且,中国已然进入风险社会,危机管理、风险管理、应急管理压力骤增,网络信息安全防不胜防,这个时候唯有"快刀斩乱麻"才能把风险降到最小、代价压到最小,阻止风险的扩散扩大。2003年的"非典"事件,正是得力于中国政府之于集体力量的强力动员与整合,才使事态得到有效控制,使负面效应降到最低,保护了人民群众的生命财产安全,实现了社会秩序的重新恢复。就算到了智能化时代,政府之于社会的管理依然不能放松。

一方面,个性化定制凸显了知识产权保护的重要性,专利成为资产,是推动我国经济转型升级、快速发展的巨大动力。只有营造了一个保护知识产权的良好风气,实现了专利保护的严肃执行,市场经济的秩序才不会乱,创新才会有出路、受到重视,也才能最大限度地提升走出"中等收入陷阱"的概率。

另一方面,信息安全形势将变得越来越严峻。在未来,数据是基础、是原料、是财产,也是隐私,必须得到保护,这是政府不容置疑的义务和责任。2013年棱镜门事件爆发、2014年小米800万用户数据泄露、1400万条快递数据遭贩卖、130万考研用户信息泄露、12306用户信息泄露等事件频繁发生,更为普遍的个人信息泄露事件则发生在日常生活当中。一旦你购买了某个小区的某套住房,相中了某个品牌的某个车型,委托了某个公司的某种保险业务,在某个学术期刊上发表了某篇学术论文,你的私人信息如电话号码、从业情况、住房地址、收入情况等,就会"及时地"被他人所分享,并被当作商品进行买卖。与此同时,网络互联还为"黑客"攻击、情报窃取等敌对行为提供了便利,严重威胁到了我国的国家安全,政府必须采取强制措施和手段进行管制。

2006年8月,美国在线(AOL)公布了大量的旧搜索查询数据,本意是希望研究人员能够从中得出有趣的见解。这个数据库是由从3月1日到5月31日之间的65.7万用户的2000万搜索查询记录组成的,整个数据库进行过精心的匿名化——用户名称和地址等个人信息都使用特殊的数字符号进行了代替。这样，研究人员可以把同一个人的所有搜索查询记录联系在一起来分析，而并不包含任何个人信息。尽管如此，《纽约时报》还是在几天之内通过把"60岁的单身男性""有益健康的茶叶""利尔本的园丁"等搜索记录综合分析考虑后，发现数据库中的4417749号代表的是佐治亚州利尔本的一个62岁寡妇塞尔玛·阿诺德（Thelma Arnold）。[①]

应该说，"互联网+"顺应了物物相连、物人相连、人人相连的万物互联时代的发展趋势，体现出移动化、智能化、数据化的深度融合，而随之形成的海量数据的安全问题也如影随形，带来日益严峻的网络安全威胁，为人们敲响了警钟。[②]

### （三）作为协调者的政府

调解是诉讼程序中除判决和裁决外，另一种解决争议的方法。《中华人民共和国民事诉讼法》第八章（第八十五条至第九十一条）对"调解"进行了原则性论述，规定人民法院在审理民事案件时，可以"根据当事人自愿的原则，在事实清楚的基础上，分清是非，进行调解"，一旦"当事人对调解达成的协议应当履行；不愿调解、调解不成或者反悔的，可以向人民法院起诉"，"调解"成了民事审判的前置环节，是对民事诉讼解决争议争端的有效补充。其中，调解员以中立人士身份，协助争议双方了解争议焦点，探讨双方的利益和需要，寻求共同接受的解决方案。换句话说，调解实际上是对利益关系的再平衡，在公共领域表现为政府及其代理人对协调、解决利益冲突职责的履行，以正确处理组织内外各种关系，为组织正常运转创造良好的条件和环境，促进组织目标的实现，从而扮演着"协调者"角色。

根据马克思唯物辩证主义的观点，经济基础决定上层建筑，伴随着社会生产力水平以及经济发展水平的整体提高，公民个性将变得愈益明显，他们对公共服务的倾向性选择、对利益表达的普遍性需要，将激化不同权

---

① ［英］维克托·迈尔—舍恩伯格、肯尼思·库克耶：《大数据时代》，盛杨燕等译，浙江人民出版社2013年版，第198—199页。
② 王世伟：《万物互联时代的中国大趋势——对"互联网+"的多维度观察》，《人民论坛·学术前沿》2015年5月（下）。

利主体间的利益冲突。尤其对政府而言，资源有限性与公共需求无限性之间的结构性、规模化差异，使公共服务供给困境永远存在，资源分配失衡将只能最大限度地得到优化却无法消除。但这种类型的利益冲突却又远远没有达到需要通过民事诉讼手段来解决的程度，且"打官司"的后果往往得不偿失，从而需要政府积极斡旋，以重修"秦晋之好"。以离婚为例，很多时候离婚是冲动的"惩罚"，双方仅仅为了一口气而互不相让，一旦上升到民事诉讼日程就极有可能导致遗憾终身，这个时候法院或人民调解委员会进行适当的调解，就很有可能挽救一段婚姻、一个家庭，最大限度地降低伤害成本。

在未来尤其是工业4.0时代，数据的资源特性及其资本属性，加上公民利益的差异扩大，由此而引发的冲突会越来越多、越来越频繁，对协调服务的需求也就越来越大。在传统中国，这一角色由德高望重的乡绅耆老来承担，现在作为现代化的副产品，道德调解的作用正在弱化，政府的表现日渐重要，如在司法领域扮演一个公正不阿、铁面无私的"包青天""裁判员"，以维系整个社会的公平正义法治。

此外，协调还是对民主政治的具体实践。作为对自由民主、代议民主的批判与矫正，协商民主主张在多元社会现实的背景下，通过普通的公民参与，就决策和立法达成共识。以"参与"和"共识"为旨归，多元利益主体间的面对面磋商、论争，将使公共决策更具代表性、科学性以及合理合法性。

这也就需要政府具有相匹配的协调能力。协调能力，是指决策过程中的协调指挥才能，是化解矛盾的能力，是聚分力为合力的能力，是变消极因素为积极因素的能力，是动员群众、组织群众、充分调动人的积极性的能力。我们必须明白，个人的力量总是有限的，领导者要履行好自己的职责，必须把员工的积极性调动起来，潜能发挥出来，靠集体的力量攻克难关。因此，作为"协调者"，本质上就是要求政府当好"裁判"！

### （四）作为合作者的政府

2014年8月至2015年6月，广州大学公共管理学院大都市治理研究中心与广东省新闻出版广电（版权）局合作，承担其"十三五"规划，涉及"广东省新闻出版广电（版权）'十三五'发展规划"和"广东省数字出版'十三五'发展规划"课题，政学研合作，共同攻关。事实上，作为供给服务、治理社会的重要选择和现代化手段，"购买服务"、公私合作已经渗透到各级政府、部门和单位并广泛施行，合作已经成为现代治理的内生要求与时代特征。2013年9月，国务院办公厅更是发布《关于政府向社会力量购买服务的指导意见》，规范了购买主体、承接主体、购买内容、购买机制等内容（见表10-1），以加强对公私合作的顶层设计。统计显示，我国的政府采购规模从2005年的2928亿元增加到了2010年的8422亿元，年均增长23.5%；2011年则达到了1.13万亿元，占国家财政支出的11%（见图10-2）。

表10-1　　　　　　　　　　我国政府采购目录

| 基本类别 | 服务名称 |
| --- | --- |
| 基本公共服务 | 公共教育、劳动就业、人才服务、社会保险、社会救助、养老服务、儿童福利服务、残疾人服务、优抚安置、医疗卫生、人口和计划生育、住房保障、公共文化、公共体育、公共安全、公共交通运输、三农服务、环境治理、城市维护等领域适宜由社会力量承担的服务事项 |
| 社会管理性服务 | 社区建设、社会组织建设与管理、社会工作服务、法律援助、扶贫济困、防灾救灾、人民调解、社区矫正、流动人口管理、安置帮教、志愿服务运营管理、公共公益宣传等领域适宜由社会力量承担的服务事项 |
| 行业管理与协调性服务 | 行业职业资格和水平测试管理、行业规范、行业投诉等领域适宜由社会力量承担的服务事项 |
| 技术性服务 | 科研和技术推广、行业规划、行业调查、行业统计分析、检验检疫检测、监测服务、会计审计服务等领域适宜由社会力量承担的服务事项 |
| 政府履职所需辅助性事项 | 法律服务、课题研究、政策（立法）调研草拟论证、战略和政策研究、综合性规划编制、标准评价指标制定、社会调查、会议经贸活动和展览服务、监督检查、评估、绩效评价、工程服务、项目评审、财务审计、咨询、技术业务培训、信息化建设与管理、后勤管理等领域中适宜由社会力量承担的服务事项 |
| 其他适宜由社会力量承担的服务事项 | |

资料来源：财政部：《政府购买服务管理办法（暂行）》。

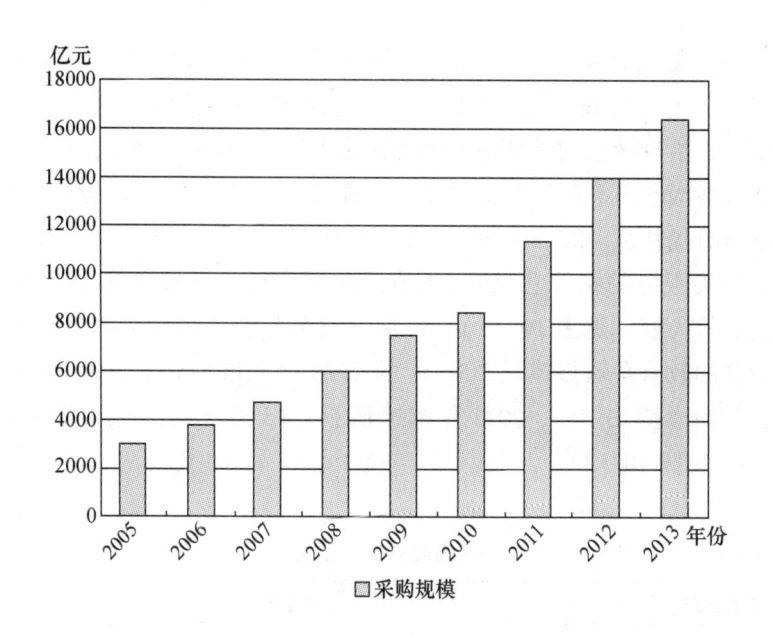

**图10-2 2005—2013年我国政府采购规模**

资料来源：中国政府采购网。

治理是现当代政治、管理、社会、历史等诸多学科的新学术生长点和研究热点。1990年，美国著名政治学家、政治经济学家、行政学家和政策分析学家，美国公共选择学派创始人之一，美国印第安纳大学教授埃莉诺·奥斯特罗姆（Elinor Ostrom）出版《公共事物的治理之道：集体行动制度的演进》一书，以社区警务的集体供给为研究对象，提出"多中心治理"概念及其基本原则，把"治理"这一概念广泛传播，在全球掀起了新的治理改革浪潮。从而，主体的多元化、地位的平等化、运作的协商化等，成为公共治理的代名词和典型标签，在具体的治理实践中，把政府、企业、社团、公民的身份进行了重塑，摒斥传统的等级结构、从属逻辑，建构起一种平等、协商、合作的机制。

事实上，公私合作一直以来就是欧美发达国家发展高新技术、推进智能制造的首选方式。2012年3月，美国政府宣布启动"国家制造创新网络"计划，以公私合营的方式，谋求建设15—45家"制造创新机构"，形成覆盖全美的制造创新网络。截至目前，已先后建立增材制造业创新研究所、数字制造和设计技术创新研究所、轻型现代金属制造业创新研究所、先进复合材料制造创新研究所、新一代电力电子制造业创新研究所五家制造创新研究所。在资金方面，美国政府原则上提供不低于7000万美元的财政支持，其余则通过融资的方式由企业、社会资本等提供。经营主体方面，除政府相关部委、机构外，还包括企业、大学、研究中心、非营利组织等社会力量，后者承担直接运营责任（见表10-2）。

表10-2　　　　　　　　美国部分制造创新研究所情况

| 研究所 | 出资情况（百万美元） | | | 非政府主体（家） | | | |
|---|---|---|---|---|---|---|---|
| | 规模 | | 比例 | 企业 | 大学 | 非营利组织 | 其他实体 |
| 增材制造业创新研究所 | 政府 | 45 | 1:0.89 | 85 | 22 | 18 | |
| | 企业等 | 40 | | | | | |
| 数字制造和设计技术创新研究所 | 政府 | 70 | 1:3.57 | 70 | 23 | 9 | |
| | 企业等 | 250 | | | | | |
| 轻型现代金属制造业创新研究所 | 政府 | 70 | 1:1.11 | 34 | 9 | 17 | |
| | 企业等 | 78 | | | | | |
| 先进复合材料制造创新研究所 | 政府 | 70 | 1:2.57 | 57 | 15 | 36 | 14 |
| | 企业等 | 180 | | | | | |
| 新一代电力电子制造业创新研究所 | 政府 | 70 | 1:1 | 近30家企业、大学、其他非政府组织 | | | |
| | 企业等 | 70 | | | | | |

因此，要想"得好"，必须从全能政府转为有限政府，该分权的分权、该放权的放权、该取消的取消、该减少的减少，直至成为最符合时代需要的"守夜人"。而作为伙伴：

首先，要转变理念。认识是前提，理念有力量，真正认识并促推政府职能的转变，真正把企业、社团、公民当成合作者、伙伴，切实树立起合作意识、平等意识、服务意识、责任意识，尤其是要抛弃"官本位"心态、等级意识。

其次，要建立制度。要修订法律制度规章，明确企业、社会团体、个人的主体地位，明确信息公开的责任与具体流程，明确政府在多中心治理过程中的合作者地位，多多听取其他利益相关者的意见和建议，为多中心治理的社会实践提供法律依据和实践准绳。

最后，要坚持法治。在具体的治理实践过程中，必须坚持依法行政，坚持信息公开，坚持询问听证，加强与其他治理主体间的交流、协商，共享信息与资源，真正把自己摆在伙伴的位置，合作共治。

## 三　政府治理的再造

走向智能服务，是塑造政府 3.0、服务工业 4.0 的内生要求与必然选择。作为一个系统工程，"中国制造 2025"战略规划的实施必然要求政企学研的合作共建，其中政府作为公共服务的提供者、社会秩序的管理者、矛盾冲突的协调者以及社会事务的合作者，作为国民经济发展的总设计师和总操盘手，必然发挥着更为重要的作用，需要高度重视、认真研判，分析和把握工业 4.0 的特性与规律，制定我国的工业 4.0 发展战略规划，为重建工业竞争优势指明方向；启动和实施工业智能制造研发和产业化专项工程，组建综合研究小组和平台，加强重大共性技术攻关，强化示范、推广和应用，推动中国制造业加快向智能化方向转型。加快制定和实施促进工业 4.0 发展的法律法规、标准和政策，鼓励规范企业间和相关机构的研发设计和产品转型升级，等等。即针对新时期、新社会、新民众对国家治理、政府管理提出的要求和预期，政府必须有所作为，以重新"发现"政府！

### （一）建构扁平化的治理结构

信息与时间是智能化时代最重要的两种资源。信息是决策的原料，只有掌握全面、系统、客观的相关信息，决策者才能正确把握决策环境、对象和结果预期，也才能做出科学、公正、合理、具有代表性和前瞻性的公共决策和实施计划。时间则是金钱、机会和生命，市场瞬息万变，跟不上步伐，把握不住机会，不了解需求，企业就将走向衰败。诺基亚作为自 1996 年以来连续 14 年蝉联全球市场份额第一的手机制造巨头，因无法有效应对操作系统创新带来的挑战，其市场份额 2011 年被苹果、三星双双超越，2014 年 4 月 25 日更是完全退出手机市场。

之于政府，同样如此。20 世纪 30 年代，围绕"社会主义经济体制可行性"发生了一场论战。基于"社会主义不可能获得维持经济有效运转的信息"的论断，米塞斯、哈耶克等否认社会主义的可行性。社会主义经济机制是一个高度集中的中央计划，每个下属单位或企业需要向中央机构传送相关技术、成本、消费等方面的信息，再由中央机构下达生产计划。于是，中央需要掌握大量的计划制订的信息，包括消费者偏好、企业生产技术水平以及求解海量供给与需求联立方程的能力。当这些信息搜集与处理完成时，很长的时间已经过去，人们的偏好和社会技术水平也发生变化，决策与现实存在差异。

从而，为了消除信息不对称现象，提高决策的科学性、客观性和代表性，谋求工作效率和质量的提高，需要摒弃传统的等级结构，减少行政层级、扩大管理范围、明晰管理权责，建构扁平化的治理结构。这么做，也是因为在智能化时代，当信息开始跑到了管理层次的前面，如果仍然按照过去的习惯，严格按层次走程序，很多事情可能就难以得到妥善的处理。①

### 1. 深化大部门体制改革

2013年3月10日，国务院发布《国务院机构改革和职能转变方案》，启动了新一轮国务院机构改革，通过撤销铁道部、卫生部、计生委等，重组国家海洋局、能源局，新建卫生和计划生育委员会、食品药品监督管理总局、新闻出版广播电影电视总局，旨在将国务院组成部门减少至25个（见图10-3）。通过开展大部门体制改革，整合具有并承担相同相似职能的部门、机构，减少部门、机构数量，能够减轻职能交叉现象，厘清、理顺各部门、单位、机构的权责边界和逻辑关联，达到降低管理成本的目的。

### 2. 深化行政审批制度改革

主要是取消不需要的、调整不合时的、下放不必要的行政审批事项，以转变政府职能，降低行政成本，减少部门冲突，提升工作效率。据统计，从2001—2011年的十年间，国务院分五批共取消和调整行政审批事项2183项，占原有总数的60.6%；各省（区、市）本级共取消和调整审批项目36986项，占原有审批项目总数的68.2%。② 而截至2015年5月6日，我国453项非行政许可审批事项完全取消：

一是取消了258项，这些事项都涉及社会公众，多数具有许可性质，取消后将有利于激发市场活力，增强发展动力。这些事项今后各部门不再实施审批，也不得以其他名目搞变相审批。二是新设行政许可20项，对于

---

① 宋芳敏：《互联网时代的国家治理》，《红旗文稿》2015年第10期。
② 应松年：《行政审批制度改革：反思与创新》，《人民论坛·学术前沿》2012年第3期。

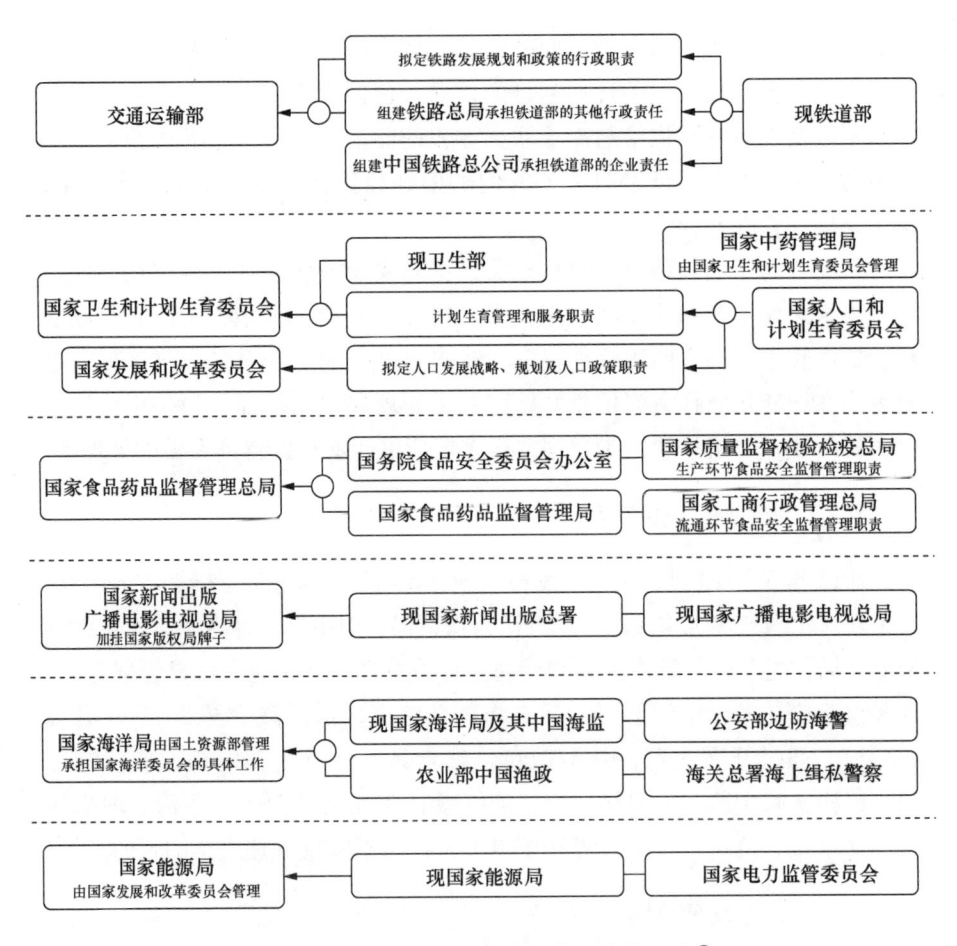

```
┌─────────────┐      ┌──────────────────────────┐      ┌─────────┐
│             │ ←──  │ 拟定铁路发展规划和政策的行 │      │         │
│             │      │ 政职责                   │      │         │
│  交通运输部  │ ←──  │ 组建铁路总局承担铁道部的其他行政责任 │ ←── │ 现铁道部 │
│             │      │                          │      │         │
│             │ ←──  │ 组建中国铁路总公司承担铁道部的企业责任 │      │         │
└─────────────┘      └──────────────────────────┘      └─────────┘
```

图示（图10-3）结构如下：

- 交通运输部 ← 拟定铁路发展规划和政策的行政职责 / 组建铁路总局承担铁道部的其他行政责任 / 组建中国铁路总公司承担铁道部的企业责任 ← 现铁道部

- 国家卫生和计划生育委员会 ← 现卫生部 / 计划生育管理和服务职责 ← 国家人口和计划生育委员会；国家中药管理局 由国家卫生和计划生育委员会管理
- 国家发展和改革委员会 ← 拟定人口发展战略、规划及人口政策职责

- 国家食品药品监督管理总局 ← 国务院食品安全委员会办公室 / 国家食品药品监督管理局 ← 国家质量监督检验检疫总局（生产环节食品安全监督管理职责）/ 国家工商行政管理总局（流通环节食品安全监督管理职责）

- 国家新闻出版广播电影电视总局 加挂国家版权局牌子 ← 现国家新闻出版总署  现国家广播电影电视总局

- 国家海洋局 由国土资源部管理 承担国家海洋委员会的具体工作 ← 现国家海洋局及其中国海监 / 农业部中国渔政 ； 公安部边防海警 ； 海关总署海上缉私警察

- 国家能源局 由国家发展和改革委员会管理 ← 现国家能源局  国家电力监管委员会

**图 10-3　2013 年中央大部门体制改革示意①**

确有工作需要且符合行政许可法规定条件的，依照法定的程序履行新设行政许可程序。三是调整为政府内部管理事项 84 项，这些事项的审批对象都是地方政府及其部门和中央国家机关，审批结果不涉及社会公众，因工作需要确需保留，今后要加强规范管理。四是调整为需要进一步改革和规范的其他权力 91 项，这些权力将在研究制定国务院部门权力清单的过程中进一步清理和规范。②

---

① 参见《关于国务院机构改革和职能转变方案的说明》，新华网。
② 彭波：《"非行政许可审批"退出历史舞台 453 项清理完毕》，http://www.chinanews.com/gn/2015/06-26/7366859.shtml。

## 3. 积极发展服务中介组织

作为政府职能的转移载体，中介组织的专业性、灵活性和代表性，能够有效弥合"政府—公民"间的关系裂痕，在两者间搭建沟通桥梁，是政府意志的代理人，也是公民利益的合作伙伴，在为公共治理提供服务平台的同时，还能够利用专业优势提升行政审批效率，帮助工业企业更好地抓住市场机遇。

## 4. 进一步推动"政府上网"

建设完善政府、部门网站网页，积极开展电子政务业务，利用互联网、大数据、云计算、移动互联等技术手段分流办事压力，最终提高行政效率。截止到2006年，我国已经建立起囊括从中央到地方基层政府的政府网站层级体系，其中96%的部委单位拥有网站，81.3%的地方政府拥有网站，省级政府门户网站的拥有率为90.3%，地市级政府门户网站的拥有率为94.9%，相当一部分县级政府也拥有门户网站。

### （二）塑造柔性化的治理流程①

政府流程再造是人类由工业社会走向网络信息社会的时代要求，是指当行政组织外部环境、内部资源及其结构发生变化时，运用公共管理学思想、经济学的市场机制原理和现代化的信息技术，对传统管理模式、组织结构模式、业务模式和服务传递方式进行根本性重新设计、改革，并通过网络信息技术对重新设计和改革后的管理模式、组织结构模式、业务模式和服务传递方式进行固化的过程，从而重构一种科学合理的、有助于提高公共部门发展效能的管理模式。一般包括：

公共部门业务处理流程再造，通过部门内部协作，改变各职能管理机构重叠、中间层次多的状况，使每项职能只有一个职能机构管理，做到机构不再重叠、业务不再重复。

跨部门业务流程再造，把处理同一个业务所涉及的各个部门整合在一个流程上，使完成该项业务所涉及的各个职能部门、所需要的各个功能环

---

① 陈潭等：《大数据时代的国家治理》，中国社会科学出版社2015年版，第71—75页。

节和机构的人员以及各种资源整合成为一个完整的业务流程，打破部门界限，实现跨部门的网络化协同办公。

社会服务流程再造，为了实现公共部门与公众沟通的电子化和网上办事，实现公众快捷、方便地办事。①

对企业而言，面对个性化消费的兴起以及瞬息万变的市场变迁，必须能够抓住消费者眼球、准确把握市场脉搏、尽快制造并提供满足消费需求的产品或服务。尤其是对于那些高新技术企业如智能制造企业而言，产品、技术从研发、转化到投入市场盈利，本来就需要一个漫长的过程。影响这一进程的，除企业本身的科研实力、研发投入、创新认知等内在因素外，政府管理、创新激励、人员供给等变量也发挥着重要作用，尤其是政府在市场监管、行政审批、产品审核等方面的干预，会在极大程度上左右企业的生存与市场活力。

以网络游戏为例，调查发现，国际上一款网游的平均运营寿命为3—5年，国内市场的生命周期只有1—2年，有些甚至不超过1年，只有3—6个月。② 也就是说，除了漫长的产品、技术研发时间外，真正余下来给技术转化、产品宣传和市场投放的时间就更少了，一旦政府相关部门在进行游戏审批时工作拖沓、故意刁难、设租寻租，就会进一步压缩整款游戏真正的生存时间，很有可能使得网络游戏被推出后已经没有消费市场了，这就造成了游戏企业包括人力、物力、财力、时间在内的资源损失，进而产生连锁反应，不再能够跟上市场、行业步伐，直至被淘汰。

因此，为了更加有效地契合智能化时代经济发展的要求，以及企业创新需求，必须进一步深化行政审批制度改革，尤其要创新审批模式，引入并试点前置审批等灵活的审批流程，以提高行政效率，降低企业的研发、管理成本，增强网络游戏消费者的吸引力和市场竞争力。如自2014年12月20日起，乌鲁木齐市中级人民法院就正式启用了电子签章系统，规定凡该院依法做出的判决书、裁定书、调解书、决定书、驳回再审申请通知书等具有法律效力的裁判文件，将统一加盖电子公章，加快了法院信息化建设步伐，提升了行政效率，迈出了智能政务的关键一步。

此外，智能技术在工业生产中的广泛应用，使行业产业价值链已经发

---

① 陈潭等：《大数据时代的国家治理》，中国社会科学出版社2015年版，第71页。
② 网易游戏：《网络游戏生命周期提升的标准》，http://play.163.com/10/0909/11/6G4S2OFL00313OAP.html。

生了变化，不同环节的相对价值地位发生了调整，数据采集、产品设计、售后服务等重要性得到提升，不仅企业要把更多的资源投放到这些步骤上，切实做好定制化量产和产品生产的全程监控、诊断，政府也要加大对信息安全、隐私保护、知识产权保障等议题的关注，这是责任，也是义务。

研究发现，在德、美、法、日、韩等主要发达国家，知识产权受到了严格的保护（见表10-3）。在德国，为了加强对知识产权的保护，政府先后制定了《商标法》《专利法》《外观设计法》《实用新型专利法》《著作权法》《反不正当竞争法》等诸多法律并不断修改完善，以尽可能适应技术、经济和社会发展的新形势。1903年德国加入《保护工业产权巴黎公约》，从智力成果（如外观设计、专利发明、实用新型专利发明、半导体芯片设计）、企业之间的竞争和智力的符号（商标）三个环节加强对工业知识产权的专门保护，成效显著。据欧盟专利局的统计数据，2014年，全球在该局提出的专利申请超过27.4万件，比2013年增长了3.1%。欧盟成员国的申请总量为84925件，占总数的31%。此外，美国、日本、中国和韩国占比分别为26%、18%、9%和6%（见图10-4）。[①]

表10-3 2010—2014年世界主要国家在欧盟的专利申请量

| 年份<br>国家 | 2010 | 2011 | 2012 | 2013 | 2014 |
| --- | --- | --- | --- | --- | --- |
| 美国 | 60816 | 60247 | 63433 | 67153 | 71745 |
| 日本 | 41797 | 47350 | 51596 | 50871 | 48657 |
| 德国 | 33104 | 33447 | 33814 | 31887 | 31647 |
| 中国 | 12753 | 16928 | 19197 | 22396 | 26472 |
| 韩国 | 12353 | 13164 | 14731 | 15993 | 16358 |
| 法国 | 11721 | 11865 | 12234 | 12378 | 12873 |
| 新西兰 | 7162 | 6197 | 6499 | 7430 | 8104 |
| 瑞士 | 7861 | 7856 | 8171 | 8139 | 7890 |
| 英国 | 7142 | 6508 | 6691 | 6510 | 6823 |
| 瑞典 | 4294 | 4590 | 4674 | 5130 | 5132 |

① 欧盟专利局：《2014年年报》。

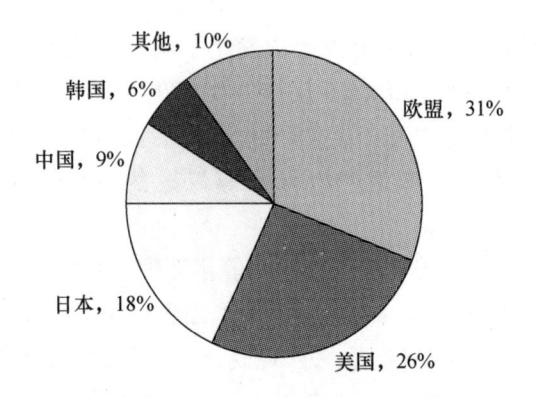

**图 10-4　2014 年欧盟专利局专利申请国及其比例**

而在中国，自 1980 年 6 月 3 日成为世界知识产权组织成员国起，历经三十多年，对知识产权的保护也有了长足的发展。数据显示，2014 年，全年受理境内外专利申请 236.1 万件，其中境内申请 218.6 万件，占比 92.59%；授予发明专利 23.3 万件，其中境内发明专利授予 15.8 万件，占比 67.81%；全年签订技术合同 29.7 万项，合同成交金额达 8577 亿元，比 2013 年增长了 14.8%。相较于 2005 年，2014 年全年受理境内外专利申请数翻了接近 5 倍，其中境内专利申请量翻了 5.7 倍；技术成交金额也翻了接近 5.7 倍（见表 10-4）。

**表 10-4　2005—2014 年我国知识产权发展情况**

| 项目 | 2005 年 | 2006 年 | 2007 年 | 2008 年 | 2009 年 | 2010 年 | 2011 年 | 2012 年 | 2013 年 | 2014 年 |
|---|---|---|---|---|---|---|---|---|---|---|
| 申请总量 | 47.6 | 57.3 | 69.4 | 82.8 | 97.7 | 122.2 | 163.3 | 205.1 | 237.7 | 236.1 |
| 境内总量 | 38.3 | 47 | 58.7 | 71.7 | 87.8 | 108.4 | 147.9 | 188.6 | 221 | 218.6 |
| 境内发明专利 | 9.3 | 12.2 | 15.3 | 19.5 | 22.9 | 28.1 | 40.4 | 52.3 | 69.3 | 79 |
| 境内有效专利 | — | — | 92.5 | 119.3 | 173.2 | 220.2 | 289.9 | 352.5 | 391.8 |
| 年成交合同 | 26.5 | 20.6 | 21 | 22.6 | 21.4 | 23 | 25.6 | 28.2 | 29.5 | 29.7 |
| 年成交金额 | 1510 | 1818 | 2200 | 2665 | 3039 | 3906 | 4763.6 | 6437.1 | 7469 | 8577 |

资料来源：国家统计局网站。

尤其值得关注的是，截至2014年年底，我国已经拥有有效专利391.8万件，比2008年（这一年才开始有统计）增长了4.24倍。而且，技术发明创新的实力也越来越强，2014年的境内发明专利为79万件，比2005年增长了7.5倍。然而，在技术成果转化方面，我国却一直停滞不前，尽管技术成交的金额规模越来越大，技术转换的数量却不甚理想，经过十年的发展，仅比2005年提升了12.08%（见图10-5）。因此，为了更好地推进"中国制造2025"战略规划的落地、实施，推动我国大数据、云计算、智能制造、绿色清洁能源等产业的发展，必须进一步加大在知识产权保护及技术转化方面的扶持力度。

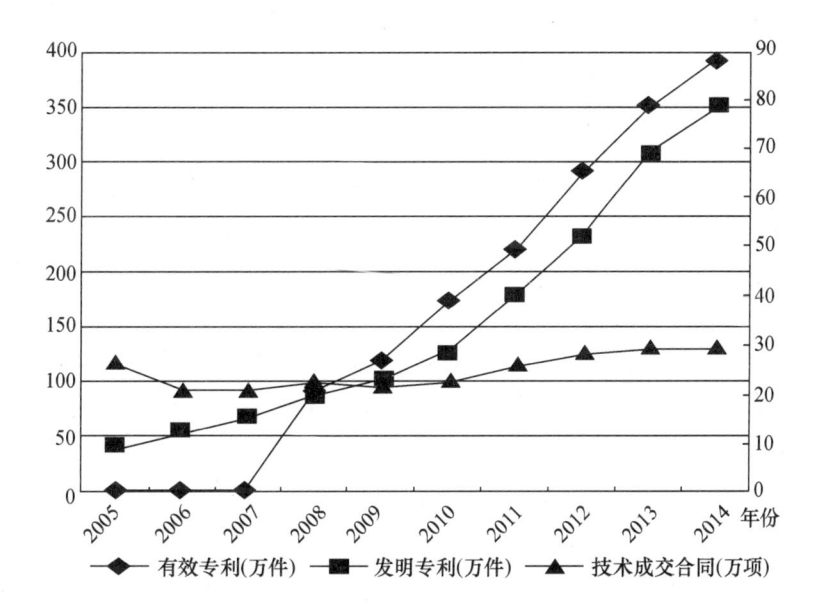

图10-5 2005—2014年我国知识产权发展情况

### （三）打造智能化的治理工具

1987年9月，中国计算机科技网（CANET）在北京计算机应用技术研究所内正式建成中国第一个国际互联网电子邮件节点，并于14日发出了中国第一封电子邮件，揭开了中国人使用互联网的序幕。1994年4月20日，NCFC工程通过美国Sprint公司连入Internet的64K国际专线开通，中国正式接入国际互联网,在国际上正式成为真正拥有全功能 Internet 的国家。而截至 2014 年 12 月 31 日,我国网民规模达到 6.49 亿,网络普及率 47.9%;手机网民 5.57 亿,占上网人群比例的 85.8%;域名总数达到 2060 万个,网站总数为 335 万;企业使用计算机办公的比例为 90.4%,使用互联网的比例为 78.7%。① 互联网络已经融入我国民众的日常生活、工作与学习之中,成为不可或缺的组成部分。

微博、微信等也成为智能政务的重要载体与平台。微博方面,2015 年 1 月 27 日,人民日报和微博联合发布《2014 年度政务指数报告》,2014 年经过新浪平台认证的政务微博达到 130103 个,较 2013 年年底增加近 3 万个;其中政务机构官方微博 94164 个,公务人员微博 35939 个;党政宣传系统、团委系统、公安系统和司法系统是政务微博"第一梯队",分别为 29099 个、19052 个和 17025 个。微信方面,根据人民网舆情监测室 2015 年 7 月 21 日发布的"全国政务微信影响力排行榜",当前全国的政务微信已经达到甚或超过 7750 个,其中"共产党员""上海发布"和"盐城交警"分列总排行榜前三,总阅读数分别超过了 41 万、27 万和 9.5 万人次,涉及公安、司法、宣传、市政交通、气象环保、旅游、团委、医疗卫生、文教、财税金贸等部门、机构和组织。②

而除"政府上网"外,为了有效应对治理对象规模扩大、内容增多、环境复杂等议题,在大数据、云计算、物联网、移动互联等技术的配合下,还要力推:

### 1. 智慧城市建设

作为对"智慧的地球"的回应,2010 年 IBM 正式提出"智慧的城市"愿景,认为城市由关系到城市主要功能的不同类型的网络、基础设施和环境——组织(人)、业务/政务、交通、通信、水和能源六个核心系统组成,这些系统不是零散的,而是以一种协作的方式相互衔接。"智慧城市"就是运用信息和通信技术手段感测、分析、整合城市运行核心系统的各项关键信息,从而对包括民生、环保、公共安全、城市服务、工商业活动在内的各种需求做出智能响应。

2012 年 12 月 5 日,住房和城乡建设部正式发布了《关于开展国家智

---

① 中国互联网络信息中心:《第 35 次中国互联网络发展状况统计报告》。
② 人民网舆情监测室:《中国政务微信影响力排行榜(7 月 21 日)》。

慧城市试点工作的通知》，并印发了《国家智慧城市试点暂行管理办法》和《国家智慧城市（区、镇）试点指标体系（试行）》两个文件，以指导并规范我国的智慧城市建设工作。2013年1月，住房和城乡建设部公布了首批、共90个国家智慧城市试点名单。8月公布了第二批、共103个城市（区、县、镇）国家智慧城市地点名单。截至目前，我国共确定了193个城市（区、县、镇）为国家智慧城市试点单位。另据《全球智慧城市建设行业市场前瞻与投资机会分析报告前瞻》调查数据显示，我国已有311个地级市开展数字城市建设，其中158个数字城市已经建成并在60多个领域得到广泛应用。

智慧城市是新一代信息技术掌握、知识社会下一代创新环境下的城市形态。智慧城市基于物联网、云计算等新一代信息技术以及社交网络、Fab Lab、Living Lab、综合集成法等工具和方法的应用，营造有利于创新涌现的生态，实现全面透彻的感知、宽带泛在的互联、智能融合的应用以及以用户创新、开放创新、大众创新、协同创新为特征的可持续创新。因此，站在企业的立场，利用智慧城市技术手段，能够提升自身运营效力、降低运营成本、提升竞争力。更重要的是，智慧城市对技术创新的重视，以及创新氛围的营造，使企业能够通过技术创新维系其市场竞争力。

### 2. 智能服务平台打造

从2013年9月底开始，为了有效监管和规范经济联社"三资"规模、交易行为，加强基层的党风廉政建设，广州市荔湾区投资408万元，正式启动"三资"监管交易平台建设，涵盖数据库、操作系统、交易网站和制度规范四个组成部分（见图10-6），实现经济联社廉情预警防控监管信息系统和"三资"交易平台系统的有机融合，有效推动并规范了该区的经济联社"三资"交易和管理行为。统计显示，截止到2015年6月30日，全区联社"三资"交易登记6653宗、成功交易4195宗，中标总金额30.75亿元。

2015年7月，为了有效缓解办牌办证、缴纳罚款、获取信息不方便、不及时等难题，公安部经过广泛调研论证，积极构建了一个面向公众的互联网交通安全综合服务管理平台，计划通过网页、手机App、短信、语音电话等多种方式，提供10大类130余项在线服务。普通公众在实名注册开通账号后，就可享受该平台提供的驾考和车检预约、办牌办证、违法处理和罚款缴纳、出行信息、信息查询、告知提示、信息公开、重点对象管理、交通安全宣传、业务咨询等服务（见图10－7）。①

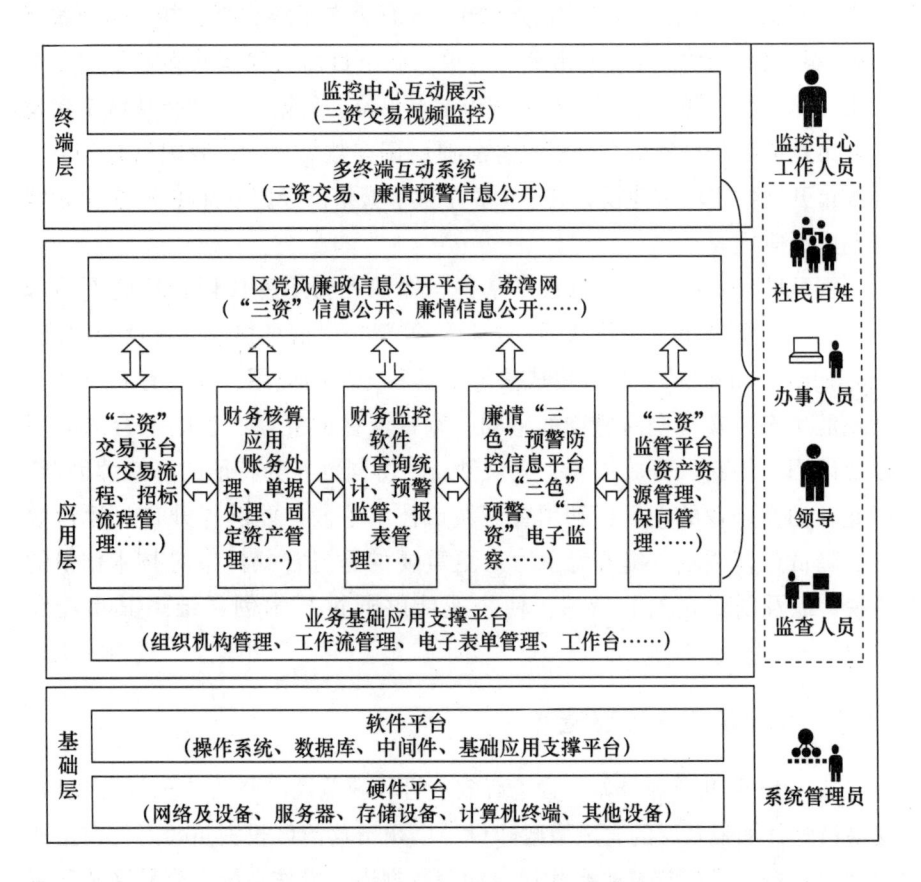

**图10－6　荔湾"三资"监管交易平台结构**

因此，政府要充分利用大数据、云计算、物联网、互联网等新兴技术，结合具体的行政业务，通过政府购买，以及政企学研合作等方式，积极开发、设计和建设智能化的公共服务平台。

---

① 袁国礼：《公安部：交通违章罚款明年实现网上缴纳》，http://news.china.com.cn/live/2015－07/24/content_33678336.htm。

第十章　智能化时代的政府再造

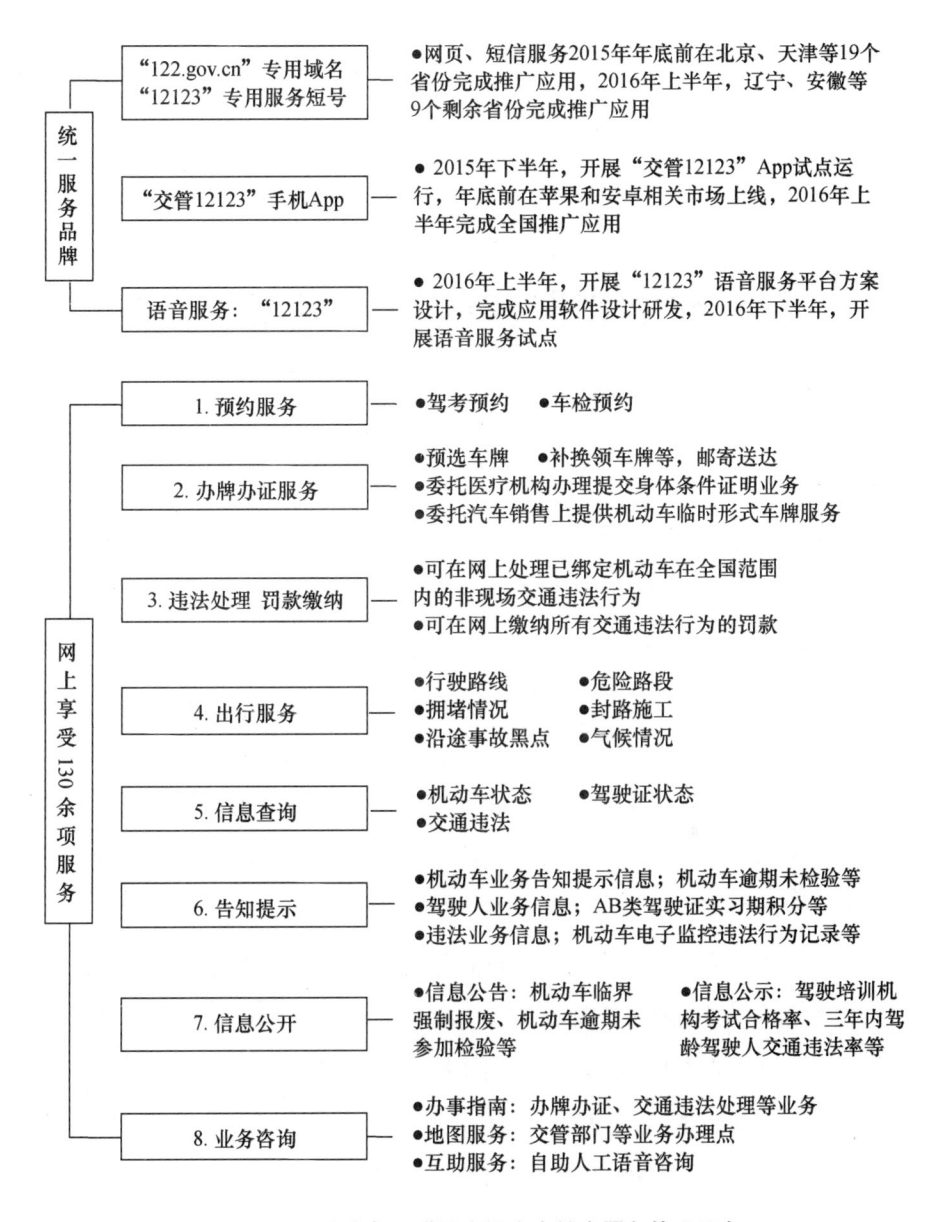

| 统一服务品牌 | "122.gov.cn"专用域名 "12123"专用服务短号 | ● 网页、短信服务2015年年底前在北京、天津等19个省份完成推广应用，2016年上半年，辽宁、安徽等9个剩余省份完成推广应用 |
|---|---|---|
| | "交管12123"手机App | ● 2015年下半年，开展"交管12123"App试点运行，年底前在苹果和安卓相关市场上线，2016年上半年完成全国推广应用 |
| | 语音服务："12123" | ● 2016年上半年，开展"12123"语音服务平台方案设计，完成应用软件设计研发，2016年下半年，开展语音服务试点 |

| 网上享受130余项服务 | 1. 预约服务 | ● 驾考预约　　● 车检预约 |
|---|---|---|
| | 2. 办牌办证服务 | ● 预选车牌　● 补换领车牌等，邮寄送达<br>● 委托医疗机构办理提交身体条件证明业务<br>● 委托汽车销售上提供机动车临时形式车牌服务 |
| | 3. 违法处理 罚款缴纳 | ● 可在网上处理已绑定机动车在全国范围内的非现场交通违法行为<br>● 可在网上缴纳所有交通违法行为的罚款 |
| | 4. 出行服务 | ● 行驶路线　　● 危险路段<br>● 拥堵情况　　● 封路施工<br>● 沿途事故黑点　● 气候情况 |
| | 5. 信息查询 | ● 机动车状态　● 驾驶证状态<br>● 交通违法 |
| | 6. 告知提示 | ● 机动车业务告知提示信息；机动车逾期未检验等<br>● 驾驶人业务信息；AB类驾驶证实习期积分等<br>● 违法业务信息；机动车电子监控违法行为记录等 |
| | 7. 信息公开 | ● 信息公告：机动车临界强制报废、机动车逾期未参加检验等　● 信息公示：驾驶培训机构考试合格率、三年内驾龄驾驶人交通违法率等 |
| | 8. 业务咨询 | ● 办事指南：办牌办证、交通违法处理等业务<br>● 地图服务：交管部门等业务办理点<br>● 互助服务：自助人工语音咨询 |

图10-7　公安部互联网交通安全综合服务管理平台

# 第十一章
# 智能化时代的教育变革

　　智能化的时代即工业4.0时代，实体物理世界将与网络世界的深度融合，人与人、人与机器、机器与机器之间的交互式沟通会成为互动交流的常态，大数据及云计算驱动下的各领域智慧化进程将不断推进。在工业4.0时代，物联网、云计算、大数据、机器人及智能工厂将逐步侵入并颠覆素以"保守"著称的教育地界，一方面给教育的繁荣提供了技术支持，另一方面也提出了新的挑战，教育功利主义、分数至上及工具理性已无法适应新时代的人才培养要求。机器人和智能工厂正迅速颠覆传统的就业结构，这给本就与时代脱钩的人才培养模式提出了更大的挑战。与此同时，工业4.0时代的新应用、新技术、新能源与教育的有效"嫁接"也会为教育的成功给予"技术红利"。为迎接挑战、实现跨越，必须转变传统教育理念，通过学生为中心、跨学科思维及终身教育等教育理念的实现，唤醒学生、大众的创造激情，助力"大众创新、万众创业"；借"技术红利"完成教育的大升级，逐步推进智慧教育、"工厂化课堂"、现代职业教育及创客教育的建设，培养创新型、实践型、全能型人才队伍；教育管理部门、教师、学生、社会大众在此次教育变革中起着主体性作用，在享受新时代带来便利的同时，也要各司其职，共同实现工业4.0时代教育的变革，为我国的教育大繁荣、大发展、大兴旺助力。

# 一 智能化时代的教育挑战

在人类进入了工业时代以来,教育与工业的关系变得史无前例的密切,教育更是被看作是培养工业中人力资源的最主要渠道,如果把工业比作是人体的骨架,那么教育便是流淌在躯体里的血液,为人体的生存输送源源不断的养分。与大规模生产相适应的班级化、批量化、标准化的教育模式是我们正在经历的时代特色,但以物联网、3D打印、智能工厂、智能产品、机器人等为亮点的第四次工业革命对人才的定义是否仍然一成不变,传统的人才是否能满足这场智能革命?

## (一) 智能化机器抢了人类什么

自动驾驶的汽车、不知疲倦的机器人出现在工厂甚至现实生活中的场景已经绝非罕见之事,数以万计的工作岗位被智能化的机器代替,大批的体力劳动者面临着失业,而且绝不是传统意义上的失业,智能机器所带来的失业潮可能是永久的技术性、结构性失业。在许多人的脑海中,机器人固然厉害,但它能胜任的也不过是传统体力性、重复性高、无须脑力思考的岗位。但结果可能没我们想象的那样乐观,因为这些机器在结合智能化的软件后不仅能胜任简单重复的工作,就连人类引以为豪的思考能力机器人也逐渐掌握。医生一直以来以高、精、尖的技术能力闻名于世,一名出色的医生要经历几十年艰苦的理论学习和实践锻炼,因此医生是体现人类思维和智慧的代表,许多人信心十足地认为医生不会被机器所代替。但事实并非如此,IBM正在研发与电脑游戏《危险边缘》中的超级计算机相似的项目,在这个项目中,"沃森"能比医生更好地诊断病人的疾病。该项目的运行原理是通过把世界顶级的医学资料和知识植入到"沃森"的中枢系统中,凭借这些知识和资料对病人的病情进行诊断,从而确定病人的病史和诊断结果,最后提出一整套完整的治疗方案。

如果感觉智能机器代替医生的例子距离我们还有一些距离的话,那么下面这个实例就发生在我们中国人最熟悉的企业,一个为近百万人提供就业岗位的富士康公司。在不断发生员工跳楼事件后，郭台铭发起了百万机器人计划，试图用更加廉价的机器人代替人类作为企业的"员工"，机器人对人类工作的冲击正一步步逼近（见图11-1）。如果把大量机器人和自动化机器投入到生产中，同时无须考虑劳动力的成本问题，那么低工资的劳动力优势就会逐渐消失。2009年，美国总统奥巴马（Barack Hussein Obama）提出了再工业化（Re-industrialization）战略，强调重振制造业，把制造业重新搬回劳动者素质更高、商业系统更加良性、法律制度更加完善的美国本土。

图 11-1 富士康工厂智能机器人

按照目前智能化机器和机器人的发展速度，很多人认为这些不知疲倦并且拥有一定思维的机器人完全可以接管人类的所有工作。如果你这么想的话，可能为时过早，既高估了这些机器人的能量，也低估了人类的智慧。不管机器如何智能化，目前来看，虽然它们可以写出完全押韵的诗歌，但是绝对没见过一台机器可以创造出一首真正出于感情抒发的诗歌，而诗歌的真正价值就在于此。虽然"沃森"是一位出色的医生，能掌握所有的医学知识，就像所有的机器一样可以从设定好的程序对病人进行诊断。但是新疾病的出现和蔓延并不是能通过程序的设定来解决的，一旦面临的情况超出了预先设定的程序范围，这些智能化的机器便会毫无作用。

全自动汽车就是例证，当行驶到汽车程序中没有路线记录的区域时，汽车就无法自行找到行驶路线，而停滞不前；再者，在遇到人指挥交通时，自动驾驶汽车更是无法分辨指挥员的手势所代表的含义，也会陷入"无所适从"的窘境。

### （二）人类还能做什么

由此看来，智能机器也有其不智能的地方，至少以当下人工智能发展的水平，人类的许多特质是这些智能机器所不具备的，或者说它们只是具备初级的智能。人类具有非凡的感知未知事物和突破框架进行思考的能力，这是智能机器仍无法企及的。虽然智能机器的感知能力在以指数级的速度提升，但是目前还远远不及人类。我们特有的思维能力、深度沟通能力、复杂模式识别能力和创新能力等人类本质的认知能力仍然占有绝对优势，并在未来一段时间内这样的格局不会被打破。

既然人类的某些特质是机器所欠缺的，与此同时，机器所具备的能力也是我们无法企及的，人类和机器的合作在一定程度上可以互补不足，互利共赢。如果人类医生和"沃森"共同协作，自动驾驶汽车和人类司机一起开车，那么不论是对于病情的诊断力还是驾驶的安全性来说都能产生积极的作用。正如未来主义者凯文·凯利所说的："你在多大程度上能与机器完美地协作是决定着你未来的收入水平。"

### （三）工业4.0时代的教育冲击

人类的发展进入工业现代化以来，教育尤其是学校教育始终承担着为国家和社会培养特定时代所需的人才，由此，教育必然会打下深深的时代印记，从春秋时期圣人孔子推行的"游牧式"教育到近代以集中化、统一化、标准化为特点的规模教育无一不是时代的产物。但以智能化为特色的工业4.0时代颠覆传统生产方式的程度和驱动社会发展的速度来看，现行的教育模式已无法满足新时代对新型人才的需求。工业4.0时代所看重的创新能力、思维能力和人机协作能力恰恰是传统教育无法提供的，这给现今的教育模式提出了前所未有的挑战。

这种挑战大体上表现在两方面，一是新思维冲击已有的教育理念。以智能化技术为基础，以信息化和互联网为平台的个性化产品制造产业链将逐渐形成，创新能力的高低直接决定着产品能否满足客户对高质量的个性化、多样化产品的需求。创新能力的培养成为未来教育的重点，个性化教育、跨学科教育、终身化学习等教育理念将颠覆传统的统一化、机械化、终结化的教育观念。二是新技术、新材料的广泛应用加速现有教育技术和内容的更新换代。随着工业4.0时代所带来的智能化产品和数字化技术的悄然到来，既为传统教育的升级提供了技术援助，也为传统人才培养提出了更高的要求，传统教育尤其是职业教育不得不转变人才培养思路、课程设计和教学方式以适应新时代企业对于技术型、全能型、创新型人才的需求。

总之，工业4.0时代的教育在重视书本知识的研习的基础上，更应塑造学生的创新能力、思维能力和人机互动能力。培养新时代的人才，要从教育理念入手，转变原有的狭隘教育和学习观念，用新技术、新手段、新模式提升人才培养体系，塑造学生的创新思维和分享合作精神，从而完成具有划时代意义的人才培养机制。从教育理念来看，以教师为中心的教育理念将逐渐转向以学生为中心的教育理念、单学科教育将转向跨学科教育、终结教育也将被终身教育代替。从技术应用角度，推动互联网、物联网、大数据、智能机器与教育的深度融合，开发智慧教育、基于技术的职业教育、"工厂化"课堂及创客教育。从协作培养模式角度，打破学校人才培养的一元化格局，建立以学校、家庭、企业、社会交互为特点的人才培养体系，逐步形成创新型、学习型社会。

## 二 智能化时代的教育理念

### （一）"以教师为中心"转向"以学生为中心"

教育必须遵循和适应教育规律，一是教育必须适应社会发展需要的规律，二是教育必须适应受教育者身心发展需要的规律。前者可以称为教育的外部规律，后者可以称为教育的内部规律。为各行业设置的专业学科，大规模批量化"生产"的专业人才，都是教育的外部规律在工业革命不同阶段的体现。人才培养的质量和数量决定着国家发展的核心竞争力。但是，教育的内部规律长期被忽视，灌输式课堂教学、重理论轻实践的教育一直存在，"因材施教"的口号化和标签化、"批量化"的非个性教学方式、"以教师为中心"的自我本位主义成为受教育者无法摆脱的教育桎梏。

以学生为中心的教育理念对于未来以创新能力为核心的时代有着重要的意义。它具有很强的可操作性，因此各级各类学校中都可以得以应用。实现从以教师为中心向以学生为中心的转变的关键是教师，教师要放下"身段"，处理好师生之间的关系，树立起服务于学生的理念。

尊重并理解学生是实现这一转变的第一步。在以学生为中心的教育理念下，教师的职责不仅是教授知识，更重要的是了解学生的心理状态、学习情况、特长、习性以及优缺点等。作为教师，不能将自己的思想强加到学生的身上，强迫他们接受自己的观点，要从学生的立场出发思考。就这点来讲，教师应该不断更新自身的知识体系，与时俱进，弥补和学生之间的年龄代沟。

以学生为中心的教育理念的根本目的是激发和启迪学生的学习热情，使不同素质、不同特长的学生能扬长补短、各有所得。从唯物辩证法的角度来讲，内因是事物发展的根本动力，这一理论在教育领域中同样适用，激发学生自身的学习、钻研和思考的能力是教师工作的重点。唤醒而不是抑制学生的好奇心，鼓励学生找到自身的兴趣，发挥自身的优势，这样的教学成效远远高于强调"管制"而抑制个性的教学方式。[①]

## （二）"单学科教育"转向"跨学科教育"

过去几十年中，伴随着专业化教育的不断深入，培养出了数以万计的专业人才，但时代的发展特别是在互联网时代来临后，不同行业领域在互联网的"捏合"下彼此联系在了一起，复合型人才的需求不断增加，能够统领全局、领导和负责一个复杂技术系统的"全能型人才"也就成了职场的"香饽饽"。到了工业4.0时代，企业间的竞争越来越注重跨学科的软件工程和系统工程的比拼，系统生命周期管理要求流程的高度统一，这就

---

[①] 李嘉曾：《以"学生为中心"教育理念的理论意义与实践启示》，中国大学教学2008年版，第4期。

要求企业必须拥有跨学科教育背景的领导者或领导团队。① 但令人感到有些沮丧的是，现在高校基本都以培养专业人才为目标，学生们在学生时代就被绑定在某一特定的专业领域，很难系统地掌握其他专业的本领。因此，开展跨学科教育，不仅有利于弥补单学科教育的缺陷，也有利于培养国际化、复合型和创新型人才。

跨学科教育是指通过跨学科性的研究和教学活动，促进传统学科和跨学科的协调合作，培养与当代世界科技革命与社会发展相适应的"专"与"博"相结合的创新型和复合型人才的过程。② 以美国为首的发达国家早在20世纪初就意识到跨学科教育有利于提升交叉科学技术的发展，有利于培养现代人才的各种素质、思维能力和科研能力，以及组织、交际工作等方面的能力。③ 到20世纪末期，美国许多大学便建立了跨学科研究中心，同时也开设了文理交叉的跨学科课程。享誉全球的卡内基梅隆大学就推行了BXA项目（BHX项目就是BHA、BSA、BCSA的总称，分别指人文与艺术学院的跨学科学士学位项目、理学和艺术学院的跨学科学士学位项目、计算机科学和艺术学院的跨学科学士学位项目）。这些项目给了学生充分的选课空间，尊重学生的学习兴趣，在不同教师的精心指导下建构起跨学科的知识体系。④

国内外一流大学跨学科教育发展的经验表明，跨学科教育包括了人文、数理、工程、艺术等多学科领域的综合性实践活动，它的实质是依据时代发展的需要进行全面性、系统化、层次化的综合改革，以适应现代信息化、数字化、智能化的学习型和创新型社会的需要。

### （三）"制度化教育"转向"终身化教育"

进入现代信息化时代以来，产业结构、企业组织及新兴职业的涌现不仅缩短了企业产品研发的周期，也加速了人类的知识更新速度，因此人类必须及时调整知识结构、更新已有的知识内容来适应社会的发展。1965年保罗·朗格朗基于社会变化和经济变革的挑战，提出了终身教育理念。终

---

① 乌尔里希·森德勒：《工业4.0：即将来袭的第四次工业革命》，机械工业出版社2014年版。
② 郑腊香：《跨学科教育——培养国际化人才的有效途径》，经济研究导刊2014年版，第18期。
③ 吴振球、熊财富：《深化高等教育的交叉教育课程体系和教学内容改革》，交通高教研究2000年版，第1期。
④ 曲晓丹：《美国大学跨学科人才培养模式研究》，硕士学位论文，大连理工大学，2013年。

身教育理念的出现、传播和"风靡"都与经济社会的发展有着千丝万缕的联系。正如朗格朗在《终身教育引论》一书中所讲的,科学技术发展给予人类便利的同时也带来了诸多挑战,例如,生活环境包括自然环境的巨变;世界的信息化;人口剧增、人口城市化、人口老龄化与寿命的延长;生活方式的迅速变化与全球化、家庭电器化、自动化、收入与消费水准的提高;社会伦理道德与价值的颠覆,思想信仰危机,等等。面对这些挑战,人类必须通过不断地学习新知识来适应变化无穷的社会。

工业4.0时代集合了智能技术系统、物与服务互联网、机器对机器(M2M)通信,这对现有的企业战略及商业模式、企业组织、过程管理等都造成了极大的现实性冲击。在这样的环境下管理理念、组织形式、技术应用的陈旧周期明显缩短,传统的知识更新速率已无法应对社会发展的要求。面临这些挑战,个人只有不断地、广泛地学习,才能更好地适应社会的变化与发展。

终身教育的意义不仅存在于经济学范畴,也有社会学意义。一方面,它是应对个体成长危机的一种自我教育。弗洛伊德(Sigmund Freud)把每个人的一生分为五大阶段,并认为个体只有克服代表本能欲望的本我与代表社会期望的超我之间的矛盾与冲突后,才会顺利发展到下个阶段,实现个人的持续成长。另一方面,终身教育也是个人社会化的必要过程。简单来讲,社会化就是个体根据社会结构、意识、文化以及各种社会角色的变化,通过再认识适应新角色的过程。从这个意义看,社会化既具有终身性也具有教育性,那么,终身教育也就成为个人社会化的重要部分。[1]

正是由于终身教育在经济领域和社会范畴的重大意义,各国也才意识到终身教育的迫切性和必要性,许多国家先后采取措施推动终身教育,以此来适应新型社会经济发展的要求。联合国教科文组织"教育发展国际委员会"执行主席、法国前总理兼教育部长埃德加·富尔(Edgar Faure)于1972年发表《未来的学习——教育的今天和明天》,将终身教育或学习型社会视为消除因经济发展、劳动异化而产生的阶级对立、体脑对立、精神与肉体分离,以及"人格分裂"等个人发展障碍,培养身体、智力、伦理等人格全面发展的个体的工具。他指出:"如果学习、学习的时间以及学习形式与内容的多样化能贯穿于人的终身,包括教育资源在内的社会经济资源能够为全体社会成员所共同享有,并且必要的教育制度能够得到改

---

[1] 李爱萍、王晓宇:《终身教育理念的新解读:多学科的视角》,现代大学教育2008年版,第2期。

善,那么,学习型社会的目标就能够达成。"

## 三 智能化时代的教育升级

### (一) 智慧教育

工业 4.0 时代的"技术红利"已经催生了像智慧城市、智慧医疗、智慧交通等一系列高效、便利、快捷、智慧的生活方式,政府和企业正将智慧化的技术应用于教育行业,构建起基于新技术的高质量的智慧教育模式。智慧教育的核心必须以信息通信技术为基础,以海量数据的分析和挖掘为核心,将智能设备、传感器、物联网运用于教育发展和学校建设,把数字化的教育资源融合到教育的各个环节,建立起科学、便捷、高效、智慧的教育模式和教学方式,提升教育的智慧化程度。

"智慧教育"来源于 IBM 公司 2008 年提出的"智慧地球"概念,它包括五大发展路径:技术支撑;个性化学习路径;知识技能;全球整合;经济服务。随着智慧地球、智慧医疗、智慧交通等一系列智慧概念的出现,智慧教育被认为是未来教育发展的必然趋势,也受到了我国相关研究机构、媒体以及学术界的关注。虽然我国目前关于智慧教育的研究仍处于起步阶段,但一些具有学术前沿敏感度的学者也初步提出并定义了智慧教育的概念。他们认为,智慧教育就是依托物联网、云计算、大数据、无线通信等新一代信息技术所打造的智能化教育信息生态系统,是数字教育的高级发展阶段,旨在提升现有数字教育系统的智慧化水平,实现信息技术与教育主流业务的深度融合(智慧教学、智慧学习、智慧管理、智慧评价、智慧科研和智慧服务),促进教育利益相关者(学生、教师、家长、管理者、社会公众等)的智慧养成与可持续发展。[①] 从智慧教育的概念来看,智慧教育是在数字化、信息化和智能化技术支撑下的复杂生态结合体,由四大系统组成:智慧教育技术系统、智慧教育教学系统、智慧教育管理系统和智慧教育服务系统(见图 11-2)。

---

① 杨现民:《信息时代智慧教育的内涵与特征》,《中国电化教育》2014 年第 1 期。

## 第十一章 智能化时代的教育变革

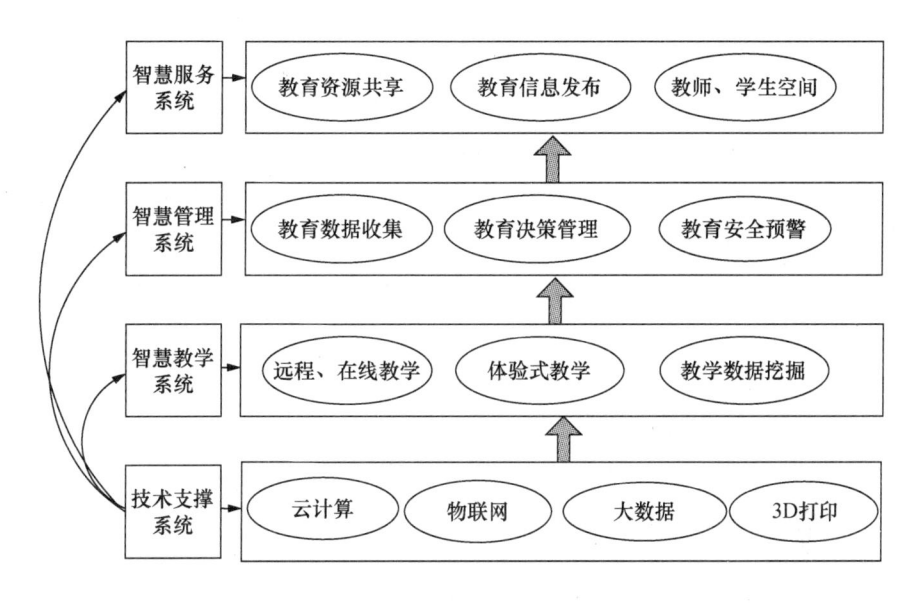

```
┌─────────┐   ┌──────────────────────────────────────────────┐
│ 智慧服务 │──→│ 教育资源共享    教育信息发布   教师、学生空间 │
│  系统   │   └──────────────────────────────────────────────┘
└─────────┘                          ↑
┌─────────┐   ┌──────────────────────────────────────────────┐
│ 智慧管理 │──→│ 教育数据收集    教育决策管理   教育安全预警   │
│  系统   │   └──────────────────────────────────────────────┘
└─────────┘                          ↑
┌─────────┐   ┌──────────────────────────────────────────────┐
│ 智慧教学 │──→│ 远程、在线教学   体验式教学    教学数据挖掘   │
│  系统   │   └──────────────────────────────────────────────┘
└─────────┘                          ↑
┌─────────┐   ┌──────────────────────────────────────────────┐
│ 技术支撑 │──→│  云计算    物联网    大数据    3D打印         │
│  系统   │   └──────────────────────────────────────────────┘
└─────────┘
```

图 11-2 智慧教育模型

### 1. 智慧教育技术系统

与传统教育相比，高技术门槛是智慧教育的一大特点，基础技术设施的建设是智慧教育功效最大化的前提和保证。技术对于智慧教育的意义体现在教育活动发生的各个阶段，智慧校园、智慧教学、智慧学习、智慧管理、智慧评价、智慧科研、智慧教育服务等各级教育核心环节。智慧教育的技术支撑主要包括四大核心技术：物联网、泛在网、大数据及云计算。物联网和泛在网是通过信息传感设备等现代化设施实现管理者、教师、学生、社会大众等教育相关者之间无缝连接，方便教育信息采集、实时管理、资源共享。大数据及云计算则是收集、存储、管理、分析产生于教育活动中海量且非结构性数据，从而提升教育管理、决策及评价的智慧性，拓宽教育资源和教育服务的共享性。

### 2. 智慧教育教学系统

智慧教学是通过运用云计算、物联网、大数据、3D打印等现代技术构建智慧教学环境、整合教学资源、提升教学质量，从而大幅度提高教师的教学效率。物联网和云计算在教育领域的应用被称为教育云，教育云的功能主要是整合教育系统与校内外教学资源，构建教学资源共享的大平台。

大数据对于教学的意义则是通过教学数据的挖掘和学习行为的分析,构建教学的相关模型,探索教学变量之间的相关关系,为教学策略的选择提供科学的支持。3D 打印技术是多媒体技术的延伸和扩展,是体验式教学方式的重要技术,有利于真正实现在"做中学",培养学生个性化的创造力,提升学生的理论和实践的结合能力。

### 3. 智慧教育管理系统

智慧教育管理系统的意义在于为教育决策的制定者提供科学的数据化、可视化的决策辅助信息,提高教育决策的科学性和正确性。智慧教育管理系统以物联网、云计算、大数据等互联网为技术基础,应用于校园生活管理、教与学行为管理、教育评价管理以及教育资源管理。通过对校园生活和师生行为等相关数据的观察、记录、整理和分析,实时并真实地展现和掌握校园生活、师生活动、教育资源等信息,教育决策者依据这些可视化的数据信息及时选择行之有效的应对方法,避免由于掌握信息的片面性和非真实性而盲目地决策。

### 4. 智慧教育服务系统

智慧教育服务系统的服务对象不仅是教师、学生同时也服务于教育管理者、家长以及社会公众。智慧教育通过为教育直接及间接参与者提供准确、有效、便捷的教育信息,帮助他们更高效地处理工作和学习中遇到的困难,提升教学和学习的质量。扩展教育资源的应用范围、提升教育资源的利用效率是智慧教育优于传统教育的一大特点之一。智慧教育中的教育资源免费向社会大众开放,公众可以随时随地享受各级各类教育机构提供的线上、线下、个性化、定制化的学习资源,让教育资源的共享服务于社会大众对于优质知识资源的渴望和现实需求。

## (二)职业教育

相对于"蒸汽时代"的第一次工业革命、"电气时代"的第二次工业革命及"信息时代"的第三次工业革命,第四次工业革命是以人工智能、新技术、新材料和新能源为核心的智能化革命,是一种新的经济发展模式。如果说第四次工业革命催生大数据、云计算、物联网、机器人等新兴产业形态的壮大，那么基于新型产业结构、研发设计和制造模式下的新型技术人才培养体系就是助推这次工业革命的首要环节。《中国制造 2025》是未来中国制造发展的方向和目标，"人才为本"是指导思想之一，特别强调要加快培养制造业发展急需的专业技术人才和技能人才。但面对制造业数字化、网络化、智能化趋势的客观要求和十年之内跻身制造业强国行列的宏伟梦想，我国需要着力培养技术型劳动者和技能型人才。

为顺应时代发展趋势和实现经济复兴的梦想，必须调整职业教育的人才培养模式，注重学生创新能力、跨学科能力、人机交互能力的培养，通过校企合作、多元培育和市场导向等方式培养技能型和创新型人才。因此，工业 4.0 时代背景下，3D 打印、物联网等新技术、新能源、新材料及各种交互式网络平台的广泛应用，职业技术人才内容必须把前沿技术、生物科技、机械制造等各种新型职业技能纳入到职教课程体系中，并且突破学科的限制，培养能够统筹全局、胜任跨专业工作的"全能型"人才。

1. 构建跨学科的现代 IT 课程

在工业 4.0 时代，个性化、定制化、以消费者为中心的产业生产模式将是主流生产模式，满足刚性需求的"硬件时代"逐步转变到灵活和动态的"软件时代"，其中集成系统和软件的质量关系到客户体验和市场满意度，是企业核心竞争力的重要体现，成为企业竞争力的重要指标。就拿智能手机为例，手机地图、手机银行、聊天软件以及各种视频客户端为人类的工作生活提供了极大的方便。这不仅要求现在的 IT 人才要与时俱进，不断开拓软件的应用范围，与此同时，也要求他们掌握不同学科的知识——机械制造、电子工程、信息技术和计算机科学等，并将跨学科知识在各个领域中灵活运用。我们要找到一种跨学科教育方法，培养有扎实的计算机硬件、软件、应用程序的识别与开发能力的跨学科高素质 IT 人才。

2. 培养掌握新技术的人才

自动化和智能化将成为智能工厂的主流，智能化的机器及操作系统也会在某种程度上代替相当一大部分的人类工作。在工业 4.0 时代下，大数据、物联网、移动互联网、云计算、智能机器等新技术成为主导技术。技术类的学生需要掌握这些新技术，以适应就业市场的要求。技术教育和职业教育的重点应该放在智能机器、互联网技术的实际运用，特别是培育学生与智能机器和信息技术方面的协作能力,提高学生的人机互动协调程度。

### 3. 建立学校和企业的"二元"培养模式

"二元"培养模式就是学生接受学校和企业的共同培养,其中一元是学校教育,另一元是企业教育,企业在"二元制"教育模式中占主导地位。① 职业教育的"二元"体制一方面保证了学生在技术迅猛发展下观念和技能不落后,避免了学生在学校所学的知识与现实工作要求相脱节;另一方面,政府通过职业教育的"二元"体制有效地减少了政府的教育负担,同时为企业源源不断地补充技术过硬的高质量技能型人才。

【案例 11-1】

  德国是这"二元"模式的"始作俑者",运行的效果总体上不错,为德国经济社会的发展输送了大量的技术人才。德国职业教育的"二元"教育模式具体操作过程中最重要的是教育合同的签订,企业发布教育信息,符合申请条件的青年经过选拔后与企业签订教育合同。在合同期间,学生不仅能受到企业的补助,也有机会毕业后留在企业。教师队伍的建设体系也是德国职业教育另一大重点。政府不仅对职业教育教师的入职、培训、管理、晋升设立了严格的规定,职业教育教师也是待遇较高的公务员,并且要在入职前进企业工作一年,在经过严格的考核后才能最终进入学校任教。通过严苛的规定,德国建立起了一批高素质的"双师型"职业教育教师队伍。总的来说,"双元"体系是一个混合体系,一边是市场经济操控的质量体系,另一边是国家规范的学校职教体系。②

## (三)"工厂化"课堂

3D 打印是工业 4.0 时代的主要技术之一,现已突破理论概念,在教育领域的应用也受到了社会各界的关注,一些国家和组织已经开始尝试将 3D

---

① 杨蓉荣、顾旻翰:《国外职业教育发展模式的经验与启示(之二)——来自欧洲国家的案例研究》,《唯实(现代管理)》2015 年第 5 期。

② 江奇:《德国职业教育校企合作机制研究》,博士学位论文,陕西师范大学,2014 年。

打印技术运用于教育教学中。3D 打印技术支持下的课堂已不再是堆满书本的"根据地",也不是教师主导下的"讲堂",而变成由 3D 打印机提供教学素材的"实验工厂"。作为反映国际教育信息化发展趋势风向标的美国新媒体联盟(NMC)《地平线报告》,在成功预测包括智能化情境与设备、虚拟现实、增强现实等 3D 技术后,2013 年预测 3D 打印技术在未来 4—5 年将成为主流趋势,并大面积走进中小学课堂(K-12);2014 年预测未来 2—3 年内,3D 打印技术将成为教育领域教育技术的重要发展之一。① 3D 打印教育模式强调"做中学"的个性化教学,是唤醒学生感官的体验式教学,具有四大教育功效:弥补传统教育的局限和弊端,提高学生的知识应用能力,激发学生的学习积极性,培养学生的创新力和创客精神。

1. 弥补传统教育的局限

纯粹的理论学习一定程度上剥离开了知识和实践的关系,格伦·布尔就证明了在精通理论和实践之间存在着差距。他说:"我了解到在仿真环境下,有些学生的电路设计可以做得很好。但当面对真实的电路时,这些学生经常失败。"1995 年的一项研究对比了学生制作真实电路的能力和他们在该学科的考试分数。研究结果表明,考试成绩好的学生并不一定擅长操作真实电路,也就是说,笔试分数并不能完全体现和表明实践操作能力的高低。3D 打印技术为他们打开了通过观察、触摸、设计甚至自主"生产"实物来理解抽象的理论概念的大门,行为体验式教学模式及仿真教学环境尤其是对于理科的教学来讲将会一定程度上改变无体验性的学习现状。

2. 提升知识应用能力

为什么 3D 打印可能会成为一个有价值的教育工具呢?除了能让学生们逃出满是背诵和记忆的学习窘境,用体验式的学习唤醒他们纯洁的好奇心外,亲手设计、制作、修改他们自己的作品,这个过程要求和培养学生在不同学科媒介之间进行转换。例如,学生想打印火山,那么他们就必须从数值上描写山体表面的知识(地理学科媒介),之后学生要将这些知识在电脑上设计出来(计算机学科媒介),最后学生打印出山脉的模型(物理学科媒介)。

---

① 王娟、吴永和、段晔、季隽:《3D 技术教育应用创新透视》,《现代远程教育研究》2015 年第 1 期。

图 11-3　3D 打印课堂

资料来源：中国教育新闻网。

### 3. 激发学习积极性

3D 打印技术是一种以数字形式从三维立体模型快速构造物理对象的新型快速成型技术，具有快速成型的特点，深受热衷于 DIY（Do It Yourself）制作者的喜爱。① 3D 打印可以说是实现教学过程中教师与学生之间的有效沟通桥梁性工具，教师通过学生制作的原始模型发现学生在学习和操作中的过失和不足，及时帮助学生运用所学知识改进活动设计、获得愉快的学习体验。著名教育学家布鲁纳说："学习的最好刺激，乃是对所学材料的兴趣。"组织心理学家大卫·科尔布（Kolb，1984）也认为，真实的情景体验特别是学生亲自动手制作教学材料的情景式、体验式的学习过程会增加学生学习的渴望度、提升学习的效率。

### 4. 培养学生的创新力和创客精神

著名教育学家杜威在批判传统学校教育的基础上，提出了"做中学"的学习原则。杜威把"做中学"看作"从活动中学"，旨在通过获得直接经验、在情境化的教学场域中，帮助学生掌握知识要点、发掘自身创新潜力。创造力的培养离不开以"学生为中心"的个性化教学，基于 3D 打印

---

① 花燕峰、张龙革：《3D 打印技术在教育中的应用研究》，《中小学教育》2014 年第 6 期。

的教育模式的开展，可以让学生从探究问题中提出创造性和独特性的思路，通过使用新应用、新技术制造出具有创造力的成果。在整个"做中学"的过程中，教师的课程设计要注重与社会实践活动相联系，根据每个学生的知识基础、个性特征有针对性地安排教学和活动任务，真正实现基于培养创造力的个性化学习体验式和实践式教育。

## 【案例 11-2】

"明尼苏达星站"项目（STAR BASE Minnesota）是一个由美国国防部资助的，用于培养学生科学、工程、技术、数学兴趣和创新能力的非营利教育项目。该项目建立于1993年，以培养具有创新能力、动手能力、协作能力的学生为目标，并把学生视作未来的科学家和工程师。探索火星模拟任务和建造模型火箭是该项目的重要组成部分，3D打印在构建学习火箭设计任务中发挥了巨大的作用。配备3D打印机后，学生的设计能快速得以实现，并增加了模型试飞的机会。通过火箭模型的试飞测试，学生检测设计与测试结果之间的距离，真实的问题驱动式学习情境有效地激发了学生的兴趣。该项目的客座讲师Jeffrey Wong中校说："我收到学生给我的信件，他们在完成火箭设计、3D打印火箭以及测试火箭模型中学到了如何通过实践把火箭送入火星。"正是在3D打印等现代化的技术帮助下，"明尼苏达星站"项目已经培养了5万多名高质量的学生，为培养美国未来科学家和工程师做了很大的基础准备。①

### （四）创客教育

"创客"一词源于英文单词Maker，是指一些拥有创新意识并通过自己努力实现创意的人。自"创客"一词首次出现在《政府工作报告》后，不仅受到了总理的点赞，也成为国家万众创新的焦点，拥有创新思维和勇于实践精神的创客们被认为是新时代的精神和社会导向，激励人们发掘自身创新潜能，通过追逐个人的梦想推动社会进步。工业4.0时代，创客及创客所代表的创新精神将成为这次革命的中坚力量和动力源泉。正如被誉为

---

① 李青、王青：《3D打印：一种新兴的学习技术》，《远程教育杂志》2013年第4期。

"信息时代精神领袖"的克里斯·安德森所言:"开源创新是互联网胜利的秘密所在,它会成为下一次工业革命的引擎。"

创客教育强调创意、协作、行动,逐步发展成为培养具备新材料、新技术和跨学科能力的人才培养新路径。美国为推动创客教育的发展,在政府的主导下,将创客空间引入到学校中,通过为学生们提供创新导师、工具设施和资金支持,共同培养新一代的开源创新人才。创客教育体系的构建基于三大培养体系:创新思维教育、创新技术素养和创客教育平台。

### 1. 创新思维教育

创新是在记忆理论知识的基础上通过理解、运用、分析等思维过程将知识融化于血液的"漫长"过程,也是高层次的认知过程。正如美国教育心理学家本杰明·布鲁姆(Benjamin Bloom)提出的学习阶段理论(见图11-4)所揭示的一样,创新是建立在记忆、理解、应用、分析、评价之上的最高级阶段。创新必须要有低层次认知阶层作为辅助和基础,创新也是低层次认知阶层持续发展的必然结果。

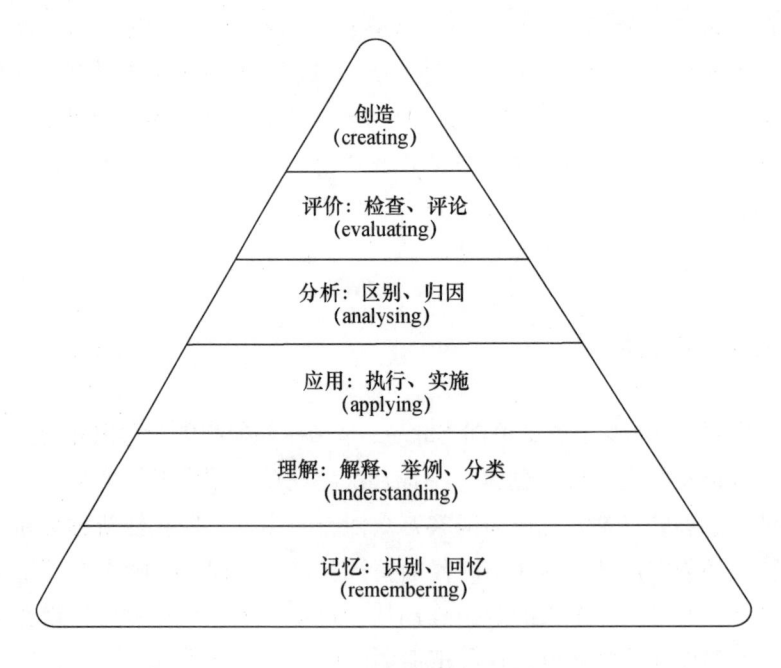

图11-4 布鲁姆学习阶段论

布鲁姆的教学目标分类的适用范围是所有学科，尽管各学科相差甚远，但学习和认知过程却具有高度的一致性，都需要把握学习过程的内在规律性。根据布鲁姆的教学目标分类表，教师在课程设计、教学实践、考试评价等教育环节中要认识到低层级的认知层次是高层级认知层次的基础，明确学生到达的认知层次，适时调整教学目标，以提高教学的科学性和有效性，达到培养学生创新力的最终目标。因此，任何学科在教学中要保证学生完成知识记忆、理解、应用、分析和评价的基础能力，只有这样才能真正持续地培养出创新型人才。

2. 创新技术素养

随着互联网的发展和信息技术的飞速成长，数字化技术不断与教育相融合，带来了智慧教育、MOOC教育还有创客教育。教育机构不仅要重视创新思维对于创新能力的启发作用，也应该立足于学生素质的全面提升，培养学生跨学科、多方面的综合素养，因此有必要在各级各类教育机构中引入STEAM教育。STEAM教育由S（Science 科学）、T（Technology 技术）、E（Engineering 工程）、A（Art 人文）和M（Mathematics 数学）组成，是通过将原本分散的五大学科整合后建立的一个整体。

STEAM教育重点培养学生的五种素养：科学素养、技术素养、工程素养、文艺素养及数学素养。科学素养本质是运用科学知识和有力论证探索真理的品质，它是理解自然界和社会生活并正确决策的重要保证。技术素养是适用、管理、理解与评价技术的能力。有高技术素养的人可以通过了解技术的发展过程合理地运用技术改变世界的能力。工程素养是面向工程实践活动所具备的潜质。工程素养的培养体现在教育的全过程中，需要通过项目的形式整合多门学科知识，使得较难的学科知识容易被理解，激发学生的钻研兴趣和探索精神。文艺素养并不只是人文素养也包含艺术素养，对于提高人才的创造力有重要的作用，集中表现在发现、理解、应用美的能力。数学素养是指学生在发现、表达、解释和解决多种情境下的数学问题时进行分析、推断和有效交流思想的能力。

STEAM教育强调以项目为基础，通过学生发现问题、设计方案、开展实验、得出结论等探究过程，将教育融于生活，将新技术、新工艺融于课堂，不仅有利于学生理解科学、技术、工程、人文等领域的专业知识，更有利于培育学生的动手能力和创新能力。

### 3. 创客教育平台

创客平台的主要功能是为创客搭建不同国家和地区、不同社会文化背景、不同学科背景相互交流、互通有无的创新交互空间，通过彼此协助的方式完善各种创意的现实性和可行性。经过近几年的快速发展，不论是官方的创客平台还是由民间自发建立的创客空间都在数量和质量上有了长足的进步。

创客教育平台是融合了学习动机、学习情景、理论知识、团队协作等教学体验的教育空间，既包括官方的创客平台也囊括民间自发建立的创客空间，可以利用互联网进行协同创新，利用 3D 打印机等设备与工具完成创意的 DIY（Do It Yourself）制作。创客空间和创新实验室是目前较为流行的创新教育平台，都是建立在项目教学法、体验教学法、DIY 教学法以及合作式教学法等教育理念上的教学模式。

创客空间和创新实验室等创客教育平台是一个众创生态系统，包括技术实现、开源资源、创新团队和创意实践四大核心要素。技术实现是提供包括平板电脑、智能手机等设备以及 3D 打印机、3D 扫描仪和激光切割机等机器设备，以支持创意的完美展示。开源资源主要是指硬件和软件的服务支持，如 Arduino 和树莓派等开源硬件以及 CAD 制图软件等开源软件。创新团队主要由有创新意识的学生组成，同时也包括来自学校和企业组成的导师团队，共同协助学生完成创新项目。创意实践是创客活动闭环的最后环节，创新创意在技术和资源支持及导师团队的协助下完成创意的成为可实际利用的产品。

## 四 教育变革：从愿景到现实

### （一）教育变革中的政府责任

工业 4.0 时代的教育变革是一个浩大的系统工程，国家层面和社会个体都要参与其中，政府的作用尤其重要。我们认为，政府的责任主要包括教育体制改革、教育经费保障、教育设施建设、师资队伍建设四个方面的内容。

### 1. 教育体制改革

建立现代化的教育体制是培养符合时代要求人才的基础性措施，着力构建"多元化"的教学体制，不仅在职业教育中体现多元，在普通高校也要建立"产、学、研"相结合的教育体制，培养现代化的人才。工业4.0时代的人才不仅要掌握现代化的研发和技术能力，还要掌握更深层次的思维能力、复杂模式识别能力、创新能力。这些能力的培养比起教育的现代化来说更加漫长，长达几十年的"考试本位"模式创造出了大量的"考试工厂""高考集中营"，强调学生重复记忆能力的学校，这极大地束缚了学生的思维能力和创新能力。因此，转变人才培养理念、推进"以学生为本"的教学方式，打破"一考定终身"的教育制度，培养出创新型、技术型的高质量人才队伍。

### 2. 教育经费保障

不论是智慧教育、3D打印教学、创客教育还是现代职业教育的有效实施，资金支持无疑是至关重要的。信息化、智慧化和现代化教育体系的建立、惠及全社会教育资源的搭建不仅需要国家和地方教育财政的大力投入，也亟须构建多元的教育经费保障体系，充分利用好社会资本、教育捐赠，鼓励民间资本办学，促进教育资本的多元化、社会化、持续化。

### 3. 教育设施建设

随着教育信息化、数字化和智能化的推进，对于教育设施的要求也日渐提高。智慧教育、创客教育、"工厂化"课堂和现代职业教育是教育与互联网、大数据、物联网、云计算等技术形态的结合，教育与技术的结合将丰富教学形式、增加学生获取信息的渠道、调动学生学习的积极性。因此，要推动包括智慧教室、智慧课堂、电子书包、3D打印等现代技术的建设，建立覆盖城乡的、开放式的终身教育系统，为全国民众提供高质量的学习资源。

### 4. 师资队伍建设

教师是任何时代教育的重要参与者，好的教师是教育质量的保证。工业 4.0 时代的教育理念、教育方式、教育内容、教育媒介都已发生翻天覆地的变化，教师也必须掌握新的教学媒介、扩展知识容量。教育部门一方面应严格把关教师的准入机制，全面提升新教师的质量，另一方面应积极组织教师进行定期培训，帮助教师扩充教学知识，提升现代教学工具的运用能力。

### （二）教师及学生角色的转变

当这场起源于制造业的第四次工业革命的浪潮扩散到教育领域之时，教师职责中"传道、授业、解惑"三者的内涵以及师生间关系都在悄然发生变化。智慧教育的流行、翻转课堂的普及和强调"做中学"的创客式教育似乎减轻了教师"授业"的比例，事实并非减少而是转变"授业"的内容，教师更要扮演一个引导学生独立思考、发掘学生潜力、激发学生学习兴趣的角色。教师需要善于把握学生的学习习性和规律，特别是运用现代技术手段动态地了解和掌握学生的学习行为，适时调整授课进度，调动学生学习的"兴奋度"。从为学生"解惑"的角度来看，教师应该不断提升专业知识储备量来应对来自学生们有挑战性的疑问。在课堂的教学过程中，教师要和学生建立伙伴式的平等关系，与学生一起学习、一起探索、共同进步。例如，在"工厂化"的课堂和创客教育中，在学生完成提出创意、模型设计、模型构建和模型打印一系列阶段时，教师应该与学生共同协作完成每项任务，为学生提供必要的指导和建议。[1]

伴随着教师角色由课堂的主导者转向引导者，学生所扮演的角色也随即发生了变化，逐渐由课堂中的"客体"成为"主体"。学生主体地位主要表现在两方面，一是学生在课堂中的参与度明显提高，参与度的提升不仅是全体参与，也是全程参与和多器官的参与，多方位地提升学生的学习积极性和主观能动性；二是学生"备课"成为常态，未来学生的备课任务甚至要比教师备的更充分、更完善，这也是学生所面临的一大挑战，比如在 STEAM 教育模式下，对于学生的要求超出了记忆、理解科学、数学、文化艺术等学科的课程内容，在相关的学习情境中培养问题解决、协作、沟通和批判性思维的基本技能，运用理论知识完成课程体验项目，并找到

---

[1] 花燕锋、张龙革：《3D 打印技术在教育中的应用研究》，《中小学电教》2014 年第 6 期。

对该课程的兴奋点和疑惑处，直到完成突破性创新的最终目标。

### （三）教育变革下的社会大众

《互联网进化论》一书中预言，互联网正向着人类大脑高度相似的方向进化，不仅具备自己的视觉、听觉、触觉和运动神经系统，也将拥有记忆神经系统、中枢神经系统和自主神经系统。不仅如此，互联网"大脑"的存在通过改变人类的工作、生活及学习的方式间接重塑人类大脑的思维方式，以求真、开放、平等、协作和分享为特点的互联网思维逐渐受到社会的重视，也将成为下一个时代主流的思维方式。当物联网、机器人、3D打印、智能工厂等工业4.0时代的新技术和新应用与教育变革相融合时，求真、开放、平等、协作和分享的"创客式"思维模式也将成为人们求知求真、学习探索、职业培训等社会化学习的主要学习思维。

出于兴趣和工作的驱使、传播渠道的扩宽、开源创新的兴起推动基于创新的碎片化、持久化、终身化教育和终身化学习的形成和发展。终身教育之父朗格朗认为：社会习俗的变迁、世界人口的膨胀、传播媒体的扩展、闲暇时间的增多、生活方式的改变、精神信仰的危机等，都迫使人们面对一系列新的问题和挑战，由此，每个人不断接受终身教育、开展终身学习已经成为一种必然。[1]

求真、开放、平等、协作和分享的"创客式"思维和终身教育、终身学习等共同塑造了学习型社会：教育和学习突破学习的地域和实践限制，成为社会所有人的事情，每个人在学习型社会中既扮演着学生的角色也充当着教师的角色，严格意义上的教师和学生的界限将被打破，基于兴趣、探索、共享及实践的全新教育和学习模式将逐步成为社会主流的学习范式。在工业4.0时代，凭借日趋成熟的现代信息技术和智能化机器的推动，学习型政府、学习型企业、学习型组织、学习型团体的出现将逐步驱动学习型社会的形成。

---

[1] 朱敏、高志敏：《终身教育、终身学习与学习型社会的全球发展回溯与未来思考》，《开放教育研究》2014年第1期。

# 第十二章
# 智能化时代的中国制造

"机会稍纵即逝，抓住了就是机遇，抓不住就是挑战。我们必须增强忧患意识，紧紧抓住和用好新一轮科技革命和产业变革的机遇，不能等待、不能观望、不能懈怠"。① 这句话很贴切地阐述了中国制造业目前所处的阶段。在中国工业化进程的中后期，制造业在未来的时间内依然将是我国经济发展的支柱产业。而作为为国家经济高速增长立下汗马功劳的制造业，既要面对如德、美、日等发达国家出台重振本国制造业的政策，以及本身技术壁垒与制造成本上涨的双重压力，又要面对同处于发展中的拉丁美洲和东南亚地区积极调整经济结构，利用优惠政策和更低廉的人工成本吸引在中国外资企业的产业转移等众多压力。可以说，中国制造业昔日的"世界工厂"的地位已难以保全。与此同时，美国将"大数据"提升为国家战略，谋求掌握"未来产业链"的核心，德国则积极推进工业4.0战略，中国政府积极应对并发布了中国版的工业4.0规划——《中国制造2025》，并提出"互联网+"的战略。可以说，中国制造业面临着严峻挑战的同时，也迎来前所未有的机遇。

---

① 习近平2013年9月30日在中央政治局集体学习时的讲话。

# 一 从"哭泣曲线"到"微笑曲线"

## (一) 成本:"哭泣曲线"的顶端

提起"MADE IN CHINA"(中国制造)的挑战,我们就不得不提到中国制造业的"哭泣曲线"(见图12-1)。

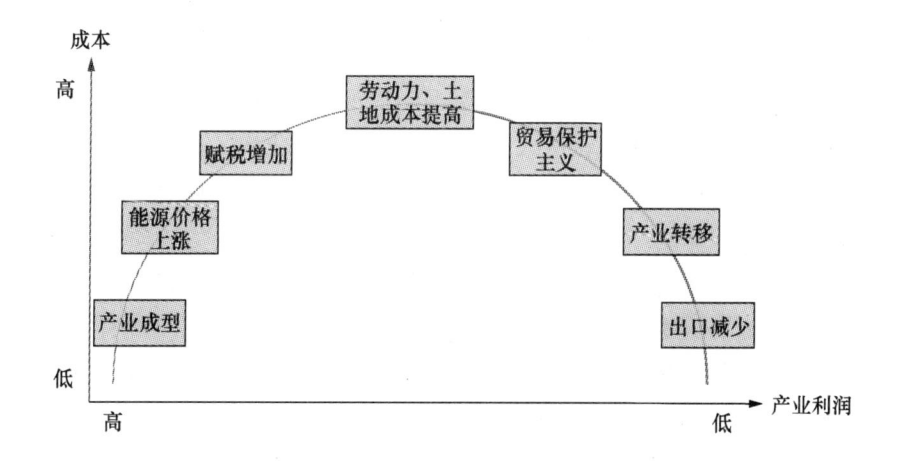

图 12-1 哭泣曲线

"哭泣曲线"是由21世纪网周斌提出的,该曲线描述了中国制造业当前的困境。从曲线图上我们可以看到中国制造业的困境是在腹背受敌。"腹部"是产业成型、电力等能源价格上涨、赋税增加等内部原因,"背后"是贸易保护主义、产业迁移、出口减少等因素综合作用,而对制造业影响最大的就是劳动力和土地成本了。

在当今世界,工业是国民经济的基础。无可厚非,对于大多数国家来说,制造业的基础地位和支柱作用是其他产业无法替代的。在过去的三十多年中,中国作为"世界工厂",强大的加工贸易确立了世界第二大经济体的重要地位,不禁让人望而惊叹,但时至目前国际上大规模的反倾销案例和此起彼伏的"贸易大战"使得我国的制造业并不像表面上的繁荣，而是逐渐步入窘境。

事实上，我们在国际产业链分工的链条中，始终处在低端制造的位置，"中国制造"的标签在多数情况下，意味着初加工、低技术、廉价品、低工资、高能耗、资源型、高污染，只能做些附加值低、利润微薄的加工贸易。自2008年国际金融危机爆发以后，中国制造业出现了严重的危机。

制造业的成本要素主要包括原材料、人力和土地成本，人口作为最具活跃性和主观能动性的成本要素之一，作用非比寻常。尽管中国目前能够利用廉价劳动力的优势不断出口，但是随着人口结构的变化，人口红利还能够持续多长时间呢？尤其是自2007年以来，中国的通货膨胀比较严重，无论是土地成本、人力成本还是原材料成本等，都迅速跃升，中国传统制造业的成本优势正在逐渐消失。

众所周知，中国的人口居世界第一，从而造成在很长一段时期内中国制造业的核心竞争优势就在于人力成本，除"哭泣曲线"中那些能源、税费等因素，外企撤资转移产业到东南亚等地区的公开理由就是两个字——成本。

举例来说，华为作为一家生产销售通信设备的民营通信科技公司，其产品涉及广泛，囊括通信网络中的交换网络、传输网络、无线及有线固定接入网络和数据通信网络及无线终端产品，与此同时，它还为世界各地通信运营商及专业网络拥有者提供硬件设备、软件、服务和解决方案。近些年来，华为要撤离深圳的消息频频传出，纵然深圳市政府做出正面回应，称华为向深圳市政府提交的发展规划中，并未提及撤出深圳的计划与安排。而从华为的种种动作中我们也不难看出，华为正在构建着其令人惊叹的"商业帝国"。华为做出的阶段性业务调整与拓展是对制造业也同样具备"智慧大脑"的生动阐释。

而在惊叹的同时，我们需要深究的则是这样的举动背后的种种原因。其中，成本控制问题始终是缠绕企业周身的，华为也不例外。因高房价产生的排挤力不起决定性作用，但也无从回避。华为接过东莞抛出的"橄榄枝"，是基于成本问题而做出的谋求长远发展的战略性规划的结果，东莞作为深圳的连襟，具备着优越的地理位置，从经济层面去考量也不乏吸引力。对此，东莞在松山湖打造的科技产业园区，坚持"科技共山水一色，新城与产业齐飞"的规划设计理念，更是在政府感召力与务实作风之下将优势资源进行集结与整合的卓越体现，华为进行的业务延伸对其减轻自身负担，降低企业成本，强化风险把控，造福社会都大有裨益。

表 12-1　　　　　　　华为渐进式布局松山湖时间

| 2005 年 | 2007 年 | 2009 年 | 2010 年 | 2012 年 | 2013 年 | 2015 年 |
|---|---|---|---|---|---|---|
| 于松山湖设立聚信科技有限公司（华为子公司） | 华为与东莞松山湖科技产业园区拿下 50 万平方米用地，按两期建设，每期投入均为 20 亿元 | 2 月起始，华为在松山湖各车间开工运行 | 聚信科技有限公司成为东莞百亿级企业，产值约 103.6 亿元 | 8 月，任正非宣布华为终端公司迁至东莞松山湖科技产业园区；9 月 27 日华为投资控股有限公司以 11691 万元斩获松山湖南部逾 23 万平方米地块 | 1 月 10 日华为再次拿出逾 1.8 亿元获得 37 万平方米地块，华为终端总部一期所需地块全部收入囊中 2015 年年初华为内部纳税员工及社保切换工作将全部完成 | 华为终端项目全面布局松山湖，目前各项建设进展顺利，预计投产后业务收入将超 1000 亿元 |

从表 12-1 中可以看出，劳动密集型的制造业选址主要是看廉价劳动力因素。所以当越南、印度等东南亚国家和墨西哥等美洲国家目前在土地和劳动力成本上都比我们有优势时，那么最新一次产业转移浪潮不可避免地出现了，低端的加工贸易就会逐渐撤出中国，而我们自己又无法升级转型到高端制造。所以，我们现在面对的一个残忍的现实就是，曾经的"世界工厂"正在逐渐凋敝，我们的制造业已经滑到了改革开放三十多年中的最低谷。

这些对于中国以劳动密集型为主的制造业的冲击非常大，中国制造业同时受到成本高涨和内需乏力的双重挤压，很多企业的生存现状堪忧。例如，从 2013 年 5 月 1 日起，广东省调整了企业职工最低工资标准和非全日制职工小时最低工资标准，除深圳按其本地规定执行外，所有地市普涨。其中，广州提高至 1550 元/月，珠海、佛山、东莞、中山提高至 1310 元/月。调整的幅度增长 14% 以上。另外，中国人口众多但近几年媒体却频频用到"用工荒"这个词。招工困难已成为制造业的常态。20世纪90年代中国招工启事前人满为患，在工厂前有大量人员排长队应聘的景象已经一去不复返了。而没有人，就谈不上企业的发展。①

虽然智能化的今天有比如海尔集团的智能自动化工厂的个案出现，从一定程度上解决了人口问题，企业减少了员工人数降低了成本，但安置这些庞大的劳动人口又是一个沉重的社会问题，而且产业结构升级又不是一蹴而就的，转型是需要大格局、大视野、非比常人的胆识与魄力以及充沛的资金作为"强心剂"才可以完成。所以只要传统制造业在今后很长一段时间占据一定地位，那么成本之扰就会一直存在。

### （二）环境：《穹顶之下》的寒冬

2015年春节里最热门的事件除了"微信红包"之外，就是央视原主持人柴静自费百万制作的环保视频《穹顶之下》了。该视频一经播出，瞬间就刷爆了朋友圈，蔓延到整个互联网，引起了全民热议。视频以雾霾为出发点，详细地讲述了我国雾霾的成因、雾霾的危害、雾霾的历史以及雾霾的解决方案等，从而引起社会各界的广泛关注，使人们聚焦在我国严重的环保问题上。据统计，这部100多分钟的连续视频在腾讯网的播放量达2620万，评论32760条，一时"惊起千层浪"。② 而对于国人均知的国情，这就成了一个风向标。看来政府已经将环境问题提上日程。这是环保部长上任的"第一把火"，也是中国人民迎接春天的"第一把火"。但对于工业、制造业来说，无疑进一步延长了整个行业的冬天。

我们在改革开放三十余年赶超西方一百年的工业化奇迹的同时，也不得不面对经济高速发展的负面效应——江河满目疮痍的景象，看得见的、看不见的污染和有毒气体分布在各个地区，特别是城市。用比较委婉的话来说，我国正经历着高速经济发展所带来的阵痛。

生存环境危机毫无疑问是最大的社会公共危机之一。从美国驻华大使骆家辉从美国带来PM2.5这个词，到以潘石屹等公众人物为代表号召国家相关部门开放数据，中国政府和民间上下无疑达成了共识。"中国雾都"

---

① 崔伟：《当今制造业的十大困局》，http://www.criusor.com/article/218/manufacturer。
② 韩娇：《柴静〈穹顶之下〉引关注看我国城市环保行业》，http://huanbao.bjx.com.cn/news/20150309/595761.shtml。

"APEC 蓝""世界上最遥远的距离是你站在我对面,我却看不清你的脸"这一系列的新词汇与段子都代表了人民的意愿。但从《穹顶之下》中露面的各行各业相关采访人物中我们可以发现,所有的人都是雾霾成因的参与者,而所有的人似乎又有合情合理的原因成为受害者,每个人都在破坏环境,每个人又生活在恶劣的环境之下,法律法规形同虚设。一级一级推脱责任,市长把责任推到省长身上,说是为了保住 GDP;钢厂厂长把责任推到市长身上,说是为了保就业;车主把责任推到汽车制造厂厂长身上,说他们生产不环保的车我才能开;油标委主任把责任推到国务院身上,说这样是为了维护社会稳定;环保部门不执法推到没有相应权力上。

而恰恰就在这些互相推诿中,环境变成了现在这样。在这个社会里,每个人都把主动被动参与犯错的责任,轻巧地推诿掉,说明这个社会的危机已经十分深重。于是国家开始对环保问题进行治理了。

《穹顶之下》能够顺利播出,除了柴静个人的努力,也是当前政治环境较为宽松、正能量积聚的量变结果,环境问题的反思对体制冲击是立体的、全方位的,需要全社会人民集体的反思。柴静在视频中也转述了一位环保人士的话:"环保不是负担,而是创新,保护落后是没有办法创新的,政府的角色是制定好标准之后,保证整个市场的公平竞争。"而在 2015 年 3 月 15 日,李克强回答中外记者提问中谈道:"政府在制定雾霾的环境污染方面,决心是坚定的,但取得的成效和人民的期待还有比较大的差距,政府会向雾霾宣战,不达目的,绝不休战。对环保执法部门要加大支持力度,包括能力建设,不允许有对执法的干扰,环保和执法部门也需勇于承担,对工作不力的也要问责,环保法的执行不是棉花棒,是杀手锏。"

这些话语既表达了广大民众的愿望,也是政府对环境治理的一个决心,更是时代潮流的必需。而这些对于 2015 年中国的制造业而言无疑是个"寒冬"。我们依据《穹顶之下》这个风向标式的视频可以看出:第一,制造企业是国家经济活动的主体,也可以说是环境污染的主体。从而才有视频所言的——基本上所有的污染都跟制造业有关。第二,政府历年来通过行政手段封存一些比如煤等高污染的能源矿产,从而造成制造业的原料跟能源成本一路高涨的同时还造成能源供应不足。第三,新绿色能源技术应用是整个制造行业的一个愿景。但也仅仅是愿景而无法运用,在造成环境问题后,制造企业也都会下意识地进行公关来挽救,于是造成了一个恶性循环,更直接地增加了企业的额外成本。通过以上说明我们也切实感受到所谓"保就业""保 GDP"并非子虚乌有的说法。环境保护与治理不仅影响整个制造行业，而且影响着整个社会和国家，是经济问题又是社会问题。做好这道难题需要整个国家摸索出解题的方法，而如何度过这个寒冬撑到行业春天的到来呢？套用一句话来说："随着改革的兴起，政府们要坚持基本原则——培养更多的劳动力，明确制定规章制度和提供公平竞争平台。剩下的事，就交给变革本身去定吧。"①

### （三）知识产权：郑州"土特产"的困局

2014 年年底，有朋友说给快递一些郑州"土特产"过来。我以为是新政大枣、郑州樱桃之类的吃食。但却收到一部 iPhone 6。惊喜之余打电话过去问他是不是快递错了。怎么是个 iPhone 6？他回答说，网上都说郑州富士康的 iPhone 6 都用飞机运到美国了，而且还出了个段子说 iPhone 6 是我们郑州的"土特产"。在窃喜之下到网上搜索那个段子，发现确有其事。但"iPhone 6"真的是中国郑州或者富士康的"土特产"吗？

常见的苹果手机产品包装上都印有"Designed by Apple in California, Assembled in China"。即苹果是在美国加州研发设计，在中国组装生产的。大家都知道 iPhone 6 整部手机绝大多数零件都是由各个供应商提供的。就跟国内的小米公司一样。他们所出售的仅仅是工业设计和 iOS 操作系统。郑州的苹果手机如果没有得到授权安装 iOS 系统，借用一个外贸名词来说，那这部富士康出品的苹果手机只是"原单货"，根本不可能成为郑州的"土特产"。同样如果不是富士康出品的苹果手机就是我们常说的"山寨机"了。这里就牵扯到如下词汇：知识产权、专利或者说是品牌。

早在几年前中国就提出了从"中国制造"向"中国创造"转变的战略，以强化知识产权保护力度，推动投入创新的企业或个人获得应有的收益并攒集更大的动力和实力投入研发创新。特别是近几年来，对我们日常生活影响最大的就是视频正版化、打击山寨手机这些了。影响最大的两件事，第一件就是 2014 年 4 月 22 日快播公司关闭了 QVOD 服务器，所引起的轰动与讨论甚至超过微软停止对国内 XP 服务事件。不久之后快播公司

---

① 《第三次工业革命挑战中国制造业》，《世界科学》2012 年第 7 期，卷首语。

创始人、董事长王欣在多重压力下谋求转型①，并发出"快播的技术不是为盗版而生的""从纯技术角度看我们没有什么过错，只能说生不逢时"的感慨。"生不逢时"说的就是现阶段"盗版"正处于国家的"严打"期间。于是现在的网络上就很难再看到最新最热而且免费的视频在线网站了。你想要看比较热门的电影，要么是VIP包月会员，要么是单片收费。原因很简单：保护知识产权的利益。那么知识产权（专利）从视频行业转移到制造业又有多重要呢？于是第二件事我们借助2015年2月10日国家发改委对高通开出60.88亿元人民币的巨额罚单案例②、"土特产"的苹果手机的利润分配图③和"微笑曲线"就可以看出知识产权在制造业中占的比重了。

"微笑曲线"为宏碁集团创办人施振荣于1992年提出的著名商业理论。从图12-2的"微笑曲线"中结合我国制造业在国际产业分工体系中的位置不难看出，比如苹果、高通等发达国家的企业占据着研发与设计、营销与服务产业链的附加价值的高端位置，以富士康等为例的发展中国家的代工厂商，还时时担心接不到订单。而在图12-3苹果手机利润分配图中，我们可以看到作为郑州的"土特产"，其利润不超过6%，劳动力成本更是低于2%。仅负责销售和研发的苹果公司总部就拿走了近60%的利润。

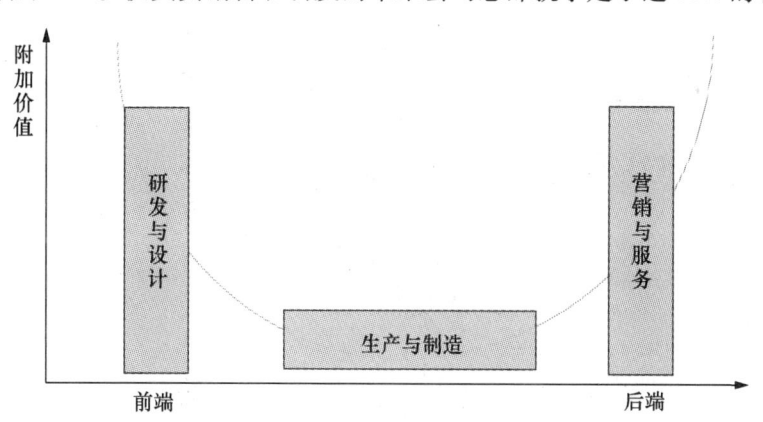

图12-2 微笑曲线

---

① 腾讯科技：《快播被查，回顾创始人谈为何关闭QVOD服务器》，http://www.yicai.com/news/2014/04/3737126.html。
② 闫跃龙：《如何认识高通这张60亿元的巨额罚单》，http://www.huxiu.com/article/108487/1.html。
③ 罗伊德：《五大问题！"两岸三地"20所高校调研富士康报告》，http://www.douxie.com/news/2812_6.html。

另外，像高通这样持有强大专利组合的大公司本身就有足够的能力保护自己的知识产权和利润，而且还做到了垄断。那么面对如此巨大的罚单也是不眨眼就完成了。然后继续谈判从而对高通反垄断部分取消了高通的免费反向授权。结合图12-3这些数值分配，那60亿元人民币的罚款对它们而言的确算不上什么。综上所述，我国目前还是以低端制造业为主，因此中国现在发展起来的品牌其拥有的专利也太少，如果中国铁腕推动知识产权战的话，中国自己的这些低端制造业首先成为炮灰。届时，比如东莞兆信通信董事长自杀的案例将会随之增加。企业家都没有了，何谈制造业的发展？所以中国应该考虑的反而是保护好这些还较为稚嫩的品牌，避免它们在专利战中消衰。

据2013年华为发布的2012年报，2011年获得11.7亿元补贴和2012年获得国家补贴7.5亿元支持其进行技术创新。国内的相关企业在获得国家的支持时本就相对其他国内企业有了更多的优势，不过它们应该用这些专利优势与国外企业竞争，如果它们借助国家的扶持优势赢得优势后反而抑制国内企业的发展，显然对国内企业来说是不公平的。所以中国应适度保护国内的知识产权。

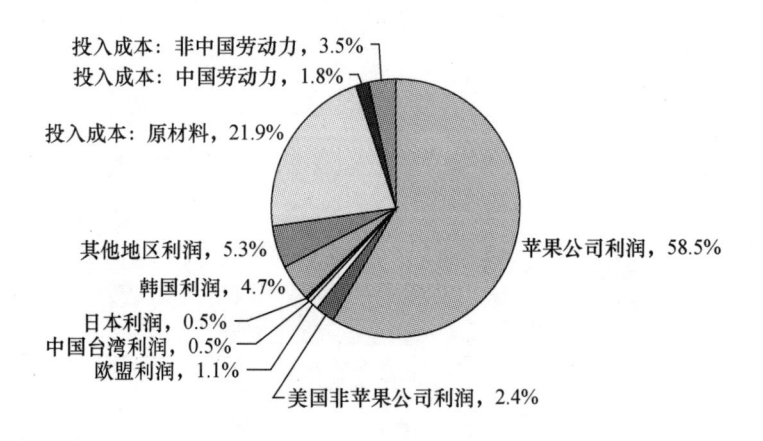

**图12-3 苹果手机利润分配**

即使是美国也在反思过度保护知识产权的问题。欧美已经出现了不少"专利流氓"企业，他们持有专利不是为了将专利转化为产品，而是凭借这些专利向企业收取巨额专利费，影响企业的正常经营，阻碍经济发展，许多中小企业耗不起与"专利流氓"打法律诉讼官司，往往选择缴费了事。有数据表明,2011年有很大一部分专利诉讼是"专利流氓"发起,2014年年初美国总统奥巴马开始采取措施打击"专利流氓"。

如此下去,中国制造向中国创造转型可能被国内专利战打断。中国大批的低端制造业的衰亡更有可能造成重大的社会问题。智能化时代中国制造业产业升级与转型的迫切已让"专利流氓"将贪婪的目光转向中国市场,如果中国企业内部自己还陷入专利内耗,腹背受敌的中国制造向中国创造转型的步伐将戛然而止,郑州也就永远不可能拥有自己的"土特产"。

## 二 从"中国制造"到"中国智造"

### 【案例 12-1】

2015年年初,知名财经作家吴晓波的《去日本买只马桶盖》一文在微博上火了。这篇文章说的是他去日本参加年会时经历的事。"飞机刚落在那霸机场,看微信群里已经是一派火爆的购物气象:小伙伴们在免税商场玩疯了,有人一口气买了6个电饭煲!"此外,吴晓波还强调了国内最大的电饭煲制造商美的一个工程师也曾在日本买过电饭煲。然后就是那句"最让我吃惊的是,居然还有三个人买回了五只马桶盖"引发了网友们的热议。而与之相对的是一位叫gauchewood的网友在知乎上发文《俄罗斯离伟大越来越远"伪装成加油站的国家"没有未来》。文章中作者去莫斯科参展,发现"完全找不到什么伴手礼可买",让他这个俄罗斯的仰慕者买不下手,还评价俄罗斯"其国家物质并不贫乏,但质量和设计都极其平庸,就是说消费品没有竞争力"。还特别感慨:"俄国有科技人才,有教育良好又相对廉价的劳动力,有取之不尽的自然资源,有广袤的土地和饥渴的市场,可是为什么除了苏联留下的军火制造和能源开采,没有电子产品,没有成衣制造,没有机械制造业呢?有西方经济学家讽刺俄国,说他们是'建立在原材料贸易和普遍腐败上的原始经济',这对于曾经的世界第二工业强国可真是一个讽刺。"

两篇截然不同的文章,话尽了过去几十年间,"二战"中类似日本和德国这样的战败国仍然是制造强国。也恰恰是能跟美国争霸世界的世界前第二大工业强国的俄罗斯却衰败了。原因难以详尽,但就制造业而言,这几十年来,跟在美国后面的日本,日子越过越红火。跟着"苏联老大哥"的中国在冷战结束后,也远远地将俄罗斯抛在后面。中国制造业一直在吸引先进的理念,结合自己的国情,摸索出符合中国制造业可持续发展的道路。比如在计算机行业,学习美国制造的中国联想电脑收购了美国电脑巨头 IBM,在重工行业学习德国制造的三一重工收购了德国机械巨头普茨迈斯特。前事不忘后事之师,现有日本马桶盖的学习榜样在前头,又有俄罗斯"建立在原材料贸易和旁边腐败上的原始经济"这样的讽刺在鞭策。中国制造在这样的国际环境和国情环境中,只有牢牢地抓紧且怀抱先进的生产理念,才有可能不被世界抛弃,才有理由将日本的马桶盖品牌国产化。借人之智,完善自己,学最好的别人,才可以做更好的自己。这是中国制造业未来一段时间必须经历的过程,来重找 21 世纪前几年那人口红利犹在,资本积累完成那中国制造转型、升级的最佳契机,挽回中国制造业那不被尊重的 10 年![1]

## (一) 大数据发展战略

无论国内还是国外,铺天盖地的都是大数据的身影。好像你不谈点大数据就跟不上时代的潮流。那么什么是大数据?根据维基百科定义,大数据或称巨量数据、海量数据、大资料,指的是所涉及的数据量规模巨大到无法通过人工,在合理时间内达到截取、管理、处理并整理成为人类所能解读的信息。在总数据量相同的情况下,与个别分析独立的小型数据集(data set)相比,将各个小型数据集合并后进行分析可得出许多额外的信息和数据关系性,可用来察觉商业趋势、判定研究质量、避免疾病扩散、打击犯罪或测定实时交通路况等;这样的用途正是大型数据集盛行的原因。大数据几乎无法使用大多数的数据库管理系统处理,而必须使用"在数十、数百甚至数千台服务器上同时平行运行的软件"。大数据的定义取决于持有数据组的机构能力,以及其平常用来处理分析数据的软件能力。[2]

而美国作为大数据的倡导者,也有谷歌公司的 Hadoop 这样的海量数

---

[1] 康斯坦丁:《中国制造业不被尊重的 10 年!》,http://news.youboy.com/hy216938.html。
[2] 维基百科网页(http://zh.wikipedia.org/wiki/%E5%A4%A7%E6%95%B0%E6%8D%AE)。

据的分布式计算平台的工具。他们又是如何将之应用到制造业的呢？"他山之石，可以攻玉"。他们的经验是否就能重振中国制造或者说中国制造是否需要大数据这样一个工具呢？

不可否认，整个的制造价值链和制造业产品的生命周期都会涉及大量的数据。特别是在这个互联网时代，企业的运营跟管理都越来越依靠电脑和网络。因此也造成了制造企业的数据呈"爆炸式"增长。一个现代化的制造企业需要管理和运用的数据种类繁多，还会涉及很多非结构化数据[①]和多媒体数据。以国内小米公司为例，这样一个需要外包代工的公司，需要用到大数据工具的数据包括哪些呢？

（1）小米产品的数据——在雷军发布小米4的TED式的产品宣讲会上的视频《一块钢板的艺术之旅》中我们可以看到。小米4这样一个常见的手机，有着设计、工艺、加工、实验、维护数据、产品结构、配置兼容问题、变更记录等各项数据。而且数据还会随着网络应用技术的飞快发展而增加，三维造型技术、真三维渲染、虚拟现实技术的广泛应用，产品模型的数据量也迅速增大；而对产品进行多学科仿真分析与实验，更是需要高性能计算环境来处理海量的数据。计算能力的迅速提升，使得工程师在产品性能仿真时，可以设定更细的有限元网格和更多的自由度，从而进行更加准确的仿真。这加速了产品数据量的"扩容"。就好像以前看DVD或下一个免费的RMVB、AVI格式的电影，最多也就几百MB的容量。而现在看一部高清的蓝光DVD或者一部3D电影，其容量都至少是几个GB的大小。

（2）小米公司运营的数据——作为一家正规的公司，其组织结构、管理制度、人力资源、薪酬、福利、设备、营销、财务、质量、生产、采购、库存、标准/行业法规、知识产权、工作计划、市场推广、办公文档、媒体传播、电子商务等数据都必须是完备的。但你是否发现，现在做市场推广更多地依靠着多媒体广告？无论是《一块钢铁的艺术之旅》TED式的宣讲发布会，还是《暴走大事件》中"富士康"员工"张全蛋"的火爆，无疑都是给小米公司做推广，而效果还大大强于电视效果。毕竟这是一个全民的移动互联网生活时代，大家不再只从书本和广播电视中获取资讯。

---

[①] 非结构化数据即相对于结构化数据（即行数据，存储在数据库里，可以用二维表结构来逻辑表达实现的数据）而言，不方便用数据库二维逻辑表来表现的数据就是非结构化数据，其所有格式的办公文档、文本、图片、XML/HTML/各类报表、图像、音频、视频信息，等等。

(3) 小米公司的价值链数据——跟其他公司一样，小米公司也有着客户、供应商、合作伙伴这类价值链数据。但小米公司与其他公司不同的是，让人诟病的饥饿营销模式平台——官网直销。其零售客户全部来源于网络。在做客户满意度与服务过程中就要求公司要比其他公司要求更高的网络应用需求。

(4) 小米公司的外部数据——行业数据、政策信息、竞争对手数据。小米公司在网络上有个FANS社区叫小米俱乐部。俱乐部成员很多，基本都是一些网友。而且该俱乐部是有专人管理的，其职责是收集社区论坛的各种信息，答疑和解决各种问题，组织发布活动等。

也许你觉得这些数据似乎看起来没多大影响，但如果你回过头看看当年三一重工的向文波只不过在网络上发表了一篇网文，然后徐工集团跟国外机构的并购就搁浅了；再比如，我们的国酒茅台、酒鬼酒等酒企因为网络上塑化剂的事件，导致股价连跌，市值大大缩水；再看看柴静的《穹顶之下》又会给中国制造业怎样的改变。

在斯诺登"棱镜门"事件后，在这个移动互联网时代中的每个人、每个企业的信息都是互联网上的一串数据，但也不能因噎废食，我们中国的制造业更应该尽早开始研究大数据的管理和运用，使大数据能够更好更安全地为中国制造服务。

前面我们提到当美国在全世界兜售互联网思维、大数据和云计算，并通过交互、体验、大数据工具引导世界时，有一个国家则对互联网保持着沉默。这个国家就是德国，一个金融危机以来唯一生机勃勃的制造大国。

如果你觉得德国的"制造"与互联网无关，那么你就大错特错了。最客观的事实是，德国人提出了工业4.0战略，这是德国人不想被美国牵着鼻子走，处在互联网的时代背景，为迎接工业信息化的到来并结合自身情况与深刻理解后整合出来的个性化战略。

工业4.0，被认为是继工业1.0的蒸汽机时代、工业2.0的电气化时代、工业3.0的信息化时代后的第四次工业革命，也就是智能化时代。愿景是将美国先进的大数据信息技术和本国优势的工业技术融合，网络、计算机、数据、软件工具和应用、工业技术交织产生的新的价值模型。其核心主要是CPS（Cyber-Physical Systems，信息物理系统或者网络物理系统），即CPS是实现工业4.0的基础。德国希望通过工业4.0战略，打造智能制造新标准，构建智能生产新网络，推动工业生产制造由自动化向智能化和网络化方向升级,以提高德国制造业的竞争力,巩固德国制造业的全球龙头地位。

自国际金融危机以来,互联网经济的迅速发展,对实体经济造成巨大的冲击。致使欧美国家重新意识到实体经济的重要性,开始强调"再工业化""再制造业化",并把制造业重新拉回到自己的国土。中国社会科学院工业经济研究所工业发展研究室主任吕铁对此发表意见,认为这是发达国家认识到"虚拟经济和实体经济的关系需要重新平衡"。吕铁解释说:"进一步重新认识作为实体经济最重要的主体的制造业的作用和地位。"于是,又多了一个因素促使中国的"外企撤离"。当前制造强国工业4.0战略规划见表12-2。

表12-2  当前制造强国工业4.0战略规划

| 国家 | 政府战略与规划 | 战略重点 | 关键词 |
| --- | --- | --- | --- |
| 德国 | 《高技术战略2020》 | 工业4.0,成为新一代工业生产技术的供应国和主导市场 | 技术+质量 |
| 美国 | 《重振美国制造业框架》《先进制造伙伴计划》《先进制造业国家战略计划》 | 再工业化,"大数据"技术工业互联网侧重"软"服务,用互联网激活传统工业保持制造业的长期竞争力 | 科技+创新 |
| 日本 | "以3D造型技术为核心的产品制造革命""安倍经济学" | 人工智能、智能化生产线和3D造型技术 | 团队+培训 |
| 中国 | 《中德合作行动纲要》《中国制造2025》《互联网+行动指导意见》 | 两化融合,制造强国,打造新一代信息技术产业、高端装备制造业、新能源产业等十大领域 | 引进+融合 |

按照工业4.0设置的"未来工厂"概念。于是我们可以抽象地去按图索骥。在未来,当你需要一件工业用品时,你只需要打开手机的App,输入自己需要的产品并定制自己个性化的要求,然后点击发送信息给接单的工厂。工厂按照你所需求的产品及其个性化信息转化成数据,然后通过云计算等技术来安排物料的配送、组装、个性化设计等。而这条流水的制造线上的每个元件都是由你定制,有着自己独特的身份信息,机器会解读这些身份数据。

就如同图12-4中的谷歌模块化手机Ara一样。谷歌公司在2014年推出这款Ara手机。该款积木手机中最为重要的组件是由谷歌自行设计的包括通信模块和备用电池在内的铝制手机骨架,而包括屏幕、处理器和电池在内的零部件都将以模块形式接入,最终组成一部完整的手机。① 手机最大的特点就是模块化——每一个零部件是可以自由拆卸组装,根据客户的喜好与配置要求,每一个模块还可以单独地升级或修复,实现跟组装电脑一样真正的手机 DIY。从而达到以最小的代价拿到自己最想要的配置或修复。产品的特性和生产流程我们都清楚后就会发现两个核心的地方,第一个就是能够生产你所需个性化产品模块的机器设备很重要;第二个就是这种机器设备具有完善的工业应用系统很重要。而这两点恰恰都是德国制造的强项。无疑,德国不希望互联网经济来支配国家经济支柱的制造业,更加害怕有前科的美国通过云计算等技术来掌握德国制造的所有数据。为站在"未来产业链"的顶端,德国就力推工业 4.0 战略,在阻止美国信息技术对德国制造业入侵的同时又可以压制中国制造业的低成本竞争,从而奠定德国制造业的地位。因此,在未来工业的跑道上,德国为了避免美国侵略性的阻挡性超车和软实力的中国"弯道超车",将工业 4.0 纳入《高科技战略 2020》中,让工业 4.0 正式成为一个国家战略。并且在很短的时间里得到了党派、政府、企业、行业联合会、智囊组织的广泛支持和共识。其目的是要让 CPS 使机器设备获得智能,使美国的信息技术只能成为制造业的一个使用对象而无法窃取和掌握生产制造的核心数据。

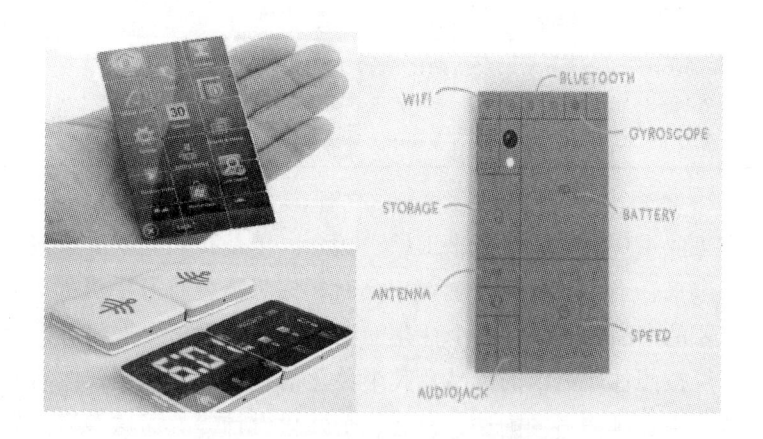

**图 12-4 谷歌模块化手机 Project Ara**

---

① 网易手机:《谷歌模块化手机 Ara:重新发明智能手机》,http://mobile.163.com/14/0422/07/9QDVNKVI00111790.html#p=9P51R2C22ERI0011。

现在，美国有大数据战略的信息技术抢占先机，德国有工业4.0战略来强化自己在制造业的地位，那么中国呢？

### （二）"互联网+"行动计划

综观中国几十年来的高速发展，有一个不可忽视的原因存在，那就是中国政府强大的组织和学习能力。这种能力不仅表现在政治、经济这样的大方向上，也表现在工业制造业这样的分类行业中。从《"十二五"工业转型升级规划》到《中国制造强国2025规划纲要》再到最新的"互联网+"。规划出台得越紧越密就越能表现出中国政府对制造业的担忧和发力。

在2015年3月5日第十二届人大三次会议上，国务院总理李克强在《政府工作报告》中首次提出"互联网+"的行动计划。众多学者称其为创新2.0下互联网发展新形态、新业态。从国家层面推动互联网、大数据、云存储与计算、物联网等与现代制造业相结合，促进产业升级与转型，提升中国行业竞争力，引导中国企业开拓国际市场，贴合始终代表先进生产力的党纲。

那么"互联网+"究竟是什么呢？我国高考制度有个"3+X"的词汇，按照这个词汇我们把"互联网+"理解为以现在先进互联网技术与平台融合进其他传统行业来应用。即"互联网"后面的"+"指代各类传统行业会出现怎么样的产业升级与转型。这些升级与转型有什么样的优势呢？从表12-3中我们可以详细地理解到现有的"互联网+"的应用案例。

表12-3　　　　　　　　　"互联网+"的部分应用及优势

| | "+"（加上或指代传统行业） | "="（融合互联网后） | 优势 |
|---|---|---|---|
| 互联网 | 传统银行业（如交通银行） | 支付宝、财付通 | 交易快捷无须排队、收益高等 |
| | 传统交通业（如出租车公司） | 打车、专车软件 | 打破行业垄断、提升服务等 |
| | 传统婚介业（如各类婚介所） | 世纪佳缘、百合网 | 更多选择提高配对率等 |
| | 传统媒体传播业（如报纸、电视） | 新媒体（如自媒体） | 成本低、知识丰富等 |
| | 传统百货业（如国美、平和堂） | 淘宝、京东 | 成本低、选择性大等 |
| | 传统制造业（如牛仔服装厂） | "智能工厂"（如海尔、小米） | 集成性大、标准流程降低次品率等 |

但这些远远不是"互联网+"带来的所有优势。以中国最著名的互联网公司腾讯与阿里巴巴为例。我们从它们身上可以清楚地看到"互联网+"逐序的进化过程,在这个进程中不论主观上是否愿意,因为享受到"互联网+"所带来的便利和利益,然后循着事物发展的道路慢慢地去融合,再有破有立地升级和改造,最终尝试着去创新来重塑原有的经济模式,大幅度提高行业效率。

可以说,淘宝商城、天猫商城、QQ、支付宝等业务已经占据了人们的生活空间,成了不可或缺的生活必需品,彻底地改变了以往传统的行业模式。两家公司均是通过网络数据的实时交换来达到整体效率的提升。最明显的就是"互联网+"在支付行业和通信行业的应用。

通过移动手机端的支付宝App,你可以足不出户地完成水电、燃气等各类家庭生活类缴费,随时随地地查看历史账单、免手续费实行多种模式的充值支付与转账,余额宝更是以活期资金高于银行定期的收益在其他行业众筹募集资金等,将个人单位和对应行业在互联网平台上进行信息交互,减少双方的工作量,节约时间避免疏忽与矛盾,直接地节约社会资源,间接地避免人与人的矛盾。在通信行业更是颠覆性的改变,在腾讯QQ出来以后才有"网恋"等网络衍生词,各类"约会神器"也只是微信的变种,它们最大的贡献就是真正实现了的信息共享。通过其社交软件将资源在线传播,此举脱离地理空间的限制,大大降低成本来服务于更多的人群(如优质的教育资源)。2014年与2015年连续两年春节的"微信红包"更是颠覆了我们传统的习俗。而还仅仅只是"互联网+"对传统行业应用的初级阶段,因为其过程的原理只需要用到移动互联和数据交互就可以实现主客双方的合理匹配。传统行业运行所求的作用和效果并没有因为产业链部分环节的改变而改变,相反更能够节约时间成本,实现资源成本的多重利用,从而提升整体效率。

将"互联网+"应用运用到行业改造与升级的案例,就不得不提到电子商务或者说以饥饿营销出名的小米公司了。这种O2O的商业模式,在跟消费者实现信息交互后,就会利用分析积累的数据来指导其产业链上下游的其他环节,比如产品的畅销程度、控制库存、物流安排等。通过买卖信息的最佳匹配,交换到实体经济的最优化从而避免不必要的浪费。像小米公司推出红米NOTE的时候,提前多天进行广告宣传和预订。再根据预订数量来决定其对外包公司的下单量,于是特定在每周二进行特定产品的抢购。真正做到零库存，颠覆手机行业潜规则，并真正做到高配置的千元手机。

而"互联网＋"的终极目标则在于创新，即跳出传统产业思维，创造出一种全新的商业模式。而只要是全新的商业模式就必然将人引向深思，因为这种跨越式的过程必然触及行业的某些规则，比如前面提到的小米手机、余额宝等。但不得不提到的还有滴滴打车。滴滴打车从一出现就一直刷新人们的观念，跟快的打车一起补贴乘客，在此之前没有人听过可以免费乘的士，后来滴滴打车又出了一个专车服务，这下滴滴打车就彻底火起来了。但不管怎么样，滴滴打车通过"互联网＋"的信息交换与匹配，使汽车的利用率达到最大化，避免资源闲置，实现了整个社会效率的提高。

"互联网＋"应用的最大目的归根结底还是制造业。作为一个人口第一的国家，解决人民温饱和就业问题是首要条件。而这一点上阿里和腾讯做得都不差。2013年马云参加李克强总理主持的经济座谈会上说过，阿里巴巴2万多人，拉动了1000万左右的就业。中国信息经济学会也在其发布的《微信社会经济影响力研究报告》中提到，2013年7月至2014年6月这一年间，微信带动的直接就业者192万，间接就业者815万。李克强总理在《政府工作报告》中也坦承，国际经济危机，国内经济压力巨大，政府开出很多"药方"，其中重要的手段就是鼓励大众创业。

所以说，"互联网＋"行动计划既是国家战略又是制造业的春天。

### （三）从"制造"到"智造"

拥有"世界工厂"头衔的中国制造业，其生产总值已使许多国家望尘莫及。但在当前国际制造业竞争加剧，人口红利等优势消失，中国制造失去最好转型、升级契机的时代背景下，新的一轮工业革命也汹涌来袭。政府发布《中国制造2025》，全面支持十大领域建设，提出"互联网＋"战略，组建亚洲基础设施投资银行，"一带一路"的政策刺激，"全民创业"、"万众创新"的创客2.0兴起，等等，一系列的动作都在为中国制造发力以应对工业4.0的挑战！

所谓从"制造"到"智造"，就是将先进的信息技术和其他高新技术与理论融入我国的制造业当中，从而打造出未来工厂。但从我国的制造产业发展状况来看，由于缺乏先进的技术支撑，有三个方面的突出问题，表现在：第一，产业不稳，抗御市场风险、维护客户的能力弱；第二，产业不强，虽然有个别行业技术水平处于世界领先地位，但大多数技术相对落后，呈现出"中国制造多，中国创造少"的格局；第三，配套相关产业发展严重不足，特别是跟现代工业相适应的精密设备、金融、信息业等发展严重滞后。优化和调整产业结构，必须大力推进自主创新，促进"产、学、研"相结合，实现由"中国制造"向"中国智造"的飞跃。

由于我国制造业高加工化程度偏低，主要采取低价竞争和低成本的规模扩张等模式进驻市场，以原料工业和一般加工业为主，劳动密集型企业占多数，资金、技术密集型较少，决定了制造业以外源带动为主、以来料加工和劳务消耗为主、以外延扩张为主的经济增长方式，从而决定了其产业层次只能处于全球制造业产业链的末端，附加值低下。与此同时，在制造业迅速发展的过程之中，高投入、低产出，高能耗、低效率等问题始终"身影相随"。柴静的《穹顶之下》也间接地盘索出制造业酿成环境治理问题的"罪恶行径"。再从土地资源的角度而言，对外资的过度追求，使得外资在中国享受了超国民待遇，却没有创造出与之相适应的大量的产业链条价值，严重影响了产业价值水平的整体提高。因此，如何在保持经济总量增长的同时，提高制造业的全要素生产率，增强经济增长的可持续性，也是中国制造业发展的内在要求。

在图12-5中，海尔互联工厂基于网络从用户交互平台"众创汇"和模块商平台"海达源"获取信息后快速反应，对信息资源集成分析再合理利用，从而实现最优匹配方案进行生产，为后期的服务、规模化定制、解决方案提供数据储存。

种种迹象都表明，过去的发展模式已经难以为继，中国制造业的转型亟须一条可以参考的和摸索的道路。中国海尔公司率先交出自己的答卷——互联工厂。目前，海尔建成了海尔郑州空调、海尔佛山洗衣机、海尔沈阳冰箱、海尔青岛热水器四家互联工厂。其设计原理是以模块化为基础的互联工厂为用户提供个性化体验的产品，衔接用户交互定制平台（"众创汇"）和模块商资源平台（"海达源"），寻求最优的生产方案。从制造逻辑上来看，海尔的互联工厂智能化制造的必要条件是其工厂本身的模块化、自动化、智能化来提升各类资源集成与利用来提高效率；充分条件则是代表市场方的用户无障碍地参与产品生产流程中。其最终的目标则指向构建大规模个性化定制模式。这种动态抓取市场差异化需求、快速整合全球最优资源的模式,将碎片化、非结构式的用户需求(市场需求)与智能化、透明化的制造体系高效对接起来,也算是对"互联网+"行动计划的率先实践。

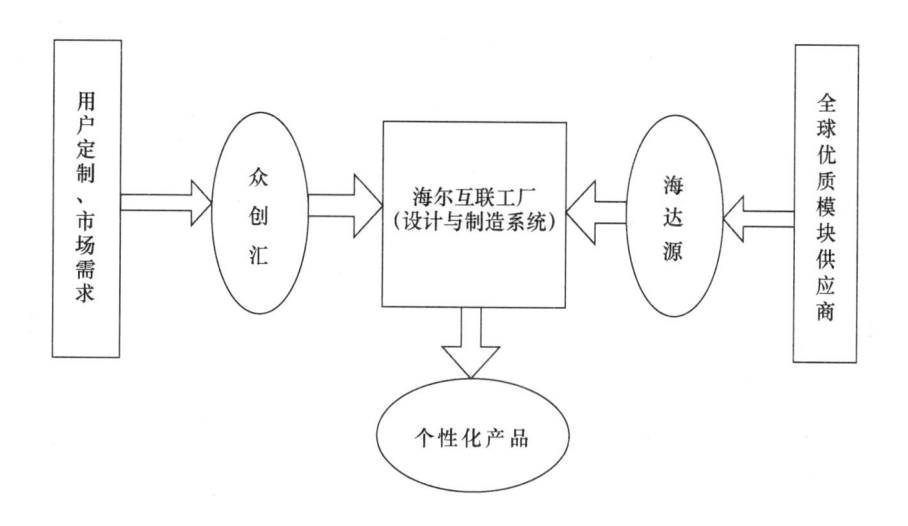

图 12-5 海尔互联工厂流程模拟示意

而要做到完全形态的智能制造,我们还需要做到:

首先,做好基础理论知识准备。将工业4.0、大数据等理论和应用进行系统研究与宣传、推介相关成果和成功案例,在摸着石头过河的同时,对全民进行思想观念和知识引领,特别将公职人员和企业家带入情境,引领他们应用新技术,开发新产品,开拓新视野,帮助他们认清形势,破解难题,学习富士康专注 OEM,不涉及短线房地产,做到"代工之王"。而不再重蹈"中国制造不被尊重10年"的覆辙。

其次,做好各类人才储备。人才既是理论研究者也是实践者,从"制造"到"智造",我们需要对学历或技术有要求的基础劳动者,农民工已不再适应工业4.0时代的"中国制造"。也需要高端的创新型人才,他们必须具有创造性思维来开拓新局面,走出困境。世界一流的实验室几乎都是由多民族最优秀的人才组成,所以在"中国制造"这个试验田里除了这些本土可以培养的人才外,我们还要吸引全球人才的参与来创造"中国制造"的新时代。

最后,做好开拓市场的准备。像小米手机登陆印度并大获成功一样。

像华为在全球网络服务提供所在的大份额一样,"中国制造"更需要培养潜在的"客户区域与群体"以释放更强大的竞争力,印度对小米的钟爱比美国的苹果更能证明"中国制造"在世界市场崭露头角并非无中生有。在"个性化定制"与新技术、新材料的交叉中,我们在进行技术、材料的跨界融合、垂直整合,以创造出新的适应"个性化定制"的新产品来抢占新的市场。

当"以信息化带动工业化"在我国党和政府的经济工作的文件中频频闪现,当"互联网+"为制造业补课,我们就开始憧憬信息化升级版——智能化制造的美好未来:工业4.0将生产管理系统、嵌入式技术、工业控制网络等价值生产链的互联,实现了跨越多地点、融合了不同设备各类部件的生产网络串联。制造流程中各个部位相互交换数据,检索设备、优化流程等全程无人操作。互联网技术拓展了工业制造业的空间。但无论是大数据、CPS抑或是"互联网+"这类基于网络技术的战略,都存在着最不容忽视的安全隐患——网络信息安全。

总之,按照网络安全问题发生的案例,我们可以摸出的规律就是:只有出了事故才可能会被发现,发现后再花一定的人力和物力才能将病毒杀死或将系统升级。除此之外别无他法。所以智能化制造出来的麻烦只有预防却无法杜绝。

## (四)"智造"的工业转基因

中国制造业的未来充满着变数,但我们仍然秉持如下判断:中国制造业仍然是国民经济增长的重要动力;中国制造业仍将保持一定速度的持续增长;中国制造业就总量和规模仍居世界前列;由于我们产业存在着结构性的矛盾,因此,转型升级和产业结构优化调整将是未来十年中国制造业的主旋律;"信息化与工业化两化融合",将朝着深度、广度大力推进;未来我国制造业将朝着绿色制造、智能制造和服务型制造这三个方向发展。

按照"互联网+"行动计划来看,未来的制造业将会实现:

(1)数据互联。"互联网+"实现的物质基础是将人与人、人与物、物与物之间的数据进行实时连接。在乔布斯定义了"苹果"和雷军定义了"价格"后,各类互联网终端逐渐走上功能多样化、价格亲民化的趋势。在现在社会人手几部手机的情势下,数据互联绝对实现,从而更好地服务

"互联网+"行动计划。

（2）数据交换。现实的数据具象化，实时交互已在数码技术上、3D打印技术等技术层面的解决。移动互联时代的标志就是数据爆炸。洪流般的数据为我们探索自然、理解社会、优化产业提供了最直观的视角与参考。

（3）动态优化。云计算与大数据技术能够解决结构性和非结构性的数据，解决将数据转化成生产力的问题。

（4）效率提升。终端的互联双方能跨越空间进行实时数据交换。互联匹配的单位越多，对终端开放接口越多，那么整个社会的效率都会提高。就如同支付宝不仅可以缴费还可进行身份验证、物流查询等业务。

（5）产业变革。例如，滴滴打车，在微观层面上，它不仅纠正了产业内的浪费与无效率，也改善了相关产业之间的无效率，甚至可以影响其他行业的思维习惯。

（6）社会转型。滴滴打车在微观上改变了出租车行业，让社会闲置资源得到充分利用来填补社会需求。从而带来让人民生活质量提高、便利、行业效率提高、经济改善等一系列良好结果。宏观上的社会管理、政策研究等各个方面协同，减少生产部门、消费部门、政府部门之间的资源浪费与无效率，推动整个国家、经济的发展。同时，相辅相成的制造行业也会随之水涨船高。

除此之外，我们还不得不提到将用户个性需求和大规模制造之间联系到一起的"创客"。创客是以UGC（User Generated Content）①为平台，将其各种个性化定制和创新思想火花带到工业制造领域的操作者。他们带来真实的用户体验，如果产品下线，必然是其用户的收藏品也是奢侈品。"谁获得用户，谁就获得数据，谁就获得成功"，在DT时代谁就站稳脚跟。创客这种"转基因"式的变革，是"自造"主义的兴起，同样也是制造业的一个新方向。如同自然界的生物一样，至少是一次进化，因为市场才是制造业最终的审判者。

美国著名的GE通用电气公司就曾在网络上发布一条挑战3D打印的信息，将飞机上的一个零部件让网络上的创客去设计。然后，从收集到的700多条方案中评选出的第一名，只用了原始结构的1/6的重量，就完成

---

① UGC是指用户原创内容，是伴随着以提倡个性化为主要特点的Web 2.0概念而兴起的互联网术语。YouTube等网站都可以看作是UGC的成功案例。

了零件的全部测试。其设计者为19岁的年轻人，但其方案却超过了包括GE公司在内的资深专家们。无论是从表面上的制造方的成本、效益因素，还是对消费方成本、效益因素，甚至是类推到科技、社会的发展来说，都是具有积极意义的。通过这样一个案例，我们不难发现工业转基因的关键DNA链——必须突破身份地位的封锁，让知识成分流动起来，补足研发的死角，让社会、公司花最少的资源成本获得最大的利润空间。这是互联网带动制造业的真谛，也是其最大的效益所在。

正是出于以上的考虑，中国于2015年9月17日由国务院常务会议决定，建设大众创业万众创新支撑平台，利用"互联网+"，积极发展众创、众包、众扶、众筹等新模式，走出一条以众智促创新、以众包促变革、以众扶促创业、以众筹促融资、符合中国国情的强国之路。企业的资源是有限的，要让工业互联网把全国乃至全球的人才、资源优化整合到一起，就如同英特尔的i5、i7等笔记本电脑主流系列的CPU内含独立显示芯片一样（将以往独立显示芯片整合到CPU中，却不亚于更新了一代中央处理器）。研发新一代CPU可比将独立显示芯片替换以往的集成显卡要困难得多，而且研发经费也要多得多。中国作为一个人口大国从不缺乏劳动力，但很多人说中国制造业的变革之路是堵死的。而现在众创、众包、众扶、众筹的指导意见使得创新资源配置更便捷、更务实，凝聚万众之智，内外结合、企业跟个体协同给予"中国制造"潜力无限的主体。配上"互联网+"行动这一管强力的超级"血清"，中国制造变成绿色环保可持续发展的"绿巨人"指日可待。从而完成工业4.0的中国版和《中国制造2025》的共同愿景。①

## 三 《中国制造2025》与制造强国战略

在全球主要大国高度重视制造业和中国制造业面临巨大挑战的背景下，中国政府2015年内连续发布了多个指引改革创新和产业升级的重要文件。即三月的《关于深化体制机制改革加快实施创新驱动发展中战略的若

---

① 王喜文：《绿色制造是工业4.0和中国制造2025共同愿景》，http://roll.sohu.com/20150916/n421311622.shtml。

干意见》,五月的《中国制造2025》,七月的《"互联网+"行动指导意见》。其中《中国制造2025》行动纲领更是将制造业定位成"立国之本、兴国之器、强国之基"。那么,"中国制造"强国战略之路又是如何抉择呢?

## (一) 制造业的春天:《中国制造2025》

2015年5月19日,国务院正式印发了由工信部会同发展改革委、科技部、财政部等部门和单位联合编制的《中国制造2025》。这是党中央、国务院总揽国际国内发展大势,站在增强我国综合国力、提升国际竞争力、保障国家安全的战略高度做出的重大战略部署,其核心是加快推进制造业创新发展、提质增效,是实现从制造大国向制造强国转变的重要推力。

《中国制造2025》是国家为制造业发展的一次顶层设计,其内容可以用"一二三四五五十"来概括:

"一"是一个目标,即我国要从制造大国向制造强国转变,最终要实现我国制造业强国的一个目标。

"二"就是指通过信息化和工业化的融合来实现"一"的目标。

"三"就是通过一个"三步走"的战略,大体上每一步用十年时间要实现转变(见图12-6)。

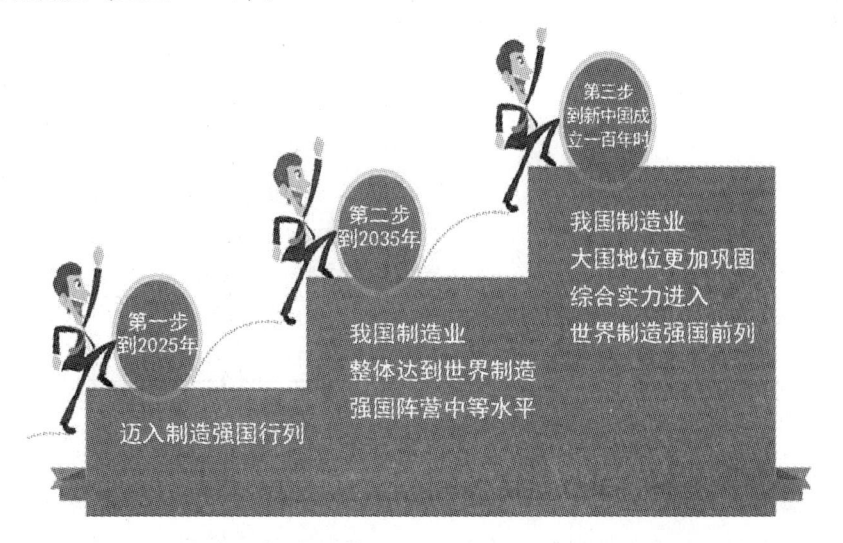

图12-6 《中国制造2025》"三步走"战略目标图示

"四"就是确立了四项原则。即一要市场主导、政府引导,二要立足当前、着眼长远,三要全面推进、重点突破,四是自主发展、合作共赢。

"五"就是有两个"五",第一就是五条方针,即创新驱动、质量为先、绿色发展、结构优化和人才为本,第二就是实行制造业创新中心建设工程、工业强基工程、绿色制造工程、智能制造工程和高端装备创新工程。

"十"就是扶持十大重点行业领域(见表12-4)。

表12-4 《中国制造2025》十大重点行业领域

| 十大领域 | 重点技术及具体性企业表达 |
| --- | --- |
| 新一代信息技术产业 | 云计算:长城电脑、浪潮信息<br>大数据:东方国信、拓尔思<br>5G:大唐电信、中兴通讯 |
| 高档数控机床和机器人 | 工业互联网:汉威电子、海得控制<br>机器人:机器人、新时达、博实股份 |
| 航空航天装备 | 航空发动机:中航重机、中航动控<br>嫦娥探月工程:中国卫星、北斗星通 |
| 海洋工程装备及高技术船舶 | 海工装备:海油工程、中集集团、振华重工<br>船舶制造:中国船舶、中国重工、中国远洋 |
| 先进轨道交通装备 | 轨道交通:中车、鼎汉技术、康尼机电、时代新材 |
| 节能与新能源汽车 | 智能汽车:BYD、上汽集团、均胜电子 |
| 电力装备 | 能源互联网:阳光电源、爱康科技<br>智能电网:三星电气、平高电气 |
| 农机装备 | 高端农机:新研股份、吉峰农机 |
| 新材料 | 石墨烯:中国宝安、方大碳素<br>碳纤维:和邦股份、金发科技 |
| 生物医药及高性能医疗器械 | 精准医疗:达安基因、紫鑫药业<br>移动医疗:泰格制药、鱼跃医疗 |

中国之所以是制造大国而不是制造强国,除了是因为产业发展缺乏高瞻远瞩的顶层设计,还有一点就是缺乏具体化的战略任务。有任务才有压力,有任务才有追逐的目标。所以《中国制造2025》中九大战略任务也尤为重要。

（1）提高国家制造业创新能力。与发达国家相比，国内制造企业开展技术创新的动力不足，研发投入是一个问题，而科研机构与企业的利益导向不同，不能形成有效的"产、学、研"有机融合与联动机制。因此创新成了《中国制造2025》战略任务的第一项。

（2）推进信息化与工业化深度融合。2015年9月17日，格力电器董明珠在接受媒体采访时这样表示："如果实体经济不行，那一定是因为你自己无能，互联网对我们来说只有提高效率的作用，而不是一种伤害。比如说马云，他在他的轨道上，你在你的轨道上，不可能因为马云，制造业就完蛋了，反过来，没有制造业，马云他才真正完蛋了。"只有两化高度融合，才能相辅相成。否则，马云拖慢中国制造业发展必一语中的。

（3）强化工业基础能力。

（4）加强质量品牌建设。这两项任务表明国家在关注创新的同时，也注重质量和可靠性。中国制造与发达国家的差距不仅是技术层面的，也有产品质量层面的。

（5）全面推行绿色制造。

（6）大力推动重点领域突破发展。绿色制造是当前世界的主流和未来的趋势，重点领域则是打破国外技术封锁、实现"中国制造"以点带面的发展的重要手段。

（7）深入推进制造业结构调整。

（8）积极发展服务型制造和生产性服务业。

（9）提高制造业国际化发展水平。

在"一带一路"带来大量投资机会和国际市场大量"利好"的同时，《中国制造2025》则从国家层面促进中国制造的发展。其内容体现了一个制造强国应具备的雄厚产业规模、优化的产业结构、可持续发展能力等主要特征，也体现了创新驱动、两化深度融合的根本要求。不过，这仅仅是一个开始，它为中国制造业的发展铺设了一条通往春天的路，但这条强国之路需要脚步夯实地走出来。

如今，路已在脚下，兴奋不已。

## （二）制造复兴：制造强国的战略路径

从前面我们看到了中国制造业面临的困境，也了解到世界主要先进制造国家的经验，更从国家政策上看到了政府对中国制造业发展的决心。那么，中国制造业的强国之路到底怎么走呢？从广义上来说，毫无疑问，中国制造至少要完成2.0、3.0、4.0的工业革命任务才能实现。有这样一个判断是否基本实现了工业革命的评价体系，所提出的各个指标参照了工业发达的德、美、日及新兴工业化的韩国的发展水平，同时也结合了中国的具体国情以及当前发展情况和工业制造业未来发展趋势的要求。根据这些标准，对"十三五"期间我国制造业进行大胆的分析预测结果，如表12-5所示。

表12-5很直观地表达出我国与发达国家对比中的优劣。评价体系分析预测结果虽然大胆，但还是可以看到体系是有理可循、有据可依的。其主要标志就是评价工业革命是否达到了标志，对应指标则详细地阐释工业革命的具体任务。这是一面旗帜，既是目标也是鼓舞。

那么从狭义的角度，我们又如何找出中国制造的强国之路呢？2015年8月25日，"广东发布"微信公众号发布了一条《"李约瑟世纪难题"广东怎么答？》[①]的推送。举例说明了广东的"互联网+创新"终将破解"李约瑟难题"。

表12-5 我国工业革命评价体系及分析预测结果

| 主要标志 | 对应的指标 | 应达到的水平 | 与其他工业、制造业发达国家和新兴工业化国家的比较 |
|---|---|---|---|
| 经济发展标志 | 人均GDP | 1万美元 | 滞后 |
| 结构变动标志 | 服务业增加值占GDP比重 | 50% | 同步 |
| | 人口城镇化率 | 60% | 滞后 |
| | 第一产业就业比重 | <20% | 滞后 |
| 技术进步标志 | R&D经费支出占GDP比重 | >2.5% | 同步 |
| | 每百人互联网用户 | 70人 | 超前 |
| 生态建设标志 | 人均二氧化氮排放量 | 10吨 | 同步 |
| | 环境治理占投资财政比重 | 6.5%—7.0% | 超前 |
| 国际经济联系标志 | 制造业成品出口占全球总额比重 | 17%—18% | 超前 |
| | 人均对外直接投资额 | 150美元 | 同步 |

资料来源：联合国贸易和发展会议数据库、世界银行数据和《中国2020年基本实现工业化》。

---

① 英国学者李约瑟在20世纪30年代提出"尽管中国古代对人类科技发展做出了很多重要贡献，但为什么科学和工业革命没有在近代的中国发生？"的疑问。

——东莞。全国物流指数第二,国内互联网企业前五大有四大在东莞建设物流总部。其中庞大的制造业基础,让东莞在《中国制造2025》的东风下得以在中国乃至全球保持领先。

——佛山。将举办"互联网+"博览会,以"中国制造2025对话德国工业4.0"高峰论坛、创客论坛、项目融资路演等活动真正实施"互联网+"行动。

——深圳。拥有众多高科技创新企业集群,俨然中国"硅谷"的地位,形成了技术创新的体系。如同迅速崛起的创客中心一样,深圳是"互联网+创新"的引领者。

对比"外资撤离,东莞世界工厂地位不稳"与《"李约瑟世纪难题"广东怎么答?》中的东莞案例。美国波士顿咨询公司BCG全球主席汉斯—保罗·博克纳(Hans-Paul Burkner)说过这样一段话:"对于中国来说,其制造业一开始是得益于低廉的劳动力成本,但是现在已经逐步发展起完整的生态体系——比如数以百计的制造商为苹果公司提供零部件,然后再完成组装。所以,认为能够把制造业、工厂完全移到东南亚或非洲,只是因为那里的劳动力成本更低的想法是不切实际的。现在制造业事实上需要一整个生态体系:好的基础设施、物流体系,这些都需要有机地组合到一起。所以从我国现行的工业基础、产业结构及市场趋势来看,中国仍将会是制造业大国。当然会逐步迈向高技术、高附加值的部分;同时,一部分低附加值的活动会转移到越南、缅甸、印尼,但是仍然会是通过全球供应链,紧密地连接在一起。"通过这段话,我们看出"东莞案例"不是无的放矢。庞大的制造业基础让东莞有"瘦死的骆驼比马大"的自信。但同样我们可以发现包括东莞在内,我国制造业供应链的浪费严重,无法做到优化配置,无论是MRPII还是ERP等内部信息系统的建设,甚至是物流、仓储等物流体系的外部资源。东莞既然有着庞大的制造业基础,那么作为全国排名第二的物流集散地,在"互联网+"行动下提升供应链效率,降低整体物流成本,将是《中国制造2025》重要表达。

面对声势浩大的新工业革命浪潮来临,政府面对前所未有的机遇与挑战,颁布了《中国制造2025》来促进中国制造企业转型升级。而技术升级则是中国制造业的一块短板。对比《"李约瑟世纪难题"广东怎么答?》中的佛山和深圳两地的案例,我们会很欣慰地发现,虽然技术创新一直不是"中国制造"的优势,但在引进新技术、新理论方面,中国并没有落后于其他发达国家，并且做到了借人之智完善自己的同时还超越别人。深圳华为等公司的某些专利一直在全球领先着。《中国制造2025》中对十大领域的重要投资也是对中国制造业竞争力的一强心剂，缓解竞争力下降的同时增强竞争力。可以说，《中国制造2025》是中国政府对升级制造业的坚定信心和承诺，也可以说《中国制造2025》是中国版的工业4.0战略规划。

因此，实现制造强国战略、走向制造强国之路，需要做好以下五个战略抉择：

（1）结构优化调整战略。我国制造业的发展模式仍然落后，创新能力不强，核心技术和装备主要依赖进口，产业空间布局和资源分布不均匀，部分行业产能过剩问题突出等一系列结构问题。针对这些，我国需优化以下结构：产业结构、技术结构、产品结构、地区结构、企业组织结构等。

（2）企业自主创新能力提高战略。明确我国创新能力不高的认知，认识我国引进技术的消化、吸收、改造仍有缺陷，资源投入不足、成果产业化程度低等问题，积极构建和完善国家与企业组织自主创新体系。

（3）战略性新兴产业发展战略。我国各省追求大而全，忽视地方特色和产业发展的基础，市场作用发挥不足，适应新兴生产力发展的体制机制尚未确立，各级合作力度明显不足，形式单一。针对此情况，从《中国制造2025》十大领域出发，以战略性新兴产业发展方向即节能环保、新信息技术、生物产业、新能源、新材料为重点任务。

（4）绿色节能发展战略。2015年年初的《穹顶之下》和2015年8月的天津爆炸案让人们越来越认识和关注自身的生活环境。所以推动新能源产业发展，加快淘汰落后产能，推进节能降耗，严格规划化学品、重污染产品区域十分重要。

（5）工业体制改革战略。国家发展到现在，由于相关法律不完善，造成一些利益集团为了维护自己的利益，真正拖累国家发展的步伐。对此，要加大力度整治，多管齐下，刻不容缓。

由此可见，中国制造业的前途是光明的，而道路也是曲折的。要找到新出路，既要遵循世界工业革命浪潮的普遍规律和要求，更要遵循中国自己的发展规律和特点，坚定不移地在"互联网+"行动指引下，在《中国制造2025》的护航下，走出一条经济效益好、资源能耗低、环境污染少的新出路，推动我国由制造大国向制造强国转变。

# 附录 1
# 《中国制造 2025》

制造业是国民经济的主体,是立国之本、兴国之器、强国之基。十八世纪中叶开启工业文明以来,世界强国的兴衰史和中华民族的奋斗史一再证明,没有强大的制造业,就没有国家和民族的强盛。打造具有国际竞争力的制造业,是我国提升综合国力、保障国家安全、建设世界强国的必由之路。

新中国成立尤其是改革开放以来,我国制造业持续快速发展,建成了门类齐全、独立完整的产业体系,有力推动工业化和现代化进程,显著增强综合国力,支撑我世界大国地位。然而,与世界先进水平相比,我国制造业仍然大而不强,在自主创新能力、资源利用效率、产业结构水平、信息化程度、质量效益等方面差距明显,转型升级和跨越发展的任务紧迫而艰巨。

当前,新一轮科技革命和产业变革与我国加快转变经济发展方式形成历史性交汇,国际产业分工格局正在重塑。必须紧紧抓住这一重大历史机遇,按照"四个全面"战略布局要求,实施制造强国战略,加强统筹规划和前瞻部署,力争通过三个十年的努力,到新中国成立一百年时,把我国建设成为引领世界制造业发展的制造强国,为实现中华民族伟大复兴的中国梦打下坚实基础。

《中国制造 2025》,是我国实施制造强国战略第一个十年的行动纲领。

## 一 发展形势和环境

### (一)全球制造业格局面临重大调整

新一代信息技术与制造业深度融合,正在引发影响深远的产业变革,形成新的生产方式、产业形态、商业模式和经济增长点。各国都在加大科技创新力度，推动三维（3D）打印、移动互联网、云计算、大数据、生物工程、新能源、新材料等领域取得新突破。基于信息物理系统的智能装备、智能工厂等智能制造正在引领制造方式变革；网络众包、协同设计、大规模个性化定制、精准供应链管理、全生命周期管理、电子商务等正在重塑产业价值链体系；可穿戴智能产品、智能家电、智能汽车等智能终端产品不断拓展制造业新领域。我国制造业转型升级、创新发展迎来重大机遇。

全球产业竞争格局正在发生重大调整，我国在新一轮发展中面临巨大挑战。国际金融危机发生后，发达国家纷纷实施"再工业化"战略，重塑制造业竞争新优势，加速推进新一轮全球贸易投资新格局。一些发展中国家也在加快谋划和布局，积极参与全球产业再分工，承接产业及资本转移，拓展国际市场空间。我国制造业面临发达国家和其他发展中国家"双向挤压"的严峻挑战，必须放眼全球，加紧战略部署，着眼建设制造强国，固本培元，化挑战为机遇，抢占制造业新一轮竞争制高点。

## （二）我国经济发展环境发生重大变化

随着新型工业化、信息化、城镇化、农业现代化同步推进，超大规模内需潜力不断释放，为我国制造业发展提供了广阔空间。各行业新的装备需求、人民群众新的消费需求、社会管理和公共服务新的民生需求、国防建设新的安全需求，都要求制造业在重大技术装备创新、消费品质量和安全、公共服务设施设备供给和国防装备保障等方面迅速提升水平和能力。全面深化改革和进一步扩大开放，将不断激发制造业发展活力和创造力，促进制造业转型升级。

我国经济发展进入新常态，制造业发展面临新挑战。资源和环境约束不断强化，劳动力等生产要素成本不断上升，投资和出口增速明显放缓，主要依靠资源要素投入、规模扩张的粗放发展模式难以为继，调整结构、转型升级、提质增效刻不容缓。形成经济增长新动力，塑造国际竞争新优势，重点在制造业，难点在制造业，出路也在制造业。

### (三) 建设制造强国任务艰巨而紧迫

经过几十年的快速发展，我国制造业规模跃居世界第一位，建立起门类齐全、独立完整的制造体系，成为支撑我国经济社会发展的重要基石和促进世界经济发展的重要力量。持续的技术创新，大大提高了我国制造业的综合竞争力。载人航天、载人深潜、大型飞机、北斗卫星导航、超级计算机、高铁装备、百万千瓦级发电装备、万米深海石油钻探设备等一批重大技术装备取得突破，形成了若干具有国际竞争力的优势产业和骨干企业，我国已具备了建设工业强国的基础和条件。

但我国仍处于工业化进程中，与先进国家相比还有较大差距。制造业大而不强，自主创新能力弱，关键核心技术与高端装备对外依存度高，以企业为主体的制造业创新体系不完善；产品档次不高，缺乏世界知名品牌；资源能源利用效率低，环境污染问题较为突出；产业结构不合理，高端装备制造业和生产性服务业发展滞后；信息化水平不高，与工业化融合深度不够；产业国际化程度不高，企业全球化经营能力不足。推进制造强国建设，必须着力解决以上问题。

建设制造强国，必须紧紧抓住当前难得的战略机遇，积极应对挑战，加强统筹规划，突出创新驱动，制定特殊政策，发挥制度优势，动员全社会力量奋力拼搏，更多依靠中国装备、依托中国品牌，实现中国制造向中国创造的转变，中国速度向中国质量的转变，中国产品向中国品牌的转变，完成中国制造由大变强的战略任务。

## 二 战略方针和目标

### (一) 指导思想

全面贯彻党的十八大和十八届二中、三中、四中全会精神，坚持走中国特色新型工业化道路，以促进制造业创新发展为主题，以提质增效为中心，以加快新一代信息技术与制造业深度融合为主线，以推进智能制造为主攻方向，以满足经济社会发展和国防建设对重大技术装备的需求为目标，强化工业基础能力，提高综合集成水平，完善多层次多类型人才培养体系，促进产业转型升级，培育有中国特色的制造文化，实现制造业由大变强的历史跨越。基本方针是：

——创新驱动。坚持把创新摆在制造业发展全局的核心位置，完善有利于创新的制度环境，推动跨领域跨行业协同创新，突破一批重点领域关键共性技术，促进制造业数字化网络化智能化，走创新驱动的发展道路。

——质量为先。坚持把质量作为建设制造强国的生命线，强化企业质量主体责任，加强质量技术攻关、自主品牌培育。建设法规标准体系、质量监管体系、先进质量文化，营造诚信经营的市场环境，走以质取胜的发展道路。

——绿色发展。坚持把可持续发展作为建设制造强国的重要着力点，加强节能环保技术、工艺、装备推广应用，全面推行清洁生产。发展循环经济，提高资源回收利用效率，构建绿色制造体系，走生态文明的发展道路。

——结构优化。坚持把结构调整作为建设制造强国的关键环节，大力发展先进制造业，改造提升传统产业，推动生产型制造向服务型制造转变。优化产业空间布局，培育一批具有核心竞争力的产业集群和企业群体，走提质增效的发展道路。

——人才为本。坚持把人才作为建设制造强国的根本，建立健全科学合理的选人、用人、育人机制，加快培养制造业发展急需的专业技术人才、经营管理人才、技能人才。营造大众创业、万众创新的氛围，建设一支素质优良、结构合理的制造业人才队伍，走人才引领的发展道路。

## （二）基本原则

市场主导，政府引导。全面深化改革，充分发挥市场在资源配置中的决定性作用，强化企业主体地位，激发企业活力和创造力。积极转变政府职能，加强战略研究和规划引导，完善相关支持政策，为企业发展创造良好环境。

立足当前，着眼长远。针对制约制造业发展的瓶颈和薄弱环节，加快转型升级和提质增效，切实提高制造业的核心竞争力和可持续发展能力。准确把握新一轮科技革命和产业变革趋势，加强战略谋划和前瞻部署，扎扎实实打基础，在未来竞争中占据制高点。

整体推进，重点突破。坚持制造业发展全国一盘棋和分类指导相结合，统筹规划，合理布局，明确创新发展方向，促进军民融合深度发展，加快推动制造业整体水平提升。围绕经济社会发展和国家安全重大需求，整合资源，突出重点，实施若干重大工程，实现率先突破。

自主发展，开放合作。在关系国计民生和产业安全的基础性、战略性、全局性领域，着力掌握关键核心技术，完善产业链条，形成自主发展能力。继续扩大开放，积极利用全球资源和市场，加强产业全球布局和国际交流合作，形成新的比较优势，提升制造业开放发展水平。

## （三）战略目标

立足国情，立足现实，力争通过"三步走"实现制造强国的战略目标。

第一步：力争用十年时间，迈入制造强国行列。

到2020年，基本实现工业化，制造业大国地位进一步巩固，制造业信息化水平大幅提升。掌握一批重点领域关键核心技术，优势领域竞争力进一步增强，产品质量有较大提高。制造业数字化、网络化、智能化取得明显进展。重点行业单位工业增加值能耗、物耗及污染物排放明显下降。

到2025年，制造业整体素质大幅提升，创新能力显著增强，全员劳动生产率明显提高，两化（工业化和信息化）融合迈上新台阶。重点行业单位工业增加值能耗、物耗及污染物排放达到世界先进水平。形成一批具有较强国际竞争力的跨国公司和产业集群，在全球产业分工和价值链中的地位明显提升。

第二步：到2035年，我国制造业整体达到世界制造强国阵营中等水平。创新能力大幅提升，重点领域发展取得重大突破，整体竞争力明显增强，优势行业形成全球创新引领能力，全面实现工业化。

第三步：新中国成立一百年时，制造业大国地位更加巩固，综合实力进入世界制造强国前列。制造业主要领域具有创新引领能力和明显竞争优势，建成全球领先的技术体系和产业体系。

**2020 年和 2025 年制造业主要指标**

| 类别 | 指标 | 2013 年 | 2015 年 | 2020 年 | 2025 年 |
|---|---|---|---|---|---|
| 创新能力 | 规模以上制造业研发经费内部支出占主营业务收入比重（%） | 0.88 | 0.95 | 1.26 | 1.68 |
| 创新能力 | 规模以上制造业每亿元主营业务收入有效发明专利数[1]（件） | 0.36 | 0.44 | 0.70 | 1.10 |
| 质量效益 | 制造业质量竞争力指数[2] | 83.1 | 83.5 | 84.5 | 85.5 |
| 质量效益 | 制造业增加值率提高 | — | — | 比 2015 年提高 2 个百分点 | 比 2015 年提高 4 个百分点 |
| 质量效益 | 制造业全员劳动生产率增速（%） | — | — | 7.5 左右（"十三五"期间年均增速） | 6.5 左右（"十四五"期间年均增速） |
| 两化融合 | 宽带普及率[3]（%） | 37 | 50 | 70 | 82 |
| 两化融合 | 数字化研发设计工具普及率[4]（%） | 52 | 58 | 72 | 84 |
| 两化融合 | 关键工序数控化率[5]（%） | 27 | 33 | 50 | 64 |
| 绿色发展 | 规模以上单位工业增加值能耗下降幅度 | — | — | 比 2015 年下降 18% | 比 2015 年下降 34% |
| 绿色发展 | 单位工业增加值二氧化碳排放量下降幅度 | — | — | 比 2015 年下降 22% | 比 2015 年下降 40% |
| 绿色发展 | 单位工业增加值用水量下降幅度 | — | — | 比 2015 年下降 23% | 比 2015 年下降 41% |
| 绿色发展 | 工业固体废物综合利用率（%） | 62 | 65 | 73 | 79 |

[1]规模以上制造业每亿元主营业务收入有效发明专利数＝规模以上制造企业有效发明专利数/规模以上制造企业主营业务收入。

[2]制造业质量竞争力指数是反映我国制造业质量整体水平的经济技术综合指标，由质量水平和发展能力两个方面共计12项具体指标计算得出。

[3]宽带普及率用固定宽带家庭普及率代表，固定宽带家庭普及率＝固定宽带家庭用户数/家庭户数。

[4]数字化研发设计工具普及率＝应用数字化研发设计工具的规模以上企业数量/规模以上企业总数量（相关数据来源于3万家样本企业，下同）。

[5]关键工序数控化率为规模以上工业企业关键工序数控化率的平均值。

# 三 战略任务和重点

实现制造强国的战略目标,必须坚持问题导向,统筹谋划,突出重点;必须凝聚全社会共识,加快制造业转型升级,全面提高发展质量和核心竞争力。

## (一)提高国家制造业创新能力

完善以企业为主体、市场为导向、政产学研用相结合的制造业创新体系。围绕产业链部署创新链,围绕创新链配置资源链,加强关键核心技术攻关,加速科技成果产业化,提高关键环节和重点领域的创新能力。

加强关键核心技术研发。强化企业技术创新主体地位,支持企业提升创新能力,推进国家技术创新示范企业和企业技术中心建设,充分吸纳企业参与国家科技计划的决策和实施。瞄准国家重大战略需求和未来产业发展制高点,定期研究制定发布制造业重点领域技术创新路线图。继续抓紧实施国家科技重大专项,通过国家科技计划(专项、基金等)支持关键核心技术研发。发挥行业骨干企业的主导作用和高等院校、科研院所的基础作用,建立一批产业创新联盟,开展政产学研用协同创新,攻克一批对产业竞争力整体提升具有全局性影响、带动性强的关键共性技术,加快成果转化。

提高创新设计能力。在传统制造业、战略性新兴产业、现代服务业等重点领域开展创新设计示范,全面推广应用以绿色、智能、协同为特征的先进设计技术。加强设计领域共性关键技术研发,攻克信息化设计、过程集成设计、复杂过程和系统设计等共性技术,开发一批具有自主知识产权的关键设计工具软件,建设完善创新设计生态系统。建设若干具有世界影响力的创新设计集群,培育一批专业化、开放型的工业设计企业,鼓励代工企业建立研究设计中心,向代设计和出口自主品牌产品转变。发展各类创新设计教育,设立国家工业设计奖,激发全社会创新设计的积极性和主动性。

推进科技成果产业化。完善科技成果转化运行机制,研究制定促进科技成果转化和产业化的指导意见，建立完善科技成果信息发布和共享平台，健全以技术交易市场为核心的技术转移和产业化服务体系。完善科技成果转化激励机制，推动事业单位科技成果使用、处置和收益管理改革，健全科技成果科学评估和市场定价机制。完善科技成果转化协同推进机制，引导政产学研用按照市场规律和创新规律加强合作，鼓励企业和社会资本建立一批从事技术集成、熟化和工程化的中试基地。加快国防科技成果转化和产业化进程，推进军民技术双向转移转化。

完善国家制造业创新体系。加强顶层设计，加快建立以创新中心为核心载体、以公共服务平台和工程数据中心为重要支撑的制造业创新网络，建立市场化的创新方向选择机制和鼓励创新的风险分担、利益共享机制。充分利用现有科技资源，围绕制造业重大共性需求，采取政府与社会合作、政产学研用产业创新战略联盟等新机制新模式，形成一批制造业创新中心（工业技术研究基地），开展关键共性重大技术研究和产业化应用示范。建设一批促进制造业协同创新的公共服务平台，规范服务标准，开展技术研发、检验检测、技术评价、技术交易、质量认证、人才培训等专业化服务，促进科技成果转化和推广应用。建设重点领域制造业工程数据中心，为企业提供创新知识和工程数据的开放共享服务。面向制造业关键共性技术，建设一批重大科学研究和实验设施，提高核心企业系统集成能力，促进向价值链高端延伸。

---

**专栏1　制造业创新中心（工业技术研究基地）建设工程**

围绕重点行业转型升级和新一代信息技术、智能制造、增材制造、新材料、生物医药等领域创新发展的重大共性需求，形成一批制造业创新中心（工业技术研究基地），重点开展行业基础和共性关键技术研发、成果产业化、人才培训等工作。制定完善制造业创新中心遴选、考核、管理的标准和程序。

到2020年，重点形成15家左右制造业创新中心（工业技术研究基地），力争到2025年形成40家左右制造业创新中心（工业技术研究基地）。

---

加强标准体系建设。改革标准体系和标准化管理体制，组织实施制造

业标准化提升计划，在智能制造等重点领域开展综合标准化工作。发挥企业在标准制定中的重要作用，支持组建重点领域标准推进联盟，建设标准创新研究基地，协同推进产品研发与标准制定。制定满足市场和创新需要的团体标准，建立企业产品和服务标准自我声明公开和监督制度。鼓励和支持企业、科研院所、行业组织等参与国际标准制定，加快我国标准国际化进程。大力推动国防装备采用先进的民用标准，推动军用技术标准向民用领域的转化和应用。做好标准的宣传贯彻，大力推动标准实施。

强化知识产权运用。加强制造业重点领域关键核心技术知识产权储备，构建产业化导向的专利组合和战略布局。鼓励和支持企业运用知识产权参与市场竞争，培育一批具备知识产权综合实力的优势企业，支持组建知识产权联盟，推动市场主体开展知识产权协同运用。稳妥推进国防知识产权解密和市场化应用。建立健全知识产权评议机制，鼓励和支持行业骨干企业与专业机构在重点领域合作开展专利评估、收购、运营、风险预警与应对。构建知识产权综合运用公共服务平台。鼓励开展跨国知识产权许可。研究制定降低中小企业知识产权申请、保护及维权成本的政策措施。

## （二）推进信息化与工业化深度融合

加快推动新一代信息技术与制造技术融合发展，把智能制造作为两化深度融合的主攻方向；着力发展智能装备和智能产品，推进生产过程智能化，培育新型生产方式，全面提升企业研发、生产、管理和服务的智能化水平。

研究制定智能制造发展战略。编制智能制造发展规划，明确发展目标、重点任务和重大布局。加快制定智能制造技术标准，建立完善智能制造和两化融合管理标准体系。强化应用牵引，建立智能制造产业联盟，协同推动智能装备和产品研发、系统集成创新与产业化。促进工业互联网、云计算、大数据在企业研发设计、生产制造、经营管理、销售服务等全流程和全产业链的综合集成应用。加强智能制造工业控制系统网络安全保障能力建设，健全综合保障体系。

加快发展智能制造装备和产品。组织研发具有深度感知、智慧决策、自动执行功能的高档数控机床、工业机器人、增材制造装备等智能制造装备以及智能化生产线，突破新型传感器、智能测量仪表、工业控制系统、伺服电机及驱动器和减速器等智能核心装置，推进工程化和产业化。加快机械、航空、船舶、汽车、轻工、纺织、食品、电子等行业生产设备的智能化改造，提高精准制造、敏捷制造能力。统筹布局和推动智能交通工具、智能工程机械、服务机器人、智能家电、智能照明电器、可穿戴设备等产品研发和产业化。

推进制造过程智能化。在重点领域试点建设智能工厂/数字化车间，加快人机智能交互、工业机器人、智能物流管理、增材制造等技术和装备在生产过程中的应用，促进制造工艺的仿真优化、数字化控制、状态信息实时监测和自适应控制。加快产品全生命周期管理、客户关系管理、供应链管理系统的推广应用，促进集团管控、设计与制造、产供销一体、业务和财务衔接等关键环节集成，实现智能管控。加快民用爆炸物品、危险化学品、食品、印染、稀土、农药等重点行业智能检测监管体系建设，提高智能化水平。

---

**专栏2　智能制造工程**

紧密围绕重点制造领域关键环节，开展新一代信息技术与制造装备融合的集成创新和工程应用。支持政产学研用联合攻关，开发智能产品和自主可控的智能装置并实现产业化。依托优势企业，紧扣关键工序智能化、关键岗位机器人替代、生产过程智能优化控制、供应链优化，建设重点领域智能工厂/数字化车间。在基础条件好、需求迫切的重点地区、行业和企业中，分类实施流程制造、离散制造、智能装备和产品、新业态新模式、智能化管理、智能化服务等试点示范及应用推广。建立智能制造标准体系和信息安全保障系统，搭建智能制造网络系统平台。

到2020年，制造业重点领域智能化水平显著提升，试点示范项目运营成本降低30%，产品生产周期缩短30%，不良品率降低30%。到2025年，制造业重点领域全面实现智能化，试点示范项目运营成本降低50%，产品生产周期缩短50%，不良品率降低50%。

---

深化互联网在制造领域的应用。制定互联网与制造业融合发展的路线图，明确发展方向、目标和路径。发展基于互联网的个性化定制、众包设

计、云制造等新型制造模式，推动形成基于消费需求动态感知的研发、制造和产业组织方式。建立优势互补、合作共赢的开放型产业生态体系。加快开展物联网技术研发和应用示范，培育智能监测、远程诊断管理、全产业链追溯等工业互联网新应用。实施工业云及工业大数据创新应用试点，建设一批高质量的工业云服务和工业大数据平台，推动软件与服务、设计与制造资源、关键技术与标准的开放共享。

加强互联网基础设施建设。加强工业互联网基础设施建设规划与布局，建设低时延、高可靠、广覆盖的工业互联网。加快制造业集聚区光纤网、移动通信网和无线局域网的部署和建设，实现信息网络宽带升级，提高企业宽带接入能力。针对信息物理系统网络研发及应用需求，组织开发智能控制系统、工业应用软件、故障诊断软件和相关工具、传感和通信系统协议，实现人、设备与产品的实时联通、精确识别、有效交互与智能控制。

### （三）强化工业基础能力

核心基础零部件（元器件）、先进基础工艺、关键基础材料和产业技术基础（以下统称"四基"）等工业基础能力薄弱，是制约我国制造业创新发展和质量提升的症结所在。要坚持问题导向、产需结合、协同创新、重点突破的原则，着力破解制约重点产业发展的瓶颈。

统筹推进"四基"发展。制定工业强基实施方案，明确重点方向、主要目标和实施路径。制定工业"四基"发展指导目录，发布工业强基发展报告，组织实施工业强基工程。统筹军民两方面资源，开展军民两用技术联合攻关，支持军民技术相互有效利用，促进基础领域融合发展。强化基础领域标准、计量体系建设，加快实施对标达标，提升基础产品的质量、可靠性和寿命。建立多部门协调推进机制，引导各类要素向基础领域集聚。

加强"四基"创新能力建设。强化前瞻性基础研究，着力解决影响核心基础零部件（元器件）产品性能和稳定性的关键共性技术。建立基础工艺创新体系，利用现有资源建立关键共性基础工艺研究机构，开展先进成型、加工等关键制造工艺联合攻关；支持企业开展工艺创新，培养工艺专业人才。加大基础专用材料研发力度，提高专用材料自给保障能力和制备技术水平。建立国家工业基础数据库，加强企业试验检测数据和计量数据的采集、管理、应用和积累。加大对"四基"领域技术研发的支持力度，引导产业投资基金和创业投资基金投向"四基"领域重点项目。

推动整机企业和"四基"企业协同发展。注重需求侧激励，产用结合，协同攻关。依托国家科技计划（专项、基金等）和相关工程等，在数控机床、轨道交通装备、航空航天、发电设备等重点领域，引导整机企业和"四基"企业、高校、科研院所产需对接，建立产业联盟，形成协同创新、产用结合、以市场促基础产业发展的新模式，提升重大装备自主可控水平。开展工业强基示范应用，完善首台（套）、首批次政策，支持核心基础零部件（元器件）、先进基础工艺、关键基础材料推广应用。

### （四）加强质量品牌建设

提升质量控制技术，完善质量管理机制，夯实质量发展基础，优化质量发展环境，努力实现制造业质量大幅提升。鼓励企业追求卓越品质，形成具有自主知识产权的名牌产品，不断提升企业品牌价值和中国制造整体形象。

---

**专栏3　工业强基工程**

开展示范应用，建立奖励和风险补偿机制，支持核心基础零部件（元器件）、先进基础工艺、关键基础材料的首批次或跨领域应用。组织重点突破，针对重大工程和重点装备的关键技术和产品急需，支持优势企业开展政产学研用联合攻关，突破关键基础材料、核心基础零部件的工程化、产业化瓶颈。强化平台支撑，布局和组建一批"四基"研究中心，创建一批公共服务平台，完善重点产业技术基础体系。

到2020年，40%的核心基础零部件、关键基础材料实现自主保障，受制于人的局面逐步缓解，航天装备、通信装备、发电与输变电设备、工程机械、轨道交通装备、家用电器等产业急需的核心基础零部件（元器件）和关键基础材料的先进制造工艺得到推广应用。到2025年，70%的核心基础零部件、关键基础材料实现自主保障，80种标志性先进工艺得到推广应用，部分达到国际领先水平，建成较为完善的产业技术基础服务体系，逐步形成整机牵引和基础支撑协调互动的产业创新发展格局。

推广先进质量管理技术和方法。建设重点产品标准符合性认定平台，推动重点产品技术、安全标准全面达到国际先进水平。开展质量标杆和领先企业示范活动，普及卓越绩效、六西格玛、精益生产、质量诊断、质量持续改进等先进生产管理模式和方法。支持企业提高质量在线监测、在线控制和产品全生命周期质量追溯能力。组织开展重点行业工艺优化行动，提升关键工艺过程控制水平。开展质量管理小组、现场改进等群众性质量管理活动示范推广。加强中小企业质量管理，开展质量安全培训、诊断和辅导活动。

加快提升产品质量。实施工业产品质量提升行动计划，针对汽车、高档数控机床、轨道交通装备、大型成套技术装备、工程机械、特种设备、关键原材料、基础零部件、电子元器件等重点行业，组织攻克一批长期困扰产品质量提升的关键共性质量技术，加强可靠性设计、试验与验证技术开发应用，推广采用先进成型和加工方法、在线检测装置、智能化生产和物流系统及检测设备等，使重点实物产品的性能稳定性、质量可靠性、环境适应性、使用寿命等指标达到国际同类产品先进水平。在食品、药品、婴童用品、家电等领域实施覆盖产品全生命周期的质量管理、质量自我声明和质量追溯制度，保障重点消费品质量安全。大力提高国防装备质量可靠性，增强国防装备实战能力。

完善质量监管体系。健全产品质量标准体系、政策规划体系和质量管理法律法规。加强关系民生和安全等重点领域的行业准入与市场退出管理。建立消费品生产经营企业产品事故强制报告制度，健全质量信用信息收集和发布制度，强化企业质量主体责任。将质量违法违规记录作为企业诚信评级的重要内容，建立质量黑名单制度，加大对质量违法和假冒品牌行为的打击和惩处力度。建立区域和行业质量安全预警制度，防范化解产品质量安全风险。严格实施产品"三包"、产品召回等制度。强化监管检查和责任追究，切实保护消费者权益。

夯实质量发展基础。制定和实施与国际先进水平接轨的制造业质量、安全、卫生、环保及节能标准。加强计量科技基础及前沿技术研究，建立一批制造业发展急需的高准确度、高稳定性计量基标准，提升与制造业相关的国家量传溯源能力。加强国家产业计量测试中心建设，构建国家计量科技创新体系。完善检验检测技术保障体系，建设一批高水平的工业产品质量控制和技术评价实验室、产品质量监督检验中心，鼓励建立专业检测技术联盟。完善认证认可管理模式，提高强制性产品认证的有效性，推动自愿性产品认证健康发展，提升管理体系认证水平，稳步推进国际互认。支持行业组织发布自律规范或公约，开展质量信誉承诺活动。

推进制造业品牌建设。引导企业制定品牌管理体系，围绕研发创新、生产制造、质量管理和营销服务全过程，提升内在素质，夯实品牌发展基础。扶持一批品牌培育和运营专业服务机构，开展品牌管理咨询、市场推广等服务。健全集体商标、证明商标注册管理制度。打造一批特色鲜明、竞争力强、市场信誉好的产业集群区域品牌。建设品牌文化，引导企业增强以质量和信誉为核心的品牌意识，树立品牌消费理念，提升品牌附加值和软实力。加速我国品牌价值评价国际化进程，充分发挥各类媒体作用，加大中国品牌宣传推广力度，树立中国制造品牌良好形象。

### （五）全面推行绿色制造

加大先进节能环保技术、工艺和装备的研发力度，加快制造业绿色改造升级；积极推行低碳化、循环化和集约化，提高制造业资源利用效率；强化产品全生命周期绿色管理，努力构建高效、清洁、低碳、循环的绿色制造体系。

加快制造业绿色改造升级。全面推进钢铁、有色、化工、建材、轻工、印染等传统制造业绿色改造，大力研发推广余热余压回收、水循环利用、重金属污染减量化、有毒有害原料替代、废渣资源化、脱硫脱硝除尘等绿色工艺技术装备，加快应用清洁高效铸造、锻压、焊接、表面处理、切削等加工工艺，实现绿色生产。加强绿色产品研发应用，推广轻量化、低功耗、易回收等技术工艺，持续提升电机、锅炉、内燃机及电器等终端用能产品能效水平，加快淘汰落后机电产品和技术。积极引领新兴产业高起点绿色发展，大幅降低电子信息产品生产、使用能耗及限用物质含量，建设绿色数据中心和绿色基站，大力促进新材料、新能源、高端装备、生物产业绿色低碳发展。

推进资源高效循环利用。支持企业强化技术创新和管理，增强绿色精益制造能力，大幅降低能耗、物耗和水耗水平。持续提高绿色低碳能源使用比率，开展工业园区和企业分布式绿色智能微电网建设，控制和削减化石能源消费量。全面推行循环生产方式，促进企业、园区、行业间链接共生、原料互供、资源共享。推进资源再生利用产业规范化、规模化发展，强化技术装备支撑，提高大宗工业固体废弃物、废旧金属、废弃电器电子产品等综合利用水平。大力发展再制造产业，实施高端再制造、智能再制造、在役再制造，推进产品认定，促进再制造产业持续健康发展。

积极构建绿色制造体系。支持企业开发绿色产品，推行生态设计，显著提升产品节能环保低碳水平，引导绿色生产和绿色消费。建设绿色工厂，实现厂房集约化、原料无害化、生产洁净化、废物资源化、能源低碳化。发展绿色园区，推进工业园区产业耦合，实现近零排放。打造绿色供应链，加快建立以资源节约、环境友好为导向的采购、生产、营销、回收及物流体系，落实生产者责任延伸制度。壮大绿色企业，支持企业实施绿色战略、绿色标准、绿色管理和绿色生产。强化绿色监管，健全节能环保法规、标准体系，加强节能环保监察，推行企业社会责任报告制度，开展绿色评价。

> **专栏4 绿色制造工程**
>
> 组织实施传统制造业能效提升、清洁生产、节水治污、循环利用等专项技术改造。开展重大节能环保、资源综合利用、再制造、低碳技术产业化示范。实施重点区域、流域、行业清洁生产水平提升计划，扎实推进大气、水、土壤污染源头防治专项。制定绿色产品、绿色工厂、绿色园区、绿色企业标准体系，开展绿色评价。
>
> 到2020年，建成千家绿色示范工厂和百家绿色示范园区，部分重化工行业能源资源消耗出现拐点，重点行业主要污染物排放强度下降20%。到2025年，制造业绿色发展和主要产品单耗达到世界先进水平，绿色制造体系基本建立。

### （六）大力推动重点领域突破发展

瞄准新一代信息技术、高端装备、新材料、生物医药等战略重点，引导社会各类资源集聚，推动优势和战略产业快速发展。

#### 1. 新一代信息技术产业

集成电路及专用装备。着力提升集成电路设计水平，不断丰富知识产权（IP）核和设计工具，突破关系国家信息与网络安全及电子整机产业发展的核心通用芯片，提升国产芯片的应用适配能力。掌握高密度封装及三维（3D）微组装技术，提升封装产业和测试的自主发展能力。形成关键制造装备供货能力。

信息通信设备。掌握新型计算、高速互联、先进存储、体系化安全保障等核心技术，全面突破第五代移动通信（5G）技术、核心路由交换技术、超高速大容量智能光传输技术、"未来网络"核心技术和体系架构，积极推动量子计算、神经网络等发展。研发高端服务器、大容量存储、新型路由交换、新型智能终端、新一代基站、网络安全等设备，推动核心信息通信设备体系化发展与规模化应用。

操作系统及工业软件。开发安全领域操作系统等工业基础软件。突破智能设计与仿真及其工具、制造物联与服务、工业大数据处理等高端工业软件核心技术，开发自主可控的高端工业平台软件和重点领域应用软件，建立完善工业软件集成标准与安全测评体系。推进自主工业软件体系化发展和产业化应用。

2. 高档数控机床和机器人

高档数控机床。开发一批精密、高速、高效、柔性数控机床与基础制造装备及集成制造系统。加快高档数控机床、增材制造等前沿技术和装备的研发。以提升可靠性、精度保持性为重点，开发高档数控系统、伺服电机、轴承、光栅等主要功能部件及关键应用软件，加快实现产业化。加强用户工艺验证能力建设。

机器人。围绕汽车、机械、电子、危险品制造、国防军工、化工、轻工等工业机器人、特种机器人，以及医疗健康、家庭服务、教育娱乐等服务机器人应用需求，积极研发新产品，促进机器人标准化、模块化发展，扩大市场应用。突破机器人本体、减速器、伺服电机、控制器、传感器与驱动器等关键零部件及系统集成设计制造等技术瓶颈。

3. 航空航天装备

航空装备。加快大型飞机研制，适时启动宽体客机研制，鼓励国际合作研制重型直升机；推进干支线飞机、直升机、无人机和通用飞机产业化。突破高推重比、先进涡桨（轴）发动机及大涵道比涡扇发动机技术，建立发动机自主发展工业体系。开发先进机载设备及系统，形成自主完整的航空产业链。

航天装备。发展新一代运载火箭、重型运载器，提升进入空间能力。加快推进国家民用空间基础设施建设，发展新型卫星等空间平台与有效载荷、空天地宽带互联网系统，形成长期持续稳定的卫星遥感、通信、导航等空间信息服务能力。推动载人航天、月球探测工程，适度发展深空探测。推进航天技术转化与空间技术应用。

4. 海洋工程装备及高技术船舶

大力发展深海探测、资源开发利用、海上作业保障装备及其关键系统和专用设备。推动深海空间站、大型浮式结构物的开发和工程化。形成海洋工程装备综合试验、检测与鉴定能力，提高海洋开发利用水平。突破豪华邮轮设计建造技术，全面提升液化天然气船等高技术船舶国际竞争力，掌握重点配套设备集成化、智能化、模块化设计制造核心技术。

5. 先进轨道交通装备

加快新材料、新技术和新工艺的应用，重点突破体系化安全保障、节能环保、数字化智能化网络化技术，研制先进可靠适用的产品和轻量化、模块化、谱系化产品。研发新一代绿色智能、高速重载轨道交通装备系统，围绕系统全寿命周期，向用户提供整体解决方案，建立世界领先的现代轨道交通产业体系。

6. 节能与新能源汽车

继续支持电动汽车、燃料电池汽车发展，掌握汽车低碳化、信息化、智能化核心技术，提升动力电池、驱动电机、高效内燃机、先进变速器、轻量化材料、智能控制等核心技术的工程化和产业化能力，形成从关键零部件到整车的完整工业体系和创新体系，推动自主品牌节能与新能源汽车同国际先进水平接轨。

7. 电力装备

推动大型高效超净排放煤电机组产业化和示范应用，进一步提高超大容量水电机组、核电机组、重型燃气轮机制造水平。推进新能源和可再生能源装备、先进储能装置、智能电网用输变电及用户端设备发展。突破大功率电力电子器件、高温超导材料等关键元器件和材料的制造及应用技术，形成产业化能力。

### 8. 农机装备

重点发展粮、棉、油、糖等大宗粮食和战略性经济作物育、耕、种、管、收、运、贮等主要生产过程使用的先进农机装备，加快发展大型拖拉机及其复式作业机具、大型高效联合收割机等高端农业装备及关键核心零部件。提高农机装备信息收集、智能决策和精准作业能力，推进形成面向农业生产的信息化整体解决方案。

### 9. 新材料

以特种金属功能材料、高性能结构材料、功能性高分子材料、特种无机非金属材料和先进复合材料为发展重点，加快研发先进熔炼、凝固成型、气相沉积、型材加工、高效合成等新材料制备关键技术和装备，加强基础研究和体系建设，突破产业化制备瓶颈。积极发展军民共用特种新材料，加快技术双向转移转化，促进新材料产业军民融合发展。高度关注颠覆性新材料对传统材料的影响，做好超导材料、纳米材料、石墨烯、生物基材料等战略前沿材料提前布局和研制。加快基础材料升级换代。

---

**专栏5　高端装备创新工程**

组织实施大型飞机、航空发动机及燃气轮机、民用航天、智能绿色列车、节能与新能源汽车、海洋工程装备及高技术船舶、智能电网成套装备、高档数控机床、核电装备、高端诊疗设备等一批创新和产业化专项、重大工程。开发一批标志性、带动性强的重点产品和重大装备，提升自主设计水平和系统集成能力，突破共性关键技术与工程化、产业化瓶颈，组织开展应用试点和示范，提高创新发展能力和国际竞争力，抢占竞争制高点。

到2020年，上述领域实现自主研制及应用。到2025年，自主知识产权高端装备市场占有率大幅提升，核心技术对外依存度明显下降，基础配套能力显著增强，重要领域装备达到国际领先水平。

10. 生物医药及高性能医疗器械

发展针对重大疾病的化学药、中药、生物技术药物新产品,重点包括新机制和新靶点化学药、抗体药物、抗体偶联药物、全新结构蛋白及多肽药物、新型疫苗、临床优势突出的创新中药及个性化治疗药物。提高医疗器械的创新能力和产业化水平,重点发展影像设备、医用机器人等高性能诊疗设备,全降解血管支架等高值医用耗材,可穿戴、远程诊疗等移动医疗产品。实现生物3D打印、诱导多能干细胞等新技术的突破和应用。

## (七) 深入推进制造业结构调整

推动传统产业向中高端迈进,逐步化解过剩产能,促进大企业与中小企业协调发展,进一步优化制造业布局。

持续推进企业技术改造。明确支持战略性重大项目和高端装备实施技术改造的政策方向,稳定中央技术改造引导资金规模,通过贴息等方式,建立支持企业技术改造的长效机制。推动技术改造相关立法,强化激励约束机制,完善促进企业技术改造的政策体系。支持重点行业、高端产品、关键环节进行技术改造,引导企业采用先进适用技术,优化产品结构,全面提升设计、制造、工艺、管理水平,促进钢铁、石化、工程机械、轻工、纺织等产业向价值链高端发展。研究制定重点产业技术改造投资指南和重点项目导向计划,吸引社会资金参与,优化工业投资结构。围绕两化融合、节能降耗、质量提升、安全生产等传统领域改造,推广应用新技术、新工艺、新装备、新材料,提高企业生产技术水平和效益。

稳步化解产能过剩矛盾。加强和改善宏观调控,按照"消化一批、转移一批、整合一批、淘汰一批"的原则,分业分类施策,有效化解产能过剩矛盾。加强行业规范和准入管理,推动企业提升技术装备水平,优化存量产能。加强对产能严重过剩行业的动态监测分析,建立完善预警机制,引导企业主动退出过剩行业。切实发挥市场机制作用,综合运用法律、经济、技术及必要的行政手段,加快淘汰落后产能。

促进大中小企业协调发展。强化企业市场主体地位,支持企业间战略合作和跨行业、跨区域兼并重组,提高规模化、集约化经营水平,培育一批核心竞争力强的企业集团。激发中小企业创业创新活力,发展一批主营业务突出、竞争力强、成长性好、专注于细分市场的专业化"小巨人"企业。发挥中外中小企业合作园区示范作用，利用双边、多边中小企业合作机制，支持中小企业走出去和引进来。引导大企业与中小企业通过专业分工、服务外包、订单生产等多种方式，建立协同创新、合作共赢的协作关系。推动建设一批高水平的中小企业集群。

优化制造业发展布局。落实国家区域发展总体战略和主体功能区规划，综合考虑资源能源、环境容量、市场空间等因素，制定和实施重点行业布局规划，调整优化重大生产力布局。完善产业转移指导目录，建设国家产业转移信息服务平台，创建一批承接产业转移示范园区，引导产业合理有序转移，推动东中西部制造业协调发展。积极推动京津冀和长江经济带产业协同发展。按照新型工业化的要求，改造提升现有制造业集聚区，推动产业集聚向产业集群转型升级。建设一批特色和优势突出、产业链协同高效、核心竞争力强、公共服务体系健全的新型工业化示范基地。

### （八）积极发展服务型制造和生产性服务业

加快制造与服务的协同发展，推动商业模式创新和业态创新，促进生产型制造向服务型制造转变。大力发展与制造业紧密相关的生产性服务业，推动服务功能区和服务平台建设。

推动发展服务型制造。研究制定促进服务型制造发展的指导意见，实施服务型制造行动计划。开展试点示范，引导和支持制造业企业延伸服务链条，从主要提供产品制造向提供产品和服务转变。鼓励制造业企业增加服务环节投入，发展个性化定制服务、全生命周期管理、网络精准营销和在线支持服务等。支持有条件的企业由提供设备向提供系统集成总承包服务转变，由提供产品向提供整体解决方案转变。鼓励优势制造业企业"裂变"专业优势，通过业务流程再造，面向行业提供社会化、专业化服务。支持符合条件的制造业企业建立企业财务公司、金融租赁公司等金融机构，推广大型制造设备、生产线等融资租赁服务。

加快生产性服务业发展。大力发展面向制造业的信息技术服务，提高重点行业信息应用系统的方案设计、开发、综合集成能力。鼓励互联网等企业发展移动电子商务、在线定制、线上到线下等创新模式，积极发展对产品、市场的动态监控和预测预警等业务，实现与制造业企业的无缝对接，创新业务协作流程和价值创造模式。加快发展研发设计、技术转移、创业孵化、知识产权、科技咨询等科技服务业，发展壮大第三方物流、节能环保、检验检测认证、电子商务、服务外包、融资租赁、人力资源服务、售后服务、品牌建设等生产性服务业，提高对制造业转型升级的支撑能力。

强化服务功能区和公共服务平台建设。建设和提升生产性服务业功能区，重点发展研发设计、信息、物流、商务、金融等现代服务业，增强辐射能力。依托制造业集聚区，建设一批生产性服务业公共服务平台。鼓励东部地区企业加快制造业服务化转型，建立生产服务基地。支持中西部地区发展具有特色和竞争力的生产性服务业，加快产业转移承接地服务配套设施和能力建设，实现制造业和服务业协同发展。

### （九）提高制造业国际化发展水平

统筹利用两种资源、两个市场，实行更加极的开放战略，将引进来与走出去更好结合，拓展新的开放领域和空间，提升国际合作的水平和层次，推动重点产业国际化布局，引导企业提高国际竞争力。

提高利用外资与国际合作水平。进一步放开一般制造业，优化开放结构，提高开放水平。引导外资投向新一代信息技术、高端装备、新材料、生物医药等高端制造领域，鼓励境外企业和科研机构在我国设立全球研发机构。支持符合条件的企业在境外发行股票、债券，鼓励与境外企业开展多种形式的技术合作。

提升跨国经营能力和国际竞争力。支持发展一批跨国公司，通过全球资源利用、业务流程再造、产业链整合、资本市场运作等方式，加快提升核心竞争力。支持企业在境外开展并购和股权投资、创业投资，建立研发中心、实验基地和全球营销及服务体系；依托互联网开展网络协同设计、精准营销、增值服务创新、媒体品牌推广等，建立全球产业链体系，提高国际化经营能力和服务水平。鼓励优势企业加快发展国际总承包、总集成。引导企业融入当地文化，增强社会责任意识，加强投资和经营风险管理，提高企业境外本土化能力。

深化产业国际合作，加快企业走出去。加强顶层设计，制定制造业走出去发展总体战略，建立完善统筹协调机制。积极参与和推动国际产业合作，贯彻落实丝绸之路经济带和21世纪海上丝绸之路等重大战略部署，加快推进与周边国家互联互通基础设施建设，深化产业合作。发挥沿边开放优势，在有条件的国家和地区建设一批境外制造业合作园区。坚持政府推动、企业主导，创新商业模式，鼓励高端装备、先进技术、优势产能向境外转移。加强政策引导，推动产业合作由加工制造环节为主向合作研发、联合设计、市场营销、品牌培育等高端环节延伸，提高国际合作水平。创新加工贸易模式，延长加工贸易国内增值链条，推动加工贸易转型升级。

# 四　战略支撑与保障

建设制造强国，必须发挥制度优势，动员各方面力量，进一步深化改革，完善政策措施，建立灵活高效的实施机制，营造良好环境；必须培育创新文化和中国特色制造文化，推动制造业由大变强。

## （一）深化体制机制改革

全面推进依法行政，加快转变政府职能，创新政府管理方式，加强制造业发展战略、规划、政策、标准等制定和实施，强化行业自律和公共服务能力建设，提高产业治理水平。简政放权，深化行政审批制度改革，规范审批事项，简化程序，明确时限；适时修订政府核准的投资项目目录，落实企业投资主体地位。完善政产学研用协同创新机制，改革技术创新管理体制机制和项目经费分配、成果评价和转化机制，促进科技成果资本化、产业化，激发制造业创新活力。加快生产要素价格市场化改革，完善主要由市场决定价格的机制，合理配置公共资源；推行节能量、碳排放权、排污权、水权交易制度改革，加快资源税从价计征，推动环境保护费改税。深化国有企业改革，完善公司治理结构，有序发展混合所有制经济，进一步破除各种形式的行业垄断，取消对非公有制经济的不合理限制。稳步推进国防科技工业改革，推动军民融合深度发展。健全产业安全审查机制和法规体系，加强关系国民经济命脉和国家安全的制造业重要领域投融资、并购重组、招标采购等方面的安全审查。

## （二）营造公平竞争市场环境

深化市场准入制度改革，实施负面清单管理，加强事中事后监管，全面清理和废止不利于全国统一市场建设的政策措施。实施科学规范的行业准入制度，制定和完善制造业节能节地节水、环保、技术、安全等准入标准，加强对国家强制性标准实施的监督检查，统一执法，以市场化手段引导企业进行结构调整和转型升级。切实加强监管，打击制售假冒伪劣行为，严厉惩处市场垄断和不正当竞争行为，为企业创造良好生产经营环境。加快发展技术市场，健全知识产权创造、运用、管理、保护机制。完善淘汰落后产能工作涉及的职工安置、债务清偿、企业转产等政策措施，健全市场退出机制。进一步减轻企业负担，实施涉企收费清单制度，建立全国涉企收费项目库，取缔各种不合理收费和摊派，加强监督检查和问责。推进制造业企业信用体系建设，建设中国制造信用数据库，建立健全企业信用动态评价、守信激励和失信惩戒机制。强化企业社会责任建设，推行企业产品标准、质量、安全自我声明和监督制度。

## （三）完善金融扶持政策

深化金融领域改革，拓宽制造业融资渠道，降低融资成本。积极发挥政策性金融、开发性金融和商业金融的优势，加大对新一代信息技术、高端装备、新材料等重点领域的支持力度。支持中国进出口银行在业务范围内加大对制造业走出去的服务力度，鼓励国家开发银行增加对制造业企业的贷款投放，引导金融机构创新符合制造业企业特点的产品和业务。健全多层次资本市场，推动区域性股权市场规范发展，支持符合条件的制造业企业在境内外上市融资、发行各类债务融资工具。引导风险投资、私募股权投资等支持制造业企业创新发展。鼓励符合条件的制造业贷款和租赁资产开展证券化试点。支持重点领域大型制造业企业集团开展产融结合试点，通过融资租赁方式促进制造业转型升级。探索开发适合制造业发展的保险产品和服务，鼓励发展贷款保证保险和信用保险业务。在风险可控和商业可持续的前提下，通过内保外贷、外汇及人民币贷款、债权融资、股权融资等方式，加大对制造业企业在境外开展资源勘探开发、设立研发中心和高技术企业以及收购兼并等的支持力度。

## （四）加大财税政策支持力度

充分利用现有渠道，加强财政资金对制造业的支持，重点投向智能制造、"四基"发展、高端装备等制造业转型升级的关键领域，为制造业发展创造良好政策环境。运用政府和社会资本合作（PPP）模式，引导社会资本参与制造业重大项目建设、企业技术改造和关键基础设施建设。创新财政资金支持方式，逐步从"补建设"向"补运营"转变，提高财政资金使用效益。深化科技计划（专项、基金等）管理改革，支持制造业重点领域科技研发和示范应用，促进制造业技术创新、转型升级和结构布局调整。完善和落实支持创新的政府采购政策，推动制造业创新产品的研发和规模化应用。落实和完善使用首台（套）重大技术装备等鼓励政策，健全研制、使用单位在产品创新、增值服务和示范应用等环节的激励约束机制。实施有利于制造业转型升级的税收政策，推进增值税改革，完善企业研发费用计核方法，切实减轻制造业企业税收负担。

## （五）健全多层次人才培养体系

加强制造业人才发展统筹规划和分类指导，组织实施制造业人才培养计划，加大专业技术人才、经营管理人才和技能人才的培养力度，完善从研发、转化、生产到管理的人才培养体系。以提高现代经营管理水平和企业竞争力为核心，实施企业经营管理人才素质提升工程和国家中小企业银河培训工程，培养造就一批优秀企业家和高水平经营管理人才。以高层次、急需紧缺专业技术人才和创新型人才为重点，实施专业技术人才知识更新工程和先进制造卓越工程师培养计划，在高等学校建设一批工程创新训练中心，打造高素质专业技术人才队伍。强化职业教育和技能培训，引导一批普通本科高等学校向应用技术类高等学校转型，建立一批实训基地，开展现代学徒制试点示范，形成一支门类齐全、技艺精湛的技术技能人才队伍。鼓励企业与学校合作，培养制造业急需的科研人员、技术技能人才与复合型人才，深化相关领域工程博士、硕士专业学位研究生招生和培养模式改革，积极推进产学研结合。加强产业人才需求预测，完善各类人才信息库，构建产业人才水平评价制度和信息发布平台。建立人才激励机制，加大对优秀人才的表彰和奖励力度。建立完善制造业人才服务机构，健全人才流动和使用的体制机制。采取多种形式选拔各类优秀人才重点是专业技术人才到国外学习培训，探索建立国际培训基地。加大制造业引智力度，引进领军人才和紧缺人才。

### （六）完善中小微企业政策

落实和完善支持小微企业发展的财税优惠政策，优化中小企业发展专项资金使用重点和方式。发挥财政资金杠杆撬动作用，吸引社会资本，加快设立国家中小企业发展基金。支持符合条件的民营资本依法设立中小型银行等金融机构，鼓励商业银行加大小微企业金融服务专营机构建设力度，建立完善小微企业融资担保体系，创新产品和服务。加快构建中小微企业征信体系，积极发展面向小微企业的融资租赁、知识产权质押贷款、信用保险保单质押贷款等。建设完善中小企业创业基地，引导各类创业投资基金投资小微企业。鼓励大学、科研院所、工程中心等对中小企业开放共享各种实（试）验设施。加强中小微企业综合服务体系建设，完善中小微企业公共服务平台网络，建立信息互联互通机制，为中小微企业提供创业、创新、融资、咨询、培训、人才等专业化服务。

### （七）进一步扩大制造业对外开放

深化外商投资管理体制改革，建立外商投资准入前国民待遇加负面清单管理机制，落实备案为主、核准为辅的管理模式，营造稳定、透明、可预期的营商环境。全面深化外汇管理、海关监管、检验检疫管理改革，提高贸易投资便利化水平。进一步放宽市场准入，修订钢铁、化工、船舶等产业政策，支持制造业企业通过委托开发、专利授权、众包众创等方式引进先进技术和高端人才，推动利用外资由重点引进技术、资金、设备向合资合作开发、对外并购及引进领军人才转变。加强对外投资立法，强化制造业企业走出去法律保障，规范企业境外经营行为，维护企业合法权益。探索利用产业基金、国有资本收益等渠道支持高铁、电力装备、汽车、工程施工等装备和优势产能走出去，实施海外投资并购。加快制造业走出去支撑服务机构建设和水平提升，建立制造业对外投资公共服务平台和出口产品技术性贸易服务平台，完善应对贸易摩擦和境外投资重大事项预警协调机制。

## （八）健全组织实施机制

成立国家制造强国建设领导小组，由国务院领导同志担任组长，成员由国务院相关部门和单位负责同志担任。领导小组主要职责是：统筹协调制造强国建设全局性工作，审议重大规划、重大政策、重大工程专项、重大问题和重要工作安排，加强战略谋划，指导部门、地方开展工作。领导小组办公室设在工业和信息化部，承担领导小组日常工作。设立制造强国建设战略咨询委员会，研究制造业发展的前瞻性、战略性重大问题，对制造业重大决策提供咨询评估。支持包括社会智库、企业智库在内的多层次、多领域、多形态的中国特色新型智库建设，为制造强国建设提供强大智力支持。建立《中国制造2025》任务落实情况督促检查和第三方评价机制，完善统计监测、绩效评估、动态调整和监督考核机制。建立《中国制造2025》中期评估机制，适时对目标任务进行必要调整。

各地区、各部门要充分认识建设制造强国的重大意义，加强组织领导，健全工作机制，强化部门协同和上下联动。各地区要结合当地实际，研究制定具体实施方案，细化政策措施，确保各项任务落实到位。工业和信息化部要会同相关部门加强跟踪分析和督促指导，重大事项及时向国务院报告。

# 附录 2
# 国务院关于深化制造业与互联网融合发展的指导意见

国发〔2016〕28 号

各省、自治区、直辖市人民政府、国务院各部委、各直属机构：

制造业是国民经济的主体，是实施"互联网＋"行动的主战场。我国是制造业大国，也是互联网大国，推动制造业与互联网融合，有利于形成叠加效应、聚合效应、倍增效应，加快新旧发展动能和生产体系转换，前景广阔、潜力巨大。当前，我国制造业与互联网融合步伐不断加快，在激发"双创"活力、培育新模式新业态、推进供给侧结构性改革等方面已初显成效，但仍存在平台支撑不足、核心技术薄弱、应用水平不高、安全保障有待加强、体制机制亟需完善等问题。为进一步深化制造业与互联网融合发展，协同推进"中国制造 2025"和"互联网＋"行动，加快制造强国建设，现提出以下意见。

## 一　总体要求

（一）指导思想。全面贯彻党的十八大和十八届三中、四中、五中全会精神，按照国务院决策部署，牢固树立和贯彻落实创新、协调、绿色、开放、共享的发展理念，以激发制造企业创新活力、发展潜力和转型动力为主线，以建设制造业与互联网融合"双创"平台为抓手，围绕制造业与互联网融合关键环节，积极培育新模式新业态，强化信息技术产业支撑，完善信息安全保障，夯实融合发展基础，营造融合发展新生态，充分释放"互联网＋"的力量，改造提升传统动能，培育新的经济增长点，发展新经济，加快推动"中国制造"提质增效升级，实现从工业大国向工业强国迈进。

（二）基本原则。

坚持创新驱动，激发转型新动能。积极搭建支撑制造业转型升级的各类互联网平台，充分汇聚整合制造企业、互联网企业等"双创"力量和资源，带动技术产品、组织管理、经营机制、销售理念和模式等创新，提高供给质量和效率，激发制造业转型升级新动能。

坚持融合发展，催生制造新模式。促进技术融合与理念融合相统一，推动制造企业与互联网企业在发展理念、产业体系、生产模式、业务模式等方面全面融合，发挥互联网聚集优化各类要素资源的优势，构建开放式生产组织体系，大力发展个性化定制、服务型制造等新模式。

坚持分业施策，培育竞争新优势。深刻把握互联网技术在不同行业、环节的扩散规律和融合方式，针对不同行业、企业融合发展的基础和水平差异，完善融合推进机制和政策体系，培育制造业竞争新优势。

坚持企业主体，构筑发展新环境。充分发挥市场机制作用，更好发挥政府引导作用，突出企业主体地位，优化政府服务，妥善处理鼓励创新与加强监管、全面推进与错位发展、加快发展与保障安全的关系，形成公平有序的融合发展新环境。

（三）主要目标。

到2018年底，制造业重点行业骨干企业互联网"双创"平台普及率达到80%，相比2015年底，工业云企业用户翻一番，新产品研发周期缩短12%，库存周转率提高25%，能源利用率提高5%。制造业互联网"双创"平台成为促进制造业转型升级的新动能来源，形成一批示范引领效应较强的制造新模式，初步形成跨界融合的制造业新生态，制造业数字化、网络化、智能化取得明显进展，成为巩固我国制造业大国地位、加快向制造强国迈进的核心驱动力。

到2025年，制造业与互联网融合发展迈上新台阶，融合"双创"体系基本完备，融合发展新模式广泛普及，新型制造体系基本形成，制造业综合竞争实力大幅提升。

## 二　主要任务

（四）打造制造企业互联网"双创"平台。组织实施制造企业互联网"双创"平台建设工程，支持制造企业建设基于互联网的"双创"平台，深化工业云、大数据等技术的集成应用，汇聚众智，加快构建新型研发、生产、管理和服务模式，促进技术产品创新和经营管理优化，提升企业整体创新能力和水平。鼓励大型制造企业开放"双创"平台聚集的各类资源，加强与各类创业创新基地、众创空间合作，为全社会提供专业化服务，建立资源富集、创新活跃、高效协同的"双创"新生态。深化国有企业改革和科技体制改革，推动产学研"双创"资源的深度整合和开放共享，支持制造企业联合科研院所、高等院校以及各类创新平台，加快构建支持协同研发和技术扩散的"双创"体系。

（五）推动互联网企业构建制造业"双创"服务体系。组织实施"双创"服务平台支撑能力提升工程，支持大型互联网企业、基础电信企业建设面向制造企业特别是中小企业的"双创"服务平台，鼓励基础电信企业加大对"双创"基地宽带网络基础设施建设的支持力度，进一步提速降费，完善制造业"双创"服务体系，营造大中小企业合作共赢的"双创"新环境，开创大中小企业联合创新创业的新局面。鼓励地方依托国家新型工业化产业示范基地、国家级经济技术开发区、国家高新技术产业开发区等产业集聚区，加快完善人才、资本等政策环境，充分运用互联网，积极发展创客空间、创新工场、开源社区等新新型众创空间，结合"双创"示范基地建设，培育一批支持制造业发展的"双创"示范基地。组织实施企业管理能力提升工程，加快信息化和工业化融合管理体系标准制定和应用推广，推动业务流程再造和组织方式变革，建立组织管理新模式。

（六）支持制造企业与互联网企业跨界融合。鼓励制造企业与互联网企业合资合作培育新的经营主体，建立适应融合发展的技术体系、标准规范、商业模式和竞争规则，形成优势互补、合作共赢的融合发展格局。推动中小企业制造资源与互联网平台全面对接，实现制造能力的在线发布、协同和交易，积极发展面向制造环节的分享经济，打破企业界限，共享技术、设备和服务，提升中小企业快速响应利柔性高效的供给能力。支持制造企业与电子商务企业开展战略投资、品牌培育、网上销售、物流配送等领域合作，整合线上线下交易资源，拓展销售渠道，打造制造、营销、物流等高效协同的生产流通一体化新生态。

（七）培育制造业与互联网融合新模式。面向生产制造全过程、全产业链、产品全生命周划，实施智能制造等重大工程，支持企业深化质量管理与互联网的融合，推动在线计量、在线检测等全产业链质量控制，人力发展网络化协同制造等新生产模式。支持企业利用互联网采集并对接用户个性化需求，开展基于个性化产品的研发、生产、服务和商业模式创新，促进供给与需求精准匹配。推动企业运用互联网开展在线增值服务，鼓励发展面向智能产品和智能装备的产品全生命周期管理和服务，拓展产品价值空间，实现从制造向"制造+服务"转型升级。积极培育工业电子商务等新业态，支持重点行业骨干企业建立行业在线采购、销售、服务平台，推动建设一批第三方电子商务服务平台。

（八）强化融合发展基础支撑。推动实施国家重点研发计划，强化制造业自动化、数字化、智能化基础技术和产业支撑能力，加快构筑自动控制与感知、工业云与智能服务平台、工业互联网等制造新基础。组织实施"芯火"计划和传感器产业提升工程，加快传感器、过程控制芯片、可编程逻辑控制器等产业化。加快计算机辅助设计仿真、制造执行系统、产品全生命周期管理等工业软件产业化，强化软件支撑和定义制造业的基础性作用。构建信息物理系统参考模型和综合技术标准体系，建设测试验证平台和综合验证试验床，支持开展兼容适配、互联互通和互操作测试验证。

（九）提升融合发展系统解决方案能力。实施融合发展系统解决方案能力提升工程，推动工业产品互联互通的标识解析、数据交换、通信协议等技术攻关和标准研制，面向重点行业智能制造单元、智能生产线、智能车间、智能工厂建设，培育一批系统解决方案供应商，组织开展行业系统解决方案应用试点示范，为中小企业提供标准化、专业化的系统解决方案。支持有条件的企业开展系统解决方案业务剥离重组，推动系统解决方案服务专业化、规模化和市场化，充分发挥系统解决方案促进制造业与互联网融合发展的"粘合剂"作用。

（十）提高工业信息系统安全水平。实施工业控制系统安全保障能力提升工程，制定完善工业信息安全管理等政策法规，健全工业信息安全标准体系,建立工业控制系统安全风险信息采集汇总和分析通报机制,组织开展重点行业工业控制系统信息安全检查和风险评估。组织开展工业企业信息安全保障试点示范,支持系统仿真测试、评估验证等关键共性技术平台建设,推动访问控制、追踪溯源、商业信息及隐私保护等核心技术产品产业化。以提升工业信息安全监测、评估、验证和应急处置等能力为重点,依托现有科研机构,建设国家工业信息安全保障中心,为制造业与互联网融合发展提供安全支撑。

## 三　保障措施

（十一）完善融合发展体制机制。深入推进简政放权、放管结合、优化服务改革,放宽新产品、新业态的市场准入限制,加强事中事后监管,提升为企业服务的能力和水平,营造有利于制造业与互联网融合发展的环境。适应制造业与互联网跨界融合发展趋势,积极发挥行业协会和中介组织的桥梁纽带作用,鼓励建立跨行业、跨领域的新型产学研用联盟,开展关键共性技术攻关、融合标准制定和公共服务平台建设。围绕新商业模式知识产权保护需求,完善相关政策法规,建设结构合理、层次分明、可持续发展的知识产权运营服务网络。

（十二）培育国有企业融合发展机制。鼓励中央企业设立创新投资基金,引导地方产业投资基金和社会资本,支持大企业互联网"双创"平台建设、创新创意孵化、科技成果转化和新兴产业培育。建立有利于国有企业与互联网深度融合、激发企业活力、积极开展"双创"的机制,完善国有企业内部创新组织体系和运行机制,探索引入有限合伙制,完善鼓励创新、宽容失败的经营业绩考核机制,研究建立中央企业创新能力评价制度,建立促进创新成果转让的收益分配、工资奖励等制度,对企业重要技术人员和经营管理人员实施股权和分红激励政策。

（十三）加大财政支持融合发展力度。利用中央财政现有资金渠道,鼓励地方设立融合发展专项资金,加大对制造业与互联网融合发展关键环节和重点领域的投入力度,为符合条件的企业实施设备智能化改造、"双创"平台建设运营和应用试点示范项目提供支持。充分发挥现有相关专项资金、基金的引导带动作用，支持系统解决方案能力提升和制造业"双创"公共服务平台建设。制造业与互联网融合发展相关工作或工程中涉及技术研发、确需中央财政支持的，通过优化整合后的科技计划（专项、基金等）统筹予以支持。创新财政资金支持方式，鼓励政府采购云计算等专业化第三方服务，支持中小微企业提升信息化能力。

（十四）完善支持融合发展的税收和金融政策。结合全面推开营改增试点，进一步扩大制造企业增值税抵扣范围，落实增值税优惠政策，支持制造企业基于互联网独立开展或与互联网企业合资合作开展新业务。落实研发费用加计扣除、高新技术企业等所得税优惠政策，积极研究完善科技企业孵化器税收政策。选择一批重点城市和重点企业开展产融合作试点，支持开展信用贷款、融资租赁、质押担保等金融产品和服务创新。鼓励金融机构利用"双创"平台提供结算、融资、理财、咨询等一站式系统化金融服务，进一步推广知识产权质押，创新担保方式，积极探索多样化的信贷风险分担机制。

（十五）强化融合发展用地用房等服务。支持制造企业在不改变用地主体和规划条件的前提下，利用存量房产、土地资源发展制造业与互联网融合的新业务、新业态，实行5年过渡期内保持土地原用途和权利类型不变的政策。鼓励有条件的地方因地制宜出台支持政策，积极盘活闲置的工业厂房、企业库房和物流设施等资源，并对办公用房、水电、网络等费用给予补助，为致力于制造业与互联网融合发展的创业者提供低成本、高效便捷的专业服务。

（十六）健全融合发展人才培养体系。深化人才体制机制改革，完善激励创新的股权、期权等风险共担和收益分享机制，吸引具备创新能力的跨界人才，营造有利于融合发展优秀人才脱颖而出的良好环境。支持高校设置"互联网+"等相关专业，推进高等院校专业学位建设，加强高层次应用型专门人才培养。在重点院校、大型企业和产业园区建设一批产学研用相结合的专业人才培训基地，积极开展企业新型学徒制试点。结合国家专业技术人才知识更新工程、企业经营管理人才素质提升工程、高技能人才振兴计划等，加强融合发展职业人才和高端人才培养。在大中型企业推广首席信息官制度，壮大互联网应用人才队伍。

（十七）推动融合发展国际合作交流。积极发起或参与互联网领域多双边或区域性规则谈判，提升影响力和话语权。推动建立中外政府和民间对话交流机制,围绕大型制造企业互联网"双创"平台建设、融合发展标准制定以及应用示范等,开展技术交流与合作。结合实施"一带一路"等国家重大战略,运用丝路基金、中非发展基金、中非产能合作基金等金融资源,支持行业协会、产业联盟与企业共同推广中国制造业与互联网融合发展的产品、技术、标准和服务,推动制造业与互联网融合全链条"走出去",拓展海外市场;提升"引进来"的能力和水平,利用全球人才、技术、知识产权等创新资源,学习国际先进经营管理模式,支持和促进我国制造业与互联网融合发展。

各地区、各部门要高度重视深化制造业与互联网融合发展工作,统一思想,提高认识,加大工作力度,切实抓好本意见实施。国家制造强国建设领导小组要统筹研究完善制造业与互联网融合发展推进机制,加强对重大问题、重大政策和重大工程的综合协调,部署开展督导检查,推动各项任务落实。各有关部门要按照职责分工,加强协同配合,做好指导协调,抓紧出台配套政策,完善相关规章制度,强化跟踪督查,及时帮助有关方面解决遇到的困难和问题。国家制造强国建设战略咨询委员会要充分发挥作用,组织开展基础性、前瞻性、战略性研究,为重大决策及相关工程实施提供咨询。各地区要结合实际建立健全工作机制,制定具体实施方案,加强考核评估,确保融合发展各项任务落到实处。

国务院
2016 年 5 月 13 日

# 参考文献

## 著作类

[1] [美] 埃兹拉·沃格尔：《日本名列第 1：对美国的教训》，世界知识出版社 1980 年版。

[2] [英] 彼得·马什：《新工业革命》，赛迪研究院专家组译，中信出版社 2013 年版。

[3] [美] 保罗·肯尼迪：《大国的兴衰》，蒋葆英译，中国经济出版社 1989 年版。

[4] [德] 德国科技创新态势分析报告课题组：《德国科技创新态势分析报告》，科学出版社 2014 年版。

[5] [美] 恩格尔曼、高尔曼：《剑桥美国经济史（第二卷）：漫长的 19 世纪》，高德步等译，中国人民大学出版社 2008 年版。

[6] [美] 福克纳：《美国经济史（上卷）》，王锟译，商务印书馆 1989 年版。

[7] [德] 弗里德里希·李斯特：《政治经济学的国民体系》，商务印书馆 1961 年版。

[8] [英] 霍布斯：《利维坦》，黎思复等译，商务印书馆 1985 年版。

[9] [德] 汉斯—乌尔里希·韦勒：《德意志帝国 1871—1918》，青海人民出版社 2009 年版。

[10] [美] 加布里埃尔·A.阿尔蒙德、西德尼·维伯：《公民文化——五个国家的政治态度和民主制》，徐湘林译，华夏出版社 1989 年版。

[11] [美] 杰里米·里夫金：《零边际成本社会》，中信出版社 2014 年版。

[12] [英] 科尔曼：《1450—1750 年英国经济》，牛津大学出版社 1977

年版。

[13]［德］克劳斯·费舍尔：《德国反犹史》，江苏人民出版社2007年版。

[14]［英］肯尼思·摩根：《牛津英国史》，王觉非等译，商务印书馆1993年版。

[15]［美］科佩尔·S. 平森：《德国近现代史》，商务印书馆1987年版。

[16]［英］罗伯特·艾伦：《近代英国工业革命揭秘：放眼全球的深度透视》，毛立坤译，浙江大学出版社2012年版。

[17]［美］罗伯特·希勒：《非理性繁荣》，廖理等译，中国人民大学出版社2004年版。

[18]［美］拉菲伯、波伦堡、沃洛奇：《美国世纪：一个超级大国的崛起与兴盛》，黄磷译，海南出版社2008年版。

[19]［苏］列宁：《列宁选集》（第2卷），人民出版社1972年版。

[20]［苏］列宁：《列宁全集》（第22卷），人民出版社1963年版。

[21]［苏］列宁：《列宁文稿》（第3卷），人民出版社1978年版。

[22]［法］卢梭：《社会契约论》，何兆武译，商务印书馆2003年版。

[23]［美］拉塞尔·M. 林登：《无缝隙政府：公共部门再造指南》，汪大海等译，中国人民大学出版社2002年版。

[24]［美］诺斯：《1790至1860年的美国经济增长》，普伦蒂斯－霍尔出版社1961年版。

[25]［美］美国农业部编：《美国农业年鉴》，1962年。

[26]［德］马克思、恩格斯：《马克思恩格斯选集》（第1卷），人民出版社1972年版。

[27]［德］马克思、恩格斯：《马克思恩格斯全集》（第19卷），人民出版社1973年版。

[28]［德］马克思、恩格斯：《马克思恩格斯全集》（第34卷），人民出版社1973年版。

[29]［美］马克·波斯特：《互联网怎么了?》，河南大学出版社2010年版。

[30]［美］迈克尔·波特：《竞争优势》，陈小悦译，华夏出版社1997年版。

[31]［美］莫伊塞斯·纳伊姆：《权力的终结》，王吉美等译，中信出版社2013年版。

[32] [英] 斯密:《国富论》,唐日松等译,华夏出版社 2009 年版。

[33] [德] 威尔弗里德·费尔顿克辛:《西门子传——从手工作坊到跨国公司》,华夏出版社 2000 年版。

[34] [德] 乌尔里希·森德勒:《工业 4.0:即将来袭的第四次工业革命》,机械工业出版社 2014 年版。

[35] [英] 维克托·迈尔—舍恩伯格、肯尼思·库克耶:《大数据时代》,盛杨燕等译,浙江人民出版社 2013 年版。

[36] [苏] 叶菲莫夫:《美国史纲》,三联书店 1962 年版。

[37] [印] 阿玛蒂亚·森:《以自由看待发展》,任赜等译,中国人民大学出版社 2013 年版。

[38] 蔡玳燕:《永恒的经典:德国汽车文化掠影》,机械工业出版社 2008 年版。

[39] 陈潭等:《大数据时代的国家治理》,中国社会科学出版社 2015 年版。

[40] 陈紫华:《一个岛国的崛起:英国产业革命》,西南师范大学出版社 1992 年版。

[41] 丁建弘:《德国通史》,上海社会科学出版社 2007 年版。

[42] 龚荒主编:《企业战略管理》,中国矿业大学出版社 2009 年版。

[43] 黄安年:《美国的崛起:17—19 世纪的美国》,中国社会科学出版社 1992 年版。

[44] 韩和元:《全球大趋势 2:被债务挟持的世界经济》,中华工商联合出版社 2012 年版。

[45] 韩和元:《我们没有阿凡达:中国软实力危机》,中国发展出版社 2011 年版。

[46] 韩和元:《下一轮经济危机 2:中国凭什么幸免于难》,北京大学出版社 2013 年版。

[47] 韩和元:《中国经济将重蹈日本覆辙?》,中国商业出版社 2010 年版。

[48] 姜德昌、夏景才:《资本主义现代化比较研究》,吉林人民出版社 1989 年版。

[49] 刘绪贻:《美国通识(第 6 卷):战后美国史》,人民出版社 2002 年版。

[50] 毛光烈:《物联网的机遇与利用》,中信出版社 2014 年版。

[51] 孙炳辉、郑寅达：《德国史纲》，华东师范大学出版社 1995 年版。
[52] 王喜文：《"工业 4.0"：最后一次工业革命》，电子工业出版社 2015 年版。
[53] 于建嵘：《访法札记》，四川人民出版社 2015 年版。
[54] 央视大型纪录片《互联网时代》主创团队：《互联网时代》，北京联合出版公司 2015 年版。
[55] 杨正洪：《智慧城市：大数据、物联网和云计算之应用》，清华大学出版社 2014 年版。
[56] 周洪宇、鲍成中：《大时代：震撼世界的第三次工业革命》，人民出版社 2014 年版。
[57] 张万合：《蒸汽机打出的天下：英国工业革命》，长春出版社 1995 年版。
[58] 张友伦、林静芳、白凤兰：《美国工业革命》，天津人民出版社 1981 年版。
[59] 郑寅达：《德国史》，人民出版社 2015 年版。

## 论文类

[1] ［俄］格·阿·捷波林、古·费·查斯塔温科、波·谢·帖尔普霍夫斯基：《论德国军国主义在两次世界大战中失败的原因》，《历史教学》1959 年第 5 期。
[2] Thomas Biedenbach and Anders Soderholm：《超级竞争行业组织变革的挑战：文献综述》，《管理世界》2010 年第 12 期。
[3] ［法］托马斯·麦克劳：《创新的先知》，《中国改革》2010 年第 7 期。
[4] 安小米：《现代国家治理的云端思维——信息治理能力与政府转型的多重挑战》，《人民论坛·学术前沿》2015 年 1 月（下）。
[5] 蔡昉等：《工业竞争力与比较优势——WTO 框架下提高我国工业竞争力的方向》，《管理世界》2003 年第 2 期。
[6] 蔡立英：《自助诊断》，《世界科学》2015 年第 9 期。
[7] 崔娜：《企业组织结构进化研究》，硕士学位论文，暨南大学，2013 年。
[8] 曹云平：《服务型政府视角下我国县级政府回应研究——以昆山市政

府回应实践为例》，硕士学位论文，苏州大学，2008 年。

[9] 常杉：《工业 4.0：智能化工厂与生产》，《化工管理》2013 年第 3 期。

[10] 陈文科：《中国制造业现状与国际竞争力分析》，《对外经贸》2013 年第 7 期。

[11] 杜春峰：《论企业柔性管理》，《平顶山学院学报》2007 年第 2 期。

[12] 杜品圣：《智能工厂——德国推进工业 4.0 战略的第一步（上）》，《自动化博览》2014 年第 1 期。

[13] 戴志先：《十九世纪的美国工业革命》，《湖南师范学院学报》（哲学社会科学版）1981 年第 1 期。

[14] 方世南：《公共管理与政府十大管理理念的转换》，《管理世界》2002 年第 9 期。

[15] 韩和元：《"撒切尔夫人主义"拯救了英国》，《支点》2013 年第 5 期。

[16] 韩和元：《土地制度与经济兴衰的逻辑》，《支点》2013 年第 7 期。

[17] 胡佳：《工业机器人路径规划和轨迹规划的多目标优化》，硕士学位论文，东南大学，2009 年。

[18] 花燕峰、张龙革：《3D 打印技术在教育中的应用研究》，《中小学教育》2014 年第 6 期。

[19] 何志武：《打开决策"黑箱"：大众媒介参与公共政策转化的核心环节》，《新闻大学》2008 年第 1 期。

[20] 蒋峦等：《组织柔性结构的演进及其演进的理论诠释》，《中国软科学》2005 年第 3 期。

[21] 江奇：《德国职业教育校企合作机制研究》，博士学位论文，陕西师范大学，2014 年。

[22] 李爱萍、王晓宇：《终身教育理念的新解读：多学科的视角》，《现代大学教育》2008 年第 2 期。

[23] 李德芳、索寒生：《加快智能工厂进程，促进生态文明建设》，《化工学报》2014 年第 2 期。

[24] 李富森：《试论德国成为第二次工业革命中心之原因》，《沧州师范学院学报》2013 年第 3 期。

[25] 梁健航：《欧派"大家居"定制革命》，《新营销》2014 年第 9 期。

[26] 罗俊海、肖志辉、仲昌平：《信息物理系统的发展趋势分析》，《电信

科学》2012 年第 2 期。

[27] 林俊劭：《破解全球通讯新龙头——华为的秘密》，《商业周刊》2013 年第 1349 期。

[28] 李嘉曾：《以"学生为中心"教育理念的理论意义与实践启示》，《中国大学教学》2008 年第 4 期。

[29] 刘利军、关晓吉：《东方电子公司的 BPR 探索》，《山东工商学院学报》2004 年第 3 期。

[30] 李青、王青：《3D 打印：一种新兴的学习技术》，《远程教育杂志》2013 年第 4 期。

[31] 李新宽：《17 世纪末至 18 世纪中叶英国消费社会的出现》，《世界历史》2011 年第 5 期。

[32] 李新苗：《物联网牵手云计算的"两大关键"》，《通信世界》2010 年第 7 期。

[33] 李严昌：《当代中国政府回应过程研究》，博士学位论文，中国政法大学，2009 年。

[34] 林毅夫、张鹏飞：《后发优势、技术引进和落后国家的经济增长》，《经济学》（季刊）2005 年第 1 期。

[35] 林志扬：《从治理结构与组织结构互动的角度看企业的组织变革》，《中国工业经济》2003 年第 2 期。

[36] 孟俊焕等：《智能制造系统的现状与展望》，《机械工程与自动化》2005 年第 4 期。

[37] 曲晓丹：《美国大学跨学科人才培养模式研究》，硕士学位论文，大连理工大学，2013 年。

[38] 任天飞：《企业竞争力的界定及指标体系设计》，《湘潭大学社会科学学报》2001 年第 1 期。

[39] 芮明杰：《第三次工业革命的起源、实质与启示》，《新华文摘》2012 年第 22 期。

[40] 宋芳敏：《互联网时代的国家治理》，《红旗文稿》2015 年第 10 期。

[41] 司江伟：《20 世纪刚性管理与柔性管理发展的对比》，《科学管理研究》2003 年第 1 期。

[42] 孙柏林：《试析"3D 打印技术"的优点与局限》，《自动化技术与应用》2013 年第 6 期。

［43］王娟、吴永和、段晔、季隽：《3D技术教育应用创新透视》，《现代远程教育研究》2015年第1期。

［44］王钦：《动态组织之道》，《哈佛商业评论》2014年第8期。

［45］王世伟：《万物互联时代的中国大趋势——对"互联网+"的多维度观察》，《人民论坛·学术前沿》2015年5月（下）。

［46］王喜文：《德国工业4.0直指智能工厂》，《中国电子报》2014年第3期。

［47］王岩、李洪亚：《新古典增长模型中技术进步对经济增长影响的机理分析——对宏观经济学教学中的新古典增长理论的完善》，《内蒙古财经学院学报》2008年第4期。

［48］吴振球、熊财富：《深化高等教育的交叉教育课程体系和教学内容改革》，《交通高教研究》2000年第1期。

［49］谢丽容、金焱：《苹果的抉择》，《财经》2015年第5期。

［50］徐晓林、朱国伟：《智慧政务：信息社会电子治理的生活化路径》，《自然辩证法通讯》2012年第5期。

［51］杨汉明：《基于CPS的实时系统的面向方面的形式化验证方法》，硕士学位论文，广东工业大学，2011年。

［52］俞可平：《中国公民社会：概念、分类与制度环境》，《中国社会科学》2006年第1期。

［53］叶敏：《德国汽车工业的地位和走向》，《德国研究》2000年第4期。

［54］杨蓉荣、顾旻翰：《国外职业教育发展模式的经验与启示（之二）——来自欧洲国家的案例研究》，《唯实（现代管理）》2015年第5期。

［55］应松年：《行政审批制度改革：反思与创新》，《人民论坛·学术前沿》2012年第3期。

［56］叶小果：《欧派家居：把个性化做出规模》，《新营销》2014年第9期。

［57］杨现民：《信息时代智慧教育的内涵与特征》，《中国电化教育》2014年第1期。

［58］余绪缨：《柔性管理的发展及其思想文化渊源》，《经济学家》1998年第1期。

［59］阴兆栋、郭永春：《浅议企业柔性化管理》，《机械管理开发》2008年第3期。

[60] 郑腊香：《跨学科教育——培养国际化人才的有效途径》，《经济研究导刊》2014 年第 18 期。

[61] 赵玎、陈贵梧：《从电子政务到智慧政务：范式转变、关键问题及政府应对策略》，《情报杂志》2013 年第 1 期。

[62] 朱敏、高志敏：《终身教育、终身学习与学习型社会的全球发展回溯与未来思考》，《开放教育研究》2014 年第 1 期。

[63] 周培佩：《试论 19 世纪末德国跨国移民趋势的逆转》，《许昌学院学报》2008 年第 4 期。

[64] 张曙：《工业 4.0 和智能制造》，《机械设计与制造工程》2014 年第 8 期。

[65] 朱晓辉、凌文轻：《人力资源管理柔性化——柔性管理的关键》，《商业研究》2005 年第 3 期。

[66] 张晓全、曹光明：《扁平化——西方企业组织结构的演变趋势》，《管理现代化》1994 年第 3 期。

[67] 赵彦云等：《"再工业化"背景下的中美制造业竞争力比较》，《经济理论与经济管理》2012 年第 2 期。

[68] 张毅、赵佳宝：《柔性管理及其在企业中的实现途径》，《现代管理科学》2004 年第 3 期。

## 新闻类

[1] 陈军君：《威创的"互联网＋"机遇》，《中国经济时报》2015 年 5 月 8 日。

[2] 韩娇：《柴静〈穹顶之下〉引关注 看我国城市环保行业》，前瞻网，2015 年 3 月 9 日。

[3] 谢然：《2014 大数据应用案例 TOP100》，《互联网周刊》2015 年 4 月 17 日。

[4] 环球网：《智能医疗机器人调查"大白"离我们并不远》，环球网，2015 年 4 月 13 日。

[5] 甲乙：《我们都是手机人》，经理世界网，2011 年 12 月 28 日。

[6] 蓝鲸 TMT 网：《当工业 4.0 遇上云计算》，蓝鲸 TMT 网，2014 年 5 月 22 日。

［7］牛建宏：《3D 打印产业：瓶颈犹存未来可期》，《人民政协报》2012 年 11 月 20 日。

［8］马克：《十年后出租车司机会最恨一个叫苹果的公司》，搜狐财经，2015 年 2 月 16 日。

［9］芮明杰：《"工业 4.0"与 CPS 战略、路径下的上海准备》，《东方早报》2014 年 9 月 16 日。

［10］世界通信网：《物联网："工业 4.0"加速前行的助推器》，世界通信网，2015 年 3 月 25 日。

［11］天极网：《IDC 调查显示制造商云计算接受度提高》，天极网，2015 年 5 月 5 日。

［12］王文喜：《绿色制造是工业 4.0 和中国制造 2025 共同愿景》，中国经济网，2015 年 9 月 16 日。

［13］王泽：《桐庐"智慧医疗"植入乡村》，新华网，2014 年 8 月 27 日。

［14］新华网：《今年中国智能手机用户预计将超过 5 亿》，新华网，2014 年 12 月 18 日。

［15］新华网：《美国"软实力"正在走下坡路？兰德公司眼中的中美软实力》，《新华每日电讯》2005 年 9 月 18 日。

［16］中国安防展览网：《互联网融入职能交通典型应用案例分析》，中国安防展览网，2014 年 8 月 15 日。

［17］中国经济网：《大数据驱动制造业迈向智能化》，中国经济网，2014 年 11 月 4 日。

［18］中国新闻周刊网：《大数据技术 + "工业 4.0"引发智能制造革命》，中国新闻周刊网，2015 年 3 月 23 日。

［19］中国云计算网：《云计算应用案例介绍和分析》，中国云计算网，2014 年 4 月 22 日。

［20］中国自动化网：《制造业向智能化转型将催生工业大数据时代》，中国自动化网，2014 年 10 月 21 日。

［21］中国证券网：《工业大数据：下一个提升制造业生产力的技术前沿》，中国证券网，2014 年 10 月 21 日。

［22］张起花：《海尔：平台型企业突围"互联网+"》，《企业观察报》2015 年 5 月 12 日。

［23］周子静：《苏宁企业组织架构变为 28 个事业群组织》，《东方早报》

2013 年 2 月 22 日。

## 外文类

[1] R. Hakluyt, Voyages and Discoveries: *The Principal Navigation, Voyages and Discoveries of the English Nation*, Vol. 8, Penguin, 1982.

[2] Stephanie S. Shipp, etc., *Emerging Global Trends in Advanced Manufacturing*, 2012.

[3] L. Stone, "State Control in Sixteen – century England", *Economic History Review*, Vol. 17, 1947.

[4] Quinn R. E., Cameron K. S., "Organizational life cycle and shifting criteria of effectiveness: some preliminary evidence", *Management Science*, Vol. 1, 1983.

[5] Robert B. Denhardt, Janet Vinzant Denhardt, "The New Public Service: Serving Rather than Steering", *Public Administration Review*, Vol. 60, No. 6, 2000.

# 后 记

本书为广州市第三届市属高校羊城学者首席科学家项目"工业4.0时代的智能制造与治理创新研究"（1201541645）的资助成果。感谢广州市教育局的立项支持和经费资助。

众所周知，制造业是国民经济的主体，是立国之本、兴国之器、强国之基。打造、建设和发展具有国际竞争力的制造业，是提升综合国力、保障国家安全、建设世界强国的必由之路。当科学技术时针拨到智能化的工业4.0时代，实体物理世界将与网络世界深度融合，人与人、人与机器、机器与机器之间的交互式沟通会成为互动交流的常态，大数据、云计算、物联网驱动下的智慧化进程将会不断推进。毫无疑问，《中国制造2025》是工业4.0时代中国制造业追求创新发展的政策反馈和政府回应，是中国版的工业4.0战略，它设定了中国从制造大国迈入制造强国的路线图和时间表，显示出中国政府对制造业实现转型升级的坚定信心和政策承诺。

在工业4.0时代里，智能工厂和智能生产不断出现，智能产品和智能服务大量产生，以大数据、云计算、物联网、3D打印、智能工厂、机器人等为代表的个性化、定制化、智慧化生产方式必将重塑和再造新的公共治理模式。这场工业革命表现出三大特征：一是制造业的数字化和智能化；二是大规模个性化、定制化需求将推动生产模式由生产驱动转向消费驱动；三是劳动力需求结构的深刻，从事生产的低端劳动力大幅减少，创新型、复合型和技能型高端人才的需求快速增长。由此可见，工业4.0既是一场"技术革命"，也是一场"人的革命"，更是一场公共治理的变革。为此，生活和工作在改革开放前沿地带的谷琶（GUPA）公共治理学术团队最近几年来聚焦社会转型、技术变革与大国创新领域，重点关注"大数据"、"大都市"和"大创新"诸多宏大篇章，致力寻求大国治理与民族复兴的理论叙事和实践逻辑。

# 后 记

本书为谷琶学术团队倾力打造的《大创新治理书系》之一。由羊城学者首席科学家项目"工业4.0时代的智能制造与治理创新研究"首席专家陈潭教授策划并提供写作提纲，经过多次讨论和修改，最后由陈潭教授统筹、定稿和审订。具体承担写作章节团队成员如下：

前言：陈潭（广州大学公共管理学院）
第一章、第二章、第三章：韩和元（广东省生产力学会）
第四章：冯嘉敏（广州大学中国政务研究中心）
第五章：邓求成（广州大学大都市治理研究中心）
第六章：赵婉君（广州大学大数据治理研究中心）
第七章、第八章：王烂辉（广州大学机械与电气工程学院）
第九章、第十章：刘建义（广州大学公共管理学院）
第十一章：刘成（广州大学大数据治理研究中心）
第十二章：陈银成（广州大学松田学院）

需要说明的是，谷琶学术团队致谢广东生产力学会副会长、民革广州市委员会智库专家、资产管理宏观分析师韩和元先生的倾情相助并具体承担了三章的写作任务，尽管他还在此期间写作和出版了《为何总是如此疯狂：股市泡沫的形成、崩溃与应对》（北京大学出版社2016年版）。致谢中国戏剧出版社副总编辑武云博士，她的敬业态度和专业精神难能可贵。致谢中国社会科学出版社营销中心主任王斌和编辑郭晓娟，他们对于书稿的精细"料理"和编辑整理工作值得尊敬和信赖。致谢广州大学公共管理学院诸位同仁，谷琶学术团队通过"南国讲堂"、"南国读书会"、"谷围学坊"和"公管午餐"所开展的学术讲座、主题沙龙和其他形式的定期交流让我们所有学术人都受益终身。当然，参加写作的每一位成员都付出了调研和写作的汗水，诸位聚众讨论和挑灯夜战的场景仍然历历在目。

同时，致谢《大创新治理书系》学术委员会诸位委员不同形式的交流与指导。致谢香港铜锣湾集团董事局主席陈智、武汉力龙信息科技股份有限公司董事长吴余龙、广州市帝棉制衣有限责任公司总经理刘会平、高要市中星科技股份有限公司董事长袁红梅、广东省国仕工程咨询有限公司董事长林常勇、北京简政信息科技有限公司董事长程嘉韵、广州市安防科技有限责任公司总经理吴世东、广富诚（香港）国际投资控股集团投资银行部总经理李福生、湖南国元信息工程有限公司总经理唐承富、广州市陶建网络有限公司执行总监雷红军所给予的大力支持。广州国际金融研究院助理研究员胡项连、广州大学大数据治理研究中心研究生邓伟和广州大学大都市治理研究中心研究生卢捷作了文献整理、写作协调等方面的辅助性工作，在此一并致谢。

最后，致敬为"中国制造"事业做出努力和奉献的企业家们，致敬为中国技术创新、经济发展和社会进步做出卓越贡献的所有仁人志士！

《大创新治理书系》编委会<br>
2016年6月6日